ERNST JÜNGER

LEBEN UND WERK IN BILDERN UND TEXTEN

Herausgegeben und kommentiert von Heimo Schwilk

Klett-Cotta

Klett-Cotta | www.klett-cotta.de

Printed in Germany
ISBN 978-3-608-93842-5
Überarbeitete und erweiterte Neuausgabe 2010

Bibliografische Information der Deutschen Nationalbibliothek | Die Deutsche Nationalbibliothek verzeichnet diese Publikation in der Deutschen Nationalbibliografie; detaillierte bibliografische Daten sind im Internet über http://dnb.d-nb.de abrufbar.

Schutzumschlag
Ingo Offermanns, Hamburg
Unter Verwendung
eines Fotos von
Sabine Renger
Form und Typografie
Ingo Offermanns in
Zusammenarbeit mit
Tim Albrecht, Hamburg
Schrift
Normal & Normal Slab
von Stefan Claudius
Auf säure- und holzfreiem Werkdruckpapier gedruckt und gebunden von
Kösel, Krugzell

INHALT

1895 | 1914

WIE KAM ER HIERHER?

Immer wieder hat sich Ernst Jünger in verschlüsselter, aber auch offen autobiographischer Weise mit seiner Jugendzeit beschäftigt. Ob in den Tagebüchern, in den »Aufzeichnungen bei Tag und Nacht« mit dem Titel »Das Abenteuerliche Herz« (1929), den »Afrikanischen Spielen« (1936), der Geschichte seines Abenteuers in der Fremdenlegion, in den »Subtilen Jagden« (1967), im Drogenbuch »Annäherungen« (1970), in der Schülergeschichte »Die Zwille« (1973) oder zuletzt im Reisetagebuch »Zwei Mal Halley« (1987): Jünger ließ keinen Zweifel daran, daß die Wurzeln seiner Autorschaft zurückreichen in die Zeit zwischen der Jahrhundertwende und dem Ersten Weltkrieg.

Das Elternhaus, in das Ernst Jünger am 29. März 1895 hineingeboren wurde, war stark von der Rationalität und Lebenstüchtigkeit des Vaters geprägt. Ernst Georg Jünger (1868–1943), gebürtiger Hannoveraner, arbeitete als wissenschaftlicher Assistent im Laboratorium des berühmten Chemikers Viktor Meyer in Heidelberg. Später betrieb er eine Apotheke und betätigte sich als Unternehmer im Kalibergbau. Die Vorfahren väterlicherseits kamen aus dem Württembergischen, die Mutter Lily (1873–1950) entstammte einer fränkisch-bayerischen Familie aus Dießen am Ammersee. Jünger hat gern und nicht ohne Stolz auf die Fischer, Handwerker und Bauern unter seinen Vorfahren verwiesen.

Ernst Jüngers Verhältnis zu seinem Vater ist problematisch gewesen. Dieser, ein weltgewandter Mensch, der in Marburg, München und Heidelberg studiert und in Berlin und London gearbeitet hatte, ein exzellenter Tänzer und Fechter, hat seine Kinder im positivistischen Geist des 19. Jahrhunderts erzogen. Für den Hang zum Grüblerischen und Verträumten, den er bei seinen älteren Söhnen Ernst und Friedrich Georg (1898–1977) schon früh bemerkte, zeigte er keinerlei Verständnis. In den Tischgesprächen, an die sich Jünger noch im Alter respektvoll erinnerte, pflegte er ein breites anekdotisches Wissen auszubreiten; sein Geschichtsbild wurde von den großen Einzelnen, von Bismarck und Napoleon, bestimmt. Tatkräftiges und zielgerichtetes Handeln, die logische Überlegung, die er auch am Schachspiel schätzte, waren die Ideale, die er in seinem Lebenskreis verwirklicht sehen wollte.

Ernst, der Älteste, geht vorerst einen anderen Weg. Die Schule ist ihm ein Greuel. Mangelhafte Noten und Versetzungsschwierigkeiten begleiten ihn durch neun Bildungsanstalten. Er besucht Internate in Hannover und Braunschweig, verträumt den Unterricht und schreibt Klassenarbeiten ab. In den Briefen an die Mutter, der er vertraute und die ihm die Wärme gab, die der pragmatische Sinn und die einschüchternde Schroffheit des Vaters ihm versagten, berichtet er über die Kämpfe mit den Lehrern, über seine schulischen Rückstände und seine Einsamkeit. Die Heiterkeit, die noch aus den ganz frühen, kindlichen Briefen spricht, weicht in der Schulzeit einer melancholischen Ängstlichkeit, von der Ernst Jünger später in dem Buch »Die Zwille« erzählt.

Als die Eltern 1907 nach Rehburg am Steinhuder Meer übersiedeln, kehrt Ernst Jünger aus Braunschweig in den Kreis der Familie zurück. Mit dem Bruder Friedrich Georg – er stand ihm von den vier Geschwistern am nächsten – und der Schwester Hanna besucht er die Realschule in Wunstorf. Der Vater schenkt dem Dreizehnjährigen einen »Natursammelkasten« und regt damit Jüngers entomologische Neigungen an. Die Brüder durchstreifen die Landschaft um das Steinhuder Meer, tragen Schnecken, Insekten, Mineralien, Versteinerungen und Pflanzen nach Hause, die dort wissenschaftlich bestimmt und verzeichnet werden. Im Buch »Das Abenteuerliche Herz« berichtet Jünger von dem Schwindel, der ihn als Kind vor den wie magisch aufgeladenen Objekten überfiel, von seinen Gängen in den Zoologischen Garten Hannovers und von Besuchen im Naturalienkabinett, wo er sich mit Friedrich Georg am phantastischen Formenreichtum der Natur ergötzte. Der Knabe ahnt, daß sich hinter Fülle und Schönheit der Erscheinungen eine harmonische Ordnung verbirgt, um deren Erkenntnis sich der spätere Autor unablässig bemühen wird.

Neben den Streifzügen durch die Natur ist es das Lesen, mit dem Jünger sich seine eigene Welt schafft. Sie schützt vor Enttäuschungen und zeigt das Leben in seinen gesteigerten Möglichkeiten. Die väterliche Bibliothek hat einiges zu bieten; in nächtlichen Sitzungen bei Kerzenlicht, oder in der Schule unterm Pult, liest er sich durch die Märchenwelt von *Tausendundeiner Nacht*, verschlingt Ariosts *Rasenden Roland*, die Bücher Karl Mays, die Abenteuergeschichten von Cooper, Dumas, Defoe, Wörishöffer und Sue, den *Don Quijote* und den *Simplizissimus*. Das alles vermischt sich in Tag- und Nachtträumen zur schmerzhaft empfundenen Sehnsucht nach einer wunderbaren, ganz unalltäglichen Welt, in der Abenteuer und Bewährung noch möglich sind. Zuhause in den farbigen Landschaften seiner Träume, erscheint Jünger die Realität von Schule und Familie als äußerst banal – und die Frage, wie er dem entrinnen könne, so dringlich, daß in ihr das Äußerste, der Ausbruch, als Antwort schon beschlossen liegt.

Der hochsensible Knabe, dem es nicht leichtfällt, Zugang zu seinen Altersgenossen zu finden, der aber zugleich das Gemeinschaftserlebnis herbeisehnt, reagiert auf die Ansprüche der Außenwelt mit jener selbstschützenden »Kälte«, die man dem späteren Autor immer wieder vorwerfen wird. Wie komme ich hierher? fragt sich der Träumer, dem die Realität als ein blasses Abbild seiner Traumwelt erscheint. Das Wunderbare, wie es sich in der Pflanzen- und Tierwelt zeigt, das Außerordentliche, von dem die Bücher erzählen: damit lernt Jünger einer als feindselig erfahrenen Umwelt zu widerstehen. In der Anschauung des Schönen und im Blick auf die unzerstörbaren Formen der Schöpfung lassen sich in der Erzählung »Auf den Marmorklippen« (1939) und in den Tagebüchern »Strahlungen« (1939 – 1948) Strategien des Überlebens erkennen, die diesen frühen Prägungen verpflichtet sind.

Jünger hat die Droge Einsamkeit früh gekostet, seine Sensibilität und Verletzlichkeit panzert sich mit provozierendem Selbstbewußtsein; später läßt er sich hierin von Nietzsches Geistesaristokratismus bestätigen. Zweifellos ist in der Erfahrung dieser sozialen Isolation – und in dem vom Vater geerbten Drang nach Unabhängigkeit – sein Vorbehalt gegenüber allem Gesellschaftlichen begründet. Das Bild des »Verlorenen Postens«, die Figuren des »Waldgängers« und des »Anarchen« sind nicht allein poetische Formeln eines Autors, der zwei Weltkriege auf gefährlichen Posten überstanden hat, es sind auch Chiffren existentieller Art.

Im Sommer 1911 tritt er zusammen mit Friedrich Georg in den Wunstorfer Wandervogel ein. Dort findet er zwar nicht die erhofften freundschaftlichen Bindungen, dafür jedoch Stoff für seine ersten Gedichte, die in einer Wandervogel-Zeitschrift veröffentlicht werden. Sie bringen ihm Anerkennung von seinen Lehrern und Mitschülern und den Ruf des »Poeten« und Dandys ein.

1912/1913 besucht Jünger in Hameln das Gymnasium. Er unternimmt zahlreiche Anstrengungen, zu werden, wie die anderen sind. Er tritt in den Ruderclub ein, beteiligt sich an Kneiptouren und Tanzstundenfesten, erlebt erste Amouren. Dennoch drängt alles auf eine Selbstverwirklichung hin, die den Rahmen des Konventionellen sprengen soll. Das Ungenügen an der Schule wächst. Jünger erhitzt sich an Reiseplänen, sein Traum sind die noch unerforschten Urwälder Schwarzafrikas. Reise und Abenteuer sind eins; das Elementare oder uralt Gewachsene ziehen Jünger später immer wieder ans Mittelmeer, in den äußersten Süden und Norden. Noch der Einundneunzigjährige reist 1986 nach Malaysia und Sumatra. 1989 ist er auf Mauritius.

Der Schüler liest während des Unterrichts die im Zuge der deutschen Kolonialpolitik populär gewordenen afrikanischen Reiseberichte und macht 1913 seine Fluchtpläne wahr. Nach den Ferien geht er nicht in die Schule nach Hameln zurück, sondern läßt sich in Verdun von der Fremdenlegion anwerben. In stolzer Selbstüberschätzung will er die Legion lediglich als Transportmittel in das Land seiner Sehnsucht benutzen und unterzeichnet einen Fünfjahresvertrag. Die Ironie, mit der Jünger zwanzig Jahre später in seiner Erzählung »Afrikanische Spiele« das große Abenteuer seiner Jugend beschreibt, läßt die Verletzung ahnen, die das Scheitern des Fluchtunternehmens ihm beibrachte. Denn nachdem sich der Ausreißer auf dem Fort St. Jean auch von einem wohlwollenden französischen Militärarzt nicht von seinem Vorhaben hat abbringen lassen, benachrichtigt dieser seinen Vater. Der betreibt über diplomatische Kanäle die Entlassung seines Sohnes.

In Sidi-bel Abbès, dem algerischen Stützpunkt der Legion, soll Jünger auf den Dienst vorbereitet werden. Sein Ziel ist aber noch immer das Innere Afrikas, und mit dem Legionärskameraden Charles Benoit wagt er die nächtliche Flucht nach Marokko. Sie endet in einem Strohhaufen: die beiden werden aufgegriffen und arretiert. Per Postanweisung meldet sich der Vater mit allerlei Ermahnungen und rät zu diszipliniertem Verhalten. Er nimmt die Flucht seines Sohnes als leichtfertigen Streich, dessen Folgen er in gewohnter Umsicht zu mildern weiß. Nach einem sechswöchigen Intermezzo trifft der Ex-Legionär wieder in Verdun ein.

Das Ende des Ausbruchversuchs ist mit Bitterkeit versetzt. Der Vater als Repräsentant der Ordnung hat gesiegt. Er stellt seinem Sohn eine Kilimandscharo-Expedition nach bestandenem Abitur in Aussicht. Ernst Jüngers spätere Reverenz vor geistigen, politischen und historischen Ordnungsstrukturen, seine Faszination durch die Phänomene der Macht haben ganz sicher auch mit diesen einschneidenden Erfahrungen des Achtzehnjährigen, mit seinem Vaterbild zu tun.

Jünger wechselt nach seiner Rückkehr vom Gymnasium in Hameln an ein Internat in Hannover. Jetzt beschäftigt ihn Nietzsches Philosophie, besonders die Tragödienschrift und »Der Wille zur Macht«.

Die Großeltern väterlicherseits: Fritz (Friedrich) Jünger (1840–1904) und Hermine geb. Wolters (1839–1923) führten einen großzügigen Haushalt in Hannover, wo der Großvater als Gymnasiallehrer am Lyzeum II wirkte. Er unterrichtete seine Söhne Ernst und Hermann in den Anfangsklassen und nahm seinen Enkel Ernst Jünger 1903 während dessen Hannoveraner Schulzeit in seinem Haus auf. Atmosphärisches aus dieser Zeit ist in die Schülergeschichte »Die Zwille« (1973) eingeflossen.

Georg Christian Jünger.

Die Großmutter Hermine Jünger mit den Söhnen Ernst Georg und Hermann (Hannover um 1880).

Hermine und Fritz Jünger (um 1900).

Der Urgroßvater Georg Christian Jünger, geboren 1810 in Neckargartach bei Heilbronn, lebte als Schuhmachermeister mit seiner Ehefrau Gertrud Wilhelmine geb. Niemann in Osnabrück. Die Urgroßmutter entstammte einer bäuerlichen Familie, die in Ösede bei Osnabrück einen Hof besaß.

• • •

Georg Christian war ein gemütlicher, vergnügter Mann, seine 1. Frau war akkurat und arbeitsam. Als Großvater im Seminar war, war es das größte Vergnügen für die beiden, sich einen starken Kaffee zu brauen, die lange Pfeife zu rauchen und die Gartenlaube zu lesen. Wenn die Mutter dann zurückkam, sagte der Urgroßvater: Jetzt kommt Mutter wieder, mach's Kläppchen auf, daß sie den Rauch nicht merkt. Sein Hauptvergnügen war, die lange Pfeife zu rauchen und zu lesen; sonst war er ein bescheidener Mann, der nicht viel Wesen aus sich machte. Als Papa getauft wurde, war er in Hannover, um ihn aus der Taufe zu heben. Von ihm hat Papa den Namen Georg und vom Großvater mütterlicherseits den Namen Ernst.

• • •

Christian Jakob Friedrich Clamor Jünger. Geb. 2. Juli 1840. Gest. 29. April 1904. Lehrer im Rechnen und Naturwissenschaften. Verheiratet mit Anna Hermine Margrete Wolters. (Geb.) 1. August 1839. Tochter von Ernst Heinrich Wolters, der einen Gasthof in Bramsche besaß, der jetzt (1914) unter dem Namen Hotel Germania existiert. Früher Gasthof zum Bischof bei Wolters.

Er besuchte das Seminar in Osnabrück. Und er war als Lehrer der 2. Klasse in Bramsche. Er besuchte fleißig den Wolterschen Gasthof und lernte dort seine spätere Frau kennen, mit der er sich kurz vor seinem Weggang 1864 verlobte. Dann ging er an eine Privatmädchenschule in Vegesack. Von dort ging er nach Hannover ans Lyzeum I. Als das Lyzeum II (jetzt Goethegymnasium) gegründet wurde, trat er mit anderen Lehrern dorthin über. 1867 fand seine Heirat statt. In der Grünstraße 2 wurde Papa geboren. 1872 wurde von ihm ein großes Pensionat aufgetan, für das er sich in dem Hause Weinstraße 16a ein eigenes Haus kaufte. Dort wohnten sie 24 Jahre bis 1896.

Aus einer Familienchronik, die Ernst Jünger 1914 verfaßte.

Die Mutter Lily (Karoline) geb. Lampl (1873–1950) entstammte einer fränkisch-bayrischen Familie aus Dießen am Ammersee und dem fränkischen Eichstätt. In München, wo ihre Eltern zeitweilig lebten, lernte sie ihren späteren Mann kennen, der dort Chemie studierte.
Sie verkörperte, wie Friedrich Georg Jünger in seinen Erinnerungen an Jugend und Elternhaus berichtet, gegenüber der nüchternen Rationalität des Vaters das musische Element, eine heitere Geselligkeit – eine Lebensart, die Ernst Jüngers Bild von der Frau entscheidend bestimmt hat.

Der Vater Dr. phil. Ernst Georg Jünger (1868 – 1943). Als Ernst Jünger am 29. März 1895 in Heidelberg geboren wurde, war sein Vater Assistent des Chemikers Victor Meyer an der dortigen Universität. Kurz darauf zog die Familie nach Hannover, wo Ernst Georg Jünger ein Laboratorium einrichtete und sich als Gerichts- und Handelschemiker niederließ. Vom Wunsch nach persönlicher und materieller Unabhängigkeit getragen, erwarb der Chemiker und Pharmazeut eine Apotheke in Schwarzenberg/Erzgebirge und übersiedelte 1907 mit seiner Familie nach Rehburg am Steinhuder Meer, von wo aus er sich erfolgreich im Kalibergbau betätigte. Nach dem Ersten Weltkrieg übernahm er die Löwenapotheke in Leisnig/Sachsen.

Das rationale Klima der Heidelberger Universität hatte ihn unverkennbar geprägt. Naturwissenschaften – vor allem Chemie – und Geschichte gaben die Grundpfeiler. Auch das Geschichtsbild war positivistisch; es wurde durch die großen Einzelnen bestimmt. Seine besondere Neigung galt Alexander, Cortez, Wallenstein, Napoleon. Dazu die Paladine: die Argonauten, die Diadochen, die Konquistadoren, die Marschälle. Es fiel mir auf, daß der Vater trotz seiner Vorliebe für große Operationen am Ersten Weltkrieg geistig kaum Anteil nahm; er vermißte die logische Prägnanz – das Material wurde zu stark. Eine Ausnahme bildete die Skagerrakschlacht, die er studierte wie eine Schachpartie.

Philosophie hat ihn kaum je beschäftigt; für ihn waren die Tatsachen keiner Erklärung bedürftig – sie sprachen für sich. Der Gesellschaft gegenüber verhielt er sich skeptisch – en masse war ihr alles zuzutrauen. Die musischen Neigungen waren begrenzt: Schillers historische Dramen, Mozart, seit früher Jugend die »Ilias«, die klassischen Sagen, »Tausendundeine Nacht«. Am Rande das Schachspiel, später die Astronomie. (...)

Hinter all diesen Zeitlichkeiten war der pater familias nicht zu verkennen, der besonders in schwierigen Lagen zum Vorschein kam. So auch im letzten Wort, das mir von ihm berichtet wurde – er sagte, als man ihn mit der tödlichen Lungenentzündung die Treppe hinuntertrug: »Jetzt müßt ihr eben sehen, wie ihr allein zurecht kommt.«

Zwei Mal Halley

Auf altem Römerboden fühlte sie sich wohl. Sie hätte in ein Bild von Feuerbach gepaßt. In unserem Norden kam es selten zu jenem leichten, fast ätherischen Brausen, das kein Bodensatz trübt. An Sorgen konnte es ihr nicht fehlen, bei fünf Kindern ist fast immer ein Grund dazu. Dabei fürchtete sie, wie sie mir später einmal sagte, »daß einmal einer etwas anrichtet, das ich nicht wieder gutmachen kann«. Auch dann wäre auf sie Verlaß gewesen, gerade dann.

Diesseits oder jenseits der Alpen mit ihr beim offenen Wein zu sitzen, war angenehm; es wärmt noch in der Erinnerung nach. In ihrer Münchner Heimat tranken wir Bier, besonders gern bei Schneider im Tal. In Innsbruck saßen wir im Goldenen Dachl, in Garmisch in der Post. Sie bestellte dann Nord- oder Südtiroler Wein, gern auch Kastanien dazu. Kaum noch entsinne ich mich der Gegenstände der Unterhaltung, doch genau der Stimmung, die sie belebte – das ist ein gutes Zeichen; die Texte verwehen eher als die Melodie. Wenn wir uns der Mutter annähern wollen, ist so der Weg. (...)

Übrigens hörte ich die Mutter das Wort Maria nur einmal aussprechen, in einem mir fremden Gebet, als der kleine Bruder Felix gestorben war. Das mußte aus der frühen Kindheit kommen, denn schon als junges Mädchen hatte sie, wenn die Großeltern sonntags von Kirche zu Kirche zogen, dagegen revoltiert. Sie las damals Ibsen, hatte auch einmal mit dem Bruder zusammen den Dichter angesprochen, als er vor dem Café Luitpold in der Sonne saß. Revoltierende Frauen dieser Generation waren nach ihrem Herzen; gern las sie in späteren Jahren Lily Brauns »Memoiren einer Sozialistin« und die Tagebücher der Reventlow. Als sie hörte, daß eine der ersten Suffragetten, ich glaube, Lady Punkhurst, im Britischen Museum ein Meisterwerk demoliert hatte, war das eine frohe Botschaft für sie. Es gab ein Bild, auf dem diese Dame durch einen Polizisten abgeschleppt wurde; sie trug einen Rock, der bis über die Fußspitzen hing.

Annäherungen. Drogen und Rausch

Am 29. März 1895 wurde Ernst Jünger in Heidelberg, in der Ziegelgasse 3, geboren.

Meine früheste Erinnerung knüpft sich an eine Intelligenzprüfung. Die Eltern waren von Heidelberg nach Hannover gezogen; der Vater hatte dort ein Nahrungsmittel-Laboratorium erworben, es lag dem Café Kröpcke gegenüber und ging schlecht ... Wir wohnten damals in der Seilerstraße; ich spielte unten, während die Eltern mir vom Fenster aus zusahen. Der Vater sagte: »Wir wollen doch mal sehen, ob er sich schon was kaufen kann.« Dabei warf er ein Fünfpfennigstück hinunter, mit dem ich prompt zum Bäcker Abel rannte, der gegenüber seinen Laden hatte, und mir eine Tüte »Böllchen« erwarb.

Die zweite Probe, der ich mich entsinne, war schwieriger, obwohl ich nicht viel älter war. Wir waren in die Hohenzollernstraße umgezogen, nicht an ihr nobles Ende, aber immerhin in eine bessere Wohngegend. Das Haus lag gegenüber dem Stadtwald, der Eilenriede, in der ich gleich nach dem Frühstück allein oder mit Kameraden spielte, so in dem nur wenige Schritte entfernten Labyrinth. Eines Morgens im Sommer erwachte ich mit dem lebhaften Verlangen, in den Wald zu gehen. Es war sehr früh; der Bäckerjunge war noch nicht gekommen, nichts regte sich im Haus. Meinem Ausflug stand nichts im Wege – mißlich war nur, daß ich die Schuhe wohl anziehen, aber keine Schleife binden konnte – vermutlich pflegte die Mutter oder das Mädchen es für mich zu tun.

Doch wo ein Wille ist, da ist bekanntlich auch ein Weg – ich erinnere mich noch an die Freude, die mich befiel, als das Kunststück gelungen war.

Ich wußte schon damals, daß die Welt anders aussah, als die Alten sie uns vorspiegelten, hatte ich doch bemerkt, daß sie ganz anders sprachen, wenn sie unter sich beisammen waren, als wenn sie mit uns Kindern am Tisch saßen ... Ich war fest davon überzeugt, daß es keine Schule gab; schon der Gedanke daran war mir unangenehm. Wenn ich zur Schule müßte, könnte ich am Morgen nicht mehr in den Wald gehen. Aber als ich nun auf dem Balkon stand und hinunterblickte, sah ich Jungen auf der Straße, die Tornister trugen; das beunruhigte mich. Doch die Vorstellung, daß sie auf dem Schulweg wären, lehnte ich ab. Das mußte eine reine Demonstration der Alten sein. Sie hatten listigerweise den Jungen Tornister umgehängt und ließen sie, um mich zu überzeugen, unten am Waldrand vorübergehen, außerhalb meiner Sichtweite würden sie die Tornister abwerfen.

Aus der Ansprache im Neuen Schloß zu Stuttgart am 2. April 1985, bei der Feier des 90. Geburtstages

Liebe Mama! wir haben uns sehr über deinen Brief gefreut. Der Fritz wünscht sich eine Schachtel größere Bleisoldaten zu Pferde. Und ich wü(ns)che mir ein Gewehr und einen Säbel. Einen Gruß an Pap(a). ich wü(ns)che, daß er gesund und heil wieder kommt. Wier schauen immer zum Fenster hinaus, ob er nicht zum Tor mit seinem Automobil ankommt. Wir haben auch vier Bleisoldaten gefunden darum will Fritz noch Bleisoldaten zu Pferde etwas großes. Fritz hat hinter den Büschen einen gros. Natürlichen Löwen aus Blech gefunden er ist sehr niedlich. Wir haben in dem Garten hinter der Hecke wo Fritz den Löwen gefunden hat eine menge Ameisen gefunden, die Emsig dabei sind, einen Haufen zu bauen. Beim Turnen war es sehr schön wir haben maschiert und Links und Rechts gelernt. Wir sind alle gesund und heiter.

Grüße den Wenslau.
Dein Ernst Jünger

Der Zweijährige (Hannover 1897).

Schüler der Volksschule in Schwarzenberg (Erzgebirge), wo der Vater 1901 die »Adler-apotheke« übernommen hatte. Ernst Jünger links oben, darunter im weißen Kleid die jüngere Schwester Hanna.

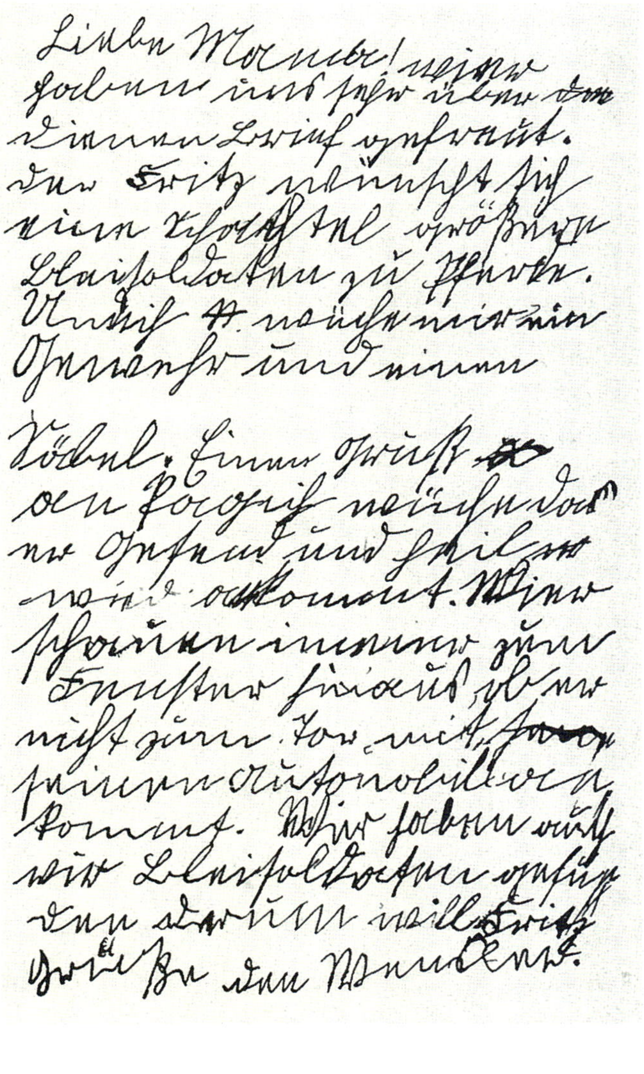

Das erste schriftliche Zeugnis: ein Briefchen an die Mutter (um 1902).

Ernst Jünger mit den Geschwistern Johanna Hermine (Hanna), Hans Otto und Friedrich Georg. Zwei Brüder, Hermann und Felix, starben früh.

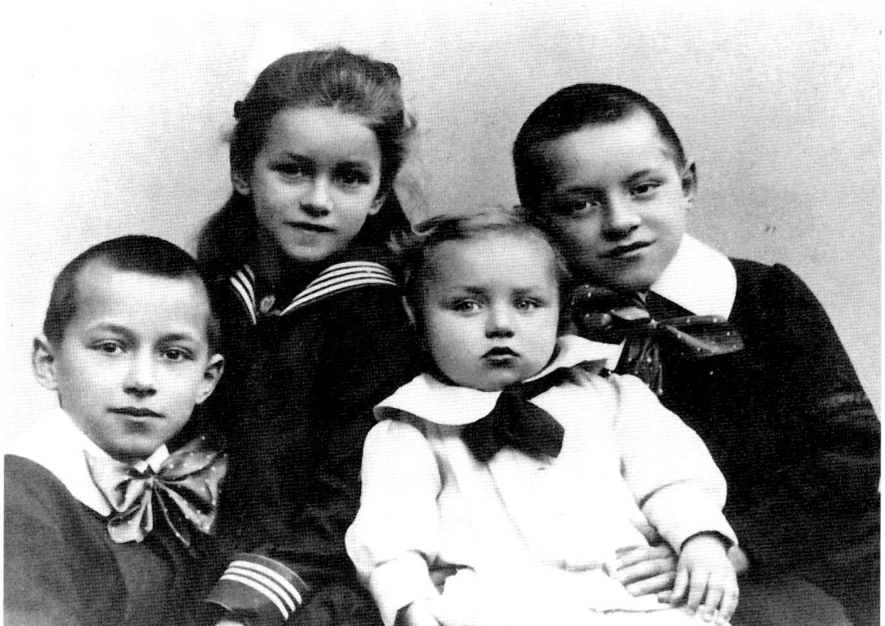

Das mauerumschlossene Städtchen Schwarzenberg im Erzgebirge, in dem Ernst Jünger 1902 und 1904 bei der Familie wohnte, wurde ihm wie Hameln in der Erinnerung zum Inbegriff des Mittelalters und zum Fluchtpunkt seiner Sehnsucht nach einer unwiderruflich vergangenen, in ihrer Fülle und Geschlossenheit vorbildlichen Epoche. (Stadtansicht zur Zeit der Jahrhundertwende)

Das uralte Städtchen, in dem ich damals lebte, war wohl dazu angetan, der Spiegel festlicher Gefühle zu sein. Ich wohnte in einem Hause, das vor Zeiten als Pachthof einer Patrizierfamilie außerhalb der Tore gelegen hatte und dem mächtige Mauern und die mit ausgezackten Eisenstäben bewehrten Fenster den Charakter einer kleinen Festung verliehen. Die Mauer, die den Garten umfaßte, war so hoch, daß nur die benachbarten Kirchtürme hineinblicken konnten, von denen mir besonders noch ein ganz einfacher, vierkantiger, den eine dunkelrote Ziegelhaube bedeckte, in Erinnerung ist. Seine Umrisse tauchen jedesmal zugleich mit dem Worte »Mittelalter« wieder in mir auf. Er war von schmalen Fensteröffnungen unregelmäßig durchbrochen, und die Art ihrer Anordnung gab ihm ein fast menschliches Gesicht. Es war ein sehr seltsames Mittelalter, das da zuweilen des Abends hereinblickte, sehr fern und doch vertraut wie der verwehte Klang von Glocken, den man an Sonntagvormittagen in der Einsamkeit der Wälder vernimmt. Manchmal, während der kurzen Pause, in der der Wind schlafen geht, wenn der Raum ausgestorben und fast luftleer schien, leuchtete die rote Kuppe satter auf vor dem blaßgrünen Streifen, der die Nacht anzukünden pflegt. Wenn dann von den mit breiten Steinplatten belegten Wegen des verwilderten Gartens mein Blick auf diesen durch die Mauerkrone halb abgeschnittenen Sonderling fiel, war es mir nicht anders, als ob sein Sockel einer vergangenen, zauberhaften Landschaft entwachsen müßte, und ich entsinne mich noch recht gut des schmerzlichen Gefühls, das mich in solchen Augenblicken ergriff. Ich habe es seither noch oft vor jenen starken, frommen und männlichen Bildern der frühen Meister empfunden, auf denen sich durch die geöffneten Fenster von Kirchen und Schlössern ein magischer Hintergrund offenbart, lockend und drohend zugleich von Felstälern, Klippen und Burgen erfüllt. Es ist das Gefühl, dem Geist einer Zeit sehr nahe zu sein, deren Wirklichkeit uns jedoch für immer entschwunden ist. In jeder geprägten Form liegt etwas verschlossen, das mehr ist als Form: eine Zeit hat ihr Siegel hinterlassen, das wieder aufglüht, wenn es vom tieferen Blicke getroffen wird. Dann ist es uns zuweilen, als ob wir die Hand nach einem wunderbaren Traumbild ausstreckten, das in demselben Augenblick erlischt, in dem wir es zu berühren wähnen. Diese Sehnsucht nach einer verschollenen Zeit, nach den leuchtenden Farben, die schon so lange verblaßten, nach der reichen und unbegreiflichen Fülle eines Lebens, das unwiderruflich dahingegangen ist – sie ist weit schmerzlicher und unstillbarer als jene andere, die die Schilderung ferner Inseln und üppiger Länder in uns erweckt.

Das Abenteuerliche Herz. Erste Fassung

... entsann ich mich der Melancholien, die mich oft auf dem Schulweg überfielen, der großen Verlassenheit. Mich plagte damals der Gedanke, was aus mir werden würde, wenn meine Mutter stürbe, und dann auch das Gefühl, daß ich so anders war, als man es von mir erwartete.

Strahlungen

... in Quarta bekam ich das schlechteste Zeugnis, das wohl je im Lyzeum II zu Hannover erteilt worden ist. Fünfen durchaus, einschließlich des Betragens und selbstverständlich des Fleißes – nur in meinem wirklich erbärmlichsten Fache, dem Singen, eine Vier, vermutlich dank einem acte de pitié des Gesanglehrers. »Versetzung vollkommen ausgeschlossen« stand unter diesem Dokument.

Subtile Jagden

Nun drohte der graue Kasten mit den hundert Türen, dem Stundenplan und der nie zu erfüllenden Aufgabe. (...)

Wenn er die Brücke überschritten hatte und die Angst ihn stärker bedrängte, kam der Gedanke, daß es nicht wahr sein könnte – am Ende war er in ein Spiel verwickelt, dessen Bedeutung man ihm verheimlichte.

Vielleicht war er der Sohn eines mächtigen Königs, und man hatte ihn als Kundschafter in diese Stadt geschickt. Doch warum ahnte er es nur – warum wußte er es nicht? Ja, dachte er im Stillen – ohne die Angst wäre das Spiel wohl nicht echt.

Doch immer blieb diese Fremdheit: »Was habe ich hier zu schaffen, was habe ich verschuldet – wie komme ich hierher?«

Die Zwille

Hannover (Königswörtherstraße).

Zwischen 1901 und 1914 durchlief Ernst Jünger neun Bildungsanstalten, mit immer nur mäßigem Erfolg. Sein früher Drang nach persönlicher und geistiger Unabhängigkeit machte sich in einer Ablehnung schulmäßig vermittelten Wissens geltend. Dazu kam das Gefühl des Fremdseins in der Welt, das schon früh jene Distanz schuf, deren der Autor zur Weltaneignung bedarf. Die verträumte Abwesenheit wurde dem Schüler jedoch als Verweigerung ausgelegt; er selbst flüchtete vor den Forderungen der Pädagogen in eine fiktive Welt idealer Abenteuer. Ausschweifende Lektüre war das eigentliche Bildungserlebnis. Sie setzte einen Maßstab, den eine bürgerliche Existenz kaum erfüllen konnte.

Das Lyceum II (Gebäude ganz links) in der Goethestraße. Dort unterrichtete noch der Großvater Fritz.

Ursache und Wirkung vermochte Clamor schwer zu trennen – auch darin war er den anderen unterlegen, deren Gewandtheit er mit Staunen betrachtete. Er sah mehr das Nebeneinander der Bilder im Raum als ihre Folgen in der Zeit. Durch ihre unbewegte Tiefe wurde er gebannt und so zum Fremdling in einer Welt, in der die Räder immer schneller kreisten – ein Hindernis. (…)

In der Stadt waren die Geräusche noch greller und drohender. Es war, als ob sie nur aus Ein- und Ausgängen bestünde, die auf die Straßen mündeten, wo der Lärm von mehr als hundert Mühlen brandete. Der Lärm war unentwirrbar, doch plötzlich gab es Signale, die ihn herausgriffen, jäh auf ihn zustießen. Schon auf dem ersten Schulweg hatte ein schrilles Klingeln ihn erschreckt. Er war auf den Schienen entlanggegangen, ohne die Straßenbahn zu bemerken, die sich hinter ihm näherte. Im Dorf gab es keine Schienen, es hieß dort: »Oldhorst liegt aus der Welt.«

Die Zwille

Die niedersächsische Sumpf- und Heidelandschaft um das Steinhuder Meer mit ihrer reichen Flora und Fauna weckte das naturkundliche Interesse des Schülers. Mit dem Bruder Friedrich Georg durchstreifte Ernst Jünger als leidenschaftlicher Sammler von Insekten, Pflanzen und Mineralien Kies- und Sandgruben, Teichränder und Torfstiche.

Villa Jünger in Rehburg. Hier lebte die Familie Jünger in den Jahren zwischen 1908 und 1919.

Bad« Rehburg, auch »der Brunnen« genannt, war ein Kurort, der den Besuchen des Hannoverschen Hofes sein Ansehen verdankte und der sich wenig verändert hatte, seitdem der Blinde König gegangen war. In Menckes Hotel hatte man ihn noch gut gekannt, auch im »Herzog von Cumberland«. »Stadt« Rehburg war kaum mehr als ein entlegenes Heidedorf. Dort gab es noch Häuser ohne Schornstein, bei denen der Rauch durch die Dielentür nach draußen zog. Es roch nach Torf, nach Kühen, nach den Schinken und Speckseiten, die über der Tenne hingen, nach dem moorigen Bach, der das Wasser des Steinhuder Meeres zur Weser hinabführte. Es durchfloß die Schwimmenden Wiesen, an deren Rändern Kranich und Reiher fischten, dann ausgedehnte Brüche, auf denen im April der Kiebitz brütete. Um diese Zeit sahen wir auch schon die Störche die Stichgräben abschreiten.

Die Bauern pflügten mit Kühen; Roggen, Hafer, Kartoffeln, Buchweizen wurden gebaut, auch Lupinen seit kurzer Zeit. Viel anders konnte es hier nie ausgesehen haben, nach Mardorf, nach Leese, nach Nienburg hin. Das Moor ist geschichtslos; da ist mehr Wesendes als Werdendes, graues und braunes Nornengespinst.

Subtile Jagden

Wenn wir uns der Zeit erinnern, in der wir Kinder waren, des Schweifens durch Wald und Feld, wo das Geheimnis hinter jedem Baum und jeder Hecke verborgen war, der wilden, tobenden Spiele in den dämmrigen Winkeln der kleinen Stadt, der Glut der Freundschaft und der Ehrfurcht vor unseren Idealen, so sehen wir, um wieviel blasser die Welt geworden ist.

Das Abenteuerliche Herz. Erste Fassung

Die Jagd konnte beginnen: der Vater hatte uns zu Weihnachten die Ausrüstung geschenkt. Die Alten sahen es gern, wenn die Söhne Steine, Pflanzen und Tiere eintrugen, wie es seit Generationen Brauch gewesen war. Der Großvater hatte viele Stunden auf sein Herbarium verwandt. Das gehörte zum Bildungsgang der Seminare und wurde manchem der jungen Lehrer zur Gewohnheit, der er bis an sein Ende treu blieb und die auch für die Schüler fruchtete.

Die Ausrüstung war vorerst bescheiden – Netz, Nadeln, Fangflasche, ein Kasten, dessen Boden mit Torf gefüttert und mit Glanzpapier bezogen war. Damit beginnen alle Entomologen, und die meisten in früher Jugend – Subtile Jäger, die den Kerfen, den Entoma, nachstellen. Dazu ein Buch mit vielen Bildern: Fleischer, »Der Käferfreund«.

Damit war bereits eine erste Weiche gestellt. Die bunten Bilder waren Köder; bald saß ich an der Angel fest. Was den Zeitverlust angeht, so lief es fast auf dasselbe hinaus wie beim Schachspiel, doch war die Lockung stärker, denn die Partie erschöpfte sich nicht in reinen Kombinationen, sondern eröffnete zugleich ein unerschöpfliches Feld der Anschauung.

Zum Glück kamen die Anfälle schubweis; die kleinen Objekte gewannen dann magischen Glanz. In solchen Phasen fehlte es mir nie an Zeit für sie; wunderlich war eher, daß noch Zeit für anderes blieb.

Bereits im Februar mußte ich den Vater um einen neuen Kasten bitten, denn der erste, der zur Ausrüstung gehört hatte, war schon gefüllt. Das ist ein Kreuz, das den Sammler sein Leben lang begleitet und mit den Jahren nicht leichter wird. Ein Kasten, ein Schrank, ein Zimmer folgt dem anderen, bis endlich der Besitzer selbst in Wohnungsnot gerät.

Subtile Jagden

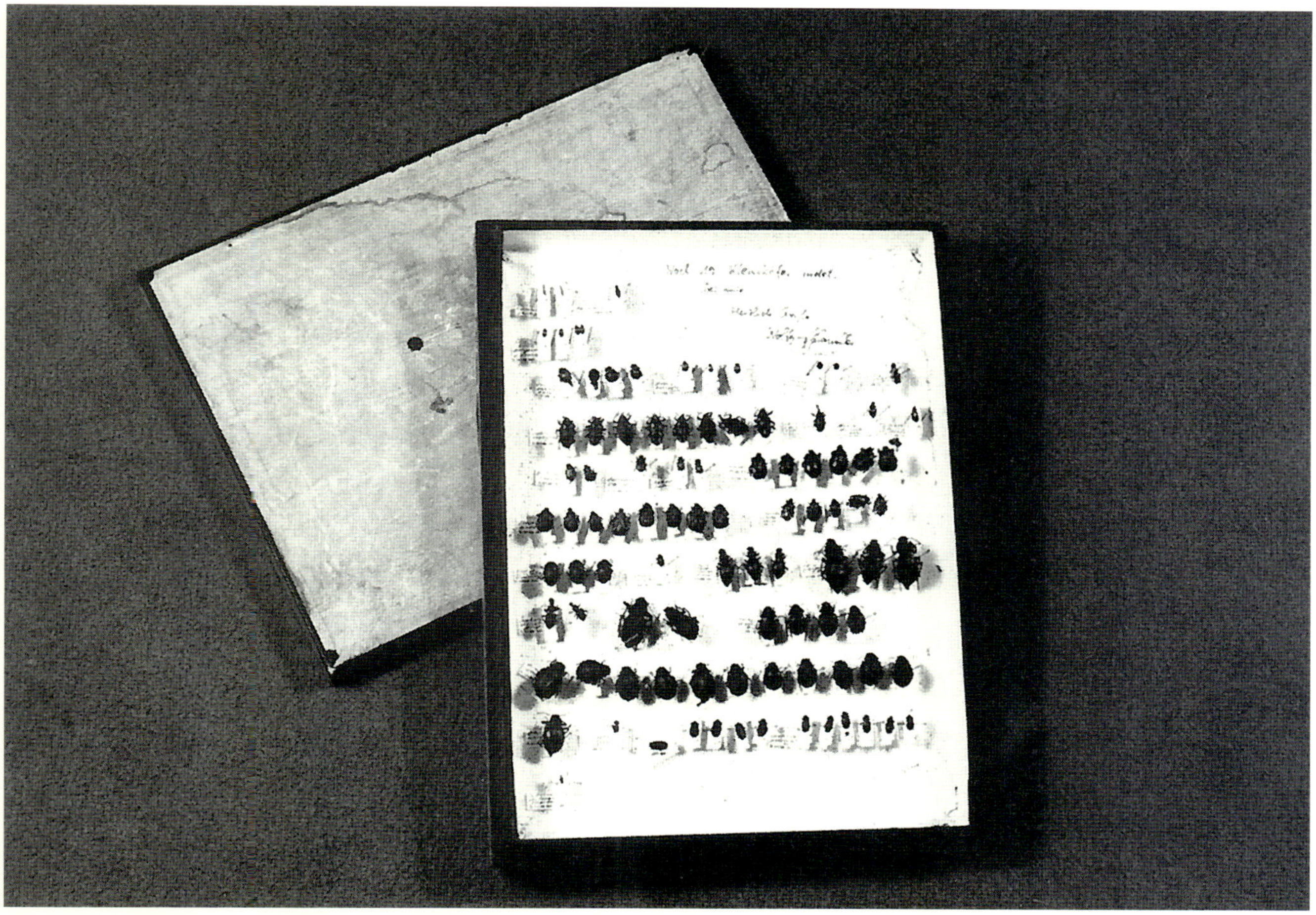

Der erste Käferkasten. Er befindet sich, wie auch das Buch »Der Käferfreund«, noch im Nachlaß Ernst Jüngers.

Die Geschwister Friedrich Georg, Johanna Hermine, Wolfgang, Ernst und Hans Otto (um 1912).

Das Gaublatt der Wandervögel verzeichnet 1911 in seinem Juli-Heft die Aufnahme von Ernst und Fritz (Friedrich Georg) Jünger in die Wunstorfer Ortsgruppe des Wandervogel.

Wunstorf.

1. bis 15. Juli. Durch das Gebiet der Weser und Werra: Hameln, Pyrmont, Solling, Reinhardswald, Kassel, Habichtswald, Kaufungerwald, Eisenach. Rückweg über den Hainich und das Eichsfeld. Kosten 20 ℳ. Führer: Borges.

3. bis 14. Juli. In die Heide: Hannover, Burgdorf, Celle, Uelzen, Lüneburg, Hamburg. Rückweg über Soltau und Fallingbostel. Kosten 20 ℳ. Führer: Weber.

Donnerstag, den 13. und Freitag, den 14. Juli. Nach Nienburg über Hagen, Lüneburg nach den Hünengräbern. Kosten 2 ℳ. Führer: Keßler.

Donnerstag, den 27. Juli. In die Rehburger Berge. Kosten 0,70 ℳ. Führer: Keßler.

Mitteilungen. Aufgenommen sind: Ernst und Fritz Jünger, Kähler, Kramer und Meyer. Ausgetreten ist: Bertram. Als Eufräte begrüßen wir Herrn Direktor Hänßen und Herrn Lehrer Clark.

Das Wunderbare, das tiefer als die Schönheit ist und sich durch sie als eines seiner Mittel offenbart, teilte sich so durch Träume, Bücher und Bilder mit und störte die Bestrebungen einer Erziehung, die es gänzlich zu vernichten und auszurotten suchte – oder auch zu erklären, was ja wohl dasselbe ist. Diese Unterstützung des Wunderbaren war stark, stärker, als es dem Bewußtsein klar wurde, ja manchmal sogar ins Körperliche übergreifend. Wer Sinn dafür besitzt, hat diese Angriffe des Wunderbaren auf die Welt der Tatsachen sicherlich an sich selbst erlebt, als Gleichgewichtsstörung in Augenblicken, in denen die magische Perspektive sich erschließt, als Stocken des Atems und des Herzschlages, als blitzartiges Erlöschen der Wahrnehmung und als ihr Wiedererwachen, dem, besonders nach dem optischen Einbruch gewisser Landschaften, die Welt irgendwie verändert erscheint.

Das Abenteuerliche Herz. Erste Fassung

Wir waren auf Fahrt im Weserbergland: Wandervögel; es muß um 1910 und an der Porta Westfalica gewesen sein. Jedenfalls hatten wir am Morgen das Kaiserdenkmal besucht. Die Gruppe, Schüler aus der Wunstorfer Gegend, war etwa zwölf Mann stark. Sie hatte zwei Führer; der erste sei Werner, der andere Robby genannt.

Damals war der Wandervogel schon ein von den Pädagogen teils geduldeter, teils begünstigter Bund geworden; an jeder höheren Schule gab es eine Ortsgruppe. Die Ideale waren vage, mehr vom Gefühl als von der Sache bestimmt – ohne akademische, militärische oder politische Absichten. »Auf Fahrt sein« – romantisch wandern, abkochen, um Lagerfeuer sitzen, singen, zelten, in Scheunen übernachten, damit wurde manches gewonnen, doch mehr noch abgestreift. (...)

Die Nacht war lang; wir marschierten über Bückeburg und Stadthagen auf Wunstorf zu. Marschieren mußte es schon heißen, denn es war anstrengend. In den frühesten Morgenstunden, als es eben graute, lernte ich die Visionen kennen, die man den Zauber der Erschöpfung nennen kann: die Träume der endlosen Straßen, den Rausch der Nachtwachen. Das war in den Brüchen kein Erlengebüsch mehr; es war eine Vorstadt von Dahomey. Dann kamen Paläste von großer Symmetrie. Es leuchtete aus den Fenstern – Lampione, Ampeln, Girlanden, Ketten von Licht. Die Hecken und Koppelzäune wurden ihrer Natur beraubt; die Wege schienen sich im Frühlicht zu verändern wie Ströme, die kristallin werden. Eben war hier noch Wasser mit Fischen und Seerosen – nun eine Straße, auf der Wagen entlangfuhren. Das war gefährlich – man mußte den Atem anhalten.

Dazwischen immer wieder ein jähes Erwachen, mit den schmerzenden Füßen auf dem Kopfpflaster. So setzt man zur Landung auf. Dabei war die Müdigkeit überwunden, als ob ein Wehr aufgezogen wäre und nun erst die eigentlichen Kräfte zuströmten.

Annäherungen. Drogen und Rausch

Ernst Jünger (mit Hut) in seiner Wandervogelzeit (um 1911). Das Wandern, das Ausschweifen in die Ferne hat den Schüler fasziniert. Mit Friedrich Georg entwickelte er in stundenlangen Gesprächen ausgefallene Reisepläne, das Leben eines Landstreichers malte er sich in den buntesten Farben aus.

UNSER LEBEN.

Noch eh' der erste Hahnenschrei verklungen,
Erhebt der Wandervogel sich vom Stroh,
In seinen klaren Augen blitzt es froh,
Denn heute wird gewandert und gesungen.

Wie flieht die Zeit beim Wandern und
beim Schauen!
Am Bache wird ein warmes Mahl bereitet,
Des Feuers Knistern mit Gesang begleitet.
Und weiter geht's durch Fluren und durch
Auen.

Wenn dann die Sonne hinterm Berg ver-
schwunden,
Wenn dann die Müdigkeit ihn übermannt,
Sein fröhlich Herz ist jedem ja bekannt,
Ein schützend Obdach hat er bald gefunden.

So spart er für des Alltags Treiben
Ein Füllhorn goldner Lieder auf,
Die stets ihm in Erinnerung bleiben,
Und schmücken seinen Lebenslauf.

Ernst Jünger, Wunstorf.

Im Novemberheft von »Hannoverland«, dem Gaublatt der niedersächsischen Wandervögel, veröffentlichte Ernst Jünger 1911 das Gedicht »Unser Leben«. Es war seine erste Publikation.

Schon am Kopf meines ersten Zeugnisses stand die Bemerkung »Aufmerksamkeit mangelhaft«, die mich dann als eiserner Bestand die ganzen Jahre hindurch begleitete. Ich hatte eine Art des Unbeteiligtseins erfunden, die mich wie eine Spinne nur durch einen unsichtbaren Faden mit der Wirklichkeit verband. So verstand ich es, wie eine Muschel die Farben auf der inneren Seite spielen zu lassen und mich gleich für vierzehn Tage und länger in sonderbare Landschaften zurückzuziehen, die ich am Morgen mit dem Schulwege betrat und die ich noch nicht verlassen hatte, wenn mir des Abends die Augen zufielen. Es waren dies in sich geschlossene Kreise der Phantasie, deren jeweiliges Motiv unendlich variiert wurde, um eines Tages durch ein neues abgelöst zu werden. So gehörte ich der großen Klasse der Träumer an, die überall, wo es Pulte gibt, reich vertreten ist.

Ich träumte rücksichtslos und mit Leidenschaft, zu Zeiten ausschließlich, und suchte mir in jedem neuen Jahre einen recht breitschultrigen Vordermann aus, hinter dem ich mich trefflich zu verbergen wußte. Besonders an den Mathematikstunden mich noch zu beteiligen, hatte ich längst aufgegeben, und die einzige Sorge, die meine beschauliche Abgeschiedenheit störte, war die, daß man eines Tages den ganzen Umfang meiner Unwissenheit entdecken würde, die schlimmer war, als der größte Verdacht es vermuten konnte. Du lieber Himmel, welcher Unterschied bestand auch zwischen dem Beweise des binomischen Lehrsatzes und den wahrhaft ariostischen Heldentaten, die ich währenddessen verrichtete. Von jener Stunde an, in der sich durch einen mir völlig unverständlichen Vorgang plötzlich die Zahlen in Buchstaben verwandelten, bis zu den eisigen Wüsteneien, in denen Differentialquotienten und dreifache Integrale ein schemenhaft schweifendes Dasein führten, beschränkte sich meine ganze Tätigkeit darauf, die Klassenarbeiten abzuschreiben.

Das Abenteuerliche Herz. Erste Fassung

Eine Wandervogelgruppe (1910).

Ein Brief des Hannoveraner Schülers an die Mutter (18. 8. 1912). Die Eltern betrachteten die Schule als nicht unbedingt notwendiges Übel, das die Eigenentwicklung ihrer Sprößlinge gefährdete. Ernst Jünger durfte immer mit einem offenen Ohr für seine Schulprobleme rechnen; die verständnisvolle und liberale Mutter war die Schulzeit hindurch Adressatin aller Klagen und Berichte über schulische Interna, Verwicklungen und Nöte, die den Internatszögling plagten.

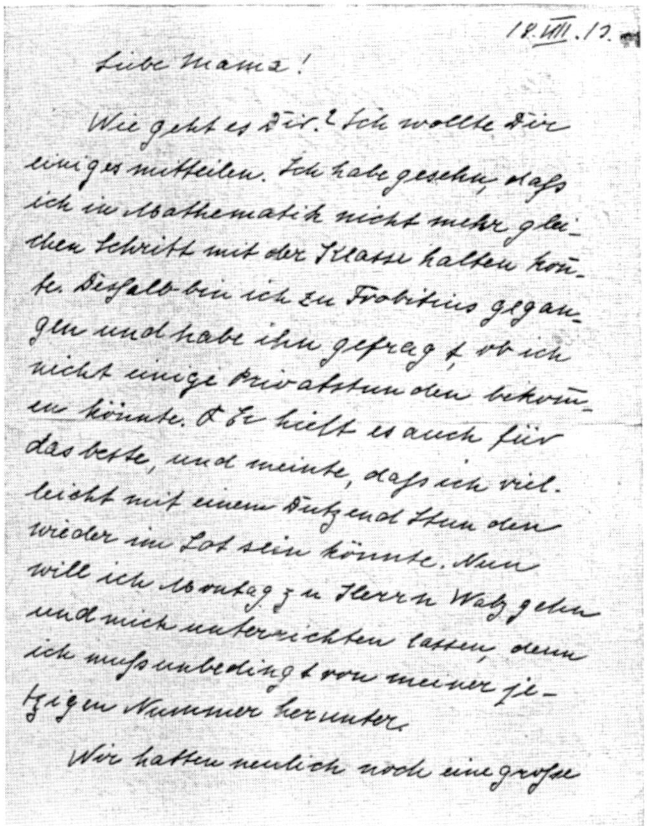

18.VIII.12.

Liebe Mama!

Wie geht es Dir? Ich wollte Dir
einiges mitteilen. Ich habe gesehn, daß
ich in Mathematik nicht mehr glei-
chen Schritt mit der Klasse halten konn-
te. Deshalb bin ich zu Trobitius gegan-
gen und habe ihn gefragt, ob ich
nicht einige Privatstunden bekom-
men könnte. Er hielt es auch für
das beste, und meinte, daß ich viel-
leicht mit einem Dutzend Stunden
wieder im Lot sein könnte. Nun
will ich Montag zu Herrn Walz gehen
und mich unterrichten lassen, denn
ich muß unbedingt von meiner je-
tzigen Nummer herunter.

Wir hatten neulich noch eine große

… Ich habe gesehn, daß ich in Mathematik nicht mehr gleichen Schritt mit der Klasse halten konnte. Deshalb bin ich zu Trobitius gegangen und habe ihn gefragt, ob ich nicht einige Privatstunden bekommen könnte, denn ich muß unbedingt von meiner jetzigen Nummer herunter … jetzt rückt der Glanzpunkt jedes R. C.–Mannes heran, das Stiftungsfest. Wir haben Regatta, Tanz, Kaffeetafel, Abendessen, Kneipe und Nachfeier. Nun habe ich 4 M Unkosten dazu aufzubringen und möchte dich bitten mir das doch bis Donnerstag spätestens zu schicken, weil ich zuviel für die Tanzstundengeschichten ausgegeben habe.

(18. 8. 1912)

Bei mir steht alles ganz gut. Frau Kraul ist zum Direktor und zu Trobitius gegangen und hat dort für mich eine Lanze gebrochen und mir dann die gute Nachricht mitgebracht, daß sie mich versetzen wollen. Insoweit wäre ja erst mal für Primarreife gesorgt … Übrigens mit der Tintenfaßaffäre habe ich mich zweimal beschwert und die Versicherung erhalten, daß ich mich damit der Unterschlagung von Schuleigentum schuldig gemacht hätte, weil sie wohl nichts anderes finden konnten. Aber sie scheinen doch so etwas das Grundlose einzusehen und haben mir bis jetzt noch nicht gesagt, daß ich die Stunde sitzen sollte. Wenn mich nicht alles trügt, so wird Trobbi Euch wohl jetzt wieder einen Zettel zuschicken, daß ich einem andern in der Klassenarbeit behülflich gewesen bin. Vielleicht aber auch nicht.

(1912)

Das »Einjährige« ist bestanden. Ernst Jünger (ganz rechts) mit den Kameraden Schüddekopf und Rabe 1912 in Hameln.

Getrunken wurde regelmäßig und methodisch; einmal in der Woche war Kneipe im »Bremer Schlüssel«, einem renommierten Haus. Selbfünft verließen wir dann nach dem Abendessen den Rhedenhof, so hieß die Pension. Mehr oder minder angeheitert kehrten wir gegen elf Uhr zurück. Zu späterer Stunde durften wir uns nicht mehr auf der Straße blicken lassen; das verstieß gegen die Schulordnung.

Die Fröhlichkeit der Bierabende war durch studentischen Komment geregelt, auf dessen Befolgung am oberen Tafelende der Präside und am unteren der Fuchsmajor achteten. Beide hatten Schläger vor sich liegen, mit denen sie, um sich Gehör zu schaffen, auf den Tisch klopften. Die Lieder und allerhand Zeremonien wie das Salamander-Reiben wurden nach vorangegangenem »Silentium« kommandiert; ein gemütlicher Teil, die Fidelitas, schloß sich an. Getrunken wurde aus Deckelkrügen; manchmal ging zudem ein Humpen rundum. Er hatte die Form eines Stiefels, der immer wieder gefüllt wurde, und zwar auf Kosten dessen, der ihn als Vorletzter gehabt hatte. Wenn das Bier zur Neige ging, mußte man entweder nippen oder mit einem Zuge Rest machen. Falls etwas vorbeifloß, hatte man »geblutet« und mußte auch zahlen. Es gab eine Menge Verstöße, die dadurch geahndet wurden, daß ein kleineres oder größeres Quantum zu leeren war – man mußte »in die Kanne gehen«. Oft waren Studenten, ehemalige Mitschüler, zu Gast; sie lobten unseren Biereifer.

Diese Abende waren in der Ordnung; sie wurden von den Lehrern nicht nur wohlwollend geduldet, sondern gern gesehen. Fast jeder von ihnen berief sich darauf, daß er in einer Verbindung aktiv gewesen war.

Annäherungen. Drogen und Rausch

Fast zwei Wochen hier, schon mächtig Wein gesoffen. Bier miserabel. Brot weiß. Schwarzbrot unbekannt. – Jede Familie (hat) Kaninchenstall mit ungefähr zehn bis zwanzig Insassen. – Erdbeeren reif – Himbeeren – Johannisbeeren – Stachelbeeren – Nüsse fresse ich jeden Abend. – Schlafe lange. – Morgens Französisch studiert – viel Karten geschrieben. – Wenige Moneten. – Drei Hunde – zwei Katzen – Hühner – Kaninchen – zwei mitnehmen (schön). – Mit Pensionsschülern ausgegangen – schön gespielt. – Ekelhafte Pfaffen mit viereckigen Bauerngesichtern und Weiberröcken verunzieren die Gegend. Lassen sich von allen Leuten die Hand küssen. Freitag Fisch. – Über meinem Bette Weihwasserbecken. – Dumme Fragen können die Franzosen richten. Der eine fragte, ob in Deutschland die Toten begraben würden? der andere: »Spricht man denn in Köln Deutsch?«, der dritte: »Kannst Du ebensogut Deutsch wie Französisch sprechen?«

Buironfosse (1909)

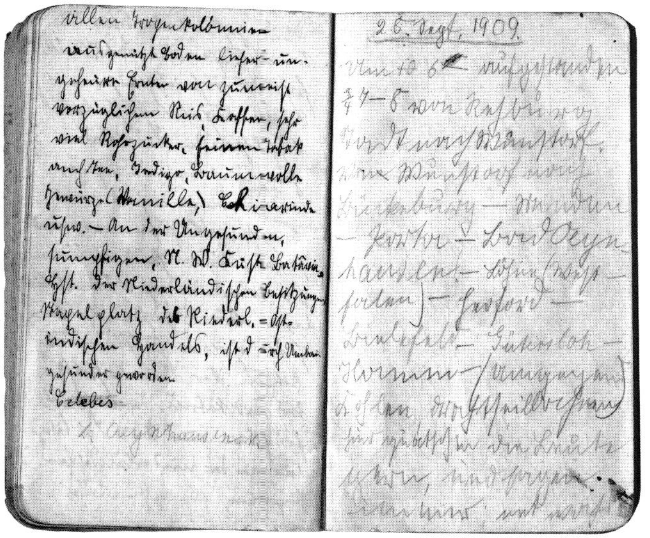

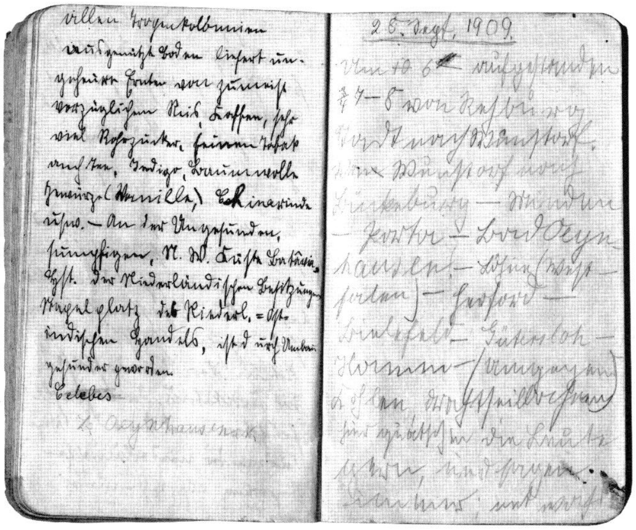

Ein Notizbuch dokumentiert die erste Reise nach Frankreich: Im September 1909 kam Jünger als vierzehnjähriger Austauschschüler zu einer Familie Lasur nach Buironfosses bei St. Quentin. Einige Jahre später, im Winter 1916 und im Sommer 1917, wird er als Soldat in die Gegend um St. Quentin zurückkehren, die er später als einen seiner Schicksalsorte bezeichnet. Über seine Frankreich-Reise hat Jünger Tagebuch geführt. Unter dem Datum des 28. September hält er zunächst die Stationen der Eisenbahnfahrt fest: »Um 6 Uhr aufgestanden ¾ 7–8 von Rehburg Stadt nach Wunstorf. Von Wunstorf nach Bückeburg – Minden – Porta Bad Oeynhausen – Löhne (Westfalen) Herford – Bielefeld – Gütersloh – Hamm (Umgegend Kohlen, Drahtseilbahnen). Hier quatschen die Leute gern und sagen immer: »net wahr«.

Seine Wandervogel-Gedichte hatten Ernst Jünger bei seinen Mitschülern den Ruf des »Poeten« eingetragen. Eine heitere Klassenchronik in der »Fest-Zeitung zum Einjährigen-Kommers der Scharnhorst-Realschule Wunstorf 1912« vermerkt für Ernst Jünger gewisse bohemehafte Züge:
»Kunst ist auch bei uns vertreten durch Jünger oder den Poeten. Auch er soll häufig einen heben und dann in höheren Regionen schweben das Büffeln läßt ihn ziemlich kühl für Liebe hat er mehr Gefühl. Postlagernd schreibt er leider auch wie's bei verdorbner Jugend Brauch. Jetzt schreibt er diese Verse hier, damit ihr lustig seid beim Bier.«

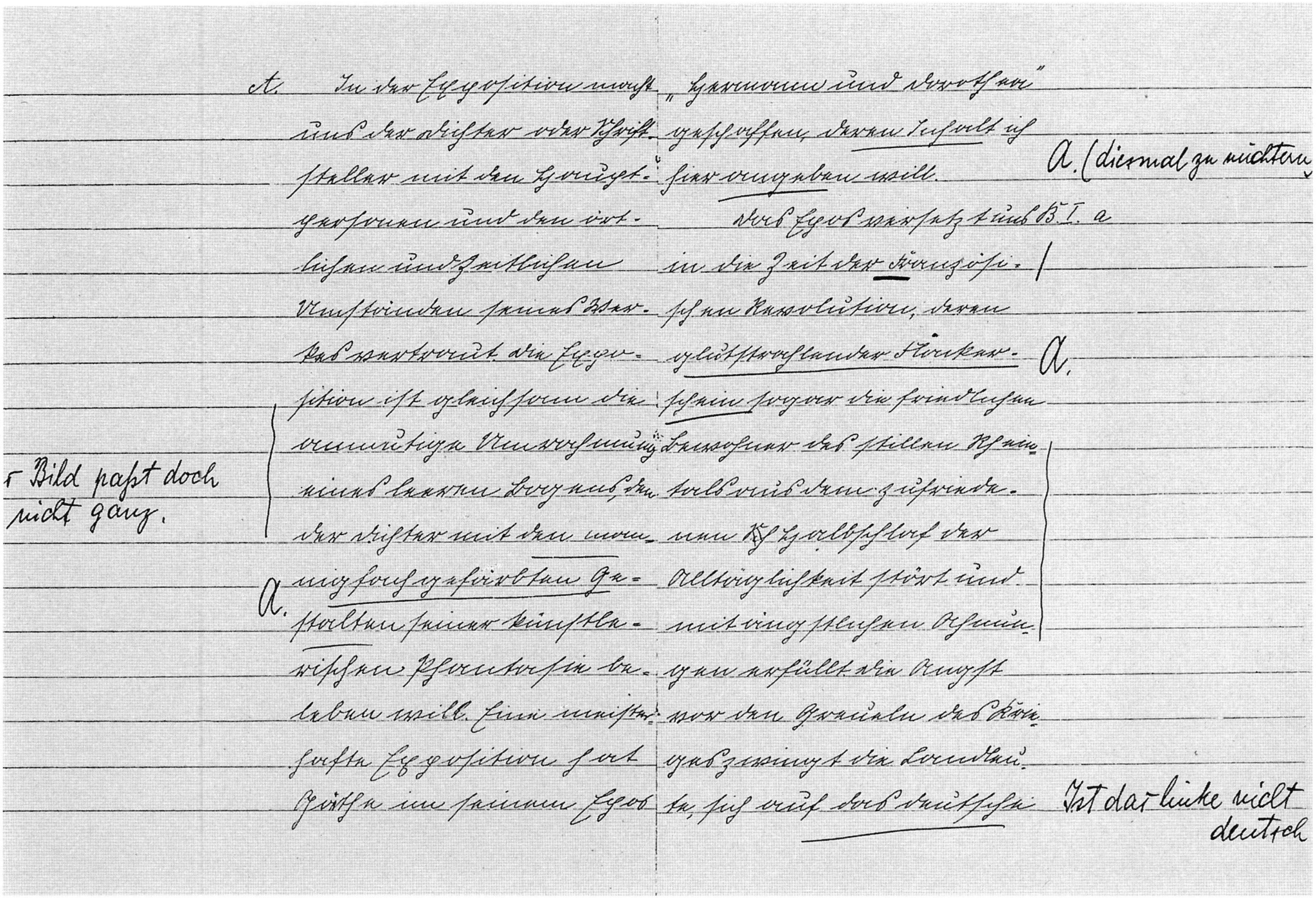

Ein Schulheft vom Schuljahr 1912/13. Darin enthalten die Aufsätze »Wie erklärt sich bei Hebbel Hagens Tat aus seinem Wesen?« (26. 11. 1912) und »Die Exposition in Goethes ›Hermann und Dorothea‹« (21. 1. 1913), die mit »gut« und »Noch gut» benotet sind.

Zwei Seiten der Arbeit »Die Exposition in Goethes ›Hermann und Dorothea‹« mit den Anmerkungen des Lehrers.

Das Epos versetzt uns in die Zeit der französischen Revolution, deren glutstrahlender Flackerschein sogar die friedlichen Bewohner des stillen Rheintals aus dem zufriedenen Halbschlaf der Alltäglichkeit stört und mit ängstlichen Ahnungen erfüllt. Die Angst vor den Greueln des Krieges zwingt die Landleute, sich auf das deutsche Rheinufer (Randbemerkung des Lehrers: Ist das linke nicht deutsch?) zu flüchten, wo das plötzliche Erscheinen dieser elenden und verwahrlosten Rotten als erstes Anzeichen des nahen, furchtbaren Unheils aufgefaßt wird … Am besten gefällt mir die Gestalt Hermanns, des Wirtssohnes. Er hat die guten Eigenschaften seiner Eltern geerbt, an denen er mit kindlicher Liebe hängt. Er ist das Urbild des edlen deutschen Jünglings, der anmutige Kraft und körperliche Schönheit mit Innigkeit des Gemüts und Feinheit der Seele in seiner Person vereinigt. Mit zarter Pietät ehrt er die Anschauungen und Gewohnheiten seiner Eltern, und sein offenes Gemüt verabscheut die modesüchtige Ziererei der geschniegelten Handelsbübchen … Wir sehen, daß Goethe hier einen idealen Hausstand geschildert hat. Möchte doch jede Familie so mit leiblichen und geistigen Gütern gesegnet sein wie die des wackeren Wirtes! (Anmerkung des Lehrers: Ein wohl kaum erfüllbarer Wunsch)

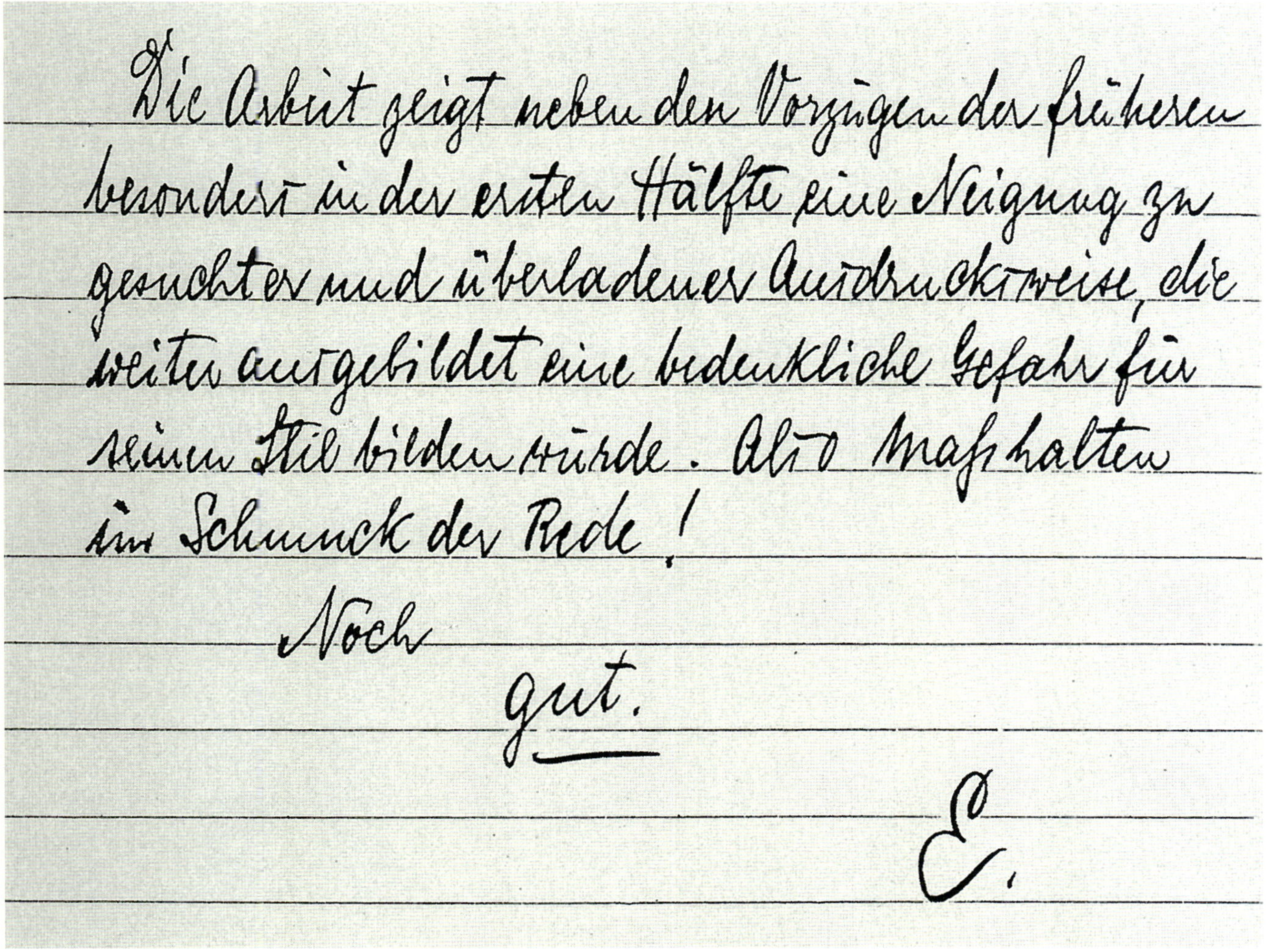
Die Arbeit zeigt neben den Vorzügen der früheren besonders in der ersten Hälfte eine Neigung zu gesuchter und überladener Ausdrucksweise, die weiter ausgebildet eine bedenkliche Gefahr für seinen Stil bilden würde. Also Maßhalten im Schmuck der Rede!

Noch gut.

E.

Die Beurteilung des Deutschlehrers.

Gustav Weils vierbändige Übertragung der Erzählungen aus »Tausend und eine Nacht« (Berlin 1841), die der Schüler in der Bibliothek des Vaters fand. Die Ausgabe befindet sich noch immer im Ernst Jünger-Haus in Wilflingen. Die Spuren einer intensiven Beschäftigung mit der phantastischen Welt orientalischer Märchen lassen sich durch das gesamte Jüngersche Werk hindurch verfolgen. Die Figur des glücklich agierenden Aladin ging in die Erzählung »Aladins Problem« ein, die der Siebenundachtzigjährige schrieb und 1983 veröffentlichte.

Bücher waren es auch, die meiner Phantasie den Rückhalt einer festen Reservestellung boten. Auf ihre Hilfe war schon früh Verlaß gegenüber den Zugriffen des Alltäglichen; und sicher trugen sie die Hauptschuld daran, daß mein Mathematiklehrer mein Phlegma als ein unüberwindliches, ja fast unerklärliches bezeichnete, welches Wort aus diesem Munde viel heißen wollte. Allerdings irrte er sich hinsichtlich der Art meines Temperaments, das vielmehr von der Natur war, die der Franzose bei Frauen die falsche Magerkeit zu nennen pflegt – Fülle war wohl vorhanden, aber sie versteckte sich überall, wo das Leben ihr nicht in der Form von Bildern entgegentrat. (…)

Glückliche Zeiten endlich trotz allem, in denen nach der ewig unvergeßlichen Entdeckung des »Robinson Crusoe« und der »Tausendundeinen Nacht«, nach den Cooper, Defoe, Sealsfield, Wörishöffer, Dumas und Sue andere Namen aufzutauchen begannen, wie Sternbilder, die groß und schweigend am unbeschriebenen Gewölbe aufziehen, um für immer ihren Platz zu wahren, durch den Rang, Grad und Richtung aller künftigen Erscheinungen sich bestimmt.

Das Abenteuerliche Herz. Erste Fassung

Schwierig war die Beleuchtungsfrage, denn wir hatten in der Boedeckerstraße noch kein elektrisches Licht. Ich mußte also warten, bis die Eltern zur Ruhe gegangen waren, bevor ich mich in das Wohnzimmer schlich und dort den Kronleuchter anzündete. Sie müssen damals sehr solide gelebt haben, denn es war ein Wunder, daß diese Ausflüge nie bemerkt wurden. Im Wohnzimmer stand der Hackländer, elegant gebunden, auch war da ein Sofa und ein Service mit einer Arrak- und einer Rumflasche. Das Fest konnte beginnen; wenn ich müde wurde, frischte ich mich durch eine Stärkung auf. Der Rum war zu herb; ich milderte ihn, indem ich einen Schuß auf einen mit Zucker gefüllten Eßlöffel goß. Ein Gefühl, daß das Lesen eine Untat, ein Raub an der Gesellschaft sei, bin ich seitdem nie wieder ganz los geworden, obwohl es die Passion nicht beeinträchtigte.

Subtile Jagden

Ernst Jünger (oben rechts) mit Klassenkameraden der Reformschule Hameln (1912).
Im Sommer 1912 trat Jünger, wohl um seiner Isolation und dem notorischen Heimweh zu begegnen, in den Hamelner Ruder-Club (R. C.) ein, »der eher ein Rowdy-Klub war«.

Liebe Mama! Wie geht es Dir? Bei mir macht sich wieder das alte Erbübel geltend. Ich möchte deshalb gerne in den Ruderclub aufgenommen werden, bin aber von den Leuten nicht aufgenommen. Hier ist es sehr warm, nach der Schule gehe ich immer erst in mein Eisstammlokal ... In der Schule weiß ich nicht recht, wie ich stehe, denn oft vergehen Stunden in denen ich gar nicht ankomme. Unser Klassenlehrer ist leider ein rechter Schnüffler, der gern welche abfaßt, aber sonst ist er ganz nett ... Wir vier Redenhofer haben vorigen Dienstag den Pipenclub Ambrosia gegründet der alle 14 Tage Dienstag von 8–10 1/2 auf der Redenhofer Mauer tagt und schon 20 Mitglieder hat, die der Obersekunda bis Oberprima angehören. So sitzen wir immer auf unserer Mauer, da auf den öffentlichen Wegen von Hameln das Rauchen verboten ist.

(25. 4. 1912)

Fahrten wie die ins Weserbergland fielen in meine Sekundanerzeit. Als Primaner war ich im Ruderklub. Es ist möglich, daß mir die Romantik der Fahrenden Gesellen nicht mehr recht behagte und daß mir das Singen zuviel wurde, bei dem ich meine Stimme möglichst im Chor verschwinden ließ. Wahrscheinlich wurde ich von meinen Mitpensionären, stämmigen Ruderern, einfach »gekeilt«. Es waren ihrer vier; ich konnte mich schwer ausschließen und lief als fünftes Rad am Wagen mit. Der Älteste, »Long Heini«, maß über zwei Meter; er fiel in der Pikardie. Kopfschuß; die Gräben waren nicht für Giganten gebaut.

Zum Rudern, mit dem ein ziemlicher Drill verbunden war, spürte ich wenig Neigung; meine Tätigkeit beschränkte sich auf Kaiakfahrten in den Zuflüssen der Weser und auf das Baden am Bootshaus, vor dem ich lungerte.

Annäherungen. Drogen und Rausch

In der 1936 veröffentlichten Erzählung »Afrikanische Spiele« ist das Intermezzo in der Fremdenlegion literarisch gestaltet.

Gern denke ich an jene Zeit kurz vor dem Kriege zurück, in der ich eines Tages meine Schulbücher über die nächste Mauer warf, um nach Afrika zu ziehen. Der Dreißigjährige kann sich nicht entschließen, die Unverfrorenheit des Sechzehnjährigen zu mißbilligen, die auf die Tätigkeit von zwei Dutzend Schulmeistern verzichtete und sich über Nacht eine eindringlichere Schule verschrieb. Es entzückt ihn vielmehr ein früher, instinktiver Protest gegen die Mechanik der Zeit; und er erinnert sich eines einsamen Paktes, der durch eine geleerte Burgunderflasche besiegelt wurde, die er an einem Felsblock des Hafens von Marseille zerschmetterte. (...)

Meine Eltern besaßen ein Treibhaus, das ich während der großen Ferien gern zur Mittagszeit aufsuchte, und manchmal, wenn die glühende Luft über dem Glasdache zitterte, dachte ich mit einem seltsamen Vergnügen, daß es wohl auch in Afrika nicht viel heißer sein könnte. Etwas heißer allerdings mußte es sein, denn gerade das fast Unerträgliche, das noch nie Erlebte war ja das Verlockende. Afrika war für mich der Inbegriff des Wilden und Ursprünglichen, der einzig mögliche Schauplatz für ein Leben in dem Format, in dem ich das meine zu führen gedachte; und es stand für mich fest, daß, sowie ich freie Verfügung besaß, ich mich dorthin zu wenden hatte. Inzwischen verschlang ich alles, was an Aufzeichnungen über dieses Land zu erreichen war, und die alte Dame in der Leihbibliothek staunte über die Geschwindigkeit, mit der ich breite Regale ihrer in schwarzes Wachsleinen gebundenen Bücher zu bewältigen wußte. Es war nicht der ganze Erdteil, der meine Aufmerksamkeit fesselte, sondern nur der breite Streifen, den der Äquator schneidet, das eigentlich tropische Land mit seinen schrecklichen Urwäldern und großen Strömen, seinen Tieren und Menschen, von jedem gewohnten Wege weit entfernt. Daß es noch Wildnisse gab, die nie ein Fuß beschritten hatte: dies zu wissen, bedeutete für mich ein großes Glück.

Das Abenteuerliche Herz. Erste Fassung

Das Rehburger Anwesen: Im Hintergrund, von altem Eichenbestand umschlossen, die »Villa Jünger«; rechts das vormals für Kutscher und Gärtner bestimmte Nebenhaus, das 1913 abbrannte. Davor die vom Vater mit Passion betriebenen Glashäuser, in denen er auch tropische Gewächse zog. Ins besonders schwüle Gurkenhaus zog sich Ernst Jünger an heißen Sommertagen zurück, um seine Tropentauglichkeit zu erproben.

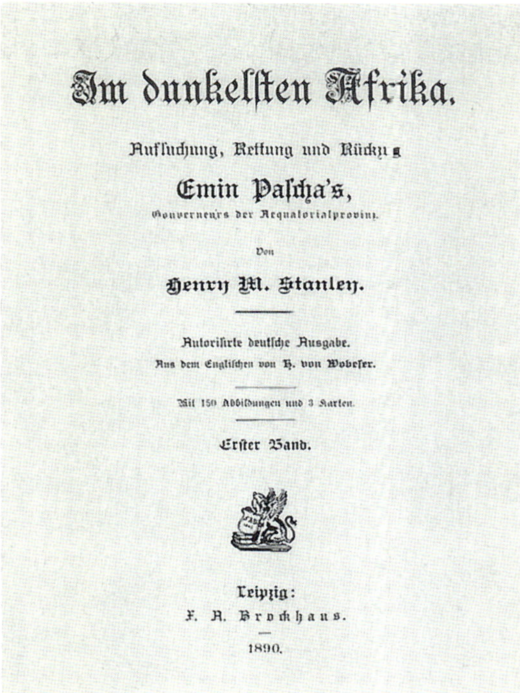

Im dunkelsten Afrika.

Aufsuchung, Rettung und Rückzug

Emin Pascha's,

Gouverneurs der Aequatorialprovinz.

Von

Henry M. Stanley.

Autorisirte deutsche Ausgabe.

Aus dem Englischen von H. von Wobeser.

Mit 150 Abbildungen und 3 Karten.

Erster Band.

Leipzig:

F. A. Brockhaus.

1890.

Zentralafrika: Illustration aus Stanleys Afrikabuch.

Während des Unterrichts verschlang Ernst Jünger die durch die deutsche Kolonial- und Flottenpolitik populär gewordenen Afrikabeschreibungen. Die Großmutter hatte ihm H. M. Stanleys Buch »Im dunkelsten Afrika« geschenkt, das 1890 in deutscher Übersetzung erschienen war. Der Band begleitete den Ausreißer nach Algerien.

Die Knaben-Phantasien vom Ganz-Anderen, von einem ursprünglichen Leben voll Abenteuer und Bewährung, durch Lektüre und Tagträume angeheizt, wurden am 3. November 1913 zur Wirklichkeit gemacht: Ernst Jünger setzte sich ab in die Fremdenlegion, die ihn ins Land seiner Sehnsucht, nach Schwarzafrika, befördern sollte.

* **Bad Rehburg, 16. November. Der Primaner als Fremdenlegionär.** Der Unterprimaner **Jünger**, ein Sohn des Bergwerksbesitzers Dr. phil. Jünger hierselbst, hat sich für die französische Fremdenlegion anwerben lassen und befindet sich bereits auf dem Wege über Marseille nach Afrika. Der Vater des Bedauernswerten hat sich an das Auswärtige Amt in Berlin um Hilfe gewandt. Die deutsche Botschaft ist angewiesen, sich mit der französischen Regierung wegen der Freilassung des Jünger in Verbindung zu setzen.

... an einem feuchten und dunstigen Herbstnachmittag, trat ich mit Zittern und Bangen in einen Trödlerladen ein, um einen sechsschüssigen Revolver mit Munition zu erstehen. Er kostete zwölf Mark – das war eine Ausgabe, die unter keinen Umständen wieder zu ersetzen war. Ich verließ den Laden mit einem Triumphgefühl, um mich gleich darauf zu einem Buchhändler zu begeben und ein dickes Buch »Die Geheimnisse des dunklen Erdteils« zu erwerben, das ich für unentbehrlich hielt.

Afrikanische Spiele

... ohne ein Wort weiter zu sprechen, begann er den Berg emporzusteigen, der sich im Kern der Stadt erhebt und der seit Jahrhunderten eine verwitterte Zitadelle auf seinem Rücken trägt. Das Rekrutierungsbüro lag in einem unscheinbaren Gebäude, vor dessen Tor einige unbeschäftigte Soldaten herumlungerten und an dem ich in den beiden letzten Tagen wohl schon ein dutzendmal achtlos vorübergegangen war.

Afrikanische Spiele

Ein Rekrutierungsbüro der Fremdenlegion.

Verdun (um 1913).

Mit grimmiger Freude las ich, daß Schwarzwasserfieber und Schlafkrankheit den Ankommenden schon an der Küste erwarteten und hohe Opfer forderten. Es schien mir billig, daß der Tod seinen Gürtel zog um ein nur für Männer geschaffenes Land und schon an seinen Pforten jeden zurückschreckte, der nicht ganz entschlossen war. Abbildungen jedoch vom Bau zentralafrikanischer Bahnen oder eine gelegentliche Notiz in der Zeitung über ein gegen den Stich der Tsetsefliege erfundenes Serum pflegten meine Entrüstung zu erwecken; solche Siege des Fortschrittes über die Mächte der Natur verstimmten mich sehr. (...)

Afrika, das war für mich die prächtige Anarchie des Lebens, die doch unter ihrer wilden Erscheinung eine tiefe, tragische Ordnung erfüllt und nach der wohl jeder junge Mensch zu einer bestimmten Zeit Sehnsucht besitzt.

Das Abenteuerliche Herz. Erste Fassung

Die Ankunft der beiden Feldjäger, denen wir schon in der Nacht begegnet waren, hatte das ganze Dorf herbeigelockt, und groß und klein hatte sich in freudiger Erwartung um unseren Schober wie um einen Fuchskessel aufgestellt. Das war der Trubel gewesen, den ich im Traum gehört und der Benoit eher erweckt hatte als mich ... nach und nach erkannte ich an fünfzig braune Gesichter, die mich ganz unverhohlen auslachten, ebenso die beiden Feldjäger, die sich die Bäuche hielten, und zwischen ihnen Benoit, der nun auch zu lachen begann ... Für mich jedenfalls war das der Augenblick, in dem ich mein afrikanisches Abenteuer zu verwünschen begann.

Afrikanische Spiele

Sidi-bel-Abbès (Algerien): das Quartier der Fremdenlegion. Am 8. November 1913 wurde Ernst Jünger in die 26. Instruktionskompanie eingewiesen. Nach einem Fluchtversuch wurde er gefaßt und arretiert. Am 20. Dezember entließ man ihn auf Intervention seines Vaters. (Postkarte aus der Zeit)

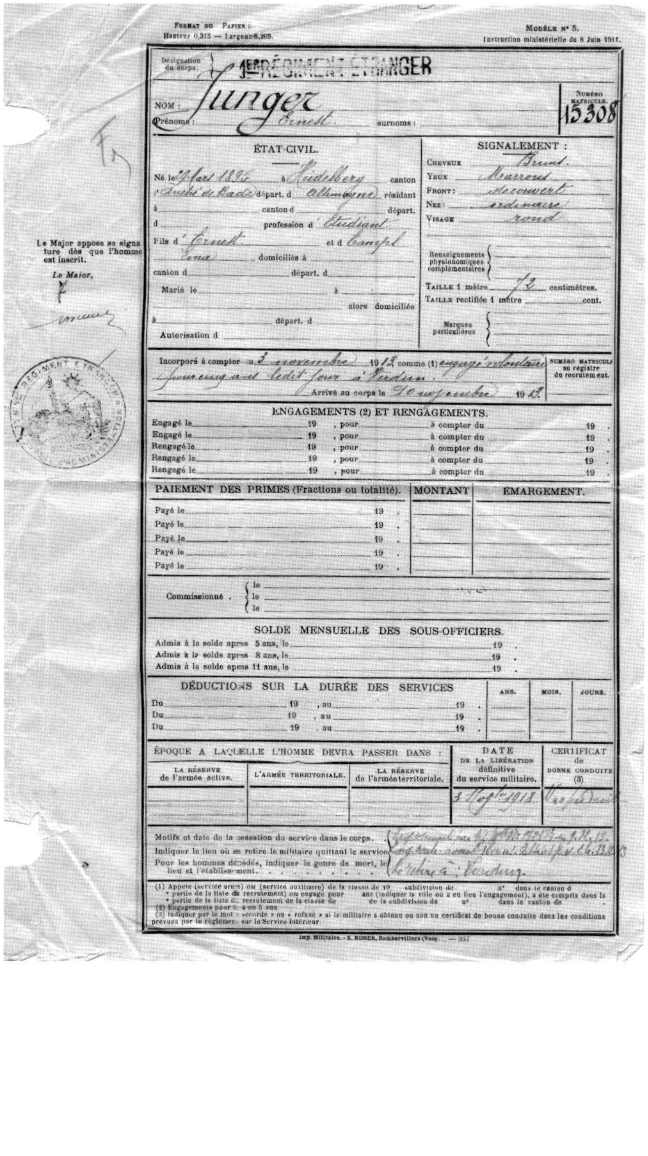

Modèle n° 5.

1er RÉGIMENT ÉTRANGER

NOM : Junger — Prénoms : Ernst — Numéro matricule : 15308

ÉTAT-CIVIL.

Né le 29 Mars 1895 à Heidelberg — Duché de Bade — département d Allemagne — profession d' Etudiant

Fils d' Ernst et d' Lampl Lina

SIGNALEMENT : Cheveux Brun. — Yeux Marrons — Front : découvert — Nez : ordinaire — Visage rond

Taille 1 mètre 72 centimètres.

Incorporé à compter du 8 novembre 1913 comme engagé volontaire

Arrivé au corps le 10 novembre 1913

ENGAGEMENTS (2) ET RENGAGEMENTS.

PAIEMENT DES PRIMES (Fractions ou totalité). — MONTANT — EMARGEMENT.

SOLDE MENSUELLE DES SOUS-OFFICIERS.

DÉDUCTIONS SUR LA DURÉE DES SERVICES

ÉPOQUE A LAQUELLE L'HOMME DEVRA PASSER DANS : La réserve de l'armée active. — L'armée territoriale. — La réserve de l'armée territoriale. — DATE de la libération définitive du service militaire: 3 Août 1918 — CERTIFICAT de bonne conduite

Motifs et date de la cessation du service dans le corps.

Ernst Jüngers Dienstbestätigung bei der Fremdenlegion mit der Nummer 15308. Darin wird Jünger als »Legionär 2. Klasse« geführt. Unter der Rubrik »Gute Führung« heißt es: »Es steht ihm keine Beurteilung zu.« Das Dokument verzeichnet unter »Strafen« acht Tage Einzelhaft im Gefängnis. Als Motiv der Entlassung am 23.12.1913 ist »Einspruch des Vaters wegen Minderjährigkeit« angegeben.

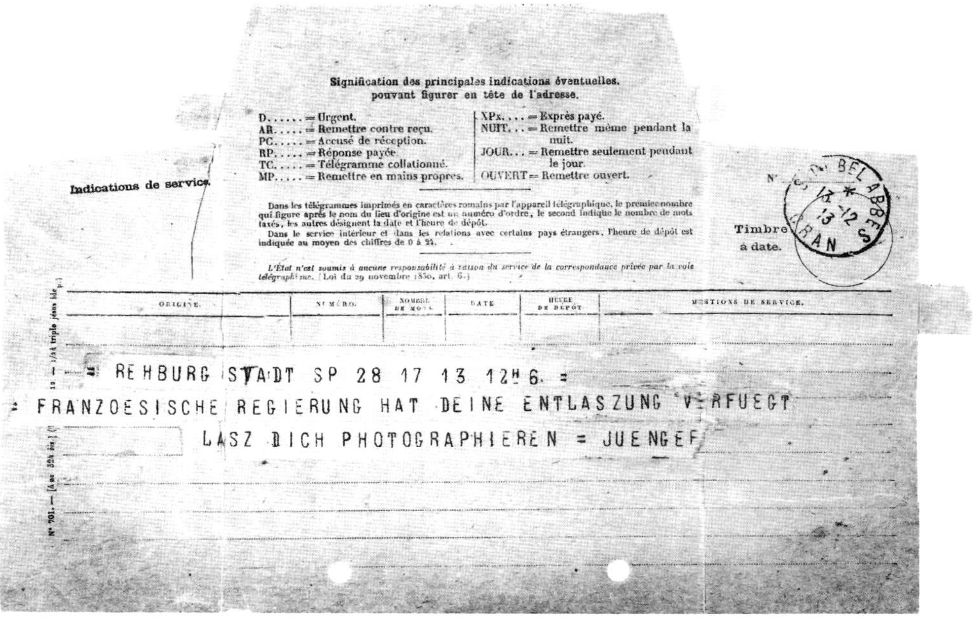

Signification des principales indications éventuelles, pouvant figurer en tête de l'adresse.

Indications de service.

SIDI-BEL-ABBES 13 12 13 ORAN — Timbre à date.

= REHBURG STADT SP 28 17 13 12H6 =
= FRANZOESISCHE REGIERUNG HAT DEINE ENTLASZUNG VERFUEGT
LASZ DICH PHOTOGRAPHIEREN = JUENGER

Am 13. Dezember meldet der Vater seinem Sohn, daß seine Intervention über diplomatische Kanäle zur Entlassung erfolgreich war und vergißt auch nicht, Ernst aufzufordern, sich photographieren zu lassen.

Der Legionär Ernst Jünger.

In einer Mischung aus Humor und Melodramatik spinnt der nach Hause zurückgekehrte Legionär seine afrikanischen Erfahrungen im Gedicht phantasievoll aus. (Entstanden zum Jahresanfang 1914.)

Dort steht der Grenzpfahl! Nun bin ich frei,
Nun sind die Qualen der Knechtschaft vorbei.
Vorbei die Schrecken der Wüstenglut,
Dort ist die Heimat und alles ist gut.

Stets dacht ich (dein) als der Freiheit Land,
Unterm Zelt, im Gefecht, im Sonnenbrand.
Im Prison, im Cafard, wenn alles verblich,
Blieb mir nur eins, die Hoffnung auf dich.

Als die Schüsse krachten vor Tazas Höhn,
Fiel mein letzter Blick auf die weißen Moscheen.
Doch als ich verließ das Spital von Oran,
Dankt ich der Kugel, die den Fuß mir nahm.

Jetzt steh ich hier in der blauen Montur,
Der verklärte Blick grüßt die deutsche Flur.
Zur Erde sink ich, ich küsse den Grund,
Und jubelnde Laute stammelt der Mund.

Da spür ich eine Faust im Kragen,
Und eine Heimatstimme hör ich fragen:
Wat liegt denn da? Der kommt aus die Legion.
Det is ja strafbar, komm, mein Sohn.

Ich fahre auf und sehe den Gendarmen.
Jetzt gehts ins Loch, da gibt es kein Erbarmen.
So rauh der süßen Schwärmerei entrissen,
Wird eins mir klar: 's ist hier wie dort beschissen.

1914 | 1918

DER KRIEG EINES EINZELNEN

Ernst Jünger hat aus dem Ersten Weltkrieg die Frage nach dem Sinn von Krieg und Zerstörung mit nach Hause gebracht. Er erlebte die Niederlage auch als Beginn einer großen Geschichtsbewegung, als Geburtsstunde einer neuen Epoche. Das erste Nachkriegsjahrzehnt steht für ihn unter dem Zeichen einer persönlichen und literarischen Verarbeitung des Phänomens Krieg. Das Kriegstagebuch »In Stahlgewittern« (1920) ist bis heute Ernst Jüngers berühmtestes, in alle Weltsprachen übersetztes Buch geblieben. Noch der dreiundachtzigjährige Jorge Luis Borges reiste 1982 nach Wilflingen, um den Autor des Buches kennenzulernen, das auf ihn als jungen Mann geradezu überwältigend gewirkt hatte. Alles spätere Denken Jüngers bezieht sich auf den als weltgeschichtlichen Wendepunkt erlebten Weltkrieg, den der Nationalrevolutionär der zwanziger Jahre in seiner Bedeutung noch über die Französische Revolution stellte. Was der Schüler unbewußt schon in seinen afrikanischen Träumereien gesucht hatte, die Nähe des Elementaren, war vier Jahre lang prägende Wirklichkeit. In seinem großen Essay »Der Arbeiter« (1932) erkennt Ernst Jünger in den Formen technischer Zerstörungskraft Umrisse einer ontologischen Revolution, mit der auch die Heraufkunft einer neuen »Gestalt« des Menschen verbunden ist; die Moderne erscheint so als zerstörerischer Übergangsprozeß. Die späten Essays und die Reflexionen in den Alterstagebüchern »Siebzig verweht« zeigen, daß die geschichtsphilosophische Deutung des Ersten Weltkrieges als eine totale Mobilmachung der Materie Früh- und Spätwerk nahtlos miteinander verbindet.

Wie Millionen anderer ist auch Ernst Jünger mit patriotischen Gefühlen in den Krieg gezogen, aber innerlich gewiß weit entfernt von seiner späteren Haltung eines »heroischen Realismus«, mit der er den Krieg in seinen Büchern als vitalistisches Urerlebnis feierte. Daß das Sterben für das Vaterland süß und ehrenvoll und der Krieg ein Rausch aus Blut, Rosen und Tränen sei: das haben die meisten Kriegsfreiwilligen so empfunden. Jünger meldet sich am 1. August 1914 und läßt sich in die Listen des Füsilier-Regiments 73 (Hannover) einschreiben. Dann absolviert er in fünf Tagen das Notabitur und wird vor Beginn seines Militärdienstes in Heidelberg immatrikuliert. Am 27. Dezember 1914, nach einer knapp zweimonatigen Ausbildung im Ersatzbataillon des Füsilier-Regiments Prinz Albrecht von Preußen, marschiert seine Einheit an die Front in der Champagne.

Im Tornister befindet sich auch eine Tagebuchkladde. Der an der Natur geschulte Beobachter will das Abenteuer seines Lebens präzise und ohne moralische Wertung festhalten. Die erstaunliche Detailtreue von Jüngers Kriegsbüchern verdankt sich der disziplinierten und in allen Lagen, im Schützengraben, in Marsch- und Gefechtspausen aufrechterhaltenen Chronistenpflicht – ein Hinweis vielleicht darauf, wie sehr Ernst Jünger dem eigenen Erleben schon damals exemplarische Bedeutung beimißt. Der Diarist tritt dem Leben mit der gespannten Erwartung des Beobachters gegenüber, und in dieser Haltung kann das Leben in äußerster Distanz erfahren werden. Diese Distanz läßt den Beobachter auch in Zeiten des nationalsozialistischen Terrors nicht sprachlos werden.

Trotz des Einsatzes von 200 Divisionen, die das kaiserliche Reich im Sommer 1914 an die Fronten wirft, geht der Bewegungskrieg im Abwehrhagel der gegnerischen Geschützbatterien bald in den Stellungskrieg über. Jünger lernt sehr schnell zwei gleichermaßen eindrückliche Aspekte des Krieges kennen: die Langeweile des Grabenalltags und die Wirklichkeit des Todes. Daß die Gräßlichkeit des Sterbens und das Rätsel des Todes eine unheimliche Wirkung, ja geradezu einen Sog auf den Kriegsneuling ausüben, das bezeugen die Tagebücher. An Jüngers suggestiven Schilderungen des Grauenhaften scheiden sich bis heute die Meinungen über Gehalt und künstlerische Bedeutung seiner Kriegsbücher. Man hat dabei meist übersehen, daß die Ikonographie dieser Schreckensbilder nicht auf den Voyeur, sondern auf das ungläubige Erstaunen des Beobachters verweist, ein Erstaunen, das vor den Bildern eines sinnlosen Sterbens umschlagen muß in den Zweifel – oder in den fatalistischen Glauben an neue Formen, die sich unter Schmerzen bilden werden. Erst unter dem Appell eines von der täglichen Realität des Todes provozierten Lebens wird die Frage nach dem Sinn des Krieges unüberhörbar existentiell. Sie hat Ernst Jünger nie mehr losgelassen.

Im Schlamm der Kreidegräben, bei nervtötenden Nachtwachen und ungewohnt harter Schanzarbeit lösen sich die Illusionen des Kriegsfreiwilligen schnell auf. Jünger richtet es sich im Frontalltag ein, hält Briefkontakt zu seinem Bruder Friedrich Georg und zu seinen Eltern. Im April 1915, nach einem Zwischenspiel an der flandrischen Front, erlebt der Zwanzigjährige sein erstes Trommelfeuer und wird in der Nähe des lothringischen Dorfes Les Eparges zum ersten Mal verwundet. Bei einem Heimaturlaub rät ihm der Vater, sich als Fahnenjunker zu verpflichten. Jünger willigt ein, obwohl er den Krieg als einfacher Soldat und in Eigenverantwortlichkeit hatte bestehen wollen. Von einem Ausbildungskurs im brandenburgischen Döberitz kehrt er im Sommer

1915 als Fähnrich zu seinem Regiment zurück, das in Douchy und Monchy in Stellungskämpfe verwickelt ist.

Als Kompanieführer erwirbt Jünger sich die Zuneigung seiner Soldaten. Der »ruhige Leutnant« macht sich einen Namen als Draufgänger. Mit Stoßtrupps, Patrouillen und selbstinszenierten, verwegenen Aktionen versucht er dem Materialkrieg zu trotzen. Das tödliche Spiel mit dem Gegner, die Sensation der Gefahr werden rauschhaft genossen, lassen den Schützengraben-Alltag vergessen. Wo es gefährlich ist, setzt man den kaltblütigen Leutnant ein, der nach dem Krieg seine Erfahrungen als Stoßtruppführer in die Gefechtsvorschrift einbringen wird. Wie sich Ernst Jünger einrichtet in den Stahlgewittern, das ergibt das Bild einer Ambivalenz, in der Fatalismus und individueller Beharrungswille, leidenschaftsloses Registrieren und leidenschaftliches Dabeisein, anarchisches Freiheitsverlangen und Sinn für Disziplin auf eine vertrackte Weise miteinander in Streit liegen. Jünger hat aus dieser wesensmäßigen Ambivalenz nie einen Hehl gemacht; sie ist als fundamentale Spannung produktiv in sein Werk eingegangen.

Sein Regiment erlebt die Somme-Schlacht 1916 im Brennpunkt bei Guillemont. Die Materialschlachten fordern bei Engländern, Deutschen und Franzosen eine Million Tote. Der Anblick der Gefallenen, über die der Sturmlauf des Großangriffs hinweggeht, bewirkt jedoch nicht nur Entsetzen, sondern eine hellsichtige Erregung. In Jüngers Bewußtsein schießt das Schlachtfeld mit seinem vexierbildhaften Ineinander von Lebenden und Toten zusammen zum unheimlichen Sinnbild gewaltiger und gewalttätiger Lebensmacht. Eine Verwundung am Vorabend der Somme-Schlacht im September 1916 bewahrt ihn vor dem Tod: sein Zug kehrt aus dem Trichterfeld bei Guillemont nicht mehr zurück.

Im Verlauf eines waghalsigen Spähtruppunternehmens wird er zum Jahresende 1916 zum dritten Mal verwundet und dafür mit dem Eisernen Kreuz ausgezeichnet. Jünger hat den glücklichen Ausgang seiner zahlreichen Verwundungen, sein Überleben in einem Krieg, der Millionen Opfer gekostet hat, als Zeichen einer höheren Bedeutsamkeit genommen. Es wurde auch von seinen Gefolgsleuten der zwanziger Jahre, die in ihm das Sprachrohr einer neuen, kriegerischen Zeit sahen, so verstanden.

Die Beziehung zu Friedrich Georg bewährt sich auch in den Jahren des Krieges. Wo Jünger gegenüber seinen Eltern vor allem seine militärischen Erfolge herauskehrt, zeigen die Briefe an den Bruder Zwischentöne. Heimweh nach Rehburg und Sehnsucht nach friedlicheren Zuständen klingen an. Kurzzeitig haben sie ein gemeinsames Quartier in Fresnoy, und die überraschende Begegnung der beiden auf dem Schlachtfeld von Langemarck im August 1917, die Friedrich Georg das Leben rettet, betrachten beide lebenslang als glückliche Fügung.

Man kennt den verwegenen Leutnant in der ganzen Division, er erhält Aufträge für strategisch wichtige Stoßtruppaktionen, auf die er sich mit ausgesuchten Soldaten tagelang vorbereitet. Weitere militärische Auszeichnungen folgen. Im März 1918 übersteht Jünger einen katastrophalen Granateinschlag, der fast seine gesamte Kompanie tötet. Er zeichnet sich im Kampf um das »Wäldchen 125« im Sommer 1918 aus, und sein Name wird im Divisionsbefehl erwähnt. Trotz eines Kopfschusses kämpft er sich in der Schlacht von Monchy-Bapaume zur eigenen Truppe zurück.

Wie kann der Einzelne in der Zone der Vernichtung bestehen? Das Grundthema des Jüngerschen Werkes ist der hautnahen Erfahrung des Soldaten abgewonnen, Jünger versteht es, die äußeren Aktionen seinen inneren Ansprüchen zu unterstellen: eine Haltung, die er in seinen Schriften nach dem Zweiten Weltkrieg als »anarchisch« kennzeichnet. Wo die Kameraden in Erwartung des Gefechts von Furcht zerfressen werden, nimmt Jünger das Bevorstehende als große Erfahrung und präludiert die Aktion mit einer Lektürestunde. Damit hält er sich zur bedrohlichen Wirklichkeit auf Distanz. Seine Unterstände sind Inseln der Behaglichkeit, er läßt sich aus der Heimat entomologische Zeitschriften, botanische Bestimmungsbücher und Zeitungen schicken. In den Gefechtspausen liest er Rimbaud, Nietzsche, Schopenhauers Aphorismen, Kubins Roman »Die andere Seite«, Ariosts »Rasenden Roland«, er beschäftigt sich mit Gogol, Dostojewski, Wilde, Tolstoj, im Lazarett zwischen Fieberschauern liest er den »Tristram Shandy«. Die Lektüre ermöglicht die Flucht aus der Zeit und setzt geistige Maßstäbe, mit deren Hilfe die übermächtige Gegenwart zu ertragen ist.

Jünger nimmt an Saufgelagen und Kompaniefesten teil und führt literarische Gespräche mit seinen Offizierskameraden: ein Dandy in Stahlgewittern, dessen Lust am geistigen Genuß offenbar gesteigert wird durch die Nähe der Gefahr. Nach dem Krieg hält Jünger diese Stimmung einer urwüchsigen Dekadenz in seiner Erzählung »Sturm« fest.

Ernst Jünger kehrt aus dem Ersten Weltkrieg hochdekoriert zurück. Am 22. September 1918 erreicht ihn im Lazarett, nachdem er bei Cambrai zum siebten Mal verwundet worden ist, die Nachricht, daß der Kaiser ihm den höchsten preußischen Militärorden, den Pour le mérite, verliehen hat.

Kriegsfreiwillige im August 1914.

Am Ernst-August-Platz marschierte ein ausrückendes Regiment vorbei. Die Soldaten sangen, Frauen und Mädchen hatten sich in ihre Reihen gedrängt und sie mit Blumen geschmückt. Ich habe seitdem noch manche begeisterte Volksmenge gesehen, keine Begeisterung war so tief und mächtig wie an jenem Tag.

Am nächsten Morgen begab ich mich zur Kaserne des 74. Infanterie-Regiments, die ich bereits von Tausenden von Freiwilligen belagert fand. Es war ganz unmöglich, vorzudringen. Erst am dritten Tage gelang es mir, beim Füsilier-Regiment 73 anzukommen, wo man mich tauglich fand und in die Listen einschrieb.

Kriegsausbruch 1914

Ich denke gern an die Wochen vor dem Kriege zurück, die sich durch eine bewegte und aufgelockerte Stimmung auszeichneten, wie sie Sommergewittern vorauszugehen pflegt. (...) Ich hatte mich diesmal den Eltern und Geschwistern nicht angeschlossen, sondern war in unserem einsamen Hause zurückgeblieben, um mich in Ruhe auf das Abiturium vorzubereiten.

Ich spürte den Wunsch, nun bald der Schulbank ledig zu sein, die ich als immer drückender empfand. Ich fühlte mich meinem Wesen nach auf eine Weite und Freiheit des Lebens angelegt, von der ich wohl mit Recht vermutete, daß sie im bürgerlichen Deutschland nicht zu verwirklichen sei.

Kriegsausbruch 1914

... mein Vater, der einen praktischen Sinn besaß, hatte mit mir einen Pakt geschlossen, der darauf hinauslief, daß ich zunächst das Abiturium machen sollte, um mich dann nach Lust und Belieben in der Welt umzusehen.

Kriegsausbruch 1914

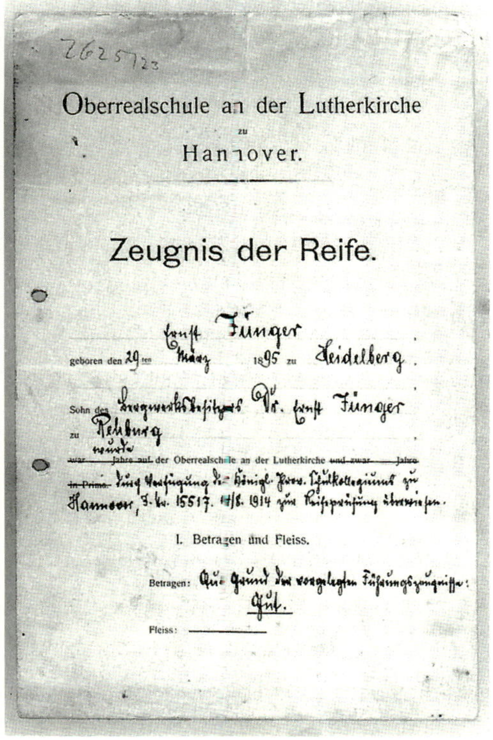
2625723

Oberrealschule an der Lutherkirche
zu
Hannover.

Zeugnis der Reife.

Ernst Jünger

geboren den 29ten März 1895 zu Heidelberg.

Sohn des Bergwerksbesitzers Dr. Ernst Jünger
zu Rehburg

wurde ~~war Jahre auf~~ der Oberrealschule an der Lutherkirche ~~und zwar Jahre in Prima.~~ durch Verfügung d. Königl. Prov. Schulkollegiums zu Hannover, J. Nr. 15517. 17/8. 1914 zur Reifeprüfung überwiesen.

I. Betragen und Fleiss.

Betragen: Auf Grund der vorgelegten Führungszeugnisse: Gut.

Fleiss: ——————

Nachdem Ernst Jünger sich am 1. August 1914 als Kriegsfreiwilliger gemeldet hatte, schloß er mit durchweg ausreichenden Leistungen am 21. August seine Schulzeit mit dem Notabitur an der Oberrealschule (Lutherkirche) in Hannover ab. Bevor Jünger in die Kaserne einrückte, schrieb er sich in die Matrikel der Universität Heidelberg ein.

Mit der Schulklasse in Goslar, 1914 (Ernst Jünger rechts mit Strohhut).

Im Rekruten-Depot in Hannover
(Fotopostkarte Herbst 1914).

Von Oktober bis Dezember 1914 absolvierte Ernst Jünger die militärische Grundausbildung im Ersatzbataillon des Füsilierregiments Prinz Albrecht von Preußen (Hannov. Nr. 73) in Hannover. Am 27. Dezember rückte seine Einheit ab an die Front in der Champagne.

Wir haben mit neun Jahren das »dulce et decorum ...« gelernt, zu Haus, in Schulen, Universitäten und Kasernen ist der Begriff »Vaterland« in die Nebelwelt unserer Anschauung als Mitte gesetzt wie die Sonne in das Planetensystem, wie der Kern in den Kraftwirbel eines Atoms. An den grauen Wänden der Kasernenflure kündeten goldene Lettern die Namen der in früheren Kriegen Gefallenen, und die Sprüche darunter mahnten uns, stets dieser Helden würdig zu sein. Die Denkmäler der Generale auf den Plätzen, das Studium der Geschichte, das uns zeigte, wie eng Größe und Niedergang eines Volkes mit seinen Kriegen verkettet sind, die ernsten Gesichter, mit denen Generationen von Offizieren von den Wänden unseres Kasinos auf uns niederblickten, blitzende Orden und zerschossene Fahnen, deren Seide nur an hohen Festtagen über der Menge wehte: das alles hat uns den Krieg zu einer feierlichen und gewaltigen Sache gemacht. Wir fühlten uns als Erben und Träger von Gedanken, die durch Jahrhunderte von Geschlecht zu Geschlecht vererbt und der Erfüllung näher getragen wurden. Über allem Denken und Handeln stand eine schwerste Pflicht, eine höchste Ehre und ein schimmerndes Ziel: der Tod für das Land und seine Größe. So waren die Kräfte, die der Ausbruch des lange Erwarteten in uns befreite und hinausschleuderte, von einer Gewalt, die wir für mächtiger und unwiderstehlicher hielten als alles bisher. Familie, Liebe, Lust am bunten Lichtspiele des Lebens, alles wurde von ihnen überglüht, als sie in Rausch und Taumel uns über die Grenzen hinaus dem Siege entgegenstießen.

Der Kampf als inneres Erlebnis

Truppentransport an die Westfront im August 1914.

Wir hatten Hörsäle, Schulbänke und Werktische verlassen und waren in den kurzen Ausbildungswochen zu einem großen, begeisterten Körper zusammengeschmolzen. Aufgewachsen in einem Zeitalter der Sicherheit, fühlten wir alle die Sehnsucht nach dem Ungewöhnlichen, nach der großen Gefahr. Da hatte uns der Krieg gepackt wie ein Rausch. In einem Regen von Blumen waren wir hinausgezogen, in einer trunkenen Stimmung von Rosen und Blut. Der Krieg mußte es uns ja bringen, das Große, Starke, Feierliche. Er schien uns männliche Tat, ein fröhliches Schützengefecht auf blumigen, blutbetauten Wiesen.

In Stahlgewittern

Ernst Jünger hatte über den gesamten Zeitraum des Krieges Tagebuch geführt. Die 14 Notizbücher dienten später als Grundlage für seine Kriegsbücher, die literarische Bearbeitungen und Ausschnittsvergrößerungen der darin festgehaltenen Erlebnisse sind. Der Autor griff auch bei den zahlreichen Revisionen der Kriegstagebücher immer wieder auf diese Kladden zurück.

Am 27. Dezember 1914 wurden wir plötzlich alarmiert; die Front wartete auf uns. Schwer bepackt, und doch fröhlich, wie an einem Feiertage, marschierten wir zum Bahnhof ab. In meiner Rocktasche hatte ich ein schmales Büchlein verwahrt; es war für meine täglichen Aufzeichnungen bestimmt. Ich wußte, daß die Dinge, die uns erwarteten, unwiederbringlich waren, und ich ging mit höchster Neugier auf sie zu. Auch hatte ich einen natürlichen Hang zur Beobachtung; ich hegte schon früh eine Vorliebe für Fernrohre und Mikroskope als für Werkzeuge, mit denen man das Große und Kleine sieht, und unter den Schriftstellern schätzte ich von jeher die, denen neben einem scharfen Auge für alles Sichtbare auch ein Instinkt für das Unsichtbare gegeben ist.

Kriegsausbruch 1914

Immer wenn ich wieder eins dieser schmalen Hefte, die sich so bequem in der Kartentasche mitführen lassen, zu beschreiben beginne, kommt mir der Gedanke, ob ich den Bleistift wohl über die letzte Seite gleiten lassen werde.

Manchmal ist die Schrift ruhig, sorgfältig und mit Tinte geschrieben, so daß ich gleich weiß: damals hast du gemütlich in einem der kleinen flandrischen oder nordfranzösischen Bauernhäuser gesessen oder in einer ganz ruhigen Stellung vorm Unterstand, die Pfeife rauchend und höchstens vom fernen Schwirren des letzten Fliegers gestört, der seine Abendrunde flog. Dann kommen ungelenke und verzerrte Züge in Blei, in der menschenüberfüllten Enge irgendeines höllischen Loches vorm Angriff oder während der endlosen Stunden einer schweren Beschießung beim tanzenden Licht einer Kerze geschmiert. Endlich Sätze in erregten Stichworten, unleserlich wie die Wellenlinie eines Nadelstiftes, der ein Erdbeben verzeichnet, die Enden von der fliegenden Hand zu langen Strichen ausgepeitscht – das wurde nach dem Angriff in Trichtern oder Grabenstücken hingeworfen, über die noch der tödliche Hornissenschwarm gezielter Geschoßgarben strich.

Das Wäldchen 125

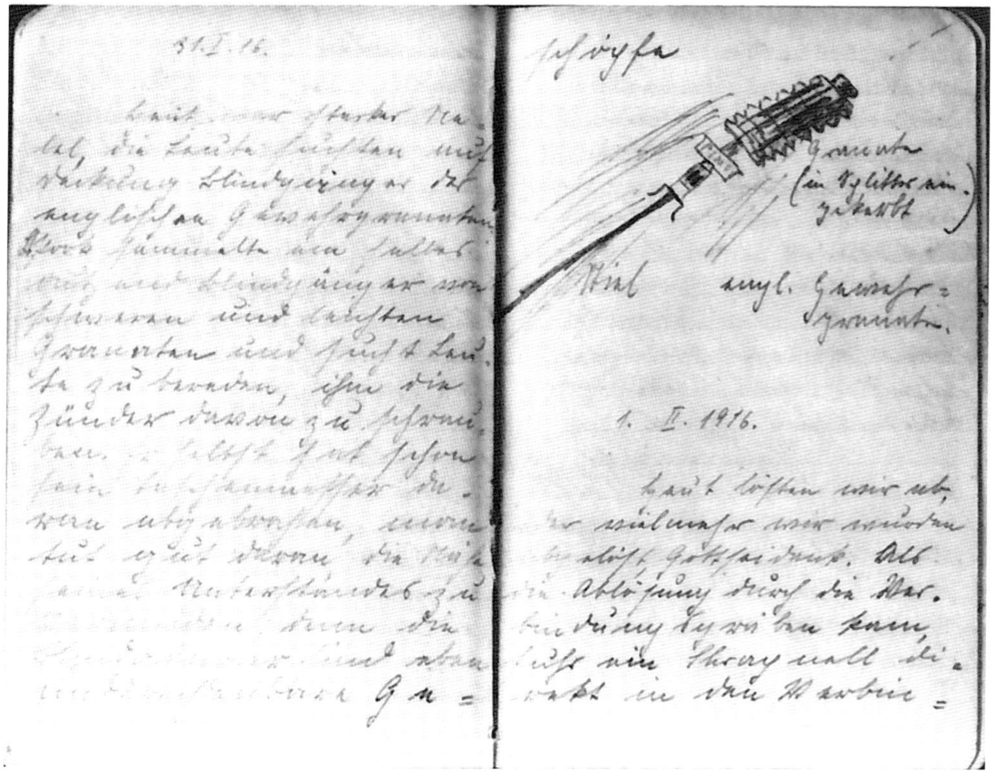

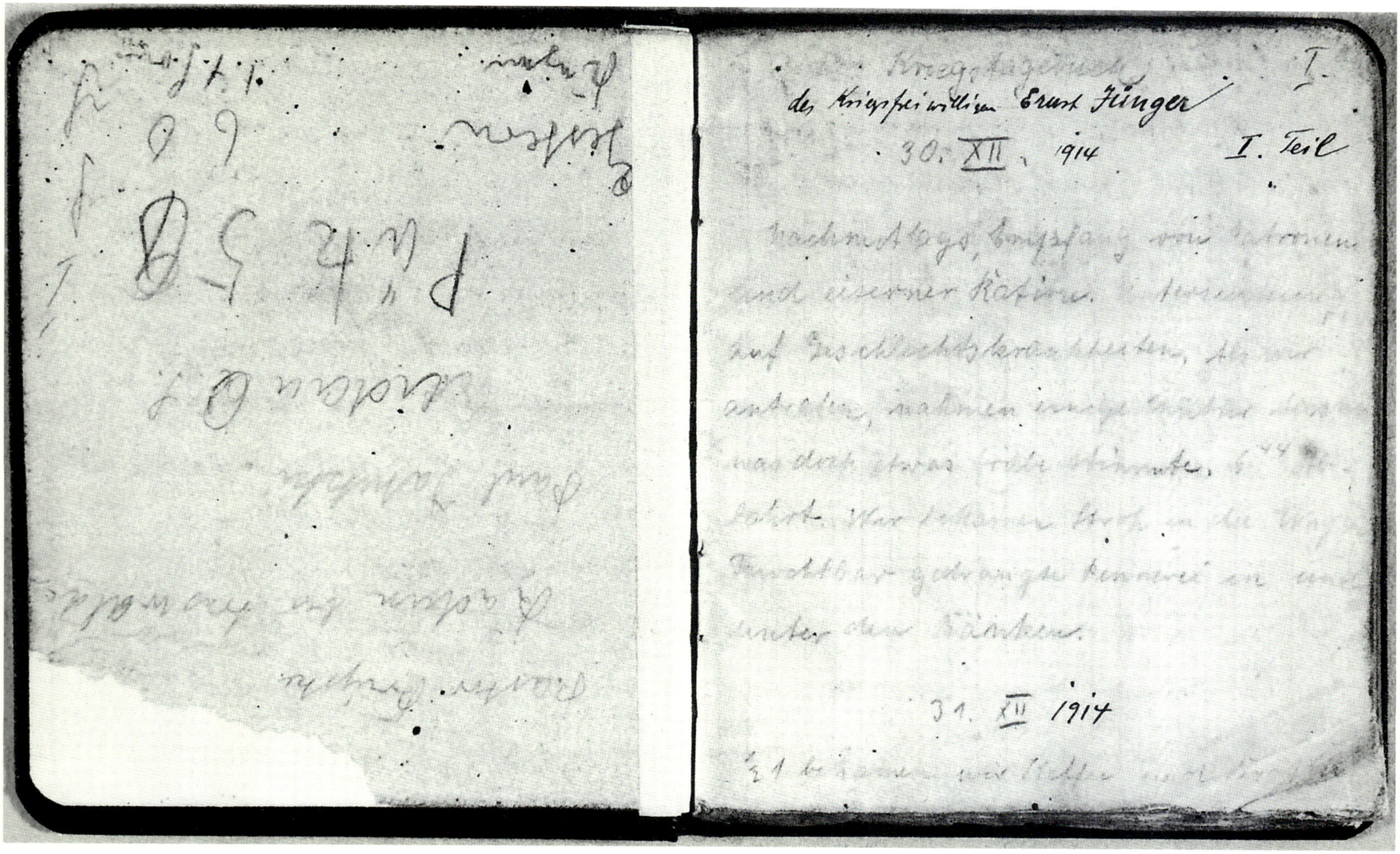

des Kriegsfreiwilligen Ernst Jünger

30. XII. 1914

I. Teil

31. XII 1914

Der Rekrut.

Notiztagebuch des »Kriegsfreiwilligen Ernst Jünger« – I. Teil. Mit Eintragungen vom 30. und 31. Dezember 1914 (Bleistift) über die Vorbereitungen zum Fronteinsatz.

In den Gräben vor Monchy. Schanzarbeiten nach dem großen Regen im Herbst 1915. Der anfängliche Bewegungskrieg an der Westfront war Ende 1914, als Ernst Jünger zum Fronteinsatz kam, längst in den Stellungskrieg übergegangen. Langeweile, Stellungsausbau und Exerzierdrill bestimmten nun den eintönigen Frontalltag.

Unser erster Kriegstag sollte nicht vorübergehen, ohne uns einen entscheidenden Eindruck zu hinterlassen. Wir saßen in der uns zur Unterkunft angewiesenen Schule und frühstückten. Plötzlich dröhnte eine Reihe dumpfer Erschütterungen in der Nähe, während aus allen Häusern Soldaten dem Dorfeingang zustürzten. Wir folgten ihrem Beispiel, ohne recht zu wissen, warum. Wieder ertönte ein eigenartiges, nie gehörtes Flattern und Rauschen über uns und ertrank in polterndem Krachen. Ich wunderte mich, daß die Leute um mich her sich mitten im Lauf wie unter einer furchtbaren Drohung zusammenduckten. Das Ganze erschien mir etwas lächerlich; etwa so, als ob man Menschen Dinge treiben sähe, die man nicht recht versteht.

Gleich darauf erschienen dunkle Gruppen auf der menschenleeren Dorfstraße, in Zeltbahnen oder auf den verschränkten Händen schwarze Bündel schleppend. Mit einem merkwürdig beklommenen Gefühl der Unwirklichkeit starrte ich auf eine blutüberströmte Gestalt mit lose am Körper herabhängendem und seltsam abgeknicktem Bein, die unaufhörlich ein heiseres »Zu Hilfe!« hervorstieß, als ob ihr der jähe Tod noch an der Kehle säße. Sie wurde in ein Haus geschafft, von dessen Eingang die Rote-Kreuz-Flagge herabwehte.

Was war das nur? Der Krieg hatte seine Krallen gezeigt und die gemütliche Maske abgeworfen. Das war so rätselhaft, so unpersönlich. Kaum, daß man dabei an den Feind dachte, dieses geheimnisvolle, tückische Wesen irgendwo dahinten. Das völlig außerhalb der Erfahrung liegende Ereignis machte einen so starken Eindruck, daß es Mühe kostete, die Zusammenhänge zu begreifen. Es war wie eine gespenstische Erscheinung im hellen Mittagslicht.

In Stahlgewittern

Ein deutsches Feldlazarett unter Feuer.

Obwohl die Beschießung sich in jedem Augenblick wiederholen konnte, zog mich das Gefühl einer zwingenden Neugier an den Unglücksort. Neben der Stelle, die die Granate getroffen hatte, baumelte ein Schildchen, auf das die Hand eines Spaßvogels die Worte »Zur Granatecke« geschrieben hatte. Das Schloß war also wohl schon als gefährlicher Ort bekannt. Die Straße war von großen Blutlachen gerötet; durchlöcherte Helme und Koppel lagen umher. Die schwere Eisentür des Portals war zerfetzt und von Sprengstücken durchsiebt, der Prellstein mit Blut bespritzt. Ich fühlte meine Augen wie durch einen Magneten an diesen Anblick geheftet; gleichzeitig ging eine tiefe Veränderung in mir vor.

In Stahlgewittern

Nach kurzem Aufenthalt beim Regiment hatten wir gründlich die Illusionen verloren, mit denen wir ausgezogen waren. Statt der erhofften Gefahren hatten wir Schmutz, Arbeit und schlaflose Nächte vorgefunden, deren Bezwingung ein uns wenig liegendes Heldentum erforderte. Schlimmer noch war die Langeweile, die für den Soldaten entnervender als die Nähe des Todes ist.

In Stahlgewittern

Provisorische Liegehalle im Garten des Stadthalle-Lazaretts in Heidelberg. Im Hintergrund der Heilige Berg mit der Bismarcksäule. Bei der ersten größeren Gefechtshandlung in der Nähe des lothringischen Dorfes Les Eparges, auf der Grande Tranchée bei Verdun, war Jünger am 24. April 1915 im Trommelfeuer der gegnerischen Artillerie zum ersten Mal verwundet worden. Während seines Lazarettaufenthaltes im Mai 1913 setzte Ernst Jünger seine akademischen Studien fort.

Plötzlich blitzte es in dem weit ausgreifenden Wurzelwerk, und ein Schlag gegen den linken Oberschenkel warf mich zu Boden. Ich glaubte von einem Erdklumpen getroffen zu sein, doch belehrte mich die Wärme des reichlich strömenden Blutes bald, daß ich verwundet war … Ich warf meinen Tornister fort und rannte dem Graben zu, aus dem wir gekommen waren. Von allen Seiten strebten Verwundete aus dem beschossenen Gehölz strahlenförmig darauf zu. Der Durchgang war entsetzlich, von Schwerverwundeten und Sterbenden versperrt. Eine bis zum Gürtel entblößte Gestalt mit aufgerissenem Rücken lehnte an der Grabenwand. Ein anderer, dem ein dreieckiger Lappen vom Hinterschädel herabhing, stieß fortwährend schrille, erschütternde Schreie aus. Hier herrschte der große Schmerz, und zum ersten Male blickte ich wie durch einen dämonischen Spalt in die Tiefe seines Bereichs.

In Stahlgewittern

Noch am Vormittag wurden wir nach der großen Krankensammelstelle in der Kirche des Dorfes Saint-Maurice geschafft. Dort stand bereits ein Lazarettzug unter Dampf, der uns in zwei Tagen nach Deutschland beförderte. Vom Bett aus erblickte ich im Fahren die Felder, von denen der Frühling Besitz ergriff. Wir wurden von einem stillen Mann, einem Privatdozenten der Philosophie, gewissenhaft betreut. Der erste Dienst, den er mir leistete, bestand darin, daß er mir mit einem Federmesser den Stiefel vom Fuß schnitt. Es gibt Menschen, denen zur Pflege ein besonderes Verhältnis gegeben ist; so empfand ich es bereits als wohltuend, wenn ich ihn bei seiner Nachtlampe in einem Buche lesen sah.

Der Zug brachte uns nach Heidelberg.

Beim Anblick der von blühenden Kirschbäumen bekränzten Neckarberge empfand ich ein starkes Heimatgefühl. Wie schön war doch das Land, wohl wert, dafür zu bluten und zu sterben. So hatte ich seinen Zauber noch niemals gespürt. Gute und ernste Gedanken kamen mir in den Sinn, und ich ahnte zum ersten Male, daß dieser Krieg mehr als ein großes Abenteuer bedeutete.

In Stahlgewittern

So sind wir verbunden durch Erlebnis, Arbeit und Blut – wie könnten wir fester verbunden sein? Es sind prächtige Kerle darunter, manche schweigsam und still, andere überlegen und fein, als ob sie selbst den Dreck des Grabens mit Handschuhen anfaßten, noch andere rauh und verwildert, so daß man sie sich nur unter Männern denken kann – aber hinter allen verbirgt sich dieselbe männliche Kraft. Deshalb ist die Unterhaltung auch meist einfach und karg; wir brauchen wenig Worte, um uns zu verstehen.

Wenn ich bedenke, in welcher Umgebung ich mich jetzt sonst vielleicht befände, zwischen Strebern in einen Beruf eingekeilt, in einem Friedensoffizierkorps, einer Verbindung, im rauchigen Café zwischen Literaten – ich glaube, ich hätte nach einem halben Jahr den Kram zusammengehauen, um an den Kongo oder nach Brasilien zu gehen oder sonst an einen Ort, an dem sie der Natur noch nicht beikamen. Hier gibt der Krieg, der sonst so vieles nimmt: er erzieht zu männlicher Gemeinschaft und stellt Werte wieder an den rechten Platz, die halb vergessen waren.

Feuer und Blut

Der Zugführer im Kreis seiner Kameraden. – Als Ernst Jünger in Hannover im Lazarett lag, riet ihm der Vater, sich als Fahnenjunker zu melden. Das Regiment schickte ihn nach Döberitz (Brandenburg), von wo er nach sechs Ausbildungswochen im September 1915 als Fähnrich an die Westfront zurückkehrte.

Das zerschossene Monchy-au-bois, bei der Kirche.

Im Bergwerk (1915), Fähnrich Jünger ganz links.

Kaum eine Stunde Weges von Douchy entfernt lag Monchy-au-bois, das Dorf, in dem die beiden Reservekompanien des Regiments untergebracht waren. Es hatte im Herbst 1914 das Ziel erbitterter Kämpfe gebildet; zuletzt war es in deutscher Hand geblieben und der Kampf im engen Halbkreis um die Trümmer des ehemals reichen Ortes langsam erstarrt.

Nun waren die Häuser ausgebrannt und zusammengeschossen, die verwilderten Gärten von Granaten durchfurcht und die Obstbäume geknickt. Das Steingewirr war durch Gräben, Stacheldraht, Barrikaden und betonierte Stützpunkte zur Verteidigung ausgebaut ... Wichtig für die Verteidigung war auch ein Bergwerk, dem in Friedenszeiten der Kreidestein zum Bau der Häuser entnommen worden war und das wir nur durch Zufall entdeckt hatten. Ein Kompaniekoch, dem der Wassereimer in einen Brunnen gefallen war, hatte sich hinuntergelassen und dabei ein sich höhlenartig erweiterndes Loch bemerkt. Man untersuchte den Ort, und nachdem noch ein zweiter Eingang gebrochen war, bot die Anlage einer großen Anzahl von Kämpfern bombensichere Unterkunft.

In Stahlgewittern

Lange schon bin ich im Krieg, schon manchen sah ich fallen, der wert war zu leben. Was soll das Morden und immer wieder Morden? Ich fürchte, es wird zu viel vernichtet und es bleiben zu wenige, um wieder aufzubauen. Vorm Kriege dachte ich wie mancher: nieder, zerschlagt das alte Gebäude, das neue wird auf jeden Fall besser. Aber nun – es scheint mir, daß Kultur und alles Große langsam vom Krieg erstickt wird. Der Krieg hat mir doch die Sehnsucht nach den Segnungen des Friedens geweckt.

Kriegstagebuch III, 1.12.1915

Unterstand »Villa Emma«, 4. Oktober 1915

Das Gedicht über die Orchideen ist gut. Nur daß »unter« dem grünen Blätterbehang Blüte an Blüte zu sehen ist, will mir nicht recht einleuchten.

Ich führe jetzt eine Gruppe, um mich wieder an den Graben zu gewöhnen und sitze hier im Kreise von alten Kriegern im tiefen Unterstand nahe dem dreimal gestürmten Trümmerhaufen Monchy.

Einige Kugeln haben mich schon wieder umtönt. Auch heute haben wir Verluste gehabt. Die große Offensive ist zusammengebrochen. In unseren Nachbarstellungen hängen sie zu Hunderten im Draht. Mit Spaten und Handgranaten wurden sie begrüßt. War eine wüste Knallerei in den Tagen, hätte ja, wie ich schon schrieb, bald selbst was abgekriegt.

(An Friedrich Georg)

Monchy-au-bois, 12. November 1915

Bald fangen die Weihnachtsferien an. Hier regnet es wie verrückt, Stück für Stück unseres Grabens kracht herunter in einen Schlamm von Wasser und Dreck. Sogar die Engländer stellen aus Verzweiflung ihr Schießen ein. Ich bin jetzt Zugführer geworden und richte mich auf eine lange Campagne ein. Wenn wir im nächsten Herbst Frieden haben, ging alles gut.

(An Friedrich Georg)

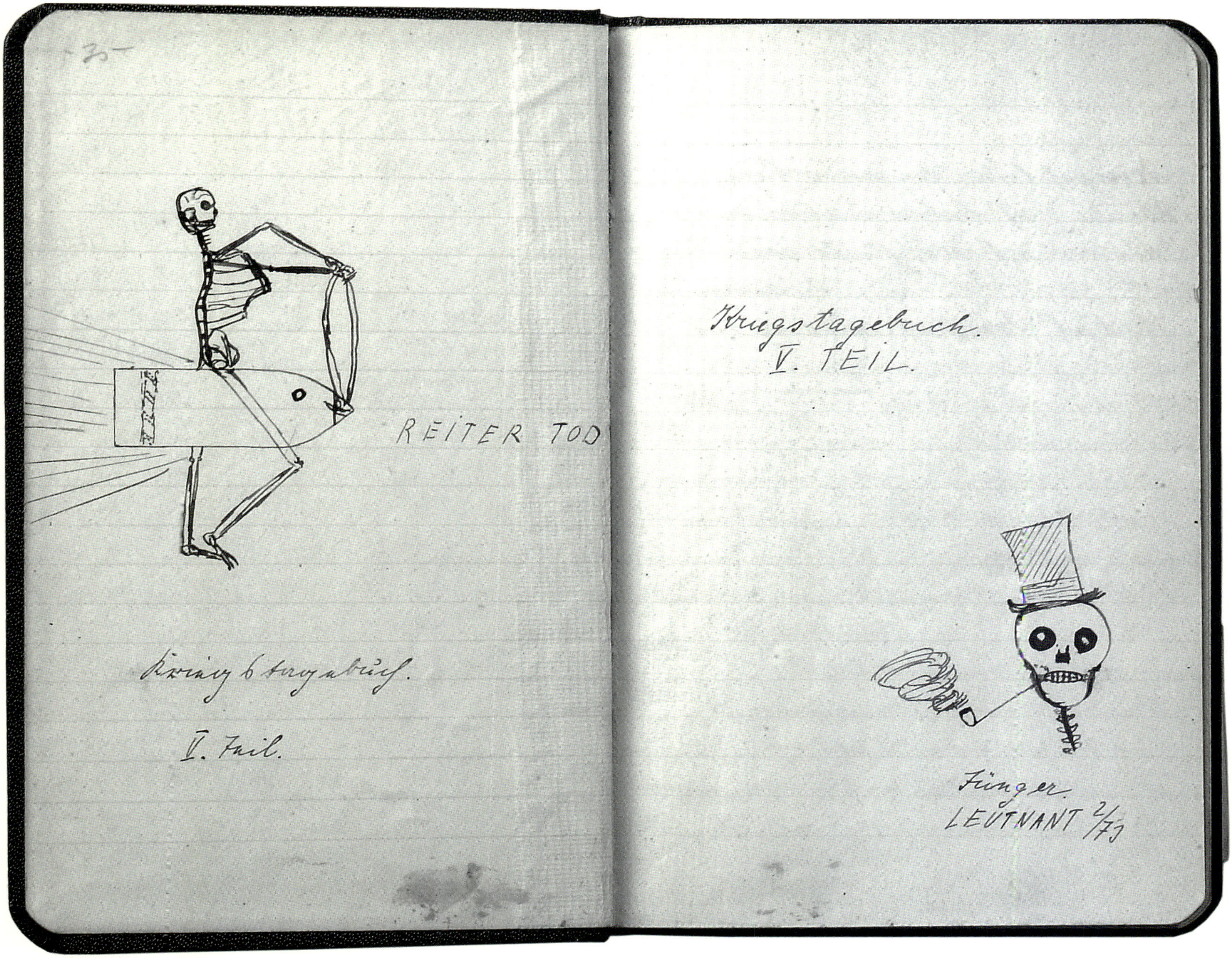

Kriegstagebuch V (Jun /Juli 1915) mit Skizze eines Skeletts, das auf einer Granate reitet.

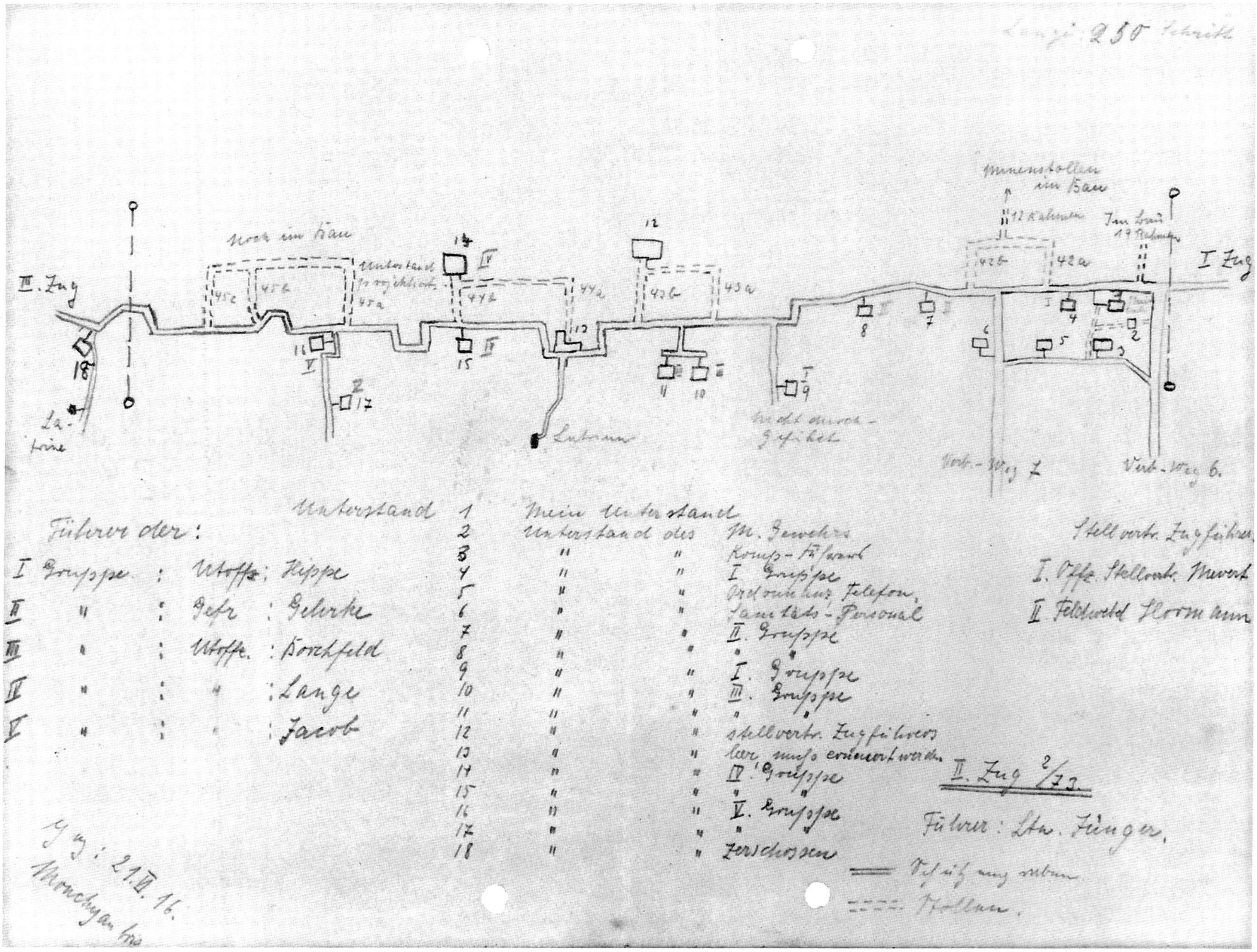

Als Zugführer der 2. Kompanie des Füsilierregiments 73 hatte Ernst Jünger einen Lageplan des ihm zugewiesenen Stellungssystems anzulegen. Die Bleistiftskizze zeigt den Zugabschnitt des 2. Zuges am 21. Juni 1916 während der Vorbereitungen zur Somme-Offensive, die den Übergang markierte zur Materialschlacht. In seinem Buch »In Stahlgewittern« hat Jünger die Topographie der Stellungen und den Grabenalltag detailliert beschrieben.

Oft saß ich mit einem Gefühl behaglicher Geborgenheit am Tisch meines kleinen Unterstandes, dessen rohe, waffenbehangene Bretterwände an Wildwest erinnerten, trank eine Tasse Tee, rauchte und las, während mein Bursche an dem winzigen Ofen beschäftigt war, der den Raum mit dem Geruch gerösteter Brotscheiben erfüllte. Welcher Grabenkämpfer kennt diese Stimmung nicht? Draußen am Postenstande stapften schwere, gleichmäßige Schritte; eintöniger Zuruf erscholl, wenn sich die Wachen im Graben begegneten. Das abgestumpfte Ohr hörte kaum noch das nie erlöschende Gewehrfeuer, den kurzen Hieb auf Deckung schlagender Geschosse oder die Leuchtkugel, die neben der Mündung des Lichtschachtes langsam verzischte und erlosch. Dann nahm ich mein Notizbuch aus der Kartentasche und schrieb in kurzen Worten die Ereignisse des Tages auf.

In Stahlgewittern

Im mit Büchern wohlausgestatteten Unterstand (1915). Die behaglichen Stunden bei Lektüre und entomologischen Studien hat Ernst Jünger später als besonders nachdrückliche Erfahrungen des Weltkriegs bezeichnet, nachdrücklicher als mancher Gefechtsvorgang, der längst vergessen ist. In der Erzählung »Sturm« hat Jünger diese Ausblendung aus dem historischen Prozeß dargestellt – ein früher Versuch, die Ansprüche des Einzelnen gegenüber der Notwendigkeit geschichtlicher Veränderung geltend zu machen.

Diesem Leben unter den Mündungen der Kanonen entstrahlte ein starker, betäubender Duft, wie blühenden Blumenwiesen im August. Gerade in dieser kleinen Kulturinsel inmitten der drohenden Wüstenei wurde zuweilen ein Gefühl wach, das jede Kultur vor ihrem Untergange mit dem Schimmer eines letzten und höchsten Luxus umhüllt: das Gefühl einer gänzlichen Zwecklosigkeit, eines Seins, das für kurze Zeit wie ein Feuerwerk über nächtlichen Gewässern stand.

Sturm

Monchy-au-bois, 20. Oktober 1915

Die ziehenden Kraniche erweckten in mir Erinnerungen an Rehburg, an Mardorf und an das Steinhuder Meer. Aber ach, die armen Tiere flogen ängstlich krächzend an der Front entlang, viel hundert Schüsse, deutsche, englische, französische wurden ihnen entgegengeschickt. Sonst geht alles seinen alten, stumpfsinnigen Gang. Die ewigen Explosionen werden langweilig, und ich wollte, daß ich wieder friedlich bei meinen Insekten säße.

(An Friedrich Georg)

Ernst Jünger kündigt seinem Bruder Friedrich Georg die Zusendung entomologischer Zeitungen an. (Feldpostkarte vom 6. 11. 1915)

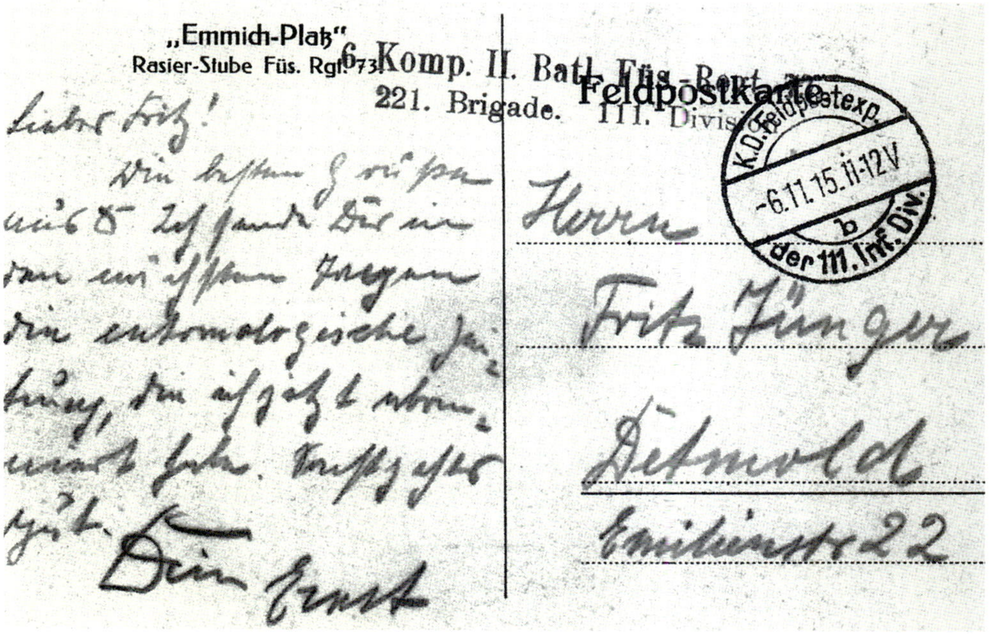

„Emmich-Platz"
Rasier-Stube Füs. Rgt. 73
6. Komp. II. Batl. Füs.-Regt.
221. Brigade. 111. Division
Feldpostkarte
K.D. Feldpostexp.
-6.11.15. 11-12 V
b
der 111. Inf. Div.

Lieber Fritz!

Dein Ernst

Herrn
Fritz Jünger
Detmold
Emilienstr. 22

Begräbnis eines Kameraden auf dem Friedhof von Douchy.

Douchy, der Ruheort des Füsilierregiments 73, war ein Dorf von mittlerer Größe und hatte durch den Krieg noch wenig gelitten. Dieser im wellenförmigen Gelände des Artois gelegene Platz wurde dem Regiment während seines anderthalbjährigen Stellungskampfes in jener Gegend zur zweiten Garnison, zu einer Stätte der Erholung und Festigung nach schweren Tagen des Kampfes und der Arbeit in vorderer Linie. Wie oft atmeten wir auf, wenn uns durch dunkle Regennächte ein einsames Licht vom Dorfeingang entgegenschimmerte! Man hatte doch wieder ein Dach über dem Kopf und sein einfaches, ungestörtes Lager im trockenen Raum. Man konnte schlafen, ohne jedesmal nach vier Stunden wieder in die Nacht hinaus zu müssen und ohne von der ständigen Erwartung eines Überfalls bis in den Traum hinein verfolgt zu werden. Wie neugeboren war man am ersten Ruhetag, wenn man gebadet und die Montur vom Schmutz des Grabens gereinigt hatte. Auf den Wiesengründen wurde exerziert und geturnt, um die eingerosteten Knochen gelenkig zu machen und den Gemeingeist der in langen Nachtwachen vereinsamten Leute wieder zu erwecken. Das gab Spannkraft für neue lastenreiche Tage. In der ersten Zeit marschierten die Kompanien abwechselnd in die vordere Linie zu nächtlicher Schanzarbeit. Diese anstrengende Doppelbeschäftigung unterblieb später auf Anordnung unseres einsichtigen Obersten von Oppen. Die Sicherheit einer Stellung beruht auf der Frische und dem unerschöpften Mut ihrer Verteidiger, nicht auf dem verschlungenen Bau ihrer Annäherungswege und der Tiefe der Kampfgräben.

In Stahlgewittern

Eine große Wiese neben der Kirche diente als Begräbnisplatz, zu dem fast täglich eine Kompanie marschierte, um einem oder vielen Kameraden unter den Klängen eines Chorals das letzte Geleit zu geben.

In Stahlgewittern

Damals, dort unten, im Fegefeuer, wenn der nächtliche Grabendienst gar kein Ende nehmen wollte, dachte ich oft, halb im Fieber an meine Schulterwehr gelehnt und die rechte Hand auf den groben Knauf der Leuchtpistole gestützt, wie denn dies alles enden würde, welchen verborgenen Zielen es zutriebe, und der große Bann schien mir so stark, daß ich mir eine künftige Welt des Friedens gar nicht vorstellen konnte. (...)

In diesen Nächten schien kein Entrinnen möglich, man war auf den Grund eines Brunnens versenkt, in den nicht der schwächste Fixstern hinunterleuchtete; die tiefe, finstere Schlucht des Grabens besaß etwas Erdrückendes. Und hier schien es mir eigentlich nicht so schrecklich, fallen zu müssen, als vor dem Schlusse des letzten Aktes aus einem Stücke auszuscheiden, bei dem man doch mit Leib und Seele Mitspielender war – als so aus dem Dunklen ins Dunkle zu gehen.

Das Abenteuerliche Herz. Erste Fassung

Fähnrich Jünger im Schützengraben (1915).

1915
Fähnrich Jünger
im Schützengraben

Unter Beschuß. Schlachtfeld von Verdun.

Die glühenden Gefilde, die uns erwarten, hat noch kein Dichter in seinen Träumen geschaut. Da sind eisige Kraterfelder, Wüsten mit feurigen Palmeninseln, rollende Wände aus Feuer und Stahl und ausgestorbene Ebenen, über die rote Gewitter ziehen. Da schwärmen Rudel von stählernen Vögeln durch die Luft, und gepanzerte Maschinen fauchen über das Feld. Und alles, was es an Gefühlen gibt, vom gräßlichsten körperlichen Schmerz bis zum höchsten Jubel des Sieges, wird dort zu einer brausenden Einheit, zu einem blitzartigen Sinnbild des Lebens zusammengeballt.

Der Kampf als inneres Erlebnis

... ohne jede Deckung im Feuer kauern zu müssen, unaufhörlich mit Geschossen beworfen zu werden, von denen jedes einzelne ein mittleres Dorf verwüsten könnte, ohne eine andere Ablenkung als die, mechanisch und halbverstört die Einschläge zu zählen – das ist eine Prüfung, die den Grenzen, welche der menschlichen Kraft gezogen sind, sehr nahe kommt. Ein solcher Befehl, der Hunderttausende bloß und schutzlos ins Feuer wirft, schließt eines der größten Todesurteile in sich, die je

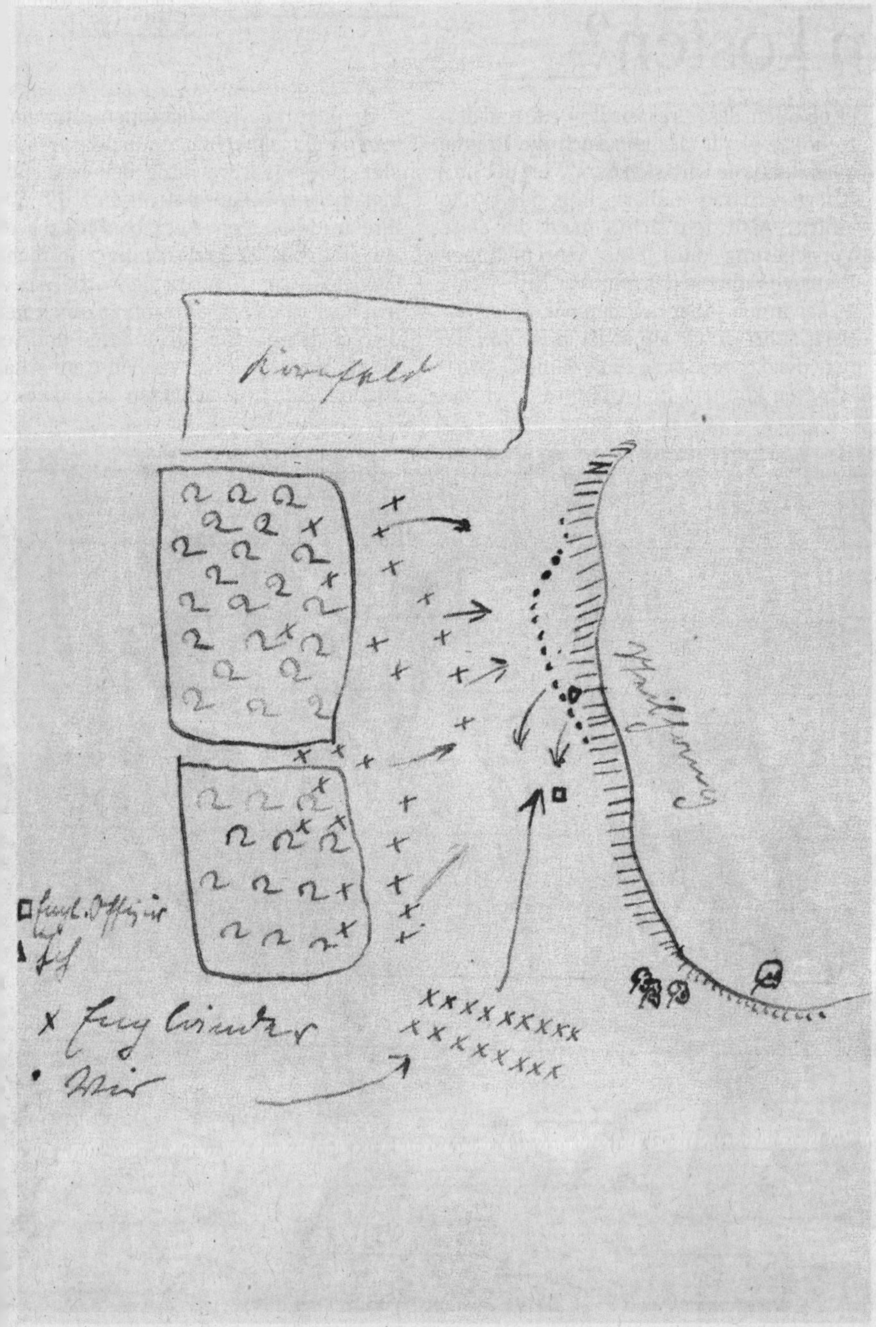

Jüngers Zeichnung eines Angriffs auf seine Feldwache Foto Literaturarchiv Marbach

Ernst Jünger auf dem Vorsatzblatt von „In Stahlgewittern“ Foto Gutenberg

Was darf der Lebensplan denn kosten?

Wenn der Neid erlischt, sind alle fair behandelt. Dann zumindest, wenn man wie der Rechtsphilosoph Ronald Dworkin eine Theorie von Gerechtigkeit als Ressourcengleichheit entwirft.

Die ausgleichende Gerechtigkeit beschränkt sich darauf, das Unrecht wiedergutzumachen, das die eine Partei einer Rechtsbeziehung der anderen zugefügt hat. Hinter den Gerechtigkeitstheorien von John Rawls und seinen liberal-egalitären Nachfolgern steht eine viel anspruchsvollere Zielvorstellung. Diese Konzeptionen bezwecken eine tendenziell umfassende Neutralisierung natürlicher und sozialer Kontingenzen. Ungleiche Anteile an sozialen Gütern sind danach nur dann fair, wenn sie sich aus den Entscheidungen und absichtlichen Handlungen der Güterinhaber ergeben. Die einzelnen Personen müssen für die Kosten ihrer Entscheidungen selbst aufkommen. Unfair sei hingegen die Bevorzugung oder Benachteiligung aufgrund von Unterschieden in der natürlichen Ausstattung oder den sozialen Umständen. Wofür man nicht verantwortlich sei, was man nicht beeinflussen könne, das dürfe kein zulässiges Güterverteilungskriterium sein. Der Amerikaner Ronald Dworkin, einer der berühmtesten Rechtsphilosophen der Gegenwart, bekennt sich ebenfalls zu dieser Vorstellung.

„Wir möchten", schreibt er, „ein Umverteilungsschema entwickeln, insoweit wir das können, das die auf unterschiedliche Talente zurückzuführenden Effekte neutralisiert, aber die Konsequenzen davon bewahrt, dass die Entscheidung einer Person, dieser oder jener Beschäftigung nachzugehen – die im Lichte davon gefällt wird, was diese Person mit ihrem Leben anfangen möchte –, vielleicht für die Gesellschaft kostspieliger ist als die Entscheidung, die eine andere Person trifft." Dworkin kleidet diese Idee in ein viel zitiertes Gegensatzpaar: Einerseits müssten wir zulassen, dass die Ressourcenverteilung zu jedem Zeitpunkt ambitionssensibel sei. Das heißt, dass sie Kosten und Nutzen der Entscheidungen für andere widerspiegeln soll. Andererseits dürften wir es nicht zulassen, dass die Verteilung der Ressourcen in irgendeinem Moment begabungssensibel sei. Den Menschen dürfe es deshalb [illegible]

es nämlich, dass es erreicht werde und desto höher werde deshalb auch die Prämie ausfallen. „Sie wird sich dem Wert des projizierten Ertrags nähern, falls das Risiko eintritt. Also sieht sich jemand, der diese Versicherung kauft, einer extrem hohen Wahrscheinlichkeit gegenüber, sehr wenig zu gewinnen. Aber nehmen wir an, er verliert; nehmen wir an, er ist einer von denen, die das maximale Einkommen erwirtschaften können. Er ist nun in einer viel

Bereits diese Konzessionen und Ung reimtheiten sprechen dafür, dass es a eine Überbeanspruchung der Gerechti keitstheorie hinausläuft, wenn ihr üb ihre traditionellen Aufgaben hinaus d Aufgabe der Neutralisierung natürlich Ungleichheiten übertragen wird. Vor a lem aber ist es eine Illusion anzunehme dass es möglich sei, unverdiente und ve diente Vorteile einigermaßen trennscha voneinander unterscheiden und dadurc

Auch eine Auktion, bei welcher der Schleier des Nichtwissens eine Rolle spielt. Allerdings lässt Alfred Hitchcock ihn über den Zuscha er von „North by Northwest" fallen, der bis zuletzt nicht erfährt, warum die Bösewichte rechts unbedingt mitbieten müssen. Foto Cine

Ernst Jünger hatte den Krieg bis zum Sommer 1916 hauptsächlich als Stellungskrieg erlebt. Nach einem Ausbildungskurs für Offiziere in Croisilles – Jünger war am 27. November 1915 zum Leutnant befördert worden – wurde er während eines Vorgeplänkels zur großen Somme-Schlacht im August 1916 zum zweiten Mal verwundet. Der zweiwöchige Lazarettaufenthalt bewahrte Jünger vor dem Tod: sein Zug kehrte aus dem Trichterfeld bei Guillemont nicht zurück.

Vor der Somme-Schlacht (1916).

verhängt worden sind. Aber die Zeit arbeitet mit gewaltigen Mitteln, und es kommt im Kampf um ein grauenhaftes Trümmerfeld, auf dem sich zwei Weltbilder begegnen, nicht auf die tausend Menschen an, die vielleicht vor dem Verderben zu retten sind, sondern darauf, daß das überlebende Dutzend so rechtzeitig zur Stelle ist, daß es seine Maschinengewehre und Handgranaten entscheidend ins Treffen bringen kann.

Das Wäldchen 125

Mit besonderer Stärke prägte sich meiner Erinnerung das Bild der aufgerissenen und noch dampfenden Stellung ein, wie ich sie kurz nach dem Angriff durchschritt. Die Tagesposten waren schon aufgezogen, aber die Gräben noch nicht aufgeräumt. Hier und dort waren die Postenstände mit Gefallenen bedeckt, und zwischen ihnen, gleichsam aus ihren Körpern hervorgewachsen, stand die neue Ablösung am Gewehr. Der Anblick dieser Gruppen rief eine seltsame Erstarrung hervor – als erlöschte für einen Augenblick der Unterschied von Leben und Tod.

In Stahlgewittern

Was soll ich eure Nerven schonen? Lagen wir nicht selbst einmal vier Tage lang in einem Hohlweg zwischen Leichen? Waren wir da nicht alle, Tote und Lebendige, mit einem dichten Teppich großer, blauschwarzer Fliegen bedeckt? Gibt es noch eine Steigerung? Ja: es lag dort mancher, mit dem wir manche Nachtwache, manche Flasche Wein und manches Stück Brot geteilt hatten. Wer darf vom Kriege reden, der nicht in unserem Ringe stand?

Der Kampf als inneres Erlebnis

Ein von Franzosen gestürmter deutscher Schützengraben an der Westfront.

Mitten in diesem Taumel wurde ich wie durch einen Hammerschlag zu Boden geworfen. Ernüchtert riß ich meinen Stahlhelm herunter und erblickte zu meinem Schrecken zwei große Löcher in seinem Metall. Der Fahnenjunker Mohrmann, der mir beisprang, beruhigte mich durch die Versicherung, daß am Hinterkopf nur ein blutender Riß zu sehen sei. Das Geschoß eines entfernten Schützen hatte meinen Stahlhelm durchschlagen und den Schädel gestreift. Halb betäubt wankte ich mit einem flüchtig angelegten Verbande zurück, um mich aus diesem Brennpunkte des Kampfes zu entfernen.

In Stahlgewittern

Manchmal wurde auch einer durch eine Granate oder Mine zerrissen, daß selbst sein bester Freund ihn nicht mehr erkennen konnte. Dann hoben wir die zerfetzte Masse mit unseren Schaufeln auf eine Zeltbahn, um sie einzuwickeln. An diesen Stellen zeigte der Lehm noch lange große, eingesprengte Rostflecke. Die Leichen trugen wir in der Nacht zurück und begruben sie auf einem Friedhof, der sich ständig vergrößerte. Der Tischler schnitzte ihnen ein Eisernes Kreuz, der Feldwebel strich ihren Namen aus der Stammrolle, der Kompanieführer unterschrieb. Bald hatten wir sie vergessen und behielten nur eine unklare Erinnerung an sie.

In Stahlgewittern

Unser Regiment soll schon wieder aus vorderer Linie zurückgezogen sein. Jetzt muß es ja auch bald losgehn. In jedem Heeresbericht sieht man ja, daß auf der ganzen Front, besonders der englischen, getastet wird.

Papa schrieb vom Suchen einer Adjutantur oder etwas ähnlichem. Ganz abgesehen davon, daß dies ein Posten für Etappenschweine, Kavalleristen und andere Kriegsteilnehmer hinter der Front ist, würde mir ein Posten dieser Art geradezu entsetzlich sein, denn man ist doch nur besserer Kammerdiener und Jasager. Wenn ich im Füs.-Reg. N° 73 eine Kompanieführerstelle bekomme, habe ich überhaupt nur noch zwei Vorgesetzte und eine interessante, selbständige Aufgabe, bei der man selbst auch mal was anordnen kann und nicht nur die Befehle anderer Leute überbringen muß. Außerdem muß ich mal wieder ordentlich Pulver riechen, ohne das bin ich nicht zufrieden. Friedenssoldat kann ich auch nach dem Krieg spielen, wenn ich Lust dazu haben sollte.

(Aus dem Brief an die Eltern vom 15. 2. 1917)

Bis zur Siegfriedstellung war jedes Dorf ein Trümmerhaufen, jeder Baum gefällt, jede Straße unterminiert, jeder Brunnen verseucht, jeder Flußlauf abgedämmt, jeder Keller gesprengt oder durch versteckte Bomben gefährdet, jede Schiene abgeschraubt, jeder Telefondraht abgerollt, alles Brennbare verbrannt: kurz, wir verwandelten das Land, das den vordringenden Gegner erwartete, in eine Wüstenei.

Zum ersten Mal sah ich hier die planmäßige Zerstörung, der ich später im Leben noch bis zum Überdruß begegnen sollte; sie ist unheilvoll mit dem ökonomischen Denken unserer Epoche verknüpft, bringt auch dem Zerstörer mehr Schaden als Nutzen und dem Soldaten keine Ehre ein.

In Stahlgewittern

Ernst Jüngers Stahlhelm aus dem Ersten Weltkrieg.

Straße Arras-Cambrai.

Bei Schanzarbeiten im Wald von Adinfer: Leutnant Jünger (zweiter von links) mit den Zugführern der 6. Kompanie des Füsilierregiments 73 (Gibraltar), dem er den ganzen Krieg hindurch angehörte.

Brief an die Eltern vom 15.2.1917.

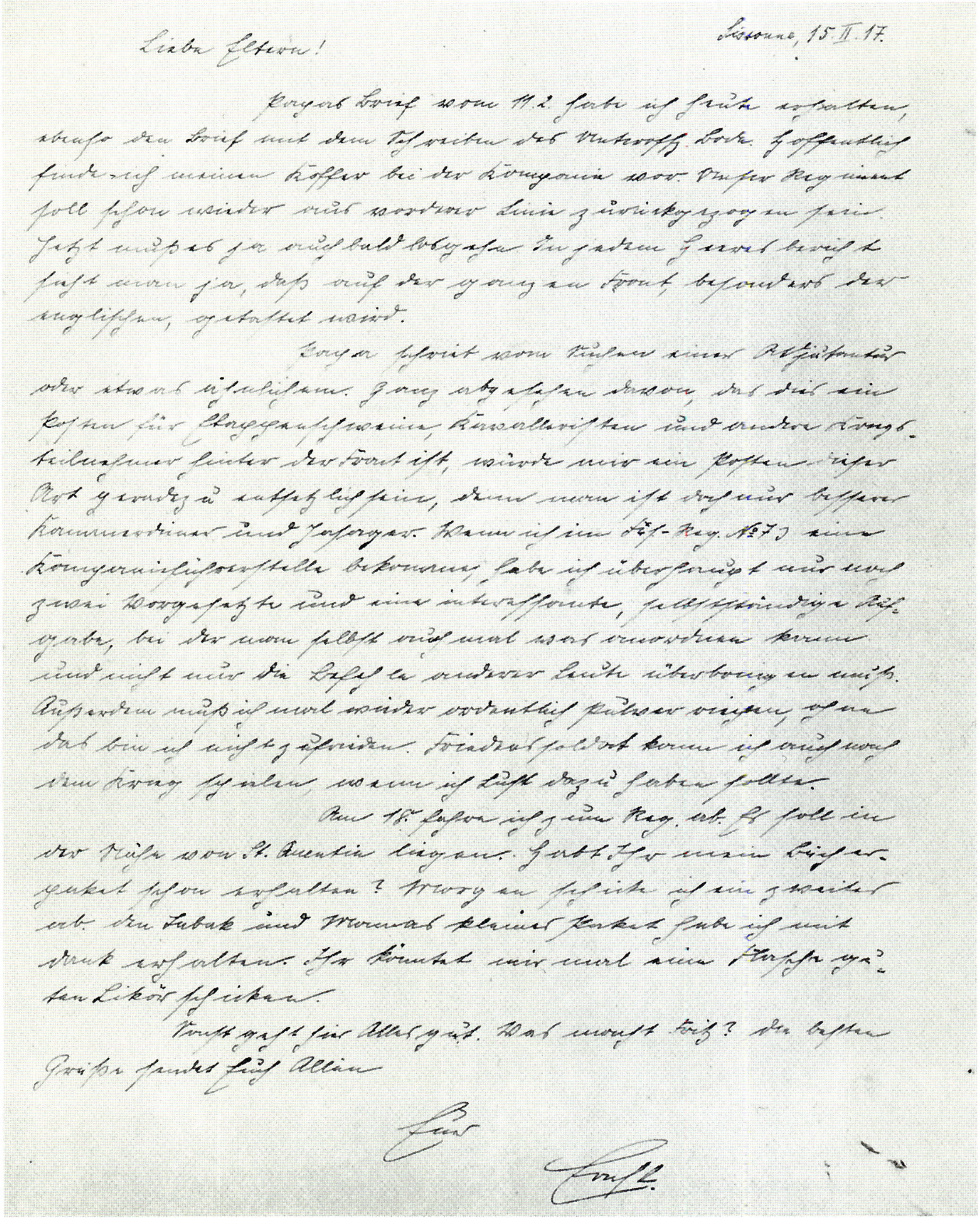

Sissonne, 15.II.17.

Liebe Eltern!

Euren Brief vom 11.2. habe ich heute erhalten, ebenso den Brief mit dem Schreiben des Unteroffz. Bode. Hoffentlich finde ich meinen Koffer bei der Kompanie vor. Unser Regiment soll schon wieder aus vorderer Linie zurückgezogen sein. Jetzt muss es ja auch bald losgehen. In jedem Heeresbericht sieht man ja, dass auf der ganzen Front, besonders der englischen, [illegible] wird.

Vater schreibt vom Suchen einer Adjutantur oder etwas Ähnlichem. Ganz abgesehen davon, dass dies ein Posten für Etappenschweine, Kavalleristen und andere Kriegsteilnehmer hinter der Front ist, würde mir ein Posten dieser Art geradezu entsetzlich sein, denn man ist doch nur besserer Kammerdiener und [illegible]. Wenn ich im Füs.-Reg. No 73 eine Kompanieführerstelle bekomme, habe ich überhaupt nur noch zwei Vorgesetzte und eine interessante, selbständige Aufgabe, bei der man selbst auch mal was anordnen kann und nicht nur die Befehle anderer Leute überbringen muss. Außerdem muss ich mal wieder ordentlich Pulver riechen, ohne das bin ich nicht zufrieden. Friedenssoldat kann ich auch noch nach dem Krieg spielen, wenn ich Lust dazu haben sollte.

Am 18. fahre ich zum Reg. ab. Es soll in der Nähe von St. Quentin liegen. Habt Ihr mein Bücherpaket schon erhalten? Morgen schicke ich ein zweites ab. Den Tabak und Mamas kleines Paket habe ich mit Dank erhalten. Ihr könntet mir mal eine Flasche guten Likör schicken.

Sonst geht hier Alles gut. Was macht Fritz? Die besten Grüße sendet Euch Allen

Euer

Ernst.

Der Schriftsteller Hermann Löns (1866–1914) hatte sich 48jährig im August 1914 freiwillig an die Front gemeldet. Wie viele andere Literaten begrüßte er den Krieg als Ausweg aus einer bürgerlich erstarrten und hohl gewordenen Zeit. Nach nur zweimonatiger Kriegsteilnahme fiel Löns am Marne-Kanal. In seiner Prägnanz, seiner Wertfreiheit ist Hermann Löns' Kriegstagebuch mit Ernst Jüngers Diarien vergleichbar. Das Foto zeigt Löns vor seinem Eintritt in die Armee. Ernst Jünger übernahm die Kompanie, in der Hermann Löns gedient hatte, Anfang Mai 1917.

Am nächsten Morgen erschien Knigge und las mir Befehle vor, aus denen mir gegen Mittag klar wurde, daß ich die Führung der vierten Kompanie übernehmen sollte. In ihr war im Herbst 1914 der niedersächsische Dichter Hermann Löns vor Reims als Kriegsfreiwilliger gefallen, fast fünfzig Jahre alt.

In Stahlgewittern

In solchen Einöden ist der Mensch der Vita contemplativa besser daran ... Man kann das Geschehen auch mit dem Auge des Mittelalters sehen, dann hat man Waffengeklirr der Burgen und klösterliche Einsamkeit, ist Kriegsmann und Mönch zugleich. Im Grunde erlebt jeder seinen eigenen Krieg. Daß ihn ein Börries von Münchhausen oder ein Löns, der hier im Regiment fiel, anders durchschreiten als ein Lotz oder Trakl, versteht sich von selbst.

Sturm

Abends nahm ich den Spazierstock aus der Ecke und wanderte die schmalen Feldwege entlang, die ihre Bogen durch die hügelige Landschaft schlangen. Die verrotteten Felder trugen Blumen von heißerem und wilderem Geruch. Zuweilen standen einzelne Bäume am Weg, unter denen im Frieden der Landmann gerastet haben mochte, weiß, rosa oder dunkelrot überblüht, zauberhafte Erscheinungen inmitten der Einsamkeit. Der Krieg hatte dem Bilde dieser Landschaft, ohne seine Lieblichkeit zu zerstören, heroische und schwermütige Lichter aufgesetzt; der blühende Überfluß wirkte betäubender und strahlender als sonst.

In Stahlgewittern

Der Stollen ist gemütlich wie ein Sarg,
Verwegne Brut drängt sich im Neste.
Wir jagen Welt durchs Hirn, die Zeit ist karg,
Ein andrer säuft vielleicht die Reste.

Grobrindiges Gebälk, Qualm, Schreie, Stahl;
Der Schnaps macht wie ein Axthieb trunken,
Berauscht wie Explosion, kurz und brutal;
Wir leben dreifach, Blut spritzt Funken.

An scharfen Köpfen meißelt Kerzenlicht,
Wir sind die Könige der Stunde,
Markante Rasse, Sprung steckt im Gesicht;
Tod steht, Lakai, in unsrer Runde.

Das Wäldchen 125

Zechgelage der Kompanieführer und Offiziere des Regiments (1917). Ernst Jünger ganz rechts.

Vor dem Unterstand (Kanalstellung).

Côte Lorraine, 2. August 1917

Wenn ich nachts im Graben auf und ab gehe, denke ich viel über die Kolonien nach. Man müßte sich nach dem Kriege zur Schutztruppe melden, dabei kann man sich am besten Land und Leute besehen. Als ich in Gera in Behandlung war, betrachtete ich im Museum die Sammlungen eines Kameruner Pflanzers, der seinen Sohn dort auf dem Gymnasium hatte. Die Pflanzen, Früchte und Tiere waren wie Proben einer üppigeren Welt.

(An Friedrich Georg)

Côte Lorraine, 14. August 1917

Hier geht alles seinen alten, langweiligen Gang. Wir liegen in sehr gut ausgebauten und ruhigen Stellungen. Der Grabendienst wird dadurch erheitert, daß in den Kalkstein der Wände unzählige Seeigel, Muscheln und Ammoniten eingelassen sind. So wandle ich auf dem Grunde versunkener Meere einher, und oft bleibe ich vor einer Schulterwehr wie vor einem Rebus stehen.

(An Friedrich Georg)

Ernst Jünger (rechts) vor seinem Kommandantengefechtsstand im »Quellenlager« in Flandern (Sommer 1917). Unweit davon fand er am 29. Juli seinen verwundeten Bruder Friedrich Georg und ließ ihn zum Sanitätsunterstand tragen, was ihm das Leben rettete.

Die Geschwister. Von links nach rechts: Friedrich Georg, Hanna, Wolfgang, Ernst, Hans. Friedrich Georg Jünger, Jahrgang 1898, meldete sich im dritten Kriegsjahr als Freiwilliger zum Kriegsdienst. Wie sein Bruder Ernst wurde er zum 73. Füsilierregiment eingezogen. Im Sommer 1916 trat er seinen Dienst in Hannover an. In Fresnoy-le-Grand an der Somme bewohnte er zeitweise mit Ernst Jünger ein gemeinsames Quartier. Die rettende Begegnung der beiden auf dem flandrischen Schlachtfeld hielt Ernst Jünger im Kriegstagebuch fest. Friedrich Georg gedachte ihrer mit dem Gedicht »An meinen Bruder Ernst« und in seinem Erinnerungsbuch »Grüne Zweige«.

Unvermittelt fragte mich Sandvoß, ob ich etwas von meinem Bruder gehört hätte. Man wird sich meine Sorge vorstellen können, als ich erfuhr, daß er den nächtlichen Sturm mitgemacht hatte und vermißt wurde. Er war meinem Herzen der Nächste; das Gefühl eines unersetzlichen Verlustes tat sich vor mir auf.

Gleich darauf kam ein Mann und teilte mir mit, daß mein Bruder verwundet in einem nahen Unterstand liege. Er zeigte dabei auf ein wüstes, von entwurzelten Bäumen bedecktes Blockhaus, das bereits von den Verteidigern verlassen war. Ich eilte über die Lichtung, die unter gezieltem Gewehrfeuer lag, und trat ein. Welch ein Wiedersehen! Mein Bruder lag in einem von Leichengeruch erfüllten Raum inmitten einer Menge ächzender Schwerverwundeter. Ich fand ihn in einer traurigen Verfassung vor. Beim Sturm hatten ihn zwei Schrapnellkugeln getroffen, die eine hatte die Lunge durchschlagen, die andere das rechte Oberarmgelenk zerschmettert. Das Fieber glänzte ihm aus den Augen; eine geöffnete Gasmaske hing auf seiner Brust. Er konnte nur mit Mühe sich bewegen, sprechen und atmen. Wir drückten uns nur die Hand und berichteten.

In Stahlgewittern

Vor dem Stoßtrupp, Regniéville 1917. Ernst Jünger mit Leutnant Werner Kienitz, dem späteren General der deutschen Wehrmacht. Als bewährtem Stoßtruppführer wurde Ernst Jünger vom Regimentskommandeur eine schwierige Gefechtsfeldaufklärung befohlen, auf die er seinen Stoßtrupp zehn Tage lang vorbereitete. Von den vierzehn Mann, die Jünger am 23. September 1917 führte, kamen nur vier zurück. Die Erfahrungen des Stoßtruppführers fanden später ihren Niederschlag in der Ausbildungsvorschrift für die Infanterie, die Jünger nach dem Krieg mitbearbeitete.

Unter allen erregenden Momenten des Krieges ist keiner so stark wie die Begegnung zweier Stoßtruppführer zwischen den engen Lehmwänden der Kampfstellung. Da gibt es kein Zurück und kein Erbarmen. Das weiß jeder, der sie in ihrem Reich gesehen hat, die Fürsten des Grabens mit den harten, entschlossenen Gesichtern, tollkühn, geschmeidig vor- und zurückspringend, mit scharfen, blutdürstigen Augen, Männer, die ihrer Stunde gewachsen waren und die kein Bericht nennt.

Feuer und Blut

Der Anarch führt seine eigenen Kriege, selbst wenn er in Reih und Glied marschiert.

Eumeswil

Kompanieführer und Bataillonführung während einer Übung an der Somme im Herbst 1917. Leutnant Jünger in der Mitte.

Ernst Jünger ist trotz höchster militärischer Auszeichnungen und einer außergewöhnlichen Beliebtheit bei den ihm unterstellten Soldaten Einzelgänger geblieben. Ein unbestimmtes Unbehagen an der militärischen Führung und häufige Konflikte mit den direkten Vorgesetzten führten zeitweilig zu der Erwägung, von der Infanterie zur vergleichsweise liberalen Luftwaffe zu wechseln, weil dort der (Luft-)Kampf in seiner idealen und selbständigen Form möglich schien. Jünger verdankte seinen militärischen Ruhm einer außerordentlichen soldatischen Leistung und einem Draufgängertum, das gewissermaßen dem gewöhnlichen Krieg den Krieg erklärte. Kraft und Zuversicht schöpfte er vor allem aus einer in allen Lagen fortgeführten Lektüre, die jene spielerische Distanz schuf, die den Beobachter und Führer gleichermaßen auszeichnet.

Das Leben
und die Meinungen von
Herrn Tristram Shandy

von

Laurence Sterne

Illustriert
von Lovis Corinth

1908
Buchverlag fürs Deutsche Haus
Berlin—Leipzig.

Nach längerer Irrfahrt bin ich gestern Nachmittag hier angelangt. Ich habe wieder die 7. Komp. bekommen und auch schon übernommen, die Leute haben sich anscheinend auch gefreut, daß ich wieder kam, denn einer rannte mir gleich entgegen, um meine Sachen zu tragen und sagte, daß die Kompanie sich mächtig freute.

(An die Eltern, 5. 2. 1918)

Den »Tristram Shandy« trug ich während der Gefechte bei Bapaume in einer handlichen Ausgabe in der Kartentasche herum und hatte ihn auch bei mir, als wir vor Favreuil bereitstanden. Da man uns in Höhe der Artilleriestellungen vom Morgen bis zum späten Nachmittag warten ließ, wurde es bald recht langweilig, obwohl die Lage nicht ungefährlich war. Ich begann also zu blättern, und die verquickte, von mannigfachen Lichtern durchbrochene Weise setzte sich bald wie eine geheime Begleitstimme in eine helldunkle Harmonie zu den äußeren Umständen. Nach vielen Unterbrechungen und nachdem ich einige Kapitel gelesen hatte, erhielten wir endlich den Befehl zum Angriff; ich steckte das Buch wieder ein und lag bereits bei Sonnenuntergang mit einer Verwundung da.

Im Lazarett nahm ich den Faden wieder auf, als ob alles Dazwischenliegende nur ein Traum gewesen wäre oder zum Inhalt des Buches selbst gehörte, als eine Einschaltung von besonderer geistiger Kraft. Ich bekam Morphium und las bald wach, bald in halber Dämmerung fort, so daß mannigfache seelische Zustände die tausend Schachtelungen des Textes noch einmal zerstückelten und einschachtelten. Fieberanfälle, die mit Burgunder und Kodein bekämpft wurden, Beschießungen und Bombenabwürfe auf den Ort, durch den schon der Rückzug zu fluten begann und in dem man uns zuweilen ganz vergaß, steigerten die Verwirrung noch, so daß ich heute von jenen Tagen nur noch die unklare Erinnerung an eine halb empfindsame, halb wilde Erregung zurückbehalten habe, in der man selbst durch einen Vulkanausbruch nicht mehr in Erstaunen geraten wäre und in welcher der arme Yorick und der biedere Onkel Toby noch die vertrautesten der Gestalten waren, die sich vorstellten.

So trat ich unter würdigen Umständen in den geheimen Orden der Shandysten ein, dem ich bis heute treu geblieben bin.

Das Abenteuerliche Herz. Zweite Fassung

Englische Gefangene werden dem Divisionskommandeur Generalmajor v. Busse vorgeführt (Kommandeur der 111. Infanteriedivision, der auch Ernst Jünger angehörte). Busse etwas erhöht im Hintergrund. Ernst Jünger hatte von Anfang an Sympathie und Bewunderung für den englischen Gegner, mit dem bisweilen sogar über die Gräben hinweg Geschenke ausgetauscht wurden (»In Stahlgewittern«). Das britische Fair play und ein gewisses snobistisches Beharrungsvermögen, das auch unter veränderten Umständen die eigene Lebensführung zu bewahren sucht, entsprachen ganz offensichtlich Jüngers eigener Fähigkeit, im anarchischen Raum die »salamandrische Ruhe«, die Unabhängigkeit zu bewahren.

Ich kam als Knabe, der kaum ein Gewehr schwingen konnte, in eine große Schlacht. Wir waren die ganze Nacht stumpf und übermüdet gegen ein fernes Gewitter marschiert, das rot am Horizont hing. Am Morgen schritten wir durch ein Dorf, in dem ein seltsames, hastiges Leben flutete. Ein Pferd mit großen, wilden Augen raste bügelklirrend über die Straße. Irgendwo wurde eine Tür eingeschlagen. Zwei Leute schleppten einen dritten vorüber, der die Arme am Boden schleifen ließ. Ganz nahe, in Gärten und hinter Häusern, krachte es, als ob eiserne Tonnen auseinandersprängen. Wir gingen wie durch einen Traum. Hinter dem Dorfe waren die Felder verlassen, nur einige Tote lagen am Wege.

Das ist nicht wahr, dachte ich, und spürte dabei eine unbeteiligte Neugier, wie sich alles entwickeln würde. Wir hielten hinter einem Waldstück, eine scharfe Stimme stieß einige Sätze heraus, deren Sinn wir nicht verstanden. Dann durchquerten wir den Wald in kleinen Abteilungen. Am anderen Rande sahen wir kleine Erdaufwürfe vor uns, aus denen auf uns geschossen wurde. Wir liefen, warfen uns hin, schossen und sprangen weiter.

Klatschend und knallend zerriß die Luft neben unseren Schädeln. Das geht nicht gut, das geht nicht gut, brauste es in meinen Ohren, ich mag es wohl auch unaufhörlich vor mich hingeschrien haben. Ich ließ mich fallen und legte mich hinter einen Busch, und die Geschosse schwirrten wie ein Hornissenschwarm. Kaum lag ich, als ein harter Stoß mir den Helm herunterschlug. Ich fuhr mit der Hand zum Kopfe und fühlte es warm und feucht. Als ich hinsah, war sie blutüberflossen. Ich strich über mein Gesicht, Blut brannte in den Augen, Blut floß in den Mund, schal und heiß.

Ich stand auf. Die Landschaft hatte sich seltsam verändert.

Sturm

Infanterieangriff. Mit der großen März-Offensive 1918 wollte die Heeresführung im fünften Kriegsjahr die drohende Niederlage abwenden. Sie brachte zwar Geländegewinne, aber keinen entscheidenden Durchbruch. Jüngers Division war an zentraler Stelle an diesem Großangriff beteiligt.

Im Vorgehen erfaßte uns ein berserkerhafter Grimm. Der übermächtige Wunsch zu töten beflügelte meine Schritte. Die Wut entpreßte mir bittere Tränen.

Der ungeheuerliche Vernichtungswille, der über der Walstatt lastete, verdichtete sich in den Gehirnen und tauchte sie in rote Nebel ein. Wir riefen uns schluchzend und stammelnd abgerissene Sätze zu, und ein unbeteiligter Zuschauer hätte vielleicht glauben können, daß wir von einem Übermaß an Glück ergriffen seien.

In Stahlgewittern

Träume sind tief; ihre Bereiche sind es, in denen der Seele die Flügel weniger gebunden sind, und sie sprechen uns in Bildern an, die von Bedeutung geladen sind. Träumen heißt: unter ihrem Bildwerk den geheimen Sinn aufspüren, der sowohl der Nacht wie dem Tage zugrunde liegt. Es ist mein geheimer Stolz, daß ich hinter der Mathematik der Schlachten den prächtigen Traum witterte, in den sich das Leben stürzte, als ihm das Licht zu langweilig ward.

Das Abenteuerliche Herz. Erste Fassung

Ich war im Kriege immer bestrebt, den Gegner ohne Haß zu betrachten und ihn als Mann seinem Mute entsprechend zu schätzen. Ich bemühte mich, ihn im Kampf aufzusuchen, um ihn zu töten, und erwartete auch von ihm nichts anderes. Niemals aber habe ich niedrig von ihm gedacht. Wenn mir später Gefangene in die Hände fielen, fühlte ich mich für ihre Sicherheit verantwortlich und suchte für sie zu tun, was in meinen Kräften stand.

In Stahlgewittern

Ernst Jünger

Das Wäldchen 125

Eine Chronik aus den Grabenkämpfen

1918

1925

Verlegt bei E. S. Mittler & Sohn / Berlin

Die Erstausgabe von »Das Wäldchen 125«. In diesem Buch, einer »Ausschnittvergrößerung« der im vorletzten Kapitel von »In Stahlgewittern« geschilderten Ereignisse, des Kampfes um ein westlich von Bapaume gelegenes Waldstück, mischt sich noch ein naiver, polemisch getönter Patriotismus mit nüchterner Deskription.

Ausritt nach Sapinies (Juni 1918).

In der näheren Umgebung des Bahndammes lagen, an gestrandete Schiffe erinnernd, zahlreiche zerschossene Tanks, die ich auf meinen Spaziergängen aufmerksam besichtigte. Auch versammelte ich an ihnen zuweilen meine Kompanie zum Unterricht über die Abwehr, die Taktik und die verwundbaren Stellen dieser immer häufiger auftretenden Kriegselefanten der technischen Schlacht.

In Stahlgewittern

Die dienstfreie Zeit verbringe ich auf mannigfaltige Art. Am ersten Morgen bin ich nach Sapignies zur Badeanstalt geritten, mit frischer Wäsche in der Satteltasche. Ganz in der Nähe liegt Cagnicourt, von wo aus am 21. März dieses Jahres der große Angriff begann, ein Ereignis, das schon wieder durch die neuen Erlebnisse weit in die Vergangenheit zurückgedrängt scheint. Ich machte mir das sonderbar wehmütige Vergnügen, den Weg abzureiten, über den uns damals die tolle Begeisterung jenes ersten Sturmtages schleuderte. Er begann bei einem Massengrab, auf dessen Kreuzen über zwanzig mir wohlbekannte Namen stehen und das den großen Unglückstreffer bezeichnet, den keiner von denen vergessen wird, die damals wie durch ein Wunder davongekommen sind, und er endete bei jener mörderischen Stelle, an der ich am 22. März die Verwundung erhielt, die mir in der Wut des Handgemenges erst eine halbe Stunde später zum Bewußtsein kam. Fünf Kilometer Weg in sechsunddreißig Stunden zurückgelegt – sie flogen vorüber wie ein glühender Traum, in dem Landschaften sich öffnen und Dinge geschehen, die jeder Beschreibung entzogen sind.

Das Wäldchen 125

Der Platz, an dem ich stand, gab eine weite Aussicht frei. Hinter den weißen Grundrissen des Dorfes, das wie eine ausgegrabene Siedlung im Tale lag, sah ich auf der jenseitigen Höhe das bräunlichgrüne Trichterfeld, durch das ich gekommen war. Strahlenförmig führten Laufgräben gegen das breite Maschenwerk der Front, das an den Flügeln im Glast der Mittagshitze sich den Blicken entzog. Obwohl die Sicht in das Hinterland des Feindes reichte, lag das Gefilde bis in die letzte Ferne ausgestorben da. Vereinzelte Rauchwolken, die hier und da wie durch eine verborgene Naturkraft hochgestoßen wurden, vermehrten das Gefühl der Einsamkeit.

Plötzlich stiegen wie aus einer Kraterlandschaft auf einem toten Gestirn schwarze Dämpfe auf, und nach einiger Zeit wehte ein dumpfes Krachen herüber, an das sich dann erst wieder, in sonderbar umgekehrter Reihenfolge, das Heulen der schweren Geschosse schloß. Wenn dort jemand gestanden hatte, so war ihm keine Zeit mehr geblieben, Deckung zu nehmen, denn das Geschoß war schneller geflogen als sein Schall. Als sich die breite Rauchfahne verzogen hatte, wurde eine Gruppe von kahlen Stangen frei, und erst jetzt erkannte ich, daß es das Wäldchen 125 war, das da vorn im Feuer lag. Jetzt blitzten auch in schneller Folge Schrapnellgruppen über den Spitzen der Masten auf, winzige, sich überschlagende Flämmchen, die weiße Dampfbälle zeugten und deren Ton matt wie der Knall von Kinderflinten herüberkam.

So, in der Weite der Front verloren und durch einen großen Abstand von mir getrennt, sah das Geschehen da unten harmlos und zwerghaft aus, und es kam mir seltsam vor, daß dieses Waldstück gestern einen so starken Eindruck auf mich gemacht hatte. Wenn es ein großes Wesen gäbe, das mit einem Blick mühelos die Alpen und das Meer umspannen könnte, so würde ihm dieses Treiben vorkommen wie eine zierliche Ameisenschlacht, wie ein feines Gehämmer an einem einheitlichen Werk. Uns aber, die wir nichts als einen winzigen Ausschnitt sehen, drückt unser kleines Schicksal nieder, und der Tod erscheint uns in furchtbarer Gestalt. Wir können nur ahnen, daß das, was hier geschieht, in eine große Ordnung eingegliedert ist und daß die Fäden, an denen wir scheinbar sinnlos und auseinanderstrebend zappeln, sich irgendwo zu einem Sinne verknüpfen, dessen Einheit uns entgeht.

Das Wäldchen 125

Schützengräben an der Somme.

Ein zerstörter englischer Tank. In der Somme-Schlacht 1916 war diese waffentechnische Neuerung erfolglos auf der Seite der Alliierten eingesetzt worden. Im August 1918 erzwang der erfolgreiche »Tankangriff von Amiens« die Rückverlegung der deutschen Truppen in die Siegfriedstellung. Mit dem gepanzerten Fahrzeug kündigte sich eine mobilere Kriegführung an, wie sie Ernst Jünger in militärtheoretischen Fachaufsätzen während seiner Reichswehrzeit und 1930 in seinem Aufsatz »Kriegerische Mathematik« hellsichtig für künftige Kriege voraussagte. Der Essay wurde 1934 unter dem Titel »Feuer und Bewegung« in »Blätter und Steine« aufgenommen.

Leutnant Ernst Jünger.

Am 25. August 1918 beendete eine schwere Verwundung bei Cambrai den Krieg für Ernst Jünger. Ein letzter Willensakt bewahrte ihn vor der englischen Gefangenschaft. Als einer der ganz wenigen Infanterieleutnants des Ersten Weltkriegs wurde er drei Wochen später »als rücksichtslos tapferer Führer« mit dem höchsten preußischen Militärorden Pour le mérite ausgezeichnet. Zuvor hatte er schon das Eiserne Kreuz erster Klasse (1916), das Ritterkreuz des Königlichen Hausordens von Hohenzollern (1917) und das Goldene Verwundetenabzeichen erhalten.

Wir übersprangen einige Schützenlöcher und flüchtig ausgehobene Grabenstücke. Gerade als ich mich mitten im Sprung über einem etwas sorgfältiger ausgestochenen Graben befand, riß mich ein durchdringender Stoß vor die Brust wie ein Flugwild aus der Luft. Mit einem lauten Schrei, mit dessen Gellen die Lebensluft auszuströmen schien, wirbelte ich um die Achse und klirrte zu Boden.

Nun hatte es mich endlich erwischt. Gleichzeitig mit der Wahrnehmung des Treffers fühlte ich, wie das Geschoß ins Leben schnitt. Schon an der Straße vor Mory hatte ich die Hand des Todes gespürt – diesmal griff er fester und deutlicher zu. Als ich schwer auf die Sohle des Grabens schlug, hatte ich die Überzeugung, daß es unwiderruflich zu Ende war. Und seltsamerweise gehört dieser Augenblick zu den ganz wenigen, von denen ich sagen kann, daß sie wirklich glücklich gewesen sind. In ihm begriff ich, wie durch einen Blitz erleuchtet, mein Leben in seiner innersten Gestalt. Ich spürte ein ungläubiges Erstaunen darüber, daß es gerade hier zu Ende sein sollte, aber dieses Erstaunen war von einer sehr heiteren Art. Dann hörte ich das Feuer immer schwächer werden, als sänke ich wie ein Stein tief unter die Oberfläche eines brausenden Wassers hinab. Dort war weder Krieg noch Feindschaft mehr.

In Stahlgewittern

Die wüste Fahrt zum Kriegslazarett am nächsten Tage stellte eine letzte, harte Probe an die Lebenskraft. Dann kam ich in die Hände der Schwestern und setzte meine Lektüre des »Tristram Shandy« dort fort, wo der Angriffsbefehl sie unterbrochen hatte ... Nach vierzehn Tagen lag ich in dem federnden Bett eines Lazarettzuges. Die deutsche Landschaft war bereits in den Frühschimmer des Herbstes getaucht. Ich hatte das Glück, in Hannover ausgeladen zu werden, und wurde im Clementinenstift untergebracht.

In Stahlgewittern

An einem dieser Tage, es war der 22. September 1918, erhielt ich vom General von Busse folgendes Telegramm: »Seine Majestät der Kaiser hat Ihnen den Orden Pour le mérite verliehen. Ich beglückwünsche Sie im Namen der ganzen Division.«

In Stahlgewittern

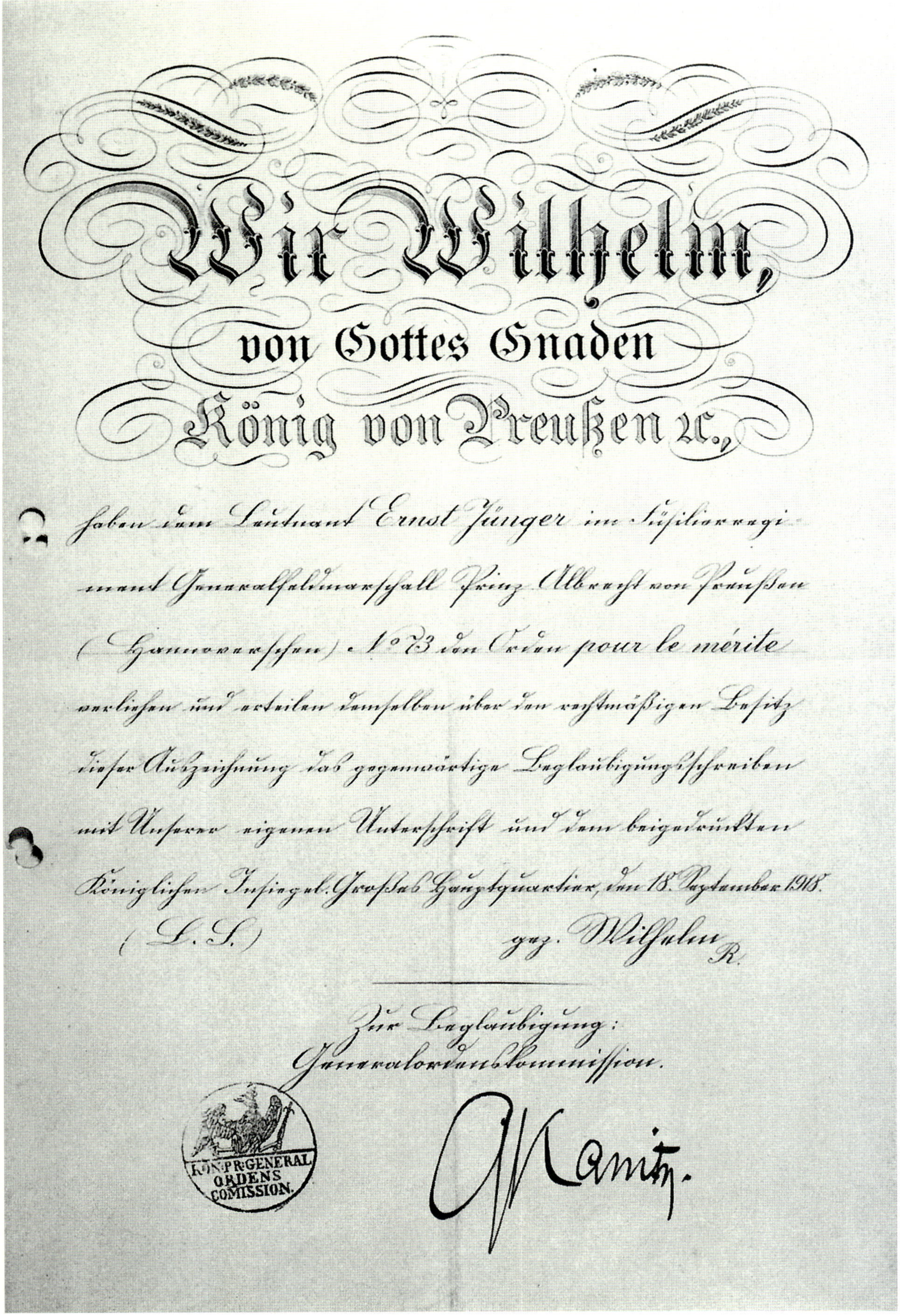

Wir Wilhelm,
von Gottes Gnaden
König von Preußen rc.,

haben dem Leutnant Ernst Jünger im Füsilierregiment Generalfeldmarschall Prinz Albrecht von Preußen (Hannoversches) No 73 den Orden pour le mérite verliehen und erteilen demselben über den rechtmäßigen Besitz dieser Auszeichnung das gegenwärtige Beglaubigungsschreiben mit Unserer eigenen Unterschrift und dem beigedruckten Königlichen Insiegel. Großes Hauptquartier, den 18. September 1918.

(L. S.) gez. Wilhelm R.

Zur Beglaubigung:
Generalordenskommission.

KÖN. PR. GENERAL ORDENS COMISSION

Urkunde über die Verleihung des Ordens Pour le mérite, der 1740 von Friedrich dem Großen gestiftet und zwischen 1810 und 1918 ausschließlich an Offiziere für Verdienste vor dem Feind verliehen wurde.

Seit der Erfindung der Moral und des Schießpulvers hat der Satz von der Auswahl des Tüchtigsten für den Einzelnen immer mehr an Bedeutung verloren. Es läßt sich genau verfolgen, wie diese Bedeutung allmählich übergegangen ist auf den Organismus des Staates, der die Funktionen des Einzelnen immer rücksichtsloser auf die einer spezialisierten Zelle beschränkt. Heute gilt einer längst nicht mehr das, was er an sich wert ist, sondern nur das, was er in bezug auf den Staat wert ist.

Sturm

In dieser absoluten Erfassung der potentiellen Energie, die die kriegsführenden Industriestaaten in vulkanische Schmiedewerkstätten verwandelt, deutet sich der Anbruch des Arbeitszeitalters vielleicht am sinnfälligsten an – sie macht den Weltkrieg zu einer historischen Erscheinung, die an Bedeutung der Französischen Revolution überlegen ist.

Die Totale Mobilmachung

Das haben wir auch kennengelernt, dieses Gefühl, daß der Mensch dem Material überlegen ist, wenn er ihm die eigene Haltung entgegenzustellen hat, und daß sich kein Maß und Übermaß der äußeren Gewalten ausdenken läßt, das den Widerstand eines mutigen Herzens brechen kann.

Ich glaube, es ist sehr wertvoll, daß wir diese Erfahrung machen mußten – sie ist eine Erfahrung aus Fleisch und Blut. Und wenn das Geschlecht, das es traf, Schulden begleichen mußte, die andere angehäuft hatten, so hat es vielleicht in seinen einsamen und fürchterlichen Stunden im glühenden Fegefeuer auch schon einen Gewinn gesammelt, der noch spät seine Früchte tragen wird und der schwerer als alle Toten und alle Leiden wiegt.

Wir haben in den tödlich funkelnden Spiegeln der Materialschlacht den Zusammenbruch eines hoffnungslos verlorenen Zeitalters geschaut.

Feuer und Blut

Eine Geschützgießerei.

1918 | 1933

ARBEITER
DER MOBILMACHUNG

Wo die einen im Weltkrieg nur Chauvinismus und Kapitalinteressen am Werke sehen, verblüfft Ernst Jünger in der Zwischenkriegszeit mit ganz anderen Schlußfolgerungen. Er, der die patriotischen Mobilmachungsschlagworte der Vätergeneration im Krieg schnell zu verachten gelernt hatte, setzt sein Kriegserlebnis scharf von den bürgerlichen Deutungsbemühungen ab. Kampfesrausch und Schmerz sind für Jünger mit den Entzückungen der Liebenden und Heiligen oder mit den visionären Ekstasen der Künstler zu vergleichen: In ihnen wird die wunderbare Einheit des Lebens erfahrbar. Auf dem Schlachtfeld deckt das Leben seine Karten auf und gibt sich als kriegerisch zu erkennen. Das kriegerische Lebensgesetz auch auf die Politik, die Wissenschaft und die Dichtung, auf das gesamte menschliche Streben zu beziehen, in den Dienst dieser Aufgabe stellt sich der rastlose Publizist in den zwanziger Jahren. Unter dem Schock des Versailler Vertrages zum Vertreter eines revolutionären Nationalismus geworden, wie ihn Barrès in Frankreich vertrat, als Prophet des Untergangs des Alten und Verkünder eines magischen Weltverständnisses, wird Ernst Jünger zu einem entschiedenen Gegner der Weimarer Republik.

Sein ungerührter Blick auf die Welt, unter dem Vernichtung und Geburt zu grausam-schönen, »sinnvollen Mustern« einschmelzen, ist bis heute das Skandalon, aber auch das Faszinosum der Jüngerschen Autorschaft geblieben. Jüngers Glaube an den großen qualitativen geschichtlichen Umschlag, seine Hoffnung auf eine Weltenwende, durch die eine neue Epoche menschlicher Kultur eingeleitet werde, bilden das heraklitische Fundament dieses Jahrhundertwerkes. Es resultiert aus der Überzeugung des Überlebenden – die in Formen religiöser Erfahrung vorgetragen wird –, daß die Umwertung aller Werte und die Versöhnung des »Willens« nur durch eine allumfassende Zerstörung des Überkommenen verwirklicht werden können. Noch der Reisende der siebziger und achtziger Jahre durchstreift die Kontinente auf der Suche nach Belegen für ein umfassendes, planetarisches Nivellement, für die »Weißung«, der neue Bilder folgen können. In keiner anderen Phase seines Lebens hat Ernst Jünger die Ansprüche des Einzelnen so sehr zugunsten des kollektiven Mythos vom »Arbeiter« zurückgedrängt wie in den Jahren zwischen 1925 und 1932. Die radikale Selbstverleugnung des Anarchen ist aber nur die Kehrseite einer unbändigen Hoffnung, daß die Opfer mit der Annäherung an eine neue, unschuldigere Ordnung belohnt werden würden.

Im November 1918 kehrt Ernst Jünger nach Rehburg zurück. Die Monate der revolutionären Unruhen nutzt er zur Arbeit an seinen Tagebuchaufzeichnungen, die er unter dem Titel »In Stahlgewittern« 1920 im Selbstverlag herausbringt. Der Anstoß zur Publikation kommt vom Vater, der die militärische Karriere seines Sohnes im Auge hat. 1923 verläßt Ernst Jünger die Friedensarmee; dennoch sind die fünf Jahre in der Reichswehr eine wichtige Zeit. Der recht lockere Dienst erlaubt Jünger nämlich eine intensive Lektüre und die Arbeit an seinen Büchern. Von Hannover, dem Standort seines Regiments, kommandiert man ihn in die Vorschriftenkommission im Berliner Reichswehrministerium; sein Kriegstagebuch hatte in Militärkreisen inzwischen große Beachtung gefunden. Noch schwankt der in hohen und höchsten Offizierskreisen gern gesehene Leutnant unschlüssig zwischen einer militärischen und einer schriftstellerischen Laufbahn. Jünger wird in Hannover mit den Dichtern Kurt Schwitters und Klabund bekannt und schreibt selbst expressionistische Gedichte. Er liest vor allem die französischen Dekadents, Baudelaire, Verlaine, Rimbaud, Huysmans, und widmet sich dem Studium des Goetheschen Werkes. Im literarischen und philosophischen Gespräch mit wenigen vertrauten Freunden und im Briefwechsel mit Friedrich Georg bemüht er sich, in einer unübersichtlichen, persönlich und politisch krisenhaften Gegenwart den eigenen geistigen Standort zu finden.

In der Reichswehrzeit wiederholt sich die Jüngersche Figur der Doppelexistenz, die sich schon im Krieg bewährt hatte: Während der Offizier sich tagsüber im sachlich-nüchternen Vorschriftendeutsch übt, irrt er in nächtlicher Lektüre durch die magischen Labyrinthe dämonologischer Werke von Balthasar Bekker bis zu Raimundus Lullus. Kubins Roman »Die andere Seite« bestärkt seine Ahnung, daß die bürgerliche Welt zum Untergang verurteilt ist, und auf Maupassants Spuren sucht er im Ätherrausch die Gesetze der Wahrnehmung zu überschreiten: ein Bohemien und geistiger Abenteurer in der Uniform des preußischen Offiziers, dessen nächtliche Geheimexistenz seinen Vorgesetzten verborgen bleibt.

Erst die Lektüre Oswald Spenglers, die in die Berliner Zeit fällt, lenkt sein Denken in die entscheidende Richtung. »Der Kampf als inneres Erlebnis« (1922) entsteht unter dem unmittelbaren Einfluß des Kultur-Morphologen, der in seinen Schriften den lebensphilosophischen Vitalismus kühn auf die Geschichte übertragen und dessen glanzvoller Stil und rigoroser Biologismus auch Geister wie Thomas Mann, Max Weber und Gottfried Benn in Bann geschlagen hatte. Jüngers eigene Optik wurde von Spengler nachhaltig beeinflußt: In seine literarische Praxis übernimmt er das verführerische Spiel mit Analogien, den »physiognomischen« Blick, die Neigung, die Geschichte als Naturgeschichte zu begreifen, und schließlich Spenglers herrischen Verkündigungsstil. Lehrmeister war ihm der Überpreuße auch im Willen, die Tendenzen der Zeit zu einigen wenigen symbolischen Figuren zu bündeln, die wie »der Krieger« oder »der Arbeiter« in einer weltanschaulich erhitzten Zeit auch zur tagespolitischen Auseinandersetzung taugten.

Ist die autobiographische Erzählung »Sturm«, die Jünger im April 1923 in 16 Folgen im »Hannoverschen Kurier« erscheinen läßt, noch ein Dokument der Unschlüssigkeit und des Zweifels, so stellt sich der Autor in seinen beiden 1924 und 1925 veröffentlichten Büchern »Das Wäldchen 125« und »Feuer und Blut« in der Doppeleigenschaft des Soldaten und Naturforschers vor. Jünger verfremdet die Vorgänge auf dem Schlachtfeld in gleichsam teleskopischer Perspektive zum Bild insektenhafter Geschäftigkeit. In den von einem ausgeklügelten Kriegsplan gesteuerten Bewegungen enthüllt sich ihm der Lebenstrieb unmittelbar. Inzwischen hat Jünger in Leipzig Zoologie und Philosophie studiert und drei Monate lang an der Zoologischen Station Anton Dohrns in Neapel gearbeitet. Er wohnt in einer billigen Studentenbude in der Nähe des Zoologischen Instituts. Die Einkünfte durch die Bücher verwendet er für seine Bibliothek, den Lebensunterhalt bestreitet er mit seiner knappen Pension.

Das naturkundliche Interesse erlahmt keineswegs, als Jünger 1925 das Studium abbricht. Naturbeobachtung und Naturbeschreibung, botanische, zoologische und entomologische Studien machen einen bedeutenden Teil des Jüngerschen Werkes aus, das seine Provokationskraft nicht zuletzt aus biologistischen Analogien und Wertungen bezieht.

1925 hatte Jünger die aus einer Hannoveraner Offiziers- und Beamtenfamilie stammende Gretha von Jeinsen geheiratet. Ein Jahr später wird der Sohn Ernst geboren. Der Eintritt ins bürgerliche Leben fällt zusammen mit dem Beginn einer entschieden antibürgerlichen Aktivität als nationalrevolutionärer Publizist – ein spannungsreicher Widerspruch, in dem Jüngers unentschiedenes Pendeln zwischen anarchischem Freiheitsverlangen und der unbestimmten Sehnsucht nach Bindung erneut zum Ausdruck kommt.

Im Sommer 1925 ist Jünger Mitarbeiter des Frontsoldatenbundes »Stahlhelm«. In der »Standarte«, einer Sonderbeilage der Bundeszeitschrift, veröffentlicht er zahlreiche »Beiträge zur geistigen Vertiefung des Frontgedankens«, wie der Untertitel des Blattes verkündet. Jüngers Ziel ist die Neuformulierung eines spezifisch deutschen Nationalismus, in den die Erfahrungen von Krieg und Niederlage eingegangen sind. Seine politischen Vorstellungen dieser Jahre gehören in den Umkreis der »Konservativen Revolution«. Für die »Nationalrevolutionäre« ist mit dem Kriegsende eine Welt zusammengebrochen. Sie lehnen die »Dolchstoß-Legende« der Rechten ab und versuchen den Sinn der Niederlage zu begreifen. Die Gruppe der soldatischen Nationalisten um Friedrich Wilhelm Heinz, Helmut Franke, Ernst und Friedrich Georg Jünger und Franz Schauwecker hat im Krieg erfahren, daß die Technik das Machtmittel der Zukunft ist, und so trägt ihr Nationalismus entschieden moderne, »großstädtische« Züge, die ihn scharf trennen von allen »völkischen« Vorstellungen. Es ist ein mit chiliastischen Vorzeichen versehener Nihilismus, der sich in dieser Bejahung des zivilisatorischen Zerstörungsprozesses ankündigt. Der Nationalrevolutionär, ein Revolutionär »sans phrase«, der sich nur der Wirklichkeit und der historischen Notwendigkeit verpflichtet fühlt, will an den Glauben glauben und stellt sich in den Dienst der dynamischen Tendenzen der Zeit, die die bürgerliche Welt zum Untergang verurteilen. Im positiven Verhältnis zum Elementaren sieht er das Kennzeichen des nachbürgerlichen Zeitalters.

Für diesen mit finsterer Grandezza und expressionistischer Verve vorgetragenen Glauben an die schöpferische Zerstörung steht vor allem der Name Ernst Jünger, dessen Aufrufe zu einem wesentlichen Leben gleichermaßen links und rechts ein Echo finden. Es ist der mitreißende Schwung und der glühende Idealismus, die seine Zeitschriftenbeiträge und Aufrufe gerade in den prosperierenden Jahren der Weimarer Republik so verführerisch für die Jugend machen, daß ihm auch der politische Gegner die Anerkennung nicht versagen kann: Klaus Mann spricht von »einer gewissen mißleiteten Reinheit« Ernst Jüngers, den zu befehden sich lohne.

Die weltrevolutionäre Dimension des Jüngerschen Nationalismus, die später in den Essays »Die Totale Mobilmachung« (1930) und »Der Arbeiter« (1932) systematisch zur Ontogenese der modernen Welt vertieft wird, ist paradoxerweise zugleich auch der Grund für Jüngers politische Wirkungslosigkeit. Nicht zuletzt wegen seiner Unbedingtheit tut sich Jünger schwer mit dem taktischen Anpassungskurs des »Stahlhelm«; sein Aufruf »Schließt Euch zusammen!« in der »Standarte« im Winter 1926 ist der Versuch, die zahlreichen, einander befehdenden nationalistischen Gruppen und Grüppchen auf den gemeinsamen Kampf gegen die Republik einzuschwören. Es geht ihm um nichts weniger als um die seelische Mobilmachung der Deutschen, um die geistige und materielle Aufrüstung für eine zu erwartende kriegerische Auseinandersetzung.

Nach dem Verbot der »Standarte« übernimmt er als Mitherausgeber die Münchner Zeitschrift »Arminius«, und nach erneuten Spannungen scheidet er aus, um sich für die Monatsschrift »Der Vormarsch« zu betätigen.

Im Juli 1927 übersiedelt Ernst Jünger mit seiner Familie nach Berlin. Ihn drängt es, das moderne Leben in seiner »Traumstärke« zu erfassen, den Abstieg der Zivilisation in die reine Dynamik. Die Metropole erscheint als der ideale Ort, um die politischen, sozialen und technischen Transformationsprozesse zu studieren – denn nicht um Ideologien geht es ihm, sondern um die Erfassung der substantiellen Veränderung. So ist sein Hunger nach Erfahrung, nach Belehrung und Begegnung außerordentlich, und die Jahre zwischen 1927 und 1933 zeigen den Autor, der den Hauptteil seines Lebens auf dem Land verbracht hat, als Wanderer durch nächtliche Großstadtstraßen, im Dialog mit bedeutenden und skurrilen Geistern und als Beobachter im geselligen Kreis.

Unweit des Osthafens, in einer Arbeitergegend, wohnt und arbeitet Jünger bis 1932, hier schreibt er das »Abenteuerliche Herz«, »Die Totale Mobilmachung« und den »Arbeiter«. Er verkehrt mit Nationalisten aller Schattierungen, mit Friedrich Hielscher, Ernst Niekisch, Karl O. Paetel, Ernst von Salomon, Franz Schauwecker, Otto Strasser, Albrecht Erich Günther, Wilhelm Stapel, Valeriu Marcu und Edmund Schultz. Man trifft sich auf Rowohlts Autorenabenden, im »Salon Salinger« und auf Veranstaltungen der »Gesellschaft zum Studium der russischen Planwirtschaft« in der russischen Botschaft. Eine der wichtigsten Begegnungen ist die mit Carl Schmitt. Bei aller Verschiedenheit im Grundsätzlichen – für Schmitt hat der Krieg seinen Sinn nicht in sich selbst, sondern ist ein Mittel der Politik – ist der Staatsrechtler ein wichtiger Anreger in den Fragen nach der Dialektik von Fortschritt und Moral und nach dem Gegensatz von humanistischer Illusion und amoralischer Wirklichkeit. Schmitt, der in der modernen Verleugnung der Erbsünde die Hauptursache des europäischen Nihilismus sieht, bringt Jünger den katholischen Schriftsteller Léon Bloy nahe, der aus der Wirklichkeit des Bösen die Kraft seines Glaubens bezog.

Der Expressionist Arnolt Bronnen bemüht sich, Ernst Jünger mit Joseph Goebbels zusammenzubringen. Hitler, dem Jünger einst Widmungsexemplare seiner Kriegsbücher zusandte, hatte schon 1926 einen Besuch in Leipzig angekündigt, in letzter Minute aber abgesagt. Einig mit Hitler im Kampf um die Revision des Versailler Vertrages, lehnt Jünger jedoch die Partei als Instrument einer nationalen Revolution ab. Das zweimalige Angebot eines Reichstagsmandates von seiten der Nationalsozialisten in den Jahren 1927 und 1933 schlägt er aus.

Vom Sektierertum der nationalrevolutionären Gruppierungen ist Ernst Jünger bald endgültig enttäuscht. Zwar gibt er noch einmal eine bündische Zeitschrift, »Die Kommenden«, heraus, publiziert aber jetzt in einer bunten Vielfalt von Zeitschriften jedweder Couleur und hat Kontakt auch zum linken und kommunistischen Lager, zu Erich Mühsam, Bert Brecht und Ernst Toller. Es ist das feine Sensorium des an Nietzsche geschulten Analytikers der Macht, das ihm die Augen öffnet für eine gegen die Republik und ihren bürgerlichen Utilitarismus gerichtete Bruderschaft der Zerstörung, die sich der Ideologien und Utopien als Sprengstoff bedient.

Ernst Jünger entwirft »Das Abenteuerliche Herz« als Geheimbuch des Aufstandes, als Brevier für den »heroischen Realisten«, der hinter der Vernichtung des Bestehenden die Formen einer neuen, wesentlicheren Ordnung zu erkennen glaubt. Seit seinem Fremdenlegion-Intermezzo weiß er, daß dem Modernen der romantische Ausweg, die Flucht in den Exotismus versperrt ist. Die Realität selbst, die Mechanik des modernen Lebens, enthält alle Keime des Abenteuers, sofern man nur über den »stereoskopischen« Blick verfügt. Das »Wunderbare« ist in die Welt der Tatsachen eingezeichnet wie der Tod in das Leben, der Verfall in die Ordnung. Jüngers Symbolismus, sein »magischer Realismus« stellt der eindimensionalen Realität des Bürgers die Wirklichkeit des Traums und tieferen Erlebens entgegen. Im Stil surrealistischer Verfremdung beschreibt Jünger in seinem essayistischen Tagebuch »Das Abenteuerliche Herz« die eisigen Höllen der Großstadtlandschaft, Blumen, Kaufläden, Räusche und Angstträume, das Schreckliche und das Erstaunliche, das Wunderbare und das Böse, Insekten und Bücher. Das abenteuerliche Herz setzt sich mit Lust der Fülle des Lebens aus, der Schönheit und dem Schmerz, und statt der Wirklichkeit zu entfliehen, hält es ihr stand. Der Glaube an den Sinn aller Erscheinungen ist der Kern von Ernst Jüngers säkularer Theologie.

Die »Aufzeichnungen bei Tag und Nacht« (so der Untertitel der Fassung des Abenteuerlichen Herzens von 1929) verwirren mit ihrer rauschhaften Sprache und ihrem Bekenntniston diejenigen, die von Jünger lediglich Rezepte für den nationalrevolutionären Kampf erwartet hatten. Dabei übersehen sie, daß dieser Publizist seine Idee eines grenzenlosen Dynamismus und der »Anarchie des Herzens« auch mit dem subjektivsten Essayismus und einer halluzinativen Denkprosa einzulösen versteht. Der Essay wie auch das Tagebuch werden für Jünger überhaupt die kongenialen literarischen Gattungen, in denen sein suchender und spielerischer Geist die angemessene Ausdrucksform findet.

Im Unverständnis mancher Leser diesem einzigartigen Buch gegenüber kündigt sich schon die Auseinandersetzung um einen Autor an, den man bis heute immer wieder auf einzelne Deutungsebenen seines Werkes festzulegen versucht. Daß er den Leser zwingt, die eigene Position zu überdenken, scheint man Ernst Jünger vor allem zu verübeln.

Fast so unbemerkt wie »Das Abenteuerliche Herz« bleibt das in rhapsodischer Sprache geschriebene Stück »Sizilischer Brief an den Mann im Mond«, das Jünger 1930 in der Anthologie »Mondstein. Magische Geschichten« veröffentlicht. Es ist das Jahr, in dem er als Publizist mit der Herausgabe von Sammelbänden über den Ersten Weltkrieg und der Veröffentlichung von Beiträgen in Ernst Niekischs Zeitschrift »Widerstand« die größte publizistische Wirksamkeit entfaltet.

Der »Sizilische Brief«, entstanden nach einem Aufenthalt in Sizilien im Jahr 1929, ist die Programmschrift eines neuen Sehens, des »stereoskopischen« Blicks: Im Anblick der Mondscheibe löst sich der Zwiespalt zwischen rationaler und magischer Anschauung auf, es gelingt, das Wunderbare mit dem Wirklichen zur Deckung zu bringen. In völliger Einsamkeit zeichnet hier ein überwaches Ich die surrealistische Metamorphose des Jahrhunderts nach. Der kompositorischen Kraft des stereoskopischen Schauens entspricht die wirklichkeitsverändernde Imaginationskraft des Dichters, wie sie Jünger in seinem zur gleichen Zeit entstandenen Buch »Das Abenteuerliche Herz« beschwört. Mit dieser mystischen Vorstellung vom einsamen Denker erhebt er auch seine Epochendarstellung »Der Arbeiter. Herrschaft und Gestalt« in den Rang einer Dichtung: Kommentar und Wunschtraum, Zeitdiagnose und Apokalypse schieben sich stereoskopisch übereinander.

Gerade rechtzeitig, auf dem Höhepunkt der politischen und gesellschaftlichen Krise der Weimarer Republik, im Herbst 1932, legt Ernst Jünger mit diesem Essay eine grandiose Vision, die Utopie eines zukunftweisenden, kollektiv geordneten Machtstaates vor, die trotz ihrer antibürgerlichen Stoßrichtung die latenten Sehnsüchte des wirtschaftlich verunsicherten Bürgertums zu formulieren versteht.

Jüngers Arbeiter herrscht, indem er dient, er ist kein Proletarier, sondern ein Titan an Selbstverleugnung und Opfermut, beseelt vom Willen zu Macht und Übermacht. Die Technik ist das Mittel, mit dem er die Welt mobilisiert: ein epochaler Befund, der Jüngers Buch weit über den Rang eines nationalistischen Pamphlets hinaushebt.

Die Umsetzung von Leben in Kraft, von Materie in Bewegung ist das Thema der Schrift »Die Totale Mobilmachung«, die erstmals 1930 in dem Sammelband »Krieg und Krieger« veröffentlicht wurde. Im »Arbeiter« zeichnet Jünger das Bild einer totalitären Welt, in der sich die Staaten moderner Prägung für den planetarischen Konflikt rüsten. In den Formen der Auseinandersetzung, im »Werkstättenstil« der allgemeinen Mobilisation beginnt sich jener planetarische Stil abzuzeichnen, dem die Hoffnungen des konservativen Anarchisten gelten. Dem prophezeiten Untergang des Individuums stellt Jünger den romantischen Traum einer Versöhnung von Natur und Zivilisation gegenüber, in der sich Instinkt und Intellekt, Geist und Materie in »organischer Konstruktion« miteinander verbinden. Erst in dieser Neuerschaffung der Erde findet der Untergang der bürgerlichen Welt ihren Sinn.

Das Buch »Der Arbeiter«, in dem hellsichtige Hypothesen und Einsichten in die umfassende Veränderung der Welt durch die Technik formuliert sind, ist von den Nationalsozialisten beachtet, aber nicht gewürdigt worden. Sie finden, daß sich der Autor »der Zone der Kopfschüsse« nähere, während Ernst Niekisch den Essay als ein Dokument des »deutschen Bolschewismus« feiert; der Philosoph Martin Heidegger behandelt den »Arbeiter« im Winter 1939/1940 in einem Seminar an der Universität Freiburg und plant eine eigene Publikation darüber.

Auf den Ausweg des Glücks zu verzichten, wie er das für den Arbeiter am Schluß seines Buches reklamiert, dazu kann sich Ernst Jünger selbst nicht entschließen. Er reist 1931 nach den Balearen und ein Jahr darauf mit dem Bruder Friedrich Georg nach Dalmatien. Die später veröffentlichten Reiseaufzeichnungen lassen keinen Zweifel daran, daß die Feier des kriegerischen und technischen Lebens im »Arbeiter« nichts zu tun hatte mit Jüngers eigener Lebenswirklichkeit. Sein Beitrag zur geistigen Mobilmachung ist mit der Veröffentlichung des Essays abgeschlossen. Nachdem die nationalsozialistischen »Polytechniker der Macht« zum Zuge gekommen sind, entzieht er sich ihren Anbiederungen und Haussuchungen, indem er Berlin verläßt und aufs Land nach Goslar zieht.

Vom Frühjahr 1919 an ist Ernst Jünger (rechts) Zugführer in der neu formierten Reichswehr. Sein Standort ist in Hannover beim Reichswehr-Infanterie-Regiment 16, sein Kompaniechef Hauptmann Oskar v. Hindenburg (zweiter von links), Sohn des Generalfeldmarschalls. Mit am Tisch Professoren der militärischen Akademie.

Das Haus der Familie Jünger in Rehburg bei Hannover.

Vorgestern fand bei uns eine sogenannte Haussuchung statt, und zwar durch Leute der Scheinwerfer-Kompanie, deren Offiziere davongelaufen sind. Ich hatte den Trupp schon vor dem Gartentor gehört und öffnete auf sein Klingeln die Tür, die auf den Bürgerpark führt. Statt der Begrüßung sah ich drei Pistolen, die sich auf meine Brust richteten. Auch ich trug die ungesicherte Armeepistole, die ich rasch aus meinem Schlafzimmer geholt hatte, in der Hosentasche. Die Leute murmelten etwas wie »Wir müssen mal nachsehen hier« und ich führte sie in die erleuchtete Diele, in der Hanna, Mama und Max saßen, und wo sich dann ein unbestimmtes Palaver erhob, ob etwa Waffen versteckt wären und ähnliches. Jetzt begann die Elektrizität etwas abzufließen, besonders da ich mich während dieses Gespräches zu Mamas großer Erleichterung nach oben in die Bibliothek begab. Man führte die seltsamen Gäste durch das Haus und komplimentierte sie durch die Küche hinaus, wobei besonders Max große Geschicklichkeit bewies. Das Merkwürdige an dem Vorgange war, daß die Leute kaum zu wissen schienen, was sie wollten; darin lag auch das Beunruhigende. Vielleicht erwarteten sie ein Stichwort zur Gewalt, oder sie fanden nicht den Übergang. Als ich die Pistolen sah, spürte ich gar keine Erregung, nicht einmal Herzklopfen, eher ein etwas schläfriges Gefühl. Dagegen war die Belehrung, die ich durch dieses Erlebnis erhielt, ganz außerordentlich.

(An Friedrich Georg, 18. 11. 1918)

Wie viele der Zurückgekehrten glich ich dem galvanischen Strom, der die Metalle verändert, die er berührt, gleichviel zu welchen Bildern sie geprägt worden sind … Ich fühlte mich feurig umgetrieben in den Wirbeln des Untergangs; alles Beständige, alles Bewahrte und Behütete war mir zur Last.

Das Abenteuerliche Herz. Zweite Fassung

Kriegsheimkehrer: Eine Infanteriekolonne passiert die Schiffsbrücke über den Rhein bei Koblenz (November 1918). Der Erste Weltkrieg war für Deutschland beendet, nachdem die Heeresleitung die Macht an den Reichskanzler Prinz Max von Baden abgetreten und der Kaiser am 9. November abgedankt hatte. Nach der Ausrufung der Republik und der Einleitung des Waffenstillstands werden die deutschen Truppen aus Frankreich und den Territorien der Bündnispartner zurückgezogen.

Ernst Jünger verfolgt das Ende des Krieges und den Untergang des wilhelminischen Reiches im Lazarett und zu Hause in Rehburg. Die Revolution erlebt er nicht mehr als Handelnder, er ist bereits in die Rolle des Beobachters eingetreten.

Während einer Patrouillen-Übung in Bad Salzuflen (1920). Jünger in der unteren Reihe, Zweiter von rechts.

Die Welttendenz hat seit langem eine Linksrichtung, die seit Generationen wie ein Golfstrom die Sympathien bestimmt. Die Linke ordnet sich seit über hundertfünfzig Jahren die Rechte unter, nicht umgekehrt. Es gehört zum deutschen Schicksal, daß sie hier von Anfang an gescheitert ist. Der Ausgang der Freiheitskriege, 1830, 1848, 1918 geben Hinweise auf ein Schauspiel, dessen Wiederholung im Nationalcharakter begründet ist und das weiter zurückreicht, längst vor die Bürgerzeit. Die Reformation, in Frankreich eindeutig niedergeschlagen, in England eindeutig obsiegend, ist bei uns in der Schwebe geblieben, wie so viel anderes. Wahrscheinlich ist das einer der Nachteile der zentralen Lage, wie der Mehrfrontenkrieg auch. In diesem Sinne hat Rivière, ein scharfsinniger Beobachter, recht, wenn er in seinem Buch über den Deutschen uns nicht als ein Volk des »Entweder-Oder« bezeichnet, sondern des »Sowohl-Als-Auch«.

Die großdeutsche Lösung, von der Demokratie verwirklicht, hätte sich der Weltsympathie erfreut. Sie scheiterte nicht nur am Versagen Friedrich Wilhelms IV., sondern auch an dem der Paulskirche. Schon dort finden sich alle theoretischen, doktrinären, weltanschaulichen Elemente, die bis heute vorhalten und, wie es auch nach 1918 geschehen ist, die Reaktion herausfordern. Die Politik ist vom Mißvergnügen von Geistern durchsetzt, die nicht zum Zuge gekommen sind und die dieses Mißvergnügen auch beibehalten, wenn ihre Stunde schlägt. Die Theorien beginnen zu wuchern auf Kosten der Aktion.

In solchen Lagen bringen andere Völker starke Naturen hervor, die mit der Linken die Zügel fassen, Mirabeau, Gambetta, Clemenceau, Trotzki, wie sie auch heißen mögen, und die man bei uns vergeblich sucht. Die Generale erfahren von ihnen, was sie zu tun haben. Sie tun es um so lieber, wenn sie hören, daß der neue Mann nicht mit sich spaßen läßt und daß er die Nationalgeschichte nicht gerade für eine Sammlung von Absurditäten hält. Sie sind wie die Pferde: gefährlich nur für Nichtreiter. In diesem Sinne kann man sagen, daß die Linke bei uns nie aufgesessen hat.

Die Hütte im Weinberg. Jahre der Okkupation

Im August 1919 wird die Weimarer Verfassung von Reichspräsident Friedrich Ebert unterzeichnet. Das Reich ist jetzt eine parlamentarisch-demokratische Republik, die Flagge der Republik ist Schwarz-Rot-Gold. Die Reichswehr erklärt sich für loyal. Ernst Jünger (im Vordergrund links zu erkennen, neben der Kompanie) in Hannover beim Einholen der alten Fahnen.

Arthur Rimbaud (1854–1891).

Der Krieg war verloren – daß ich noch einige Jahre beim Heer blieb, halte ich für einen Fehler, obwohl solche Urteile aus dem Rückblick müßig sind. Werner von Fritsch, der mich einmal in Hannover besuchte, meinte auch, daß ich in der Armee nicht am Platze sei. Er sagte es zu einem Kameraden, nachdem wir zu dritt ein Gespräch über Rimbaud geführt hatten. (...)

Rimbaud hatte ich um diese Zeit entdeckt und war besessen von ihm. Noch heute halte ich ihn für einen der Kirchenväter der Moderne und kann mir vorstellen, wie die Begegnung mit ihm Verlaine aus den Angeln hob.

Rimbaud,
Tu mérites la prime place en ce mien livre.

Fritsch meinte wohl, daß diese Art von literarischer Begeisterung dem Dienst und damit der Karriere abträglich sei. Das war richtig; Passion ist immer ein Indiz für das, was man treiben, aber auch für das, was man lassen soll. »Leser« ist kein günstiges Prädikat in den Personalbogen.

Dazu kam die Unrast, bei Tag und Nacht ein Dutzend Dinge nebeneinander zu treiben, die miteinander wenig zu tun hatten.

Annäherungen. Drogen und Rausch

Wir leisten schon erheblich wieder Dienst. Es ist erstaunlich, wie schnell eine Truppe sich regeneriert, vorausgesetzt, daß einige geheime Schleusenwärter zurückgeblieben sind, die das doppelte Filter der An- und Abmusterung zu bedienen verstehn. Die Revolution hat die wirklichen Mächte enthüllt, die in Deutschland residieren, ihre stärkste ist ohne Zweifel die Bürokratie.

(An Friedrich Georg, 30. 5. 1919)

Der Topos um die Waterloosäule mit den Kasernen, Zeughäusern, Kantinen, Arrestlokalen wurde mir zuwider, samt dem »Calebutzer« Viertel, das sich ihm anschloß: verwohnte Häuser mit ihren Wirten und Mietern, kleine Läden und Destillen, in denen sich die Ausbilder zwischendurch einen genehmigten.

Von meinem Fenster aus konnte ich noch Gestalten einer abgelebten Zeit beobachten. Gegenüber war ein Militäreffektengeschäft, das immer schlechter ging und dessen Inhaber, Papa Lüdemann, auch ausschenkte. Dort kehrten sie für einen Augenblick ein.

Es kamen auch Kutscher und Schutzleute, die noch vor kurzem jeden Honoratioren gekannt hatten. Sie verschwanden nun bald mit ihren Pferden, ihren langen blauen Röcken und Schleppsäbeln. (...)

Obwohl das Viertel, in dem ich wohnte, in einer Schreckensnacht verbrannte, besuche ich noch häufig in Träumen meine alte Wohnung: Mittelstraße 7a parterre. ... hier hatten von jeher Subalterne der am nahen Platz garnisonierenden Bataillone gehaust. Nur selten war das Mobiliar geändert worden; es war immer billig und unpersönlich, auch dieses schon über fünfzig Jahre alt.

Annäherungen. Drogen und Rausch

Hier in Eitorf habe ich mich recht gut eingelebt. Wir stellen in der Hauptsache gegen die Schmuggler Posten und Patrouillen aus, denn wir grenzen an das von Engländern besetzte Gebiet. Sodann versuchen wir, die durch die Demobilmachung überall verstreuten Waffen zu beschlagnahmen. Zu diesem Zwecke werden ganze Dörfer umstellt und durchsucht ... Meist würdest Du mich indessen an den Abenden beim Studium einer riesigen Goethe-Ausgabe erblicken, die ich Seite für Seite durchlese. Ich möchte mir in den nächsten Jahren einen vollständigen Überblick über die deutsche Literatur und Philosophie verschaffen, und zwar zunächst rein quantitativ.

(An Friedrich Georg, 7. 1. 1920)

Hannover: Waterlooplatz mit umliegenden Kasernen.

Leutnant Jünger mit Hauptmann Wilhelm Trauthig, seinem Kompaniechef, bei einem Ausr tt (Eitorf, 1920). Trauthig befreite seinen Zugführer des öfteren von dienstlichen Verpflichtungen, um Jünger die Arbeit an seinem Buch »In Stahlgewittern« zu ermöglichen, mit der er sofort nach Kriegsende begonnen hatte. Trauthig war dann auch der erste Leser des Manuskriptes.

Ernst Jüngers Quartier in der Mittelstraße 7 a (zweite Hausfront hinten links) unweit des Waterlooplatzes. Hier machte er während seiner Reichswehrzeit die ersten Drogen- und Rauscherfahrungen.

Truppeneinsatz gegen die Kapp-Putschisten im März 1920.

Heeresdienstvorschrift (HDv) Nr. 130 für die Infanterie (Berlin, 1922, Reichsdruck). An ihr hat Ernst Jünger von 1920 bis 1922 in Berlin aufgrund seiner militärischen Kenntnisse und besonders wegen seiner Erfahrungen als erfolgreicher Stoßtruppführer mitgewirkt und dabei insbesondere die Abschnitte »Einzelausbildung«, »Die Schützengruppe« und »Der Infanteriezug« redigiert.

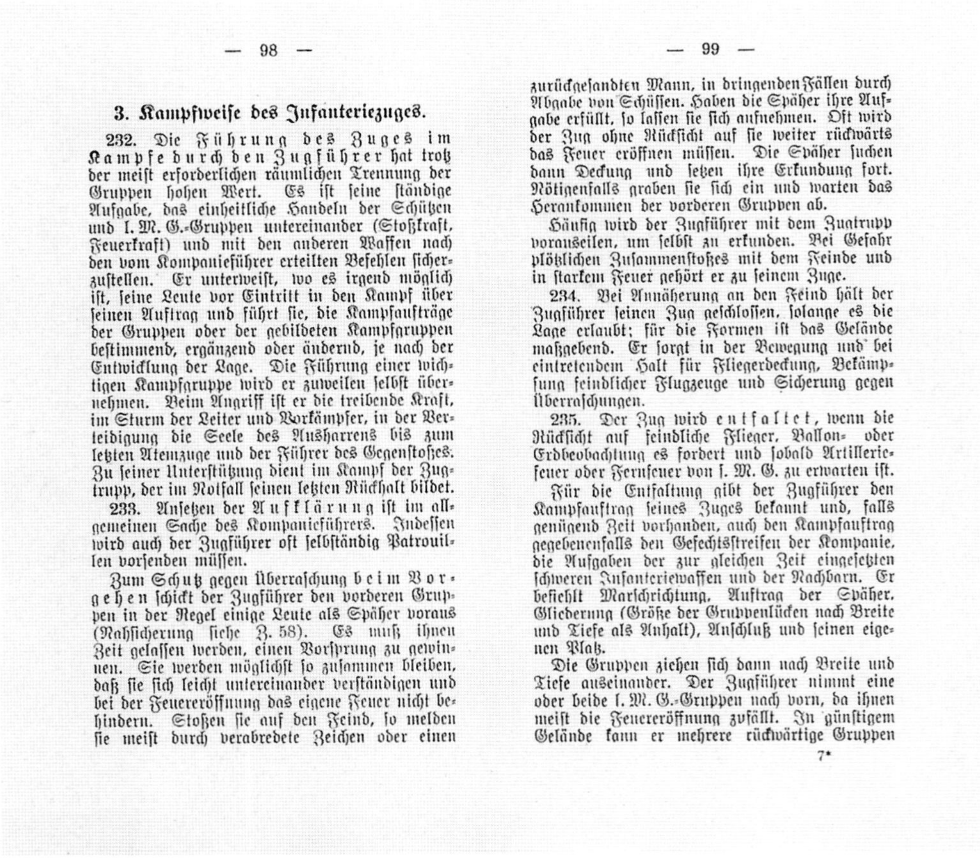

— 98 —

3. Kampfweise des Infanteriezuges.

232. Die Führung des Zuges im Kampfe durch den Zugführer hat trotz der meist erforderlichen räumlichen Trennung der Gruppen hohen Wert. Es ist seine ständige Aufgabe, das einheitliche Handeln der Schützen und l. M. G.-Gruppen untereinander (Stoßkraft, Feuerkraft) und mit den anderen Waffen nach den vom Kompanieführer erteilten Befehlen sicherzustellen. Er unterweist, wo es irgend möglich ist, seine Leute vor Eintritt in den Kampf über seinen Auftrag und führt sie, die Kampfaufträge der Gruppen oder der gebildeten Kampfgruppen bestimmend, ergänzend oder ändernd, je nach der Entwicklung der Lage. Die Führung einer wichtigen Kampfgruppe wird er zuweilen selbst übernehmen. Beim Angriff ist er die treibende Kraft, im Sturm der Leiter und Vorkämpfer, in der Verteidigung die Seele des Ausharrens bis zum letzten Atemzuge und der Führer des Gegenstoßes. Zu seiner Unterstützung dient im Kampf der Zugtrupp, der im Notfall seinen letzten Rückhalt bildet.

233. Ansetzen der Aufklärung ist im allgemeinen Sache des Kompanieführers. Indessen wird auch der Zugführer oft selbständig Patrouillen vorsenden müssen.

Zum Schutz gegen Überraschung beim Vorgehen schickt der Zugführer den vorderen Gruppen in der Regel einige Leute als Späher voraus (Nahsicherung siehe Z. 58). Es muß ihnen Zeit gelassen werden, einen Vorsprung zu gewinnen. Sie werden möglichst so zusammen bleiben, daß sie sich leicht untereinander verständigen und bei der Feuereröffnung das eigene Feuer nicht behindern. Stoßen sie auf den Feind, so melden sie meist durch verabredete Zeichen oder einen

— 99 —

zurückgesandten Mann, in dringenden Fällen durch Abgabe von Schüssen. Haben die Späher ihre Aufgabe erfüllt, so lassen sie sich aufnehmen. Oft wird der Zug ohne Rücksicht auf sie weiter rückwärts das Feuer eröffnen müssen. Die Späher suchen dann Deckung und setzen ihre Erkundung fort. Nötigenfalls graben sie sich ein und warten das Herankommen der vorderen Gruppen ab.

Häufig wird der Zugführer mit dem Zugtrupp vorauseilen, um selbst zu erkunden. Bei Gefahr plötzlichen Zusammenstoßes mit dem Feinde und in starkem Feuer gehört er zu seinem Zuge.

234. Bei Annäherung an den Feind hält der Zugführer seinen Zug geschlossen, solange es die Lage erlaubt; für die Formen ist das Gelände maßgebend. Er sorgt in der Bewegung und bei eintretendem Halt für Fliegerdeckung, Bekämpfung feindlicher Flugzeuge und Sicherung gegen Überraschungen.

235. Der Zug wird entfaltet, wenn die Rücksicht auf feindliche Flieger, Ballon- oder Erdbeobachtung es fordert und sobald Artilleriefeuer oder Fernfeuer von s. M. G. zu erwarten ist.

Für die Entfaltung gibt der Zugführer den Kampfauftrag seines Zuges bekannt und, falls genügend Zeit vorhanden, auch den Kampfauftrag gegebenenfalls den Gefechtsstreifen der Kompanie, die Aufgaben der zur gleichen Zeit eingesetzten schweren Infanteriewaffen und der Nachbarn. Er befiehlt Marschrichtung, Auftrag der Späher, Gliederung (Größe der Gruppenlücken nach Breite und Tiefe als Anhalt), Anschluß und seinen eigenen Platz.

Die Gruppen ziehen sich dann nach Breite und Tiefe auseinander. Der Zugführer nimmt eine oder beide l. M. G.-Gruppen nach vorn, da ihnen meist die Feuereröffnung zufällt. In günstigem Gelände kann er mehrere rückwärtige Gruppen

7*

Im März 1921 wohnte ich dem Zusammenstoße einer dreiköpfigen Maschinengewehrbedienung mit einem Demonstrationszug von vielleicht fünftausend Teilnehmern bei, der eine Minute nach dem Feuerbefehl, ohne daß es auch nur einen Verletzten gegeben hätte, von der Bildfläche verschwunden war. Der Anblick hatte etwas Zauberhaftes; er rief jenes tiefe Gefühl der Heiterkeit hervor, von dem man bei der Entlarvung eines niederen Dämons ergriffen wird.

Über den Schmerz

Am nächsten Tag besetzte ich die Wache im Zeughause an der kleinen und fast leeren Straße, die vom Waterloo-Platz nach den Badeanstalten führt. Hier wurde mir dann am Nachmittag telefonisch mitgeteilt, daß ein Zug von zweitausend Menschen sich gegen den Waterlooplatz bewege und in einer Viertelstunde zu erwarten sei. Ich ließ daraufhin die Straße mit spanischen Reitern sperren und stellte die Leute mit aufgepflanztem Seitengewehr dahinter auf. Obwohl ich im Kriege kaum je erlebt hatte, daß Agenten-Nachrichten sich bewahrheiteten, war das hier ganz anders: genau nach der angekündigten Zeit tauchte an der Ihme-Brücke ein gewaltiger Demonstrationszug auf und staute sich dann vor einem dünnen Draht, durch den der Platz und die Leibnizstraße abgeschlossen waren. Der Platz war menschenleer, und erst als die Demonstranten Anstalt machten, den Draht zu überklettern, ließ Stülpnagel sie durch ein Hornsignal verwarnen und schickte den Leutnant Hartog mit einer Maschinen-Gewehr-Bedienung vor, die nach einem weiteren Signal eine Serie von Schüssen abfeuerte. Hartog erzählte mir später, daß ihm der Auftrag unangenehm gewesen sei – jedenfalls wollte er, solange es irgend ging, niemand beschädigen, denn ich sah eine Garbe oben am Turm der reformierten Kirche einschlagen, wo Wolken von Mörtel abstoben. Sofort brach unter der Masse eine Panik aus, und man sah aus den Haufen, in die sie sich zusammendrängten, an Schirme und Stöcke gebundene Taschentücher aufsteigen. Nun füllte sich auch der Waterloo-Platz mit Truppen an, ebenso öffnete sich das große Tor des Polizei-Präsidiums, und ein Zug Polizei ging vor meiner Wache im Schritt gegen die Ihme-Brücke vor. Ich wurde dadurch aller weiteren Sorgen enthoben; überhaupt hatte meine Tätigkeit nur darin bestanden, Nachmittags-Spaziergänger und ihre Frauen, die in das Gedränge geraten waren, durchschlüpfen zu lassen. Zwischen der Polizei und dem Teil der Demonstranten, auf den sie losging, spielte sich noch eine Reihe von Auftritten ab. Polizisten in Zivil, die in der Menge verteilt waren, näherten sich dabei von hinten den Hauptakteuren, faßten sie am Kragen und stießen sie in die Polizeikette durch. Ich glaube, daß in drei Minuten der Vorgang beendet war, und nur noch einige Hüte und zerbrochene Regenschirme blieben auf dem Platz. Das Ganze hatte etwas zugleich Ärgerliches und Erheiterndes, wie wenn Dilettanten sich mit überlegenen Künstlern einlassen.

(An Friedrich Georg, 17. 3. 1920)

Ich bin nun 25 Jahre alt geworden und habe beschlossen, mich etwas resoluter in die Hand zu nehmen. Ich bin reichlich zersplittert. Zunächst stärke ich meine Energie dadurch, daß ich mich eine Woche lang des Rauchens enthalte, um 10 Uhr zu Bett gehe und versuche, unangenehme Sachen mit Passion zu erledigen.

(An die Eltern, 30. 3. 1920)

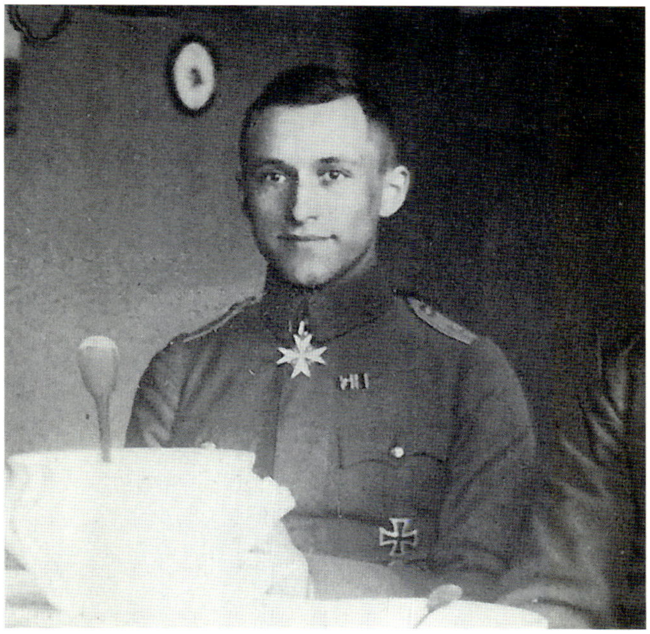

Leutnant Jünger (1920).

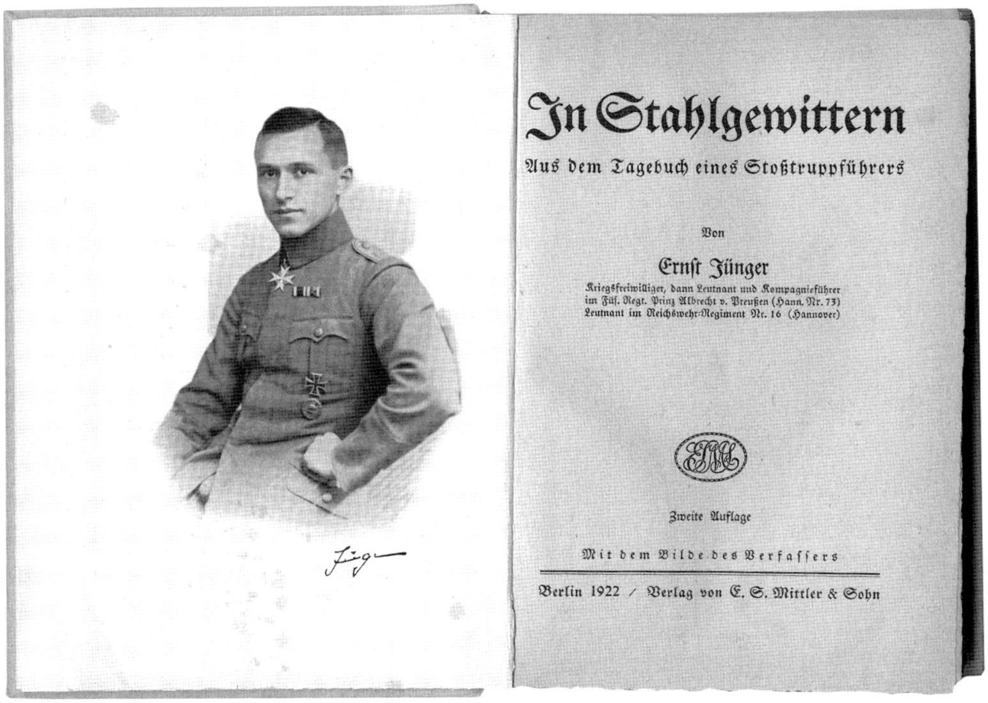

Einband der Mittler-Ausgabe von 1922.

Frontispiz der Erstausgabe von »In Stahlgewittern« (1920) mit dem Gibraltar-Band.

In Stahlgewittern«. Der Abschied des Kriegers von den homerischen Helden mit ihrem Kampfspiel, ihrem Ruhm. Noch glaubt er, dem Titanismus standhalten zu können; er sieht nur die neuen Mittel, nicht die Weltmacht, die dahintersteht. Er tauscht die bunte Uniform gegen das graue Arbeitskleid. Der Soldat ist als Lebender unsichtbar geworden, als Toter unbekannt. Noch möchte er die Feuerwelt dem überlieferten Ethos anpassen. Doch herrschen andere Gesetze dort. Mit den Flugzeugen erscheint der Vogel Phönix in neuem Gewand.

Siebzig verweht

Der Zweck dieses Buches ist, dem Leser sachlich zu schildern, was ein Infanterist als Schütze und Führer während des großen Krieges inmitten eines berühmten Regiments erlebt, und was er sich dabei gedacht hat. Es ist entstanden aus dem in Form gebrachten Inhalt meiner Tagebücher. Ich habe mich bemüht, meine Impressionen möglichst unmittelbar zu Papier zu bringen, weil ich merkte, wie rasch sich die Eindrücke verwischen und wie sie schon nach wenigen Tagen eine andere Färbung annehmen. Es erforderte Energie, diesen Stapel von Notizbüchern zu füllen ... indes es hat sich gelohnt.

Ich bin kein Kriegsberichterstatter, ich lege keine Heldenkollektion vor, ich will nicht beschreiben, wie es hätte sein können, sondern wie es war.

Aus dem Vorwort zu »In Stahlgewittern« (1920)

Auch lebe ich viel in meinen Träumen, die oft fürchterlich und prächtig sind. Aber manchmal spürst Du doch ein Unbehagen und die Sorge, daß Du auch nicht mehr bestellen wirst als die anderen Kerlchen, die Du siehst ... Mit der Bearbeitung meiner Tagebücher bin ich jetzt fertig – sie enthält die Quintessenz von vier Jahren, die ich nicht ohne Gewinn zubrachte. Indessen bemühe ich mich, die Sache zu Wort kommen zu lassen, und nicht meine Ansicht über sie. Darin erblickte ich den Maßstab solcher Arbeiten, deren Vorbild in der caesarischen, und nicht in der ciceroianischen Prosa liegt.

(An Friedrich Georg, 20. 1. 1920)

Das Frontispiz der Erstausgabe zeigt den Autor mit pelzbesetztem Uniformmantel und dem Orden »Pour le Mérite« in dandyhafter Lässigkeit à la Richthofen.

Ernst Jünger brachte sein Kriegsbuch »In Stahlgewittern. Aus dem Tagebuch eines Stoßtruppführers« im Oktober 1920 im Selbstverlag heraus, ließ aber als Verlag den Namen von Robert Meier, damals Gärtner seines Vaters in Leipzig, ins Buch drucken. Als Reichswehroffizier war es Jünger nicht erlaubt, eigene Bücher drucken zu lassen. Im März 1922 kamen die »Stahlgewitter« dann ganz offiziell im renommierten Berliner Militär-Verlag E. S. Mittler & Sohn heraus. Bis heute ist »In Stahlgewittern« Ernst Jüngers berühmtestes Buch geblieben. Die eigentliche Anregung zur Veröffentlichung kam vom Vater, der die originalen Tagebuchkladden während der Urlaubsaufenthalte seines Sohnes las und den Privatdruck arrangierte. Ohne es zu ahnen, hatte er damit weniger die militärische als die schriftstellerische Laufbahn seines Sohnes eingeleitet.

Alfred Kubin (1877 – 1959). Mit dem österreichischen Zeichner und Schriftsteller verband Ernst Jünger eine herzliche Freundschaft, die zu einer sich über die Jahrzehnte erstreckenden Korrespondenz und einer wechselseitigen Anteilnahme am Werk führte. Jünger schätzte an Kubins Zeichnungen das Divinatorische, die Zeichensprache von Verwesung und Verfall. 1944 illustrierte Kubin den Band »Myrdun. Briefe aus Norwegen«.

Oswald Spengler (um 1930).

Seit diesen frühen Begegnungen hörte ich nicht mehr auf, mich mit der Graphik und den Schriften Kubins zu beschäftigen; sein Opus wurde für mich zur Fundgrube. Ich möchte hier nur die Federzeichnung »Der Mensch« erwähnen, deren Anblick mich erschütterte: eine nackte Gestalt, die mit fliegendem Haar auf einem Spiralband hinabfährt, dessen Anfang und Ende im Dunkel verborgen sind. Ich sah das Bild im Winter 1921, in trüber Zeit, in der nicht nur das eigene Schicksal, sondern auch das des Landes fragwürdig geworden war. Hier fand ich die persönliche und die politische Ungewißheit in eine höhere und unabänderliche eingebettet, die sie stärker und doch auch tröstlicher empfinden ließ. An diesen Eindruck knüpfte sich der erste Brief, den ich nach Zwickledt sandte und mit dem eine Korrespondenz begann, die sich über Jahrzehnte ausdehnte.

Alfred Kubins Werk. Nachwort zum Briefwechsel

Zu Kubins Bild: Der Mensch.

Traum, hirndurchglüht, wird Vision, Krystall,
Urfrage Sein zu Wahnsinn, Katarakt:
Aufrechter Mensch; geschleudert in das All,
Orkan im Haar, bleich, einsam, nackt.

Ausschnitt endloser Kurve dämmert Welt,
Absturz in Dunkel, transzendenter Schwung,
Aufschrei das Leben, jäh aus Nichts geschnellt,
Ein Rampenlicht zu irrem Zirkussprung.

»Der Kampf als inneres Erlebnis«, Erstausgabe, 1922. Ernst Jünger versuchte mit diesem expressionistischen Essay, das eigene Kriegserleben in einer metaphysischen Sinngebung aufgehen zu lassen. Der apodiktische Stil verrät die Einflüsse Spenglers, dessen Hauptwerk »Der Untergang des Abendlandes« (1918–22) Jünger damals las. Der rhapsodische Ton des Essays ist aber auch als literarischer Ausbruchsversuch aus dem Zwangskorsett des Vorschriftendeutschs zu verstehen, das der Reichswehrleutnant zur gleichen Zeit praktizieren mußte.

Ein Autodafé vernichtete in den zwanziger Jahren Ernst Jüngers expressionistische Lyrik. Zu den wenigen Gedichten, die in fremdem Besitz erhalten blieben, gehörte »Zu Kubins Bild: Der Mensch«; Jünger hatte es 1921 Alfred Kubin übersandt.

Bei der Lektüre von Spengler ... wurde mir übrigens deutlich, daß ich in der Überzeugung von der Einheit der Menschheits-Geschichte nicht zu erschüttern bin. Ohne das würde sie für mich sogleich zur Zoologie. Ich meine allerdings, daß diese Einheit sich wie ein Rätsel in den Völkern verbirgt, und in glücklichen Augenblicken nähert man sich hier oder dort der Auflösung. Wie uns unter allen Lagen die senkrechte die angemessene ist, so gibt es auch ein menschliches Maß, das ich hier als unser höchstes Gattungs-Kennzeichen ansehe. Ich denke, daß man sich hierfür die Augen schärfen muß. In den nächsten Jahren gedenke ich nach Kräften Galerien, Museen und Bauwerke aufzusuchen, und ich möchte in der Betrachtung einen Punkt erreichen, an dem ich mit Sicherheit und ohne mich um Autoritäten zu kümmern, behaupten kann, daß etwas gut gewachsen ist. Unter diesem Winkel bestimme ich meine Verwandtschaften. Mein Feldherr ist eben nicht Moltke oder Schlieffen, sondern Leonidas. Sonst aber hat Spengler mir wirklich in vielem die Schuppen gelöst. Auch ist mir jetzt, nach der zweiten Lektüre, sein Zugriff geläufig, eine Art der geistigen Perlfädelei oder eine Melodie des Analogen, die sich in fast jedem Satze wiederholt. Daher kommt es wohl auch, daß er so lebhaft ergriffen wird. Ich lebe hier in diesen Dingen ja als Eremit, aber ich kann mir denken, daß es unter unseren Altersgenossen Zirkel gibt, in denen man dergleichen bespricht. Das entschieden angenehme Gefühl, das mich beim Lesen ergriff, erkläre ich mir so: der geistige Vormarsch der Nation findet auf einer ganz bestimmten Linie statt. Jedem, der sich dort bewegt, ist auch ein gewisses Bewußtsein davon oder die Verantwortung mitgeteilt. In dieser Lage teilt sich dem Vortrage eine gebieterische Note mit, die ich weder bei Schopenhauer noch bei Nietzsche überhörte, und die ich hier wiederfand. Ich glaube, ein Gefühl für Sätze zu besitzen, die ex cathedra gesprochen sind. Das geht wie Samenkörner in mir auf.

(An Friedrich Georg, 27. 8. 1922)

1920 im Landwehr-Kasino von Hannover. Ernst Jünger in der Bildmitte.

Übrigens fühle ich mich in der Tat bei dem, was ich treibe, nicht recht am Platz. Ich begegne Dir hier in dem, was Du über die Juristerei geschrieben hast, obgleich ich in dem verworrenen Zustande, in dem sich die Dinge befinden, das Heer noch vorziehe. Auf der anderen Seite fehlen mir zur geistigen Übung vierundzwanzig Stunden am Tag. Der Offizier genießt nur scheinbar einen Überfluß an Zeit, denn dieser geht im Gesellschaftlichen, das heißt heute, im Belanglosen auf.

(An Friedrich Georg, 22. 11. 1921)

Ich arbeite hier wieder in der alten Leipziger Straße an der Aufstellung der neuen Vorschriften mit. Nach dem rauhen Dienste des Übungsplatzes gefällt das behaglich-bürokratische Leben mir recht gut.

Einige Häuser von mir wohnt der gute Mohr. Abends pilgern wir zuweilen in den Tiergarten, setzen uns auf eine Bank, rauchen und erzählen uns einen. Dieser verunglückte Sohn eines orthodoxen Pastors ist wie ein seltsames Wild, das zu beschleichen ich nicht müde werden kann. Gutmütigkeit, Brutalität, Sinnlichkeit und die Verschlagenheit eines Tartuffe sind so ineinander verwebt, daß man nie weiß, wo die Lüge endet und die Wahrheit beginnt. Vor allem fehlt ihm der feine Schleier, mit dem die Scham unser inneres Theater verhängt. Daher sieht man die Dinge bei ihm ungemein deutlich und grell, und das gibt dem Verkehr mit ihm eine Spannung, die immer in Atem hält. Man lernt bei ihm in bezug auf das ganze Geschlecht.

Zuweilen fahren wir noch mitten in der Nacht in den Norden, in die Gegend der Markthallen hinaus und spazieren dort plaudernd im Gewimmel der überfüllten Straßen hin und her. Wir handeln dabei düstere Themen wie den Selbstmord ab, treten auch nach Belieben in kleine Wirtschaften und Amüsier-Lokale ein.

(An Friedrich Georg, 6. 9. 1921)

Ernst Jünger (stehend in der Mitte) als Zugführer der Wachttruppe im Frühjahr 1923 in Potsdam vor Schloß Sanssouci.

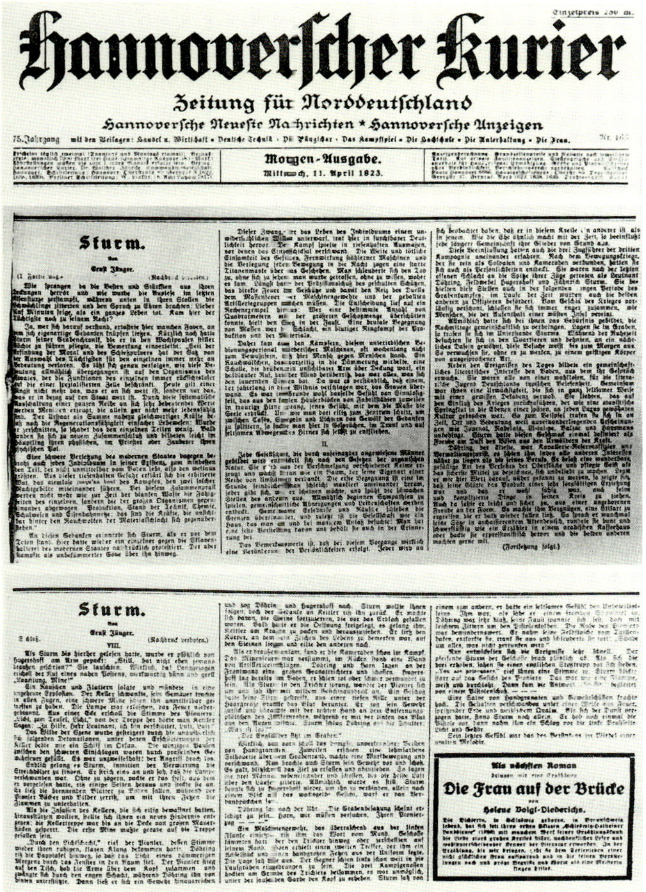

Ernst Jüngers autobiographische Erzählung »Sturm«, die zwischen dem 11. und 27. April 1923 in 16 Folgen im »Hannoverschen Kurier« veröffentlicht wurde, ist seine erste erzählerische Gestaltung des Kriegserlebnisses. Wie sehr der Autor sich in der Hauptfigur »Sturm« selbst porträtierte, zeigt nicht zuletzt die Tatsache, daß Jünger spätere Zeitungsbeiträge unter dem Pseudonym »Hans Sturm« publizierte. Zum Zeitpunkt der Veröffentlichung war er sich seiner Berufung zum Schriftsteller noch keineswegs gewiß: In »Sturm« wird der passive »Literat« dem handelnden Soldaten gegenübergestellt, und in einem Brief an die Mutter merkt Ernst Jünger an, daß er als Reichswehroffizier nicht in den Geruch des »Schöngeistes« kommen wolle. »Sturm« wurde erst 1960 von dem befreundeten Bibliothekar Hans Peter des Coudres wiederentdeckt und 1963 neu ediert. Viele der späteren Themen Ernst Jüngers klingen in dieser Erzählung bereits an.

Ich werde jetzt achtundzwanzig Jahre alt, bin also wieder eine Etappe näher gerückt der Vollendung des dritten Jahrzehnts, jenem Zeitpunkt, an dem die Unklarheit überwunden sein muß. Es gilt, den Willen auf wenige Formeln zusammenzuschmelzen, aus denen sich alles andere ableiten läßt. Das ist nicht einfach, da er wie ein Havelfluß breit alle Dinge umströmen möchte; man muß da einige Arme abdämmen. Und dann die Zeit. Jede Erkenntnis wird sogleich von einer entgegengesetzten gelähmt und relativiert. Das Hirn ist nachgerade ein Perpetuum mobile, das seine Kraft im Spiele mit Gewichten und Gegengewichten verbraucht. Die einfachsten Tatsachen schillern in soviel Lichtern, daß jede einheitliche Farbe verloren geht. Wir sind durch eine liberale Erziehung verpfuscht und müssen sehen, wie wir uns wieder heraushelfen.

(An Friedrich Georg, 25. 3. 1923)

Den stärksten Einfluß in diesem kleinen Kreise übte seltsamerweise Sturm, der Jüngste, aus. Er hatte vor dem Kriege in Heidelberg Zoologie studiert und war plötzlich, aus momentaner Geistesverwirrung, wie Döhring meinte, in die Armee getreten. Im Grunde war es wohl der Zwiespalt zwischen einer gleichmäßig hochentwickelten aktiven und kontemplativen Natur gewesen, der ihn zu diesem Schritt getrieben hatte. Bei Vorgesetzten galt er als ruhige, vertrauenswürdige Kraft, als Mensch war er beliebt, allerdings in anderer Weise als Döhring. Im Kampf war er tapfer, nicht aus einem Übermaß an Begeisterung oder Überzeugung, sondern aus einem feinen Ehrgefühl, das die leiseste Anwandlung von Feigheit als etwas Unsauberes von sich wies. In seiner freien Zeit führte er einen umfangreichen Briefwechsel, las viel und schrieb auch selbst. Diese Tätigkeit wurde von den beiden anderen mit großer Aufmerksamkeit verfolgt. Das eigentlich Fesselnde an ihm war wohl, daß er in ganz ungewöhnlichem Maße vom Geschehen der Zeit abstrahieren konnte. So gab er den Freunden durch seinen Verkehr das, was sie unbewußt im Trunke, in ihren literarischen und erotischen Gesprächen suchten: die Flucht aus der Zeit.

Sturm

Die Leipziger Universität (Aufnahme um 1909).

Am 26. Oktober 1923 immatrikulierte sich Ernst Jünger, seinen naturwissenschaftlichen Neigungen folgend, als stud. rer. nat. an der Universität Leipzig. Dort hörte er Logik bei dem Philosophen und Biologen Hans Driesch (1867–1941), der Ernst Jüngers spätere Gestaltlehre beeinflußt haben dürfte. Er studierte Zoologie und war zusammen mit Hugo Fischer Schüler des Philosophen Felix Krüger. Jünger brach 1925 seine Studien ab, obwohl er sich bis zuletzt mit Promotionsplänen getragen hatte.

Ernst Jüngers Studien-Buch mit den Eintragungen der belegten Vorlesungen und Seminare.

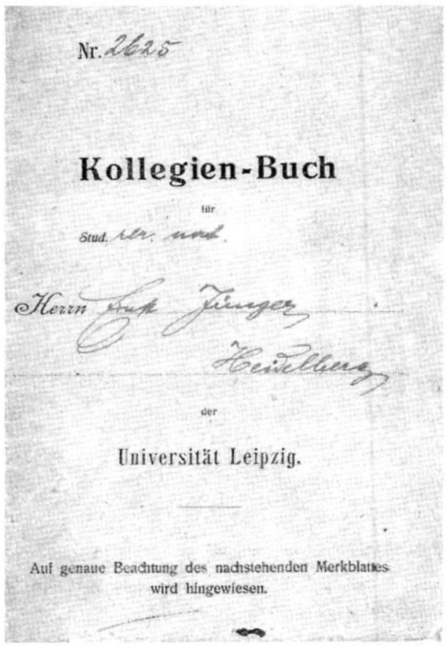

Nr. 2625

Kollegien-Buch

für

Stud. rer. nat.

Herrn Ernst Jünger

Heidelberg

der

Universität Leipzig.

Auf genaue Beachtung des nachstehenden Merkblattes wird hingewiesen.

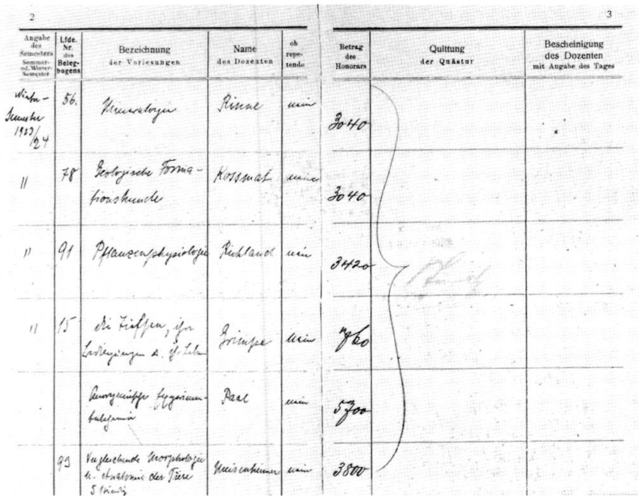

2 3

Angabe des Semesters Sommer- od. Winter-Semester	Lfde. Nr. des Beleg-bogens	Bezeichnung der Vorlesungen	Name des Dozenten	ob repetendo	Betrag des Honorars	Quittung der Quästur	Bescheinigung des Dozenten mit Angabe des Tages
Winter-Semester 1923/24	56.	Mineralogie	Rinne	nein	30 40		
"	78	Geologische Formationskunde	Kossmat	nein	30 40		
"	91	Pflanzenphysiologie	Ruhland	nein	34 20	[illegible]	
"	15	[illegible]	[illegible]	nein	7 60		
		[illegible]	[illegible]	nein	57 00		
	93	Vergleichende Morphologie u. Anatomie der Tiere 5 stündig	Meisenheimer	nein	38 00		

Stunden kamen, in denen er sich höhnte, bei so vielen das ewig Eine zu suchen. Nicht mehr sollten diese Verwalterinnen des großen Mysteriums durch tausendfache Priesterkünste zu immer neuem Götzendienste ihn reizen, ruhig und massig wollte er sich vor ihre Altäre pflanzen und das geheimnisvolle Allerheiligste mit gutem Appetit als täglich Brot verspeisen. Bekehrung zum Bürgerlichen, Begrenzten, Examen, Position, Heirat, ein blondes Glück und Flachland voraus. Machte er indes den Versuch, durch längere Bindung, durch ein Verhältnis Brücke und Übergang in jene Landschaft der sicheren Horizonte zu finden, so mußte er jedesmal die Unmöglichkeit erkennen. Länger als drei Tage hatte er das noch nie ertragen, ohne sich in eine gereizte, unbefriedigte Stimmung zu verlieren.

Sturm

Es ist heute ein trauriger erster Juni, scheußliches Wetter und trübe Stimmung. Ich habe den ganzen Nachmittag auf dem Sofa gelegen und nicht die Kraft gefunden, irgendetwas zu tun. Nun bist du wieder fern von mir und der graue Alltag beginnt. In diesen Tagen habe ich wieder gefühlt, wie lieb ich dich eigentlich habe. Ich muß immer bei dir bleiben, mein Liebling. Was hast du nicht schon alles für mich aushalten müssen.

Gerade an Tagen wie heute, wo ich das Gefühl habe, von keinem anderen Menschen als dir wirklich geliebt zu werden, sehe ich in unserer Liebe das einzige Glück. Und immer habe ich die Empfindung, dir meine Zuneigung nicht genug gegeben zu haben und dich manchmal sogar traurig gestimmt zu haben. Nimm es mir nicht übel, Spätzchen. Ich freue mich so sehr, daß wir nun bald uns sehen sollen. Denn ich kann nicht mehr längere Zeit von dir sein.

(An Gretha von Jeinsen, 1.5.1923)

Liebes Schätzchen, ich habe unter der Hand erfahren, daß ich für eine Generalstabsstelle in Frage käme, also mit einer dauernden Versetzung nach Berlin zum neuen Jahr. Ich werde aber wahrscheinlich noch ungefähr ein halbes Jahr irgendwo an der Front Dienst tun müssen, wahrscheinlich als Adjutant. Behalte es bitte ganz für dich, du weißt ja, wie schnell alles herumkommt. Ich meine nur, wenn ich dauernd nach Berlin käme und du dort noch eine gut bezahlte Stelle hättest, so könnten wir schon ganz gut einen kleinen Haushalt führen. Vor allen Dingen ist Berlin so groß, daß uns dort niemand kennt, wir können tun und lassen, was uns gefällt.

(An Gretha von Jeinsen, 6.5.1923)

Am 9. Oktober 1922 lernte Ernst Jünger in Hannover die damals 16jährige Gretha von Jeinsen (1906–1960) kennen, seine spätere Frau. Sie, die eigentlich Lidy Toni Margarete Anni hieß, wurde am 14. März 1906 in Döhren bei Hannover geboren und entstammte einer Hannoveraner Offiziers- und Beamtenfamilie. Gretha besuchte das Lyzeum in Hannover und engagierte sich in einer Schauspielgruppe, der auch Theo Lingen angehörte.

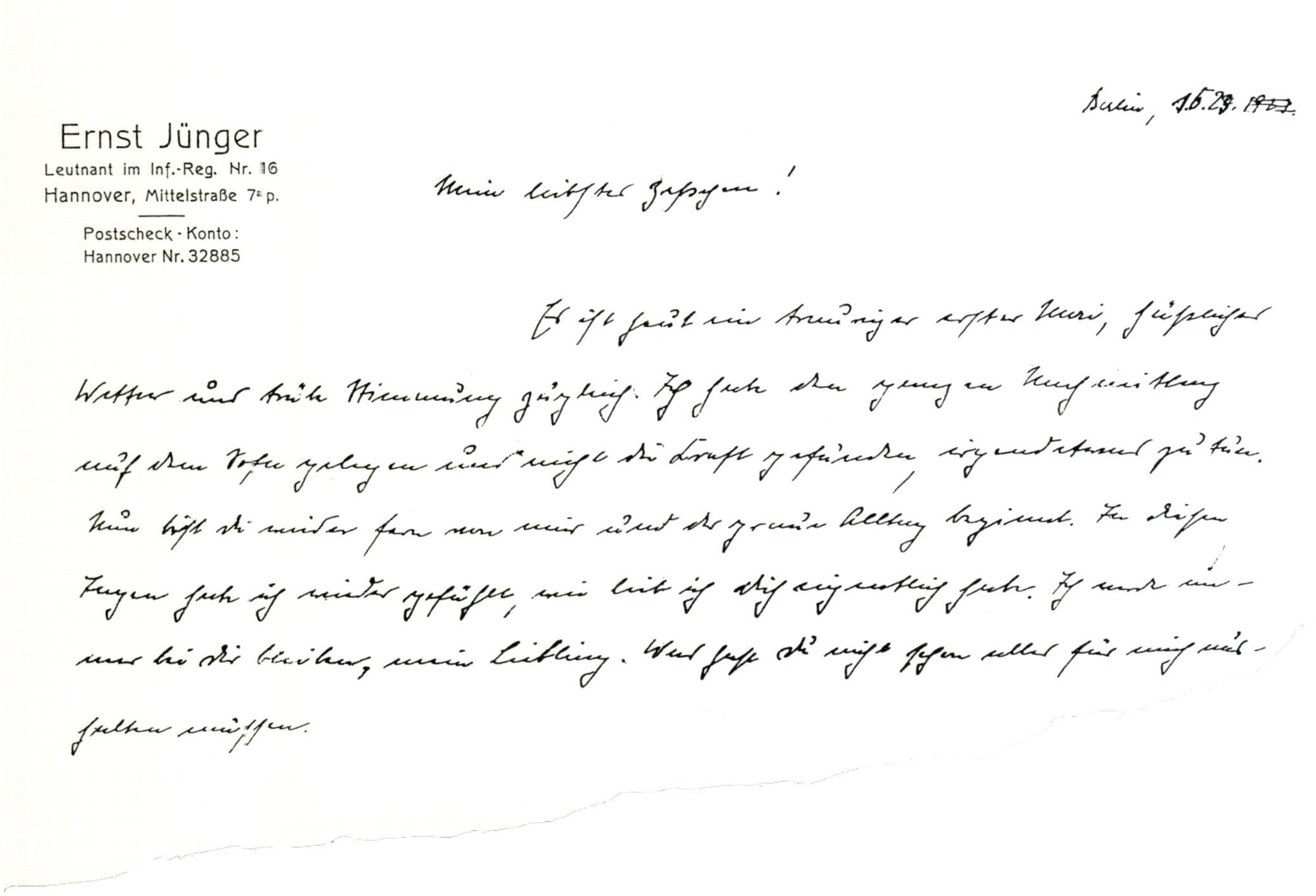

Ernst Jünger
Leutnant im Inf.-Reg. Nr. 16
Hannover, Mittelstraße 7 p.

Postscheck-Konto:
Hannover Nr. 32885

Berlin, 1.5.23.

Mein liebstes Gretchen!

Es ist heute ein trauriger erster Mai, häßliches Wetter und trübe Stimmung zugleich. Ich habe den ganzen Nachmittag auf dem Sofa gelegen und nicht die Kraft gefunden, irgendetwas zu tun. Nun bist du wieder fern von mir und der graue Alltag beginnt. In diesen Tagen habe ich wieder gefühlt, wie lieb ich dich eigentlich habe. Ich werde immer bei dir bleiben, mein Liebling. Was hast du nicht schon alles für mich aushalten müssen.

Von Februar bis April 1925 studierte Jünger (er hatte sich auf Tintenfische und Insekten spezialisiert) in Neapel, an der Zoologischen Station Anton Dohrns.

Der Golf von Neapel (Aufnahme um 1923).

Seit einigen Wochen habe ich mich hier seßhaft gemacht, um der Wissenschaft einen späten Tribut darzubringen, als Dottore pescatore, wie das Volk die in den Räumen des Aquariums arbeitenden Zoologen zu nennen liebt. Es ist dies ein kühler, klösterlicher Aufenthalt, an dem bei Tag und Nacht süßes und salziges Wasser in große gläserne Becken sprudelt, inmitten einer Parkanlage, die sich unmittelbar am Meere erstreckt. Im Vordergrunde ragt die Felsmasse eines alten Stauferschlosses aus dem Wasser, und mitten im Golfe lagert die in ihrem Umriß an eine ausgestreckte Weinbergschnecke erinnernde Insel Capri, auf der der Kaiser Tiberius mit seinen Spintriern saß.

Jeden Morgen begebe ich mich hinter mein Mikroskop, das vor einem Fenster steht, durch das man die schönste Aussicht der Welt genießt. Es machte mir damals, als ich den grauen Rock mit dem weißen Laboratoriumskittel vertauschte, Spaß, festzustellen, welche Ähnlichkeit die Mikroskope und Fernrohre mit den Kanonen besitzen, die ich von jeher gern sich so zierlich und präzise in ihren Lafetten schwenken sah; und es ist auch im Grunde gar kein so großer Unterschied: dies alles sind Waffen, deren sich das Leben bedient. Es freut mich, daß Nietzsche sich zuweilen mit Stolz einen alten Artilleristen nennt.

Das Abenteuerliche Herz. Erste Fassung

Ich hatte mir damals gar kein übles Programm gemacht. Nachdem sich in der unvergleichlichen Schule des Krieges das Leben in seiner höchsten Flutung und in seinen äußersten Möglichkeiten dargeboten hatte, wollte ich in Ruhe seine tierischen Grundlagen, seine einfachen und doch geheimnisvollen Bewegungen kennenlernen und gleichzeitig bei den Philosophen meinen Kursus durchschmarutzen. Zum Schlusse hatte ich an einen Aufenthalt in einer jener entlegensten und unberührten menschlichen Siedlungen inmitten unermeßlicher tropischer Urwälder gedacht, von denen wir bei Frobenius lesen können und in denen sich vielleicht ein Bild von der Seele, wie sie frei von jeder Reflexion in ihrer magischen Landschaft wirksam ist, gewinnen läßt, um dann, wohlausgerüstet, ins Zentrum der großen Städte zurückzukehren, an die Stätten der kompliziertesten Barbarei.

Aber schon auf halbem Wege hat mir die Inflation, der Götze des Geldes und seiner Dynamik, einen Streich gespielt, und wenn man zum Kriege A sagt, so muß man auch B sagen, das heißt, man muß es billig finden, sich zu beschränken, wenn man einer Nation angehört, die verloren hat. Immerhin ist es schmerzlich, gerade an den Lehrmitteln sparen zu müssen.

Das Abenteuerliche Herz. Erste Fassung

Jeden Nachmittag sammelt ein Diener Zettel ein, auf denen man das »Material« verzeichnet, das man zu sehen wünscht. Hinter diesem trockenen Wort verbirgt sich viel Köstliches, denn es läßt sich hier unter der Maske von lateinischen Art- und Gattungsnamen ausschweifenden Gelüsten frönen; und ich weiß nicht, ob der liebenswürdige Professor Dohrn entzückt sein würde, wenn er dahinterkäme, welch ein Parasit in die Zellen seines wissenschaftlichen Bienenkorbes eingedrungen ist. Die reine Betrachtung des geformten Lebens gewährt einen Genuß, bei dem die Stunden wie Minuten dahinfliegen. Auch schweift der Geist in Gebiete ab, in denen der Überfluß Schrecken erregt; er gleicht einem Reisenden, der sich in Archipelen verliert, aus denen kein Kompaß ihn zurückführen wird.

Das Abenteuerliche Herz. Zweite Fassung

Die »Stazione Zoologica« wurde 1870 von dem deutschen Zoologen Anton Dohrn begründet. Das an der Küste von Neapel 1872/73 errichtete meeresbiologische Institut wurde zum Vorbild für vergleichbare Einrichtungen in aller Welt und von herausragenden Forschern wie Charles Darwin und Rudolf Virchow unterstützt.

Mit der Schwester Hanna 1923 in Neapel.

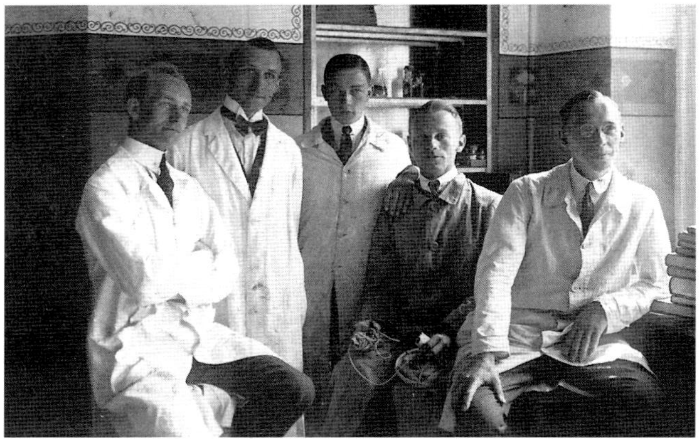

Ernst Jünger
cand. zool., Ltn. a. D.

Trau=Schein.

[illegible] Jünger, [illegible],
Sohn [illegible] Jünger in Leipzig,
[illegible] Konfession,
ist mit [illegible] von Jeinsen in Hannover,
Tochter [illegible] von Jeinsen, [illegible]
[illegible] Konfession,
am [illegible] in der hiesigen Thomaskirche getraut worden.
Bescheinigt auf Grund des Traubuchs Fol. 125.
Leipzig, am 3. August 1925. Das Pfarramt zu St. Thomae.
[illegible]

Ich bin immer noch beim Studium der Zoologie und hoffe, in einem Jahr mit der Doktor-Prüfung abzuschließen, um dann an der Universität zu assistieren. Ich bekomme im Moment eine Pension von 70 Mark, das ist sehr wenig, zum Glück verdiene ich durch meine Bücher noch dazu.

(An die Großmutter, 1. 7. 1924)

Ich möchte Dir nun mitteilen, liebe Großmutter, daß ich mich in den nächsten Tagen zu verheiraten gedenke, und zwar mit dem Fräulein v. Jeinsen, mit dem ich ja bereits fast drei Jahre lang verlobt bin. Sie ist jetzt 19 Jahre alt und ich 30, und da wird es allmählich Zeit, daß ich an die Gründung einer Familie denke. Da die äußeren Verhältnisse zufriedenstellend sind, so bestehen hinsichtlich unserer Verbindung keine Bedenken mehr, ich habe das Bedürfnis, in ein ruhigeres Leben einzutreten. Wir verstehen uns recht gut, und wenn wir auch keine großen Sprünge machen können werden, so hoffen wir doch, zusammen glücklich zu werden.

(An die Großmutter, 2. 8. 1925)

Ähnlich ging es mir mit den Freikorps, von denen ich eine ideale Vorstellung gehabt hatte. Das Vaterland lag am Boden wie nach 1806. Damals war begeisterte Jugend zusammengeströmt, trotz der Übermacht des Siegers, der Europa beherrschte, trotz der unfähigen Regierung, mit neuen Gedanken, mit dem Willen zum Aufstande. Wenige Jahre hatten zur Befreiung genügt. Das mußte auch heute wieder möglich sein. Unsere Lage war besser, wenn man sie verglich. Ich wandte mich an Roßbach, der nach der Rückkehr aus dem Baltikum einen illegalen Verband führte. Ich wohnte in Leipzig und wurde gleich mit seiner Vertretung für Sachsen betraut. Es gab da eine Gruppe, die sich im Hinterzimmer eines Zigarrenhändlers versammelte. Von Begeisterung war wenig zu spüren; die Geschäfte nahmen gleich eine unangenehme Färbung an. Ich arbeitete im Zoologischen Institut; manchmal, während ich meinen Tintenfisch sezierte, kam der Pedell und rief mich hinaus. Im Korridor stand ein Roßbacher, dem das Bewegungsgeld ausgegangen war. Ich mußte ihm dann, natürlich aus meiner Tasche, aushelfen. Die Leute machten nicht den Eindruck von Lützower Jägern oder Mitgliedern des Tugendbundes; selbst Sand, der Kotzebue umgebracht hat, stellte man sich anders vor. Der eine war in einen Fememord verwickelt, ein anderer hatte als Terrorist in Oberschlesien Häuser in die Luft gesprengt, ein dritter war in Breslau Redakteur eines völkischen Wochenblatts gewesen und wegen dunkler Umtriebe auf der Flucht. Nach einem Monat erreichte ich, daß Roßbach mich dieses Postens entband, und konnte aufatmen. Er selbst schien sich dabei auch nicht wohlzufühlen, denn er löste das Freikorps auf und gründete Spielscharen, mit denen er nach Art des Wandervogels das Land durchzog.

Die Hütte im Weinberg. Jahre der Okkupation

Im Laboratorium: Ernst Jünger (zweiter von links) absolvierte 1923 in Leipzig ein zoologisches Praktikum.

Die Visitenkarte des Reserveleutnants und Kandidaten der Zoologie. Ernst Jünger lebte damals in einer der billigen Studentenbuden ganz in der Nähe des Zoologischen Instituts.

Trauschein für Ernst Jünger und Gretha von Jeinsen, ausgestellt am 3.8.1925 in Leipzig.

Gretha von Jeinsen (1906 – 1960) war fast vier Jahre lang mit Ernst Jünger verlobt, als sie am 3. August 1925 in der Leipziger Thomaskirche mit ihm getraut wurde. Als Reichswehroffizier war Jünger auf das Einverständnis der Armee angewiesen, die einem vermögenslosen Offizier die Heiratserlaubnis nur erteilte, wenn die Braut eine Mitgift vorweisen konnte. Die Familie von Jeinsen war aber durch den verschwenderischen Lebenswandel eines Vorfahren verarmt. Grethas Vater setzte seine Tocher stark unter Druck, die Verbindung aufzugeben, doch mit dem Abschied aus der Reichswehr machte Jünger den Weg zur Heirat frei. In Ernst Jüngers Tagebüchern aus dem Zweiten Weltkrieg (»Strahlungen«) ist Gretha, die Mutter von Ernst Jüngers Söhnen Ernst (geb. 1926, als Soldat im Carraragebirge 1944 gefallen) und Alexander (1934 - 1993), unter dem Tarnnamen »Perpetua« präsent.

Der deutsche Soldat schreibt Geschichte. Zeichnung von A. Paul Weber.

Zwischen 1925 und 1932 betätigte sich der erfolgreiche Kriegsbuchautor auch auf dem politischen Kampffeld als Wortführer eines »neuen Nationalismus«. In rund 150 Zeitungsbeiträgen, als Herausgeber von Sammelwerken und nationalrevolutionären Zeitschriften erhoffte Ernst Jünger Resonanz bei den Hunderttausenden in Verbänden organisierten ehemaligen Frontsoldaten. 1925 schloß er sich dem stärksten Verband, dem »Stahlhelm«, an. Gegen den legalistischen Kurs der Organisation formierte sich der Widerstand jüngerer, radikaler Mitglieder, die sich in einem der »Stahlhelm-Zeitung« beigelegten Organ (»Standarte«) zu Wort meldeten. Jünger bestand auf der »Reinheit« der Idee und der Mittel. Seine Kompromißlosigkeit, die sich unter dem Schlagwort des »heroischen Realismus« radikal jeder eindeutigen politischen Programmatik entzog, führte letztlich zur Abwendung von der Politik. Sein Fernziel eines »nationalen, sozialen, wehrhaften und autoritativ gegliederten Staates« machte ihn zum erklärten Gegner der Republik, auf deren sich abzeichnende Konsolidierung die nationalen Verbände und Parteien mit taktischer Anpassung reagierten. Ernst Jüngers dynamischer Vitalismus aber sah in der »Politik eine Fortsetzung des Krieges mit veränderten Mitteln«. Nach dem Verbot der »Standarte« im Sommer 1926 verließ er den Verband und betätigte sich als Mitherausgeber der in München erscheinenden Wochenzeitschrift »Arminius«, eines Organs der nationalistischen Bewegung. Von 1928 ab erlahmte sein Interesse an Publikationsorganen, die sich auch als Mittel höchst privater Interessen erwiesen hatten. In Ernst Niekischs »Widerstand« veröffentlichte Jünger Vorstudien zu seinem großen Essay »Der Arbeiter«.

Ernst Jünger im Familienkreis, um 1927. Von links nach rechts: Ernst, Hans Otto, der Vater, Friedrich Georg, Wolfgang. Davor sitzend: die Schwester Hanna Deventer mit den Söhnen Gert und Kurt, die Mutter in der Mitte, neben ihr Gretha Jünger mit dem Sohn Ernst.

Typisch für die Epoche war schon das Bild, das wir boten: der Vater inmitten seiner großen Familie. So hielt es der Kaiser, hielten es die meisten unserer Bekannten und die Bauern ringsum. In gewissen Abständen mußten wir, was mir nicht angenehm war, mit ihm nach Hannover fahren – erst zum Frisör, dann zum Photographen, möglichst an einem Tage, wo im Theater eine Mozartoper gespielt wurde.

Zwei Mal Halley

... nach einem großen Kriege meldet sich gebieterisch die Notwendigkeit einer Umwälzung an, wie sie Epochen vorauszugehen pflegt. Hier ist der Krieg nicht die Ausmünzung, sondern die erste Tatsache der Revolution.

Die Geburt des Nationalismus aus dem Kriege; »Deutsches Volkstum« 11, 1927

Ist es möglich, einen Glauben ohne Dogma zu besitzen, eine Welt ohne Götter, ein Wissen ohne Maximen und ein Vaterland, das durch keine Macht der Welt besetzt werden kann? Das sind Fragen, an denen der Einzelne den Grad seiner Rüstung zu prüfen hat. An unbekannten Soldaten ist kein Mangel; wichtiger ist das unbekannte Reich, über dessen Existenz keine Verständigung nötig ist.

Nur so erscheint der Schauplatz dieser Zeit in seiner rechten Beleuchtung: als ein Kampfgelände, spannender und an Entscheidungen reicher als je ein anderes für den, der es zu würdigen weiß. Der geheime Anziehungspunkt, der den Bewegungen ihren Wert erteilt, ist der Sieg, dessen Gestalt die Anstrengungen und Opfer auch der verlorenen Abteilungen repräsentiert. Allein hier ist niemand zu Hause, der nicht Krieg zu führen gedenkt.

Das Abenteuerliche Herz. Erste Fassung

Wir, die Krieger von gestern, von heute und von morgen haben uns gefunden in einer Zeit, in der alles, woran wir geglaubt und wofür wir Unzählige haben sterben sehen, im Abgrunde der Erbärmlichkeit zu versinken schien ... Während sich in allen Parteien der Prozeß der Zersetzung zu Ende führt, denken, fühlen und leben wir bereits in einer ganz anderen Form, und es ist schon jetzt ohne Zweifel, daß wir mit dem wachsenden Bewußtsein unserer selbst diese Form nach außen kehren werden. Daher sind auch wir die berufenen Kämpfer für einen neuen Staat ... denn der Nationalismus ist nicht ... durch den letzten Krieg und seine Folgeerscheinungen vernichtet, sondern eine Erscheinung, die erst mit ihm und durch ihn entstanden ist, und von der man vorher gar keine Ahnung hatte. Er ist ein gänzlich unbürgerliches Gefühl, scharf unterschieden vom Patriotismus der Vorkriegszeit, beweglich, feurig, und der vitalen Energie unserer großen Städte verwandt, in denen er – und dies ist wiederum eine typische Unterscheidung – im Gegensatz zum konservativen Lebensgefühl in raschem Anwachsen ist. Er ist nicht reaktionär, sondern revolutionär von Grund auf. Es wird sich zeigen, daß der Nationalismus dem Arbeiter zwar nicht das bieten kann, was der Marxismus seit 50 Jahren versprochen, jedoch unendlich viel mehr, als er jemals gehalten hat; vor allem aber das eine, daß das Leben wieder unter dem Strahl von großen Ideen steht, und damit den Sieg der Seele über die Maschine, zu dem der historische Materialismus nicht be-fähigt war ... Erkennt, was die Uhr geschlagen hat, stellt das Einzelne zurück, und laßt Euch blenden durch den Glanz des Zukünftigen gegen alles Persönliche, was der Eintag bringt. Wir müssen vorwärts, solange das Feuer der Jugend noch in uns ist!

Schließt Euch zusammen!; »Standarte. Wochenschrift des neuen Nationalismus«, 1, 1926

Jede Ordnung trägt schon die Träume im Schoß, in denen ihr Untergang beschlossen liegt, und jeder Traum schießt in kristallische Ordnungen aus. Die Bilder sind tiefer als ihr Abglanz, der zwischen silbernen und stählernen Spiegeln hin und zurück geworfen wird. Dies mußt du wissen, weil ein gewaltiger Angriff der Wirklichkeit gegen die Realität, des Lebens gegen seine Formen, in Vorbereitung ist.

Daher kommt es, daß diese Zeit eine Tugend vor allen anderen verlangt: die der Entschiedenheit. Es kommt darauf an, wollen und glauben zu können, ganz abgesehen von den Inhalten, die sich dieses Wollen und Glauben gibt. So finden sich heute die Gemeinschaften; die Extreme berühren sich heftiger als sonst. Um nun der großen Gefahr zu entgehen, das Leben mit einer seiner Formen zu verwechseln, einer Verwechslung, die heute viele tüchtige Kerle in unhaltbare Stellungen drängt, ist es ein gutes Mittel, diese Formen gegeneinander auszuspielen und auszutauschen und gleichsam in keiner Haut und bei keiner Partei zu warm zu werden, weil so der Blickpunkt am sichersten auf die Zone der tieferen Fruchtbarkeit gerichtet wird und weil man so am wenigsten zu verteidigen hat und zugleich am schärfsten angreifen kann. Dies ist, um offen zu sein, ein ausgesuchtes Mittel der Zerstörung, denn so wird jeder Kraft ihre Hülse heruntergerissen und jeder Anspruch angezweifelt, der sich auf eine Erscheinung und nicht unmittelbar auf eine Gewalt beruft. Aber alles, was heute um Fahnen und Zeichen, um Gesetze und Dogmen, um Ordnungen und Systeme im Kampfe liegt, treibt Spiegelfechterei. Schon dein Abscheu gegen diese Zänkereien unserer Väter mit unseren Großvätern und gegen jede mögliche Art ihrer Lösung verrät, daß es nicht Antworten, sondern schärfere Fragestellungen, nicht Fahnen, sondern Kämpfer, nicht Ordnungen, sondern Aufstände, nicht Systeme, sondern Menschen sind, deren du bedürftig bist.

Das Abenteuerliche Herz. Erste Fassung

In der »Standarte«, der Sonderbeilage der Stahlhelm-Zeitung, konnte Ernst Jünger seine politischen Schlußfolgerungen aus dem Weltkriegserlebnis publizistisch ausbreiten. Bald geriet er als Sprecher der jungen Radikalen in Gegensatz zur Stahlhelmführung und dem Legalitätskurs von Franz Seldte. Nach der Abschaffung der mißliebigen Beilage gab Jünger zusammen mit Helmut Franke, Franz Schauwecker und Wilhelm Kleinau die »Standarte« in eigener Regie mit dem programmatischen Untertitel »Wochenschrift des neuen Nationalismus« heraus. Nach nur fünfmonatigem Erscheinen mußte auch dieses Blatt im Sommer 1926 auf Anordnung des Magdeburger Oberpräsidenten Hörsing eingestellt werden. Darauf kündigte der Stahlhelm auch dem Schriftleiter Helmut Franke. Jünger verließ den Verband und übernahm den »Arminius«.

Im Aufsatz »Das Sonderrecht des Nationalismus« (»Arminius« 4, 1927) ist die antiaufklärerische Stoßrichtung von Jüngers revolutionärem Nationalismus am schärfsten gefaßt. Der Glaube »an den Wert des Besonderen« kennt keine verbindlichen, allgemeinen Ideen mehr über sich an.

Im übrigen sehe ich Zeitungen und Zeitschriften als eine Art von Verkehrsmitteln an, deren Benutzung schon durch die Tatsache, daß man am modernen Leben teilnimmt, gegeben ist. Sie sind eine Art von Omnibussen, in die man einsteigt, ohne über die Qualität der Fahrgäste bestimmen zu können, und die man genau an dem Punkte verläßt, den man erreichen wollte. Nichts ist hier von Bedeutung außer dem eigenen Gepäck.

›Nationalismus‹ und Nationalismus: »Das Tagebuch«, September 1929

Das Sonderrecht des Nationalismus

Von Ernst Jünger.

Wir Nationalisten glauben an keine allgemeinen Wahrheiten. Wir glauben an keine allgemeine Moral. Wir glauben an keine Menschheit als an ein Kollektivensen mit zentralem Gewissen und einheitlichem Recht. Wir glauben vielmehr an ein schärfstes Bedingtsein von Wahrheit, Recht und Moral durch Zeit, Raum und Blut. Wir glauben an den Wert des Besonderen.

In dem Zeitraum von der Verkündung der Menschenrechte bis zum Weltkriege hat der Glaube an das Allgemeine seine Wucht erschöpft. Gern erkennen wir an, daß dieser Glaube Aeußerungen von herrlicher Kraft entfesselte, denn wir lieben am Leben vor allem die Fülle und den großen, reißenden Schwung. Aber ob man an das Allgemeine oder an das Besondere glaubt, das ist nicht das Wesentliche, wie am Glauben überhaupt nicht die Inhalte das Wesentliche sind, sondern seine Glut und seine absolute Kraft. Auch der Glaube an das Allgemeine löscht die ewigen Gesetze des Schicksals nicht aus, denn es ist ja das Leben, das ihn trägt. Die Verkündung der Menschenrechte springt aus derselben Quelle wie die allgemeine Wehrpflicht oder das allgemeine Wehrrecht, durch das die verheerenden Formen des letzten Krieges erst möglich wurden. Auch haben wir alle erfahren, daß durch das allgemeine Wahlrecht die politischen Kämpfe und Härten sich nicht im Geringsten gemildert haben — im Gegenteil.

Wenn wir an das Besondere glauben und an den Vorrang der besonderen Notwendigkeiten vor den allgemeinen, so bewegt uns dazu vor allem ein Gefühl des Ekels gegenüber den zu oft vorgekauten Phrasen der Aufklärung. Es ist verständlich, daß man unter den Fahnen der Freiheit, Gleichheit und Brüderlichkeit zu Felde zieht, daß man eine schönere und gerechtere Welt aus den Trümmern einer alten aufrichten will, aber es ist unerträglich zu sehen, wie man die Härte dieser Welt hinter einem Brei von Redensarten zu verstecken sucht. Und zu Redensarten sind die tiefen Symbole jener prächtigen Erhebung geworden; an alles, was damals glühend und funkelnd aus dem Schmiedefeuer gehoben wurde, haben die Krämer ihre Wertungen gehängt. Das Wort Freiheit, das wie ein tötliches Schwert über den Ländern geschwungen wurde, nimmt sich im Munde der Krämer um Lohn und Produktion wie ein Diebstahl aus, es ist ebenso verächtlich geworden wie das stolze Wort Revolution, das die Feigheit aus einer Lust zur Gewalt, zur Angst vor Gewalt gestempelt hat. *Wir* müssen dieses Wort wieder zu Ehren bringen.

Wir haben in einer harten Schule erkannt, daß das Leben ungerecht ist und ungerecht sein muß, wenn es sich erhalten will. Wir wissen, daß es kein feststehendes Recht gibt, sondern Rechte, die geschaffen, erhalten oder verloren werden. Daher wollen wir kämpfen für unser besonderes Recht, daß eine unzertrennliche Erscheinung mit der Tatsache unseres Lebens ist. Lehnen wir die Unsauberkeit jener Haltung ab, die ihre besondere Glückseligkeit mit der allgemeinen identisch macht, und die so ihren inneren Brei nach außen zu kehren versucht. Selbst wenn es eine allgemeine Glückseligkeit gäbe, so möchten wir sie nicht, denn wir wollen nicht das Angenehme, sondern das Notwendige. Daher sind wir auch die Einzigen, die dem Fremden gegenüber wirklich offen sein können, die der Außenwelt entgegentreten können mit jener heiteren Offenheit von Kriegern, von denen jeder weiß, was er zu erwarten hat. Wir können zu jedem, auch zu unserem Feinde, sagen: „Sei ganz, der du bist. Handle so, wie es das Schicksal von dir will. So leistest du auch mir, so leistest du der Welt den besten Dienst."

Daher lehnen wir das Gejammer der Unterdrückten ab. Unterdrückt zu werden ist keine Schande, aber um Erbarmen flehn, das kann nur erbärmlich sein. Wer mit Härte im Kampfe gestanden hat, der darf als Sieger großmütig sein, dem Besiegten aber bleibt als seine letzte Würde, die ihm keine Macht entreißen kann, der Stolz. Wer diese Würde

Das Berliner Reichstagsgebäude. 1927 und 1933 boten die Nationalsozialisten Ernst Jünger ein Reichstagsmandat an. Er lehnte ab.

Nationalsozialistische Reichstagsabgeordnete (1930).

... das Ausweichen vor der Verantwortung dort, wo sie ernsthaft zu werden beginnt, und das Billige der Erfolge, die heute zu ernten sind, hat mich die politische Tätigkeit sehr bald als unanständig empfinden lassen. Welche Mäuselöcher der Verantwortungslosigkeit stellen die Parteien dar in einer Zeit, in der die Werte bei Tag und Nacht auf der Goldwaage zittern sollten, und wie dankbar muß man den jungen Leuten sein, die sich vor einer jedem entschlossenen Herzen unerträglichen Niederträchtigkeit hinter die Mauern der Gefängnisse zurückgezogen haben. Man kann sich heute nicht in Gesellschaft um Deutschland bemühen; man muß es einsam tun wie ein Mensch, der mit seinem Buschmesser im Urwald Bresche schlägt und den nur die Hoffnung erhält, daß irgendwo im Dickicht andere an der gleichen Arbeit sind.

Das Abenteuerliche Herz. Erste Fassung

Der Zivilisationsjude klammert sich in seiner Masse noch an den Liberalismus an, dem er ja nicht weniger als alles verdankt. Freilich hat seine Dialektik, jenes endlose Feuilletongeschwätz der Zivilisation, sich so verdünnt, daß es auch harmlosen Geistern Übelkeit zu erregen beginnt. Als einer der vorletzten Versuche, die alte Stellung zu halten, läßt sich die Beteiligung des Juden am Versuche einer legitimistischen Restauration mit Sicherheit voraussagen. Im gleichen Maße jedoch, in dem der deutsche Wille an Schärfe und Gestalt gewinnt, wird für den Juden auch der leiseste Wahn, in Deutschland Deutscher sein zu können, unvollziehbarer werden, und er wird sich vor seiner letzten Alternative sehen, die lautet: in Deutschland entweder Jude zu sein oder nicht zu sein.

Über Nationalismus und Judenfrage; »Die Kommenden« 9. September 1930

Daher lehnen wir alle jene Bestrebungen ab, die die Begriffe Rasse und Blut verstandesmäßig zu stützen suchen. Den Wert des Blutes durch das Gehirn, durch Mittel der modernen Naturwissenschaft beweisen zu wollen, das heißt den Knecht für den Herren zeugen lassen. Wir wollen nichts hören von chemischen Reaktionen, von Bluteinspritzungen, von Schädelformen und arischen Profilen. Das alles muß ausarten in Unfug und Haarspaltereien und öffnet dem Intellekt die Einfallspforten in das Reich der Werte, die er nur zerstören, aber nie begreifen kann. Das Blut legt keinen Wert darauf, sich auf einem Wert legitimieren zu lassen, auf dem auch die Verwandtschaft zum Pavian bewiesen werden kann. Das Blut ist der Brennstoff, den die metaphysische Flamme des Schicksals verbrennt.

Das Blut; »Standarte« 29. April 1926

Einzelpreis 35 Pfg.

Die Kommenden

Überbündische Wochenschrift der deutschen Jugend

Herausgegeben von Ernst Jünger und Werner Laß

in Verbindung mit

Dr. Alfred Bonfert, Gerhardt Brandt, Dr. Hans Ebeling, Jupp Hoven, Ing. Walter Rafelsberger u. Wilhelm Rödiger

~~Hauptschriftleitung: in Vertretung Hans-Gerd Techow~~

Im Verlag Die Kommenden, Flarchheim in Thüringen. — Postverlagsort: Mühlhausen i. Thür.

38. Folge — Freitag, am 19. Scheidings 1930 — 5. Jahrgang

Zur Judenfrage

Über Nationalismus und Judenfrage

Von Ernst Jünger

Aus dem Inhalt:

Über den Antisemitismus

*

Der Weg aus dem toten Raume

*

Die religiös-politische Konfusion

*

Rußlandrausch und Rußlandhetze

Wenn man die beiden Richtungen des nationalen Wollens in dieser Zeit betrachtet, auf der einen Seite die traditionell gefärbte, in der bürgerliche, legitimistische, reaktionäre und wirtschaftliche Töne sich vielfältig mischen oder unterscheiden, auf der andern Seite die revolutionäre — so findet man hier wie dort den Antisemitismus als einen Grundpfeiler der Zusammenhänge, der hier eine mehr oder minder abweisende, dort eine unverhüllt kriegsfreudige Ornamentierung trägt. Dies mag für den Juden nicht angenehm sein, eine andere Frage ist es, inwieweit es für ihn gefährlich ist.

Der Antisemitismus der überlieferungsmäßig gebundenen Kräfte ist in seinem Wesen ein spätes und schwächliches Kind der feudalen Welt. Wie man es überhaupt liebt, die Fassade vor den ausgebrannten Räumen zu erhalten, aus denen die schöpferischen Elemente längst geschwunden sind, so hält man es auch für einen Schönheitsfehler, den Juden in den repräsentativen Stellungen auftauchen zu sehen. Dies hindert jedoch nicht, daß man sich seiner gern bedient, und daß er in den eigentlichen Arbeitsstellungen häufig zu finden ist. Im Laufe des neunzehnten Jahrhunderts rückt er immer zahlreicher in diese Stellungen ein, und schon früh übt er, etwa in Gestalt des Professors Stahl, auf die staatsrechtliche Grundlegung der legitimen Mächte, oder vielmehr, was nicht unwichtig ist, auf die Reparatur dieser Grundlegung, und auf das konservative Denken seinen Einfluß aus. Im wilhelminischen Reiche, in dem ihm zwar der offizielle Eintritt in die Hierarchie erschwert oder verschlossen bleibt, ist er selbst in den höchsten und wichtigsten Sphären überall anzutreffen, wenn man die Oberfläche nur ein wenig ritzt. Darin hat sich, wie jeder weiß, auch nach dem Umsturze wenig geändert.

Wo man heute auch die Kräfte untersucht, die im Sinne einer gemäßigten legitimistischen Reaktion oder einer breit nationalen bürgerlichen Restauration an der Arbeit sind, da wird es nicht lange dauern, bis man auf den unvermeidlichen Typ des jüdischen Advokaten stößt, auf den redenden, schreibenden, beratenden oder handelnden Anwalt der Männer und Mächte, gleichviel welcher Richtung, mit jener Vorurteilslosigkeit bedient, die zu den Kennzeichen seiner Rasse gehört. Dies ist um so sicherer der Fall, als heute, um in diesem Sinne gegen den Liberalismus in Stellung gehen zu können, das heißt, ihn mit seinen eigenen Mitteln, mit seinem eigenen Wortschatz bekämpfen zu können, das Ressentiment noch weit unentbehrlicher ist, als schon vor hundert Jahren. Die Klaviatur, die alle Töne von der idealistischen Entrüstung bis zu den Angstschreien einer bedrohten Kultur, also vor allem reflektierte Töne, umfaßt, setzt Spieler voraus, denen eine lange Schulung des Ressentiments zuteil geworden ist. Daher wird sich der Kenner nicht über jene seltsamen Blüten einer gut gepflegten konservativen Prosa wundern, wie sie in dieser Zeit immer häufiger jüdischen Federn entfließt. Herbe Verteidigungsreden für die Kultur, geistreiche Ironisierungen des Zivilisationsbetriebes, ein aristokratischer Snobismus, die katholische Farce, ein pseudo-morphologisches Interesse an Geschichtsvorgängen, eine unauffällig betonte Solidität — Namen anzuführen würde allzu boshaft sein. Denn das ist zu nett, als daß man böse darüber sein könnte — freut man sich denn nicht auch über die schöne Reklame für den ehrsamen Zigarettenkaufmann Overstolz, der in seinem kleinen Biedermeier-Comptoir mit würdiger Strenge die Bücher führt? Hier erreicht das Geschäftliche einen solchen Grad des Als-Ob, daß es fast unhöflich ist, es noch zu sehen. Jedenfalls argumentiert heute der Jude, der wirklich Talent, der wirklich Witterung besitzt, konservativ — es gibt hier verborgene Stellungen, verwickelte Möglichkeiten einer geistigen Haltung, um den bereits mit großem Scharfsinn gefochten wird. Der Jude kann sich über die Beachtung, die ihm von den Mächten, die heute konservative Gedanken zu vertreten glauben, geschenkt wird, nicht beklagen, und es ist die Frage, inwiefern ihm die antisemitische Politur dieser Mächte nicht sogar zugute kommt. Denn er bedarf für seine Rhetorik, die schon deshalb immer ethische Struktur besitzt, weil sie keine heroische besitzen kann, einer Grundstimmung, die als das umgekehrte Pathos der Distanz bezeichnet werden kann. Daher ist er auf Verfolgung, auf Antisemitismus angewiesen, ebenso wie nach einer richtigen Bemerkung das Ghetto eine jüdische Erfindung ist. Eine in ihrer Ursprünglichkeit gebrochene, eine gedämpfte konservative Haltung aber bietet diesen Raum am billigsten, am schmerzlosesten, am unsichtbarsten an, insofern sie ihn zu einer feinen konventionellen Linie zusammenschmelzen kann, die außerdem noch der „Tüchtigkeit", dem „Geiste" und, selbstverständlich, dem Gelde gegenüber eine hohe Elastizität besitzt. Daher hat es in der neueren Zeit auch weder dem englischen Imperium, noch der habsburgischen Monarchie jemals an jüdischen Paladinen gefehlt.

Freilich gibt es heute in der politischen Sprache außer dem Worte konservativ nur noch ein anderes, das ebenso häufig und ebenso wenig überzeugend in Anspruch genommen wird, nämlich das Wort revolutionär. Was jedoch unseren sogenannten Konservativen und unseren sogenannten Revolutionären in gleichem Maße fehlt, das ist die Ursprünglichkeit. Die Ursprünglichkeit des Konservativen zeichnet sich dadurch aus, daß sie sehr alt, die des Revolutionärs, daß sie sehr jung sein muß. Die Konservativen von heute sind aber fast ohne Ausnahme erst hundert Jahre alt, und die Revolutionäre sind ebenso schon über hundert Jahre alt. Mit anderen Worten: der Bannkreis des Liberalismus hat größere Reichweite, als man im allgemeinen glaubt, und fast jede Auseinandersetzung vollzieht sich innerhalb seines Bannkreises. Der Wortschatz unserer Urgroßväter hat sich in einer gespenstigen Weise belebt, und ein ödes Repetitorium der politischen Begriffe, die man sich kaum die Mühe gibt, umzutaufen und an denen sich eine naive Entdeckerfreude der Zeitgenossen ergötzt, breitet sich von allen Tribünen der öffentlichen Meinung aus.

Hiermit hängt der Mangel an Folgerichtigkeit zusammen, die dem Antisemitismus der nationalen Bewegungen, die sich als revolutionär bezeichnen, eigentümlich ist. Auch wenn man von jenen Sekten absieht, die aus der Negation eine Weltanschauung machen, wird man durch den Mangel an Instinktsicher-

In der von ihm selbst herausgegebenen bündischen Wochenzeitung »Die Kommenden« veröffentlichte Ernst Jünger am 19. September 1930 den Aufsatz »Über Nationalismus und Judenfrage«, Nachdruck eines Artikels, den Jünger in der September-Ausgabe der »Süddeutschen Monatshefte« im Rahmen eines Dossiers mit dem Titel »Zur Judenfrage« bereits publiziert hatte. Wegen dieses eindeutig antijüdischen Beitrages ist Jünger später immer wieder mit dem Antisemitismus in Verbindung gebracht worden, auch wenn er an anderer Stelle den Rassenbiologismus der Nationalsozialisten scharf attackiert hatte.

Mit den Brüdern Friedrich Georg (links) und Hans Otto (rechts) auf Sizilien (Palermo, 1929).

Sant' Agata Militello, 25. April 1929

Fahrt nach Sant' Agata. Wir rasteten in Cefalù, um dort den Dom und seine Mosaiken zu betrachten, vor allem den gewaltigen Christus, der sich über dem Altar erhebt, wie aus Atomen ausstrahlend. Dann glitten wir weiter auf dem schmalen Bande zwischen Fels und Meer dahin.

Unweit Caronia, wo der Magister einige Aufnahmen machte, gelang mir ein guter Fang. Ich sah ein Tier, das ich zunächst für einen großen Scarabäus hielt, über die Straße in die Macchia fliegen, wo es in einem Busch verschwand. Da ich es allzu scharf fixiert hatte, um über das Ende seiner Flugbahn im Zweifel zu sein, entdeckte ich es bald an einem dürren Zweige und löste es zu näherer Betrachtung von ihm ab. Es war der große Capnodis, ein breit keilförmiger Buprestide, schwarz bronzefarben, und zierlich weiß gescheckt, ein Tier, das auf ein Leben in heißerer Sonne zugeschnitten ist, als man sie bei uns zulande kennt. Ich sah es mit Rührung, denn schon als Kind war ich ihm in den Sammlungen des Hannoverschen Museums am Maschpark begegnet und hatte mich gefragt, ob ich dies fliegende Juwel einmal im Leben in seinem Revier antreffen würde – nun hielt ich es in der Hand.

Aus der Goldenen Muschel

Ich stieg an diesem leuchtenden Vormittag in den Schluchten des Monte Gallo empor. Die rotbraune Erde der Gärten war noch feucht vom Tau, und unter den Zitronenbäumen standen die roten und gelben Blüten des Sarazenenfrühlings gleich einem Muster, wie es der Morgenländer in seine Teppiche webt. Dort, wo die letzten Blätter der Opuntie nackt und neugierig über die rötlichen Mauern spähten, schlossen sich die Bergtriften an, überragt von Felsen und von den gelben Stauden der Wolfsmilch überflammt. Dann führte der Weg durch ein schmal eingeschnittenes Tal aus kahlem Gestein.

Ich weiß nicht und will auch nicht versuchen, es zu beschreiben, wie mir inmitten dieser Mauern plötzlich die Einsicht auftauchte, daß ein Tal wie dieses mit seiner steinernen Sprache den Wanderer eindringlicher ergreift, als es einer reinen Landschaft möglich wäre, oder daß, anders gesprochen, eine solche Landschaft über tiefere Kräfte verfügt. Nun hat es wohl nie ein Bewußtsein von Rang gegeben, dem das nicht deutlich gewesen wäre, und doch sind Augenblicke selten, in denen man über die Erkenntnis eines beseelten Lebens, das in der Natur waltet, hinaus einem körperlichen Ausdruck dieses Lebens gegenübersteht. Ja ich glaube, daß sie seit ganz kurzer Zeit überhaupt erst wieder möglich geworden sind. Ein solcher Augenblick aber war es gerade, der mich in dieser Stunde überraschte – ich fühlte die Augen dieses Tales voll Aufmerksamkeit auf mir ruhen. Mit anderen Worten: es war unzweifelhaft, daß dieses Tal seinen Dämon besaß.

Gerade jetzt und noch im Taumel der Entdeckung fiel mein Blick auf deine schon sehr bleiche Scheibe, die dicht über dem Höhenkamme und wohl nur aus der Tiefe heraus noch am Himmel zu sehen war. Da stand in einer seltsam blitzhaften Geburt das Bild des Mannes im Monde wieder auf. Gewiß, die Mondlandschaft mit ihren Felsen und Tälern ist eine Fläche, die der astronomischen Topographie ihre Aufgaben stellt. Aber ebenso gewiß ist es, daß sie zugleich jener magischen Trigonometrie, von der wir eben sprachen, zugänglich ist – daß sie zugleich ein Gebiet der Geister ist und daß die Phantasie, die ihr ein Gesicht verlieh, mit der Tiefe des kindlichen Blickes die Urschrift der Runen und die Sprache des Dämons verstand. Aber das Unerhörte für mich in diesem Augenblicke war, diese beiden Masken ein und desselben Seins unzertrennlich ineinander einschmelzen zu sehen. Denn zum ersten Male löste sich hier ein quälender Zwiespalt auf, den ich, Urenkel eines idea-

Ernst und Gretha Jünger mit Freunden in Sant' Agata Militello auf Sizilien, 1929.

In der Novellen-Sammlung »Mondstein« erschien 1930 erstmals »Sizilianischer (!) Brief an den Mann im Mond«.

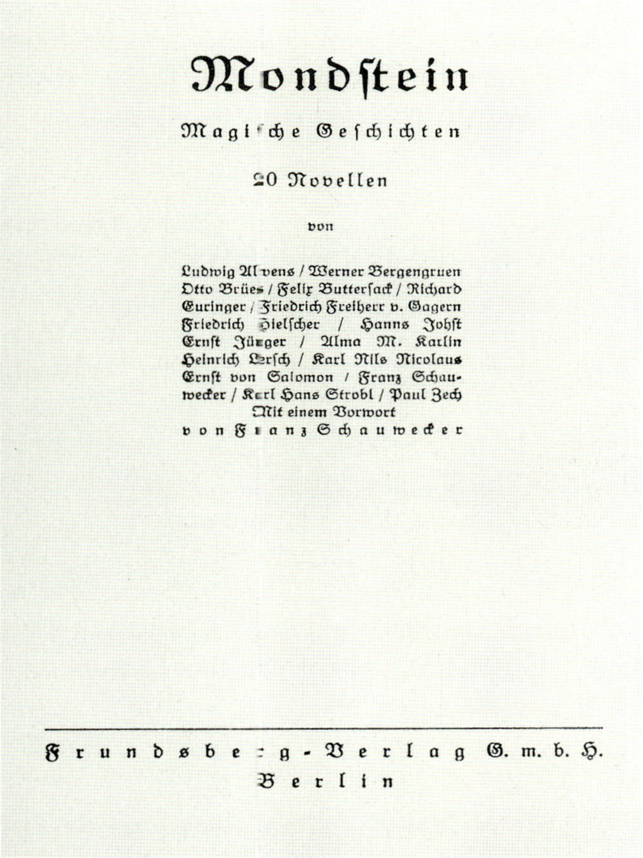

Mondstein

Magische Geschichten

20 Novellen

von

Ludwig Alvens / Werner Bergengruen
Otto Brües / Felix Buttersack / Richard
Euringer / Friedrich Freiherr v. Gagern
Friedrich Hielscher / Hanns Johst
Ernst Jünger / Alma M. Karlin
Heinrich Lersch / Karl Nils Nicolaus
Ernst von Salomon / Franz Schau-
wecker / Karl Hans Strobl / Paul Zech
Mit einem Vorwort
von Franz Schauwecker

Frundsberg-Verlag G. m. b. H.
Berlin

listischen, Enkel eines romantischen und Sohn eines materialistischen Geschlechtes, bislang für unlösbar gehalten hatte. Das geschah nicht etwa so, daß sich ein Entweder-Oder in ein Sowohl-Als-Auch verwandelte. Nein, das Wirkliche ist ebenso zauberhaft, wie das Zauberhafte wirklich ist.

Das war das Wunderbare, das uns an den doppelten Bildern entzückte, die wir als Kinder durch das Stereoskop betrachteten: Im gleichen Augenblick, in dem sie in ein einziges Bild zusammenschmolzen, brach auch die neue Dimension der Tiefe in ihnen auf.

Ja, so ist es: die Zeit hat uns den alten Zaubersprüchen, die lange vergessen, aber immer gegenwärtig waren, wieder nahegebracht. Wir fühlen, wie, zögernd noch, Sinn in das große Werk einzuschießen beginnt, an dem wir alle schaffen, das uns im Banne hält.

Sizilischer Brief an den Mann im Mond

Ernst Jünger zeigte sich anfänglich von Hitlers suggestiver Rhetorik fasziniert. Der junge Reichswehrleutnant hörte ihn 1923 in München. Einig mit ihm in der Ablehnung des Versailler Vertrags, sah Jünger in Hitler einen der wirksamsten nationalen Führer und übersandte ihm Widmungsexemplare seiner Kriegsbücher. Eine von Hitler ins Auge gefaßte persönliche Begegnung in Leipzig fand nicht statt, weil dieser kurzfristig seine Reiseroute änderte. In den Tagebüchern des Zweiten Weltkriegs und der Jahre 1945–48 (»Die Hütte im Weinberg. Jahre der Okkupation«) setzte sich Ernst Jünger kritisch mit »Kniébolo« (knebelnder Diabolus) auseinander, wie er Hitler in den »Strahlungen« nennt.

Goebbels, der »Grandgoschier« der Tagebücher, und Gustav Gründgens, Macht und Geist verschwistert. Auch Ernst Jünger wurde vom späteren Propagandaminister heftig umworben. Zuweilen begegnete man sich bei Dritten, Arnolt Bronnen bemühte sich als Vermittler. Der Umworbene winkte ab, weil er die populistische Flachheit des Werbers schnell erkannt hatte.

Als ich ihn hörte, hatte ich den Eindruck eines blassen, begeisterten Menschen, der nicht so sehr neue Gedanken brachte als neue Kräfte entfesselte. Es schien weniger, daß er des Wortes mächtig, als daß das Wort seiner mächtig war. So stellt man sich ein Medium vor, das fast verzehrt wird von den Kräften, die ihm zuströmen. Der Mond mußte in seinem Horoskop eine Rolle spielen; Mussolini war demgegenüber ein solarischer Typ, viel klarer und durchsichtiger, berechenbarer auch. In Hitler haben sich gerade die Klugen getäuscht. Er hatte das bleiche, unausgesprochene Gesicht der Lunarischen. Er zog Kräfte aus dem Unbestimmten, sammelte und reflektierte sie wie ein Hohlspiegel; er war ein Traumfänger.

Strahlungen

Hitler wird in der nächsten Woche durch Leipzig kommen und hat sich bei mir angemeldet. Im Garten auf der tabakartigen Staude in der Nähe der Erdbeeren habe ich einen schönen Buprestis erbeutet. Er ist bräunlich erzfarben, sieh Dich doch bitte nach einigen Doubletten um.

(An Friedrich Georg, 15. 6. 1926)

Es ist sehr wichtig, daß wir Herde besitzen, in denen das Feuer der Anarchie sich erhält. Eine latente und anonyme Anarchie ist unter den gegebenen Verhältnissen wertvoller als die offenen Ausbrüche, die schneller gelöscht werden können. Es ist sehr gut, daß an der Stelle, an der Sie sich befinden, die Gegensätze bereits sichtbar werden, die den Nationalismus in unserem Sinne von der extremen Rechten trennen. Ohne Zweifel wird diese einmal ans Ruder kommen …

(An Bruno v. Salomon, 10. 9. 1929)

Die Bemühungen der Nationalisten, über die Rechte zum Ziele zu gelangen, sind zum Scheitern verurteilt. Die Macht wird denjenigen zufallen, die, wie vor ihnen die Franzosen, die Demokratie zu mobilisieren verstehn. Freilich fehlt es ihnen dazu an literarischen Begabungen wie Barrès. Daher wird die Verbindung mit den Massen grob-mechanisch und instinktiv-barbarisch sein.

(An Friedrich Georg, 6. 10. 1927)

Merkwürdigerweise hatte ich manchmal ein ähnliches Gefühl, wenn ich etwa in politischen Versammlungen irgendeinen faden Schwätzer endlos reden hörte und ihm doch zubilligen mußte, daß während eben dieser Zeit eine höchste Weisheit seine inneren Organe in Tätigkeit hielt, daß mannigfache Drüsen sein Blut ununterbrochen mit ihren Sekreten speisten, daß sich in ihm das Wunder der Verdauung vollzog, daß jede Zelle ihre Arbeit verrichtete, kurz daß ein wunderbares Leben in ihm schaltete. War der Schluß zu kühn, daß wahrscheinlich auch dieses Geschwätz einen geheimeren Sinn, eine verborgenere Aufgabe erfüllte, als sie der Schwätzer beabsichtigte? Ohne Zweifel ist der Mensch viel tiefer, als er es sich träumen läßt, vielleicht sogar ebenso tief wie das Tier. Es kann dem aufmerksamen Auge doch nicht verborgen bleiben, daß hinter dem scheinbar absolut mechanischen Getriebe unserer Städte ein ungeheurer Instinkt sich enthüllt, daß die Wirtschaft noch etwas anderes als Wirtschaft, die Politik noch etwas anderes als Politik, die Reklame noch etwas anderes als Reklame, die Technik noch etwas anderes als Technik ist – kurz, daß jede unserer vertrautesten und alltäglichsten Erscheinungen sich gleichzeitig als Symbol eines wesentlicheren Lebens erfassen läßt.

Das Abenteuerliche Herz. Erste Fassung

Feuer und Blut

Ein kleiner Ausschnitt aus einer großen Schlacht

Von

Ernst Jünger

Leipzig, Sebastian Bachstr. 18.
9. 1. 1926.

Dem nationalen Führer Adolf Hitler!

Ernst Jünger

1925

Stahlhelm-Verlag / Magdeburg

Adolf Hitler München, 27.5.26

Sehr geehrter Herr Jünger!

Ihre Schriften habe ich alle gelesen. In ihnen lernte ich einen der wenigen starken Gestalter des Fronterlebnisses schätzen.

Mit umso grösserer Freude empfing ich seinerzeit Ihr persönlich übersandtes Buch "Feuer und Blut" mit Ihrer freundlichen Widmung. Nachträglich herzlichen Dank dafür.

Mit deutschem Gruss

Adolf Hitler

Herrn
Ernst J ü n g e r
Oblt.a.D.
L e i p z i g
Sebastian Bachstr. 18

Am 9. Januar 1926 übersandte Jünger dem »nationalen Führer Adolf Hitler« ein signiertes Exemplar seines Kriegsbuches »Feuer und Blut«. Am 27. Mai 1926 bedankte sich Hitler in einem kurzen Brief. Zuvor hatte er ihm bereits die beiden Bände seines Propagandawerkes »Mein Kampf« zusenden lassen. Im Sommer 1929 versuchte Hitler, Jünger für den Nationalsozialismus zu gewinnen. Über seinen Sekretär Rudolf Heß ließ er ihm am 2. Juli 1929 die Einladung zukommen, als Ehrengast am Nürnberger Reichsparteitag vom 1. bis zum 4. August teilzunehmen.

Die Großstadt Berlin ist Studienobjekt, hier vollziehen sich die politischen, gesellschaftlichen und technischen Transformationsprozesse, auf deren präzise Registratur es Jünger ankommt. Ernst Jünger lebte vom 1. Juli 1927 bis 1. Dezember 1933 als freier Schriftsteller in Berlin, in wechselnden Wohnungen im Ost- und Westteil der Stadt, immer und überall mit geschärftem Blick für die Signatur der heraufkommenden Massengesellschaft. Im gleichen Maß, in dem die publizistische Arbeit abnahm, trat die literarische ins Zentrum von Jüngers Existenz.

In den Jahren 1932 und 1933 wohnte Ernst Jünger mit seiner Familie in der Dortmunder Straße.

Einige Male sprach ich in diesen Tagen mit Schauwecker und Lilienthal, der über einem Auge wie ein Kondottiere eine schwarze Binde trägt. Sein Nom de Guerre ist Polyphem. Auch begann ich mit einem neuen Buche »Das Abenteuerliche Herz«. Abends bin ich in die Übersetzung Gogols von Alexander Eliasberg vertieft, auch in die »Aufzeichnungen eines Jägers« von Turgenjew. Ferner machte mich Herr Schultz auf einen Engländer Carthill aufmerksam ... Herr Schultz besucht mich häufig; er ist der Träger einer eigentümlich starken und doch ganz ungerichteten seelischen Energie, die fast wie eine körperliche Ausstrahlung trifft. Ein ununterbrochenes Grübeln deutet sich bereits in der Unruhe des Gesichtes an. Es sind abstruse Gedanken, die er in schlaflosen Nächten verfolgt, und die eine langjährige Lektüre Dostojewskis voraussetzen.

(An Friedrich Georg, 6. 10. 1927)

1927 in der Berliner Wohnung, Nollendorfstraße: die Brüder Friedrich Georg und Ernst Jünger, Gretha Jünger, Edmund (»Edmond«), Fritzi und Margret Schultz.

Berlin

Zur Orientierung über das Maß an Bedrohung, dem wir gegenüberstehen, bedarf es keiner verwickelten Berechnungen. Es genügt ein einfaches physiognomisches Studium, das sich in der Großstadt jederzeit sofort ausüben läßt. Man wird feststellen, daß das Gesicht des modernen Großstädters einen zweifachen Stempel trägt: den der Angst und des Traumes, und zwar tritt das eine mehr in der Bewegung, das zweite mehr in der Ruhe hervor.

Aus diesem Grunde besitzen Straßenecken und Brücken innerhalb der Großstadt etwas so unendlich Trostloses und Bedrückendes. Wer jemals in einem südlichen Hafen die Gesichter der Fischer sah, die sicher keinen Pfennig in ihren Lumpen trugen, der weiß wohl, daß es nicht Geld sein kann, was dieses halb verdrossene, halb gejagte Wesen hervorzubringen imstande ist. In einer Krisis wie dieser, inmitten der höchsten Unsicherheit, ist auch gar keine Befriedigung möglich; es gibt nur eins, was sich entgegenstellen läßt: Tapferkeit.

Ebenso erstaunlich ist es, die völlig erstarrte, automatische und gleichsam narkotisierte Haltung des modernen Menschen im Zustand der Ruhe, etwa während der Fahrt in einem der Verkehrsmittel oder auch des Aufenthaltes an den sogenannten Vergnügungsstätten, zu beobachten. Vielleicht wird ein Grad der Versunkenheit und Verlorenheit, wie er auf diesen Masken liegt, kaum in einer chinesischen Opiumhöhle anzutreffen sein. Das ungemein Gleichartige und Typische dieses Ausdruckes verrät die Unentrinnbarkeit der Vorgänge und ihre Gemeinsamkeit im Entscheidenden; die großen Lebensräume sind wie Treibhäuser durch luftdichte gläserne Mauern verwahrt. Daher fällt auch in ihnen die Besinnung so schwer, weil das Eigenartige des Zustandes in jeden Atemzug mit einfließen muß. Im Traum sind Erwägungen sehr selten, die sich nicht auf den Traum beziehen; immerhin finden solche statt. Die Hoffnung des Erwachens aus seinen eigentlich ganz unmöglichen Erlebnissen ist es, deren Licht zuweilen wie ein Schimmer durch seine Maschen bricht.

Und die Ahnung, daß »alles dies« eigentlich ganz unmöglich ist, hat doch wohl jeder von uns schon zuweilen gehabt? die Ahnung, daß dieses Treiben durch eine kräftigere, durch eine heroische Bestimmung beherrscht und gerichtet werden muß?

»Erwachen und Tapferkeit« – das könnte auf unseren Fahnen stehen.

Das Abenteuerliche Herz. Erste Fassung

Mit einem Freund, 1930.

Wenn man den Typus, wie er sich in unseren Tagen herausbildet, mit einem Worte kennzeichnen sollte, so könnte man sagen, daß eine seiner auffälligen Eigenschaften im Besitz eines »zweiten« Bewußtseins besteht. Dieses Zweite und kältere Bewußtsein deutet sich an in der sich immer schärfer entwickelnden Fähigkeit, sich selbst als Objekt zu sehen. (...)

Hier ist zunächst anzuführen die revolutionäre Tatsache der Photographie. Die Lichtschrift ist eine Art der Feststellung, der Urkundencharakter zugebilligt wird. Der Weltkrieg war der erste große Vorgang, der auf diese Weise aufgenommen wurde, und seither gibt es kein bedeutendes Ereignis, das nicht auch durch das künstliche Auge festgehalten wird. Das Bestreben läuft darauf hinaus, auch Räume einzusehen, die dem menschlichen Auge verschlossen sind. Das künstliche Auge durchdringt die Nebelbänke, den atmosphärischen Dunst und die Finsternis, ja den Widerstand der Materie selbst; optische Zellen arbeiten in den Abgründen der Tiefsee und der großen Höhe der Registrierballons.

Die Aufnahme steht außerhalb der Zone der Empfindsamkeit. Es haftet ihr ein teleskopischer Charakter an; man merkt, daß der Vorgang von einem unempfindlichen und unverletzlichen Auge gesehen ist. Sie hält ebensowohl die Kugel im Fluge fest wie den Menschen im Augenblick, in dem er von einer Explosion zerrissen wird. Das ist die uns eigentümliche Weise zu sehen; und die Photographie ist nichts anderes als ein Werkzeug dieser unserer Eigenart. Merkwürdig, daß diese Eigenart auf anderen Gebieten, etwa auf dem der Literatur, noch so wenig sichtbar ist; aber ohne Zweifel wird, wenn wir hier wie in der Malerei noch etwas zu erwarten haben, die Beschreibung der feinsten seelischen Vorgänge abgelöst werden durch eine neue Art der präzisen, sachlichen Schilderung. (...)

Die Photographie ist also ein Ausdruck der uns eigentümlichen, und zwar einer grausamen, Weise zu sehen. Letzten Endes liegt hier eine Form des Bösen Blickes, eine Art von magischer Besitzergreifung vor. Das empfindet man sehr wohl an Stätten, an denen noch eine andere kultische Substanz lebendig ist. Im Augenblick, in dem eine Stadt wie Mekka photographiert werden kann, rückt sie in die koloniale Sphäre ein.

Es wohnt uns ein seltsames und schwer zu beschreibendes Bestreben inne, dem lebendigen Vorgang den Charakter des Präparats zu verleihen. Wo sich heute ein Ereignis vollzieht, ist es vom Kreise der Objektive und Mikrophone umringt und von flammenden Explosionen der Blitzlichter erhellt. In vielen Fällen tritt das Ereignis selbst ganz hinter der »Übertragung« zurück; es wird also in hohem Maße zum Objekt. So kennen wir bereits politische Prozesse, Parlamentssitzungen, Wettkämpfe, deren eigentlicher Sinn darin besteht, Gegenstand einer planetarischen Übertragung zu sein. Das Ereignis ist weder an seinen besonderen Raum noch an seine besondere Zeit gebunden, da es an jeder Stelle widergespiegelt und beliebig oft wiederholt werden kann. Das sind Anzeichen, die auf einen großen Abstand hindeuten, und es erhebt sich die Frage, ob diesem Zweiten Bewußtsein, das wir so unermüdlich an der Arbeit sehen, denn auch ein Zentrum gegeben ist, von dem aus sich die wachsende Versteinerung des Lebens in einem tieferen Sinne rechtfertigen läßt.

Deutlicher noch tritt die Tatsache der Entfernung an den Projektionen hervor – an der Spiegelung der Aufnahmen in einen zweiten, der Empfindsamkeit unzugänglicheren Raum. Das wird uns am klarsten dort, wo wir unserem eigenen Spiegelbild entgegentreten; sei es, daß wir unsere Bewegungen im Film beobachten, sei es, daß unsere Stimme wie die eines Fremden unser Ohr berührt.

Über den Schmerz

Flug nach Paris (1929). Drei Jahre zuvor hatte Ernst Jünger selbst einen Flugkurs an der Verkehrsfliegerschule in Staaken absolviert.

Gestern noch, bei einem nächtlichen Spaziergang durch entlegene Straßen des östlichen Viertels, in dem ich wohne, bot sich ein einsames und finster heroisches Bild. Ein vergittertes Kellerfenster öffnete dem Blick einen Maschinenraum, in dem ohne jede menschliche Wartung ein ungeheures Schwungrad um die Achse pfiff. Während ein warmer, öliger Dunst von innen heraus durch das Fenster trieb, wurde das Ohr durch den prachtvollen Gang einer sicheren gesteuerten Energie fasziniert, der sich ganz leise wie auf den Sohlen des Panthers des Sinnes bemächtigte, begleitet von einem feinen Knistern, wie es aus dem schwarzen Fell der Katzen springt, und vom pfeifenden Summen des Stahles in der Luft – dies alles ein wenig einschläfernd und sehr aufreizend zugleich. Und hier empfand ich wieder, was man hinter dem Triebwerk des Flugzeuges empfindet, wenn die Faust den Gashebel nach vorn stößt und das schreckliche Gebrüll der Kraft, die der Erde entfliehen will, sich erhebt oder wenn man nächtlich im D-Zug sich durch die zyklopische Landschaft des Ruhrgebietes stürzt, während die glühenden Flammenhauben der Hochöfen das Dunkel zerreißen und inmitten der rasenden Bewegung dem Gemüte kein Atom mehr möglich scheint, das nicht in Arbeit ist. Es ist die kalte, niemals zu sättigende Wut, ein sehr modernes Gefühl, das im Spiel mit der Materie schon den Reiz gefährlicherer Spiele ahnt und der ich wünsche, daß sie noch recht lange nach ihren eigentlichen Symbolen auf der Suche sei. Denn sie als die sicherste Zerstörerin der Idylle, der Landschaften alten Stils, der Gemütlichkeit und der historischen Biedermeierei wird diese Aufgabe um so gründlicher erfüllen, je später sie sich von einer neuen Welt der Werte auffangen und in sie einbauen läßt.

O du stählernste Schlange der Erkenntnis – du, die wir verzaubern müssen, wenn du uns nicht erwürgen sollst!

Das Abenteuerliche Herz. Erste Fassung

Während auf der Straße sich die antagonistischen politischen Gruppierungen zum Kampf um die Macht formierten, schillerte in der Beletage des Geistes ein buntes Durcheinander weltanschaulicher Quergänger.

Erich Mühsam (1878 – 1934).

Ernst von Salomon (1902 – 1972).

Das Studio im sechsten Stockwerk, ein Schrecken der übrigen Hausbewohner, glich einem beleuchteten Aquarium, in dem es an Ausbeute nicht mangelte, an Tintenschnecken, Medusen, langhaarigen Seerosen, Embryonen, von Haifischen mit noch ganz zarter Haut. Im Foyer hing ein Stadtplan von New York.

Es war schwer, eine heterogenere Gesellschaft zu finden, wenn man nicht die Feste besuchte, die Ernst Rowohlt veranstaltete, der sich offenbar ein Vergnügen daraus machte, pyrotechnische Mischungen auszutüfteln, besonders an seinen Geburtstagen. Man traf dort Brecht, Bronnen, Ernst von Salomon, Rudolf und Speedy Schlichter, und starke Trinker, wie Thomas Wolfe.

Das soziologische Schillern gehört zu den Vorzeichen der großen Wetterstürze, ebenso wie die Trübung der Geister, ihr Optimismus, der ihnen die Gefahr verhüllt. Erst später, viel später ging mir das Unheilvolle dieser Zusammenkünfte auf. Ein Cazotte hätte vielleicht gesehen, daß die meisten Teilnehmer bereits gezeichnet waren, daß hinter ihnen der Tod stand, während sie rauchten und das Grammophon lief – und ein wie grauenvoller Tod. Das Parkett war dünn, auf dem getanzt wurde. Zunächst vergiftete sich die Hausfrau, ein wunderschönes Wesen; es hieß, daß sie Agentin gewesen sei. Das Studio war zu verlockend, als daß nicht allerhand Mächte ihre Tastfäden hineingesteckt hätten. Dem folgten andere Selbstmorde, so der eines dicken Mannes, den ich als Urbild menschlicher Zufriedenheit bewundert hatte, dann Liquidierungen.

Ich will nicht sagen, daß es ganz ohne Vorschau blieb. Sie konnte nur vage sein. Einmal sah ich Edmond, einen Sensitiven, an die Decke blicken, als ob er dort etwas suche, einen fatalen Gegenstand. Ein großer russischer Windhund begann zu heulen und wurde durch Schlafmittel beruhigt.

Die Hütte im Weinberg. Jahre der Okkupation

Mühsam lernte ich bei Ernst Niekisch kennen, den ich häufig aufsuchte. Ich glaube, auch Toller war an jenem Abend dabei. Sie kannten sich aus der Zeit der Münchener Räterepublik, mit der sich die Linke eine ähnliche Absurdität wie später die Rechte mit dem Kapp-Putsch leistete. Wir kamen in ein angeregtes Gespräch: Mühsam begleitete mich auf dem Heimwege. Er war Bohemien vom Schlage Peter Hilles, weltfremder Anarchist, verworren, kindlich-gutmütig; es gehörte nicht viel Menschenkenntnis dazu, das auf den ersten Blick zu sehen. Er hatte das Unglück gehabt, mit der politischen Praxis in Berührung zu kommen, für die er denkbar ungeeignet war, galt als gefährlicher Literat; sein Name wurde mit den Münchner Geiselmorden verquickt. Gerade darauf kam er auf dem Untergrundbahnhof am Gleisdreieck zu sprechen, wo wir den Zug erwarteten. Er redete in flatterndem Mantel wild, beinahe schreiend auf mich ein, so daß sich die Passanten nach der seltsamen Erscheinung umwandten, die an einen großen unbeholfenen Vogel erinnerte. Wir tauschten einige Briefe, bis kurz vor seiner Verhaftung; schreckliche Gerüchte sickerten bald über sein Schicksal durch.

Die Hütte im Weinberg. Jahre der Okkupation

... was mir aber vor allem wichtig ist, das ist die Erkenntnis des Dämons im Menschen, und jeder meiner näheren Bekannten besitzt eine tiefe Stelle, die ich unbedingt respektiere und die überhaupt die Voraussetzung der Bekanntschaft ist. Die Heterogenität meiner Neigungen bringt mich oft in Verlegenheit.

(An Friedrich Hielscher, 11. 11. 1934)

Ernst Rowohlt (1887 – 1960).

Friedrich Hielscher (1902 - 1990).

Arnolt Bronnen (1895 - 1959).

Ernst Toller (1893 – 1939).

Franz Schauwecker (1890 – 1964).

Albrecht Erich Günther (1893 – 1942).

Vielleicht, daß euch dann einmal, inmitten dieser brausenden Musik und der Überfülle der Lichter, jene Erstarrung, jenes tiefere Erstaunen überfällt, in dem sich dies alles wie ein geheimnisvoller Schleier, wie ein Vorhang des Wunderbaren leise bewegt – vielleicht, daß es euch sehr rätselhaft und doch auch so sehr beglückend erscheint, daß dieses Leben möglich sein kann und ihr in ihm.

Das Abenteuerliche Herz. Erste Fassung

Es wäre mir unmöglich, für meine Person die starke Anteilnahme aufzubringen, deren Vorhandensein ich nicht leugnen kann, verliehen mir nicht zwei Umstände eine gewisse Sicherheit.

Einmal besitze ich das bestimmte Gefühl, einem im Grunde fremden und rätselhaften Wesen nachzuspüren, und dies bewahrt vor jener pöbelhaften Eigenwärme, jener Stickluft der inneren Wohn- und Schlafzimmer, die mir am »Anton Reiser« unangenehm ist. Es verleiht dem Zugriff eine größere Sauberkeit, wie der Gummihandschuh den Fingern des Operateurs. Ich habe dieses Gefühl, als ob ein aufmerksam beobachtender Punkt aus exzentrischen Fernen das geheimnisvolle Getriebe kontrollierte und registrierte, selbst in den verworrensten Augenblicken nur selten verloren. Ja es schien mir oft, als ob in sehr menschlichen Augenblicken, etwa denen der Angst, dort oben etwas vorginge, was ungefähr einem mokanten Lächeln verglichen werden könnte. Aber auch andere Zeichen – Trauer, Rührung, Stolz – glaubte ich zuweilen gleich Signalen einer inneren Optik an jenem Fixpunkt zu erkennen, den ich als ein zweites, feineres und unpersönliches Bewußtsein bezeichnen möchte. Von dort aus gesehen, wird das Leben von noch etwas anderem als von Gedanken, Empfindungen und Gefühlen begleitet, seine Werte werden gleichsam noch einmal gewertet, ähnlich wie ein bereits gewogenes Metall trotzdem von einer besonderen Instanz einen zweiten Stempel erhält. Von dort aus gesehen, erhält dieses Treiben auch erst einen fesselnderen Reiz als den innerhalb der Bezirke einer selbstbewußten Vitalität möglichen.

Dann aber weiß ich auch, daß mein Grunderlebnis, das, was eben durch den lebendigen Vorgang sich zum Ausdruck bringt, das für meine Generation typische Erlebnis ist, eine an das Zeitmotiv gebundene Variation oder eine, vielleicht absonderliche, Spezies, die jedoch keineswegs aus dem Rahmen der Gattungskennzeichen fällt. Aus diesem Bewußtsein heraus meine ich auch, wenn ich mich mit mir beschäftige, nicht eigentlich mich, sondern das, was dieser Erscheinung zugrunde liegt und was somit in seinem gültigsten und dem Zufall entzogensten Sinne auch jeder andere für sich in Anspruch nehmen darf.

Das Abenteuerliche Herz. Erste Fassung

Fast ist es dem Bürger gelungen, das abenteuerliche Herz davon zu überzeugen, daß das Gefährliche gar nicht vorhanden ist und daß ein ökonomisches Gesetz die Welt und ihre Geschichte regiert. Den jungen Leuten, die bei Nacht und Nebel das elterliche Haus verlassen, sagt ihr Gefühl, daß man sich auf der Suche nach der Gefahr sehr weit, über See, nach Amerika, zur Fremdenlegion, in die Länder, in denen der Pfeffer wächst, entfernen muß. So werden Erscheinungen möglich, die ihre eigene, überlegene Sprache kaum zu sprechen wagen, sei es die des Dichters, der sich selbst dem Albatros vergleicht, dessen mächtige, für den Sturm geschaffene Schwingen in einer fremden und windstillen Umgebung nur ein Ziel der lästigen Neugier sind, sei es die des geborenen Kriegers, der als Taugenichts erscheint, weil ihn das Leben der Krämer mit Ekel erfüllt.

Unsere Hoffnung ruht in den jungen Leuten, die an Temperaturerhöhung leiden, weil in ihnen der grüne Eiter des Ekels frißt, in den Seelen von Grandezza, deren Träger wir gleich Kranken zwischen der Ordnung der Futtertröge einherschleichen sehen. Sie ruht im Aufstand, der sich der Herrschaft der Gemütlichkeit entgegenstellt und der der Waffen einer gegen die Welt der Formen gerichteten Zerstörung, des Sprengstoffes bedarf, damit der Lebensraum leergefegt werde für eine neue Hierarchie.

Das Abenteuerliche Herz. Erste Fassung

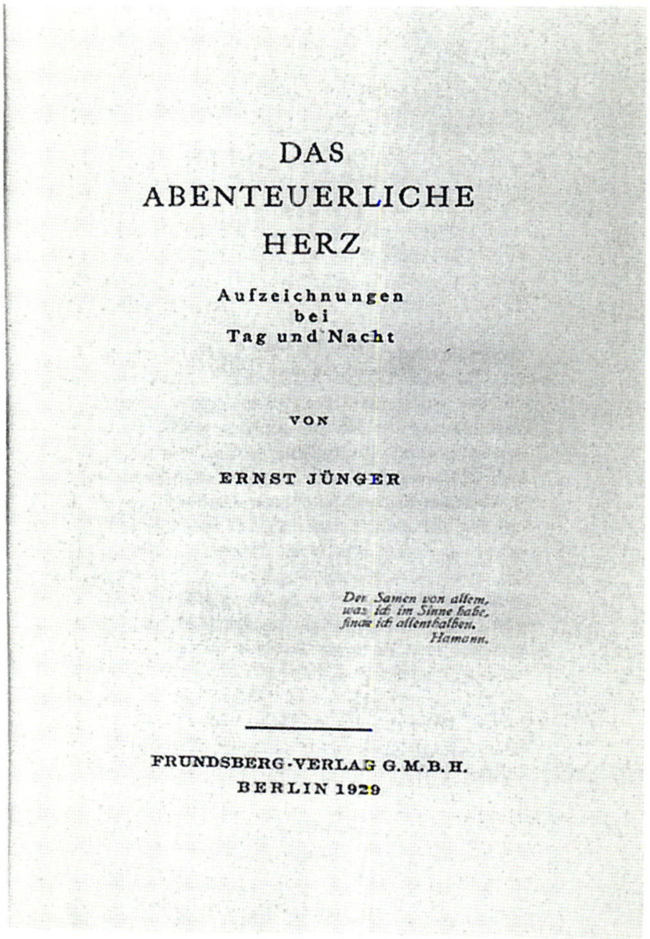

DAS
ABENTEUERLICHE
HERZ

Aufzeichnungen
bei
Tag und Nacht

VON

ERNST JÜNGER

Der Samen von allem, was ich im Sinne habe, finde ich allenthalben.
Hamann.

FRUNDSBERG-VERLAG G.M.B.H.
BERLIN 1929

Die Veröffentlichung von »Das Abenteuerliche Herz. Aufzeichnungen bei Tag und Nacht« (1929) bezeichnet die Abkehr Ernst Jüngers vom Sujet des Kriegsbuches. Diese erste Fassung ist noch stark autobiographisch gefärbt und enthält auch die Keimzelle zu dem 1936 erschienenen Buch »Afrikanische Spiele«.

Ernst Jünger (1925).

Edward Hopper:
»Nachtschwärmer«.

Der Mensch in den Städten beginnt einfacher, das heißt in jenem gewissen Sinne tiefer zu werden. Er wird zivilisierter, das heißt barbarischer. Die Natur ergreift auf sehr seltsame Weise wieder von ihm Besitz. Unter diesem Gesichtswinkel kann ich den jungen Leuten, die »lieber Sport treiben«, den Besuchern des Kinos, den Schwärmern für den Automobilmotor »an sich«, ja selbst den Amerikanern Geschmack abgewinnen. Man marschiert, jeder auf seine Weise, einem gemeinsamen Treffpunkte zu.

Es ist erstaunlich, was in unseren Lichtspielen bereits an echter Grausamkeit zum Vorschein kommt. Die Lustspiele sind noch aufschlußreicher als die sogenannten Dramen – noch nie dagewesene Triumphe einer absoluten Schadenfreude.

Etwas äußerst Bedrohliches besitzt der Straßenlärm, der sich immer deutlicher auf ein dunkles, heulendes U, auf den schrecklichsten aller Vokale, einzustimmen beginnt. Wie könnte es auch anders sein, da in den Signalen und Aufschreien der Verkehrsmaschinen die unmittelbare Androhung des Todes eingeschlossen ist.

Das Abenteuerliche Herz. Erste Fassung

Der Zweifel, dieser Vater des Lichtes, ist zugleich einer der Erzväter der Finsternis. Wir sind in die zuckende Nacht des Unglaubens getaucht, von der der höllische Aspekt unserer im Lichte flimmernden Städte ein schreckliches Gleichnis ist. Die Geometrie der Vernunft verschleiert ein diabolisches Mosaik, das sich zuweilen erschreckend belebt; wir erfreuen uns einer furchtbaren Sicherheit. Unser Weg führt durch eine Landschaft, die die Wissenschaft immer enger mit ihren Kulissen verstellt – jede ihrer Großtaten macht ihn zwangsläufiger, und über sein Ende kann kein Zweifel sein. Nicht mehr zweifeln können, selbst der Schattenseite des Glaubens nicht mehr teilhaftig sein: das ist erst der volle Zustand der Gnadelosigkeit, der Zustand des Kältetodes, in dem selbst die Verwesung, dieser letzte dunkle Hauch des Lebens, sich verloren hat.

Daher haftet den Erscheinungen und Menschen der absoluten Zivilisation auch etwas seltsam Konserviertes an; sie erinnern an jene Mumienköpfe, die mit polierten metallischen Masken überzogen sind. Der moderne Sport, der Vergnügungs-,

Berlin um 1925.

Literatur-, Museums- und Hygienebetrieb und was dahingehört, entsprechen einer arktischen Zone des Gefühls – lappländische Arbeit, wie E. Th. A. Hoffmann sagen würde. Wie kommt es, daß diese herrlichen Frauenkörper, trainiert, sonnengebräunt und mit allen Mitteln der Kosmetik in Form gebracht, für den Appetit so fade wie kalifornische Äpfel sind? Das, was ich die Walt Whitmansche Epidermalverhärtung nenne, dieser Absturz des Puritanismus in die Naturheilkunde, ist freilich unter das Niveau des Bösen hinabgesunken; es ist die Auszehrung der Erbsünde durch Sterilität. Diese völlige Neutralität, diese totale Farbenblindheit der Zivilisation, die sich unter anderem in der Verwechslung des Verbrechens mit der Krankheit, der Werte mit den Zahlen, des Fortschrittes mit der Erlösung offenbart, ist dennoch eine letzte Konsequenz des Bösen, wenn dieses auch nicht mehr virulent vorhanden ist – ähnlich wie die Spirochäte im metaluetischen Stadium. Diese moralische Kastration, die völlige Ausschneidung des moralischen Bewußtseins bringt einen seltsamen Zustand hervor, in dem der Mensch aus einem Diener des Bösen in eine Maschine des Bösen verwandelt wird. Daher kommt es, daß das Individuum einen mechanischen, das ganze Getriebe aber einen satanischen Eindruck erweckt.

Ich glaube, in dem bemerkenswerten Roman von Kubin »Die andere Seite«, in dem sich die tiefe Angst der Träume niedergeschlagen hat, fand ich zum ersten Male das Gefühl angedeutet, daß ein Großstadtcafé einen teuflischen Eindruck erwecken kann. Es ist sonderbar, daß dieses Gefühl an Stellen, an denen die Technik bereits fast rein auftritt, noch so selten empfunden zu werden scheint. Die Lichtreklame in ihrer glühend roten und eisblau gleißenden Faszination, eine moderne Bar, ein amerikanischer Groteskfilm – dies alles sind Ausschnitte des gewaltigen luziferischen Aufstandes, dessen Anblick den Einsamen mit ebenso rasender Lust wie erdrückender Angst erfüllt.

Das Abenteuerliche Herz. Erste Fassung

Der Bohèmien: Ernst Jünger in seiner Berliner Wohnung, Hohenzollernstraße, im Frühjahr 1931. Hier vollendete er seinen großen Essay »Der Arbeiter« in nächtlichen Sitzungen, während er tagsüber auf antiquarischen Fischzügen seine Bibliothek komplettierte.

Ich hege einen Verdacht, der die Grenzen der Gewißheit streift: daß unter uns eine erlesene Schar, die sich längst aus den Bibliotheken und dem Staub der Arenen zurückgezogen hat, im innersten Raume, in einem dunkelsten Tibet, an der Arbeit ist. Ich glaube an Menschen, die einsam in nächtlichen Zimmern sitzen, unbeweglich wie Felsen, durch deren Höhlen die Strömung funkelt, die draußen jedes Mühlrad dreht und das Heer der Maschinen in Tempo hält – hier aber jedem Zweck entfremdet und von Herzen aufgefangen, die als die heißen, zitternden Wiegen aller Kräfte und Gewalten jedem äußeren Lichte für immer entzogen sind.

Wo sind jene Klöster der Heiligen, in denen die Seele in ihren mitternächtlichen und herrlichen Triumphen den Schatz der Gnade erstritt? die Säulen der Einsiedler als Monumente einer höchsten Sozietät? Wo ist das Bewußtsein geblieben, daß Gedanken und Gefühle ganz unvergänglich sind, daß etwas wie eine geheime doppelte Buchführung besteht, in der jede Ausgabe an einer sehr entfernten Stelle als Einnahme wieder in Erscheinung tritt? Die einzig tröstliche Erinnerung knüpft sich an Augenblicke aus dem Kriege, in denen plötzlich der Feuerschein einer Explosion die einsame Gestalt eines Postens aus dem Dunkel riß, der dort schon lange gestanden haben mußte. Ihr Brüder, durch diese unzähligen und schrecklichen Nachtwachen in der Finsternis habt ihr für Deutschland einen Schatz angesammelt, der nie verzehrt werden kann.

Der Glaube an die Einsamen entspringt der Sehnsucht nach einer namenlosen Brüderlichkeit, nach einem tieferen geistigen Verhältnis, als es unter Menschen möglich ist.

Das Abenteuerliche Herz. Zweite Fassung

Der nächste Weltkrieg ist für mich eine Tatsache, über die ich kein Wort mehr verliere. Weit wichtiger ist die Tatsache, daß schon heute in Deutschland kein Vorgang von Bedeutung sich mehr vollziehen kann, der nicht zugleich weltrevolutionären Rang besitzt.

... Die Vulkane, gegen die wir seit langem im Anmarsch sind, erscheinen in rosigem Licht. Dennoch wird ihre Zone nur der überwinden, dessen natürliche Elemente Feuer und Erde sind. Unser Geheimnis ist, daß unsere Vernichtung durch das Feuer hindurch bereits Gestalten zu wittern weiß, deren Umrisse gleichsam durch Zerstörung herausgearbeitet werden, und daß wir um ein äußerstes Maß an Gottlosigkeit wissen, um ein äußerstes Maß an Entfernung, von dem nach den Gesetzen einer verborgenen Mathematik jeder weitere Schritt gleichzeitig zu einer neuen Annäherung wird.

(An Hugo Fischer, 7. 10. 1930)

Ernst Jüngers außerordentliche Begabung, Anregungen aus Lektüre, Gespräch und Korrespondenz aufzunehmen, sein Genie geistiger Anverwandlung dokumentiert sich aufs Anschaulichste in seiner Freundschaft zu dem Philosophiedozenten und Autor Hugo Fischer (1897 – 1975), den er während seiner Leipziger Studienzeit kennengelernt hatte. Mit ihm reiste er 1929 nach Sizilien (»Aus der Goldenen Muschel«) und 1935 nach Norwegen (»Myrdun«), von wo aus Fischer dann nach England emigrierte. Man darf Hugo Fischer zu recht als Jüngers philosophischen Lehrer bezeichnen; er dürfte das Vorbild abgegeben haben für die Figur des »Nigromontan« in »Das Abenteuerliche Herz« und für den Magier »Schwarzenberg« der Erzählung »Besuch auf Godenholm«, in dessen geistige Physiognomie aber auch Züge des gemeinsam verehrten Philosophen Schopenhauer eingeflossen sind. Fischers politische Konzeption (»Wer soll der Herr der Erde sein?«) zeigt eine nationalbolschewistische Ausprägung, die ihn auch mit Ernst Niekisch verband.

Carl Schmitt (1888–1985) bei einer Vorlesung in Berlin im Jahr 1930. Ernst Jünger hatte den Staats- und Völkerrechtler 1927 kennengelernt. Schmitt, dessen Ausflüge in das Zwischenreich aus Politik, Staatsrecht und Dichtung Jünger faszinierten, hat ihm den französischen Schriftsteller Léon Bloy nahegebracht. Er beobachtete wie Jünger mit aufmerksamer Sympathie das bolschewistische Experiment in der Sowjetunion. Beide waren sich einig in der Ablehnung des liberalen Parlamentarismus und in der Kritik eines technokratischen Nihilismus. Während sie in der Forderung nach der Wiedererlangung nationaler Souveränität übereinstimmten, fanden sie zu konträren Einschätzungen von Krieg und Bürgerkrieg. Carl Schmitt begrüßte 1933 Hitlers Machtergreifung, um sich aber bald vorsichtig vom Nationalsozialismus zu distanzieren.

Tief unter den Gebieten, in denen die Dialektik der Kriegsziele von Bedeutung ist, begegnete der Deutsche einer stärkeren Macht: er begegnete sich selbst. So war dieser Krieg ihm zugleich und vor allem das Mittel, sich selbst zu verwirklichen. Und daher muß die neue Rüstung, in der wir bereits seit langem begriffen sind, eine Mobilmachung des Deutschen sein – und nichts außerdem.

Die Totale Mobilmachung

Ihrer Schrift »Der Begriff des Politischen« widme ich folgendes Epigramm: »Videtur: suprema laus«, denn der Grad ihrer unmittelbaren Evidenz ist so stark, daß jede Stellungnahme überflüssig wird, und die Mitteilung, daß man Kenntnis genommen hat, dem Verfasser genügt. Die Abfuhr, die allem leeren Geschwätz, das Europa erfüllt, auf diesen dreißig Seiten erteilt wird, ist so irreparabel, daß man zur Tagesordnung, also, um mit Ihnen zu sprechen, zur Feststellung des konkreten Freund-Feind-Verhältnisses übergehen kann. Ich schätze das Wort zu sehr, um nicht die vollkommene Sicherheit, Kaltblütigkeit und Bösartigkeit Ihres Hiebes zu würdigen, der durch alle Paraden geht. Der Rang eines Geistes wird heute durch sein Verhältnis zur Rüstung bestimmt. Ihnen ist eine besondere kriegstechnische Erfindung gelungen: eine Mine, die lautlos explodiert. Man sieht wie durch Zauberei die Trümmer zusammensinken; und die Zerstörung ist bereits geschehen, ehe sie ruchbar wird.

(An Carl Schmitt, 14. 10. 1930)

Der Vorgang, den wir als die Moderne bezeichnen, besteht vor allem in der Auflösung des Bösen; alle Amoralisten sind deshalb für uns besonders modern, und es scheint mir, als ob dieser Vorgang weniger der Zeichnung als der Farbe zugute kommt, wie es dem Wesen des Dekompositionsprozesses entspricht. Ihre Unterscheidung von Freund und Feind ist übrigens nicht moderner Natur, entsprechend tritt in dieser Konzeption die Zeichnung, oder wie Ihre guten Freunde behaupten, der »romanische Charakter« stark hervor. (...) In einer wesentlich amoralischen Welt von ein und derselben Mannigfaltigkeit stellt die Unterscheidung von Freund und Feind ein Grundverfahren dar, mit dem eine wechselnde Reihenfolge konkreter Lagen bearbeitet und in Angriff genommen wird. Dies ist jedenfalls ... mein Verfahren, und insofern ist mir Ihre These zugänglich. Die Einheit selbst kann die Freund-Feind-Unterscheidung allerdings schon deshalb nicht berühren, weil sie eine Unterscheidung ist.

(An Carl Schmitt, 13. 12. 1933)

Wohl ist Deutschland auch ein rationales Gebilde, ebensosehr wie es ein ideales ist, aber es ist eines der Kennzeichen des modernen Nationalismus, daß er den Anteil sowohl am Idealismus der Großväter, als auch am Rationalismus der Väter verloren hat. Seine Haltung ist vielmehr die eines heroischen Realismus, und das, was er zu begreifen wünscht, ist jene Substanz, jene Schicht einer unbedingten Wirklichkeit, von der sowohl die Ideen wie die verstandesmäßigen Schlüsse nur die Äußerungen sind. (...) Er sucht nicht die Lösungen auf, sondern die Konflikte, – in ihrer Schärfe und Unerbittlichkeit scheint ihm der ewige Sinn des Lebens eingebettet zu sein. Daher widerstrebt es ihm ebensosehr, einen Krieg nur aus dem Grunde für sinnlos zu halten, weil er verloren ging, wie er es ablehnt, einen Zustand der äußersten Spannung, des furchtbarsten inneren und äußeren Druckes, unter dem ein Land lebt, als nicht notwendig anzusehen.

(Der heroische Realismus; »Die Literarische Welt«, 6, 1930)

Ernst Jünger. Porträt von Rudolf Schlichter aus dem Jahre 1930.

Ernst Jünger mit seinem Sohn Ernst 1931 am Strand von Puerto Pollensa auf den Balearen.

Ernst und Gretha Jünger mit Ernstel und Freunden in Kap Formentor auf den Balearen (1931).

Am Nachmittag suchte ich eine einsame Felsinsel auf, deren steiler, mit honigfarbener Wolfsmilch bewachsener Rücken sich aus den Feldern erhob. Überall hörte ich in den versengten Büschen Geräusch – nicht die gleichmäßig ziehende Windung der Schlangen, sondern das kurze, wühlende Rascheln der Eidechsen. Von ihnen bergen die Balearen köstliche Spielarten. Nachdem ich ein wenig auf einem Stein gewartet hatte, kamen sie auch hervor – oft so nah, daß sie mir fast über den Fuß hinwegglitten. Besonders ergötzte mich eine, die plötzlich auf einer Baumwurzel erschien, von der sie den Schwanz wie eine Schleppe herabwehen ließ. Als sie ihren Kopf ein wenig zur Sonne erhob, blitzte ihre Kehle wie ein blauer Lapis im Licht. Solche Begegnungen rufen ein Erschrecken in uns hervor – eine Art Schwindel, wie sie die unmittelbare Nähe der Lebenstiefe erweckt. (...)

Das Vergnügen dieser einsamen Gänge beruht gewiß auch darauf, daß man wie Bias »das Seine mit sich trägt«. Unser Bewußtsein begleitet uns gleich einem Kugelspiegel, oder besser: gleich einer Aura, deren Mittelpunkt wir sind. Die schönen Bilder dringen in diese Aura ein und erfahren in ihr eine atmosphärische Veränderung. So schreiten wir unter Zeichen wie unter Nordlichtern, Sonnenringen und Regenbögen dahin.

Diese erlesene Vermählung und Zeugung mit der Welt gehört zu den höchsten Genüssen, die uns beschieden sind. Die Erde ist unsere ewige Mutter und Frau, und wie von jeder Frau werden wir von ihr nach unserem Reichtum beschenkt.

Das Abenteuerliche Herz. Zweite Fassung

Wir führen seit nun bald drei Wochen hier in Pollensa ein vegetatives Badeleben und sind von diesem Orte, der weit entfernt von der Eisenbahn an der von Felsen und Pinienwäldern umringten Bucht von Pollensa liegt, entzückt.

Pollensa ist das antike Pollentia des Plinius, und man braucht nicht nach Pompeji zu fahren, wenn man das Bild einer kleinen Stadt zu römischen Zeiten gewinnen will. Es gibt hier auf den Balearen Orte genug, in die die Maschine eben erst einzudringen beginnt, und manchen einsamen Hof, in dem statt des elektrischen Lichtes der antike Leuchter brennt. Auch gibt es noch keine Fremden-Industrie, und daher fehlt der Schwarm von Bettlern jeder Art, den der Deutsche seit Jahrhunderten auf den großen italienischen Reisewegen gezüchtet hat.

(An Friedrich Georg, 10. 5. 1931)

Erstausgabe »Der Arbeiter. Herrschaft und Gestalt«, 1932 in der Hanseatischen Verlagsanstalt in Hamburg erschienen. Das Buch, das auf dem Höhepunkt der Krise der Republik veröffentlicht wurde, war sogleich vergriffen und konnte in kurzer Zeit viermal aufgelegt werden. Von links und rechts hagelte es gleichermaßen heftige Angriffe. Der »Völkische Beobachter« kommentierte, nicht Jüngers „Zeitalter des Arbeiters", sondern „ein rassisch-völkisches Zeitalter" werde heraufziehen. Der Philosoph Martin Heidegger (1889–1976) setzte sich seit Mitte der dreißiger Jahre mit Jüngers Werk gründlich auseinander und veranstaltete zur Jahreswende 1939/40 in einem ausgewählten Kreis in Freiburg eine „Aussprache über Ernst Jünger". Rund 25 Jahre später nahmen Jünger und Heidegger den philosophischen Dialog über das Phänomen des Nihilismus (»Über die Linie«) auf.

Mein neues Buch beschäftigt sich mit der Herrschaft und Gestalt des Arbeiters. Das erste Gefühl, das mich veranlaßte, mich diesem Thema zuzuwenden, war das einer gewissen Neugierde. (...) Das 19. Jahrhundert hat uns den Arbeiter im wesentlichen als den leidenden Menschen vorgestellt. Weit spannender ist jedoch, wie der Arbeiter sich als gebietender Typus benehmen wird, und welche Unterschiede bestehen zwischen den Theorien, mit denen er seinen Kampf um die Macht führte, und einer neuen Wirklichkeit, in der der unbestreitbare Besitz der Macht selbst zum Ausdruck zu bringen ist.

Die entscheidende Frage ist also die: ob der Arbeiter über eine eigene, allen großen historischen Gestalten ebenbürtige Kraft verfügt – über eine Kraft, die uns einen Lebenskreis und die Fülle der in ihm auftretenden Erscheinungen erst als sinnvoll empfinden läßt. (...)

Was mich nun in diesem Zusammenhange besonders interessiert, das sind weniger Fragen gesinnungsmäßiger Art als gewisse Einzelheiten ganz konkreter Natur. (...) Ebenso fesselt mich weniger die Frage, ob zur Tatsache des Krieges ein zustimmendes oder ablehnendes Verhältnis besteht, als die Frage, welche Mittel ein Arbeitsstaat zu mobilisieren vermag, wenn er in einen Krieg verwickelt wird, und inwiefern diese Mittel von den uns bekannten unterschieden sind. Oder: wenn das Konversationslexikon, wie es sich bei uns entwickelt hat, den Begriff der allgemeinen Bildung repräsentiert – wie wird dann eine Enzyklopädie aussehen, die einem dem Arbeiter zugeordneten Bildungsbegriffe entspricht? Ebenso: bestehen vielleicht besondere Beziehungen zwischen der Dampfkraft und der Individualwirtschaft einerseits, und der Elektrizität und der Planwirtschaft andererseits? Oder auch: Wenn ein Arzt, ein Offizier, ein Landwirt sich nicht mehr als der Angehörige einer besonderen Klasse oder eines besonderen Standes, sondern als Arbeiter betrachten würden, inwiefern träte dann eine Veränderung seiner Lebensführung ein? Oder welches Verhältnis zwischen den Geschlechtern würde sich ergeben, wenn ein reiner Arbeitsstil im Leben zum Durchschlag kommt? (...)

Darüber hinaus habe ich mich bemüht, auch auf die Benutzung jener allgemeinen Schlagworte zu verzichten, wie man sie heute bei allen Parteien gemeinsam gebraucht (...). Ich habe versucht, unsere Wirklichkeit so zu schildern, als ob sie einem Menschen vom Monde, der jemals weder ein Automobil gesehen noch eine Seite der modernen Literatur gelesen hat, zu erklären sei. (...)

Aus einem Rundfunkgespräch zwischen Ernst Jünger und Gerhard Günther (1933)

Martin Heidegger, um 1930.

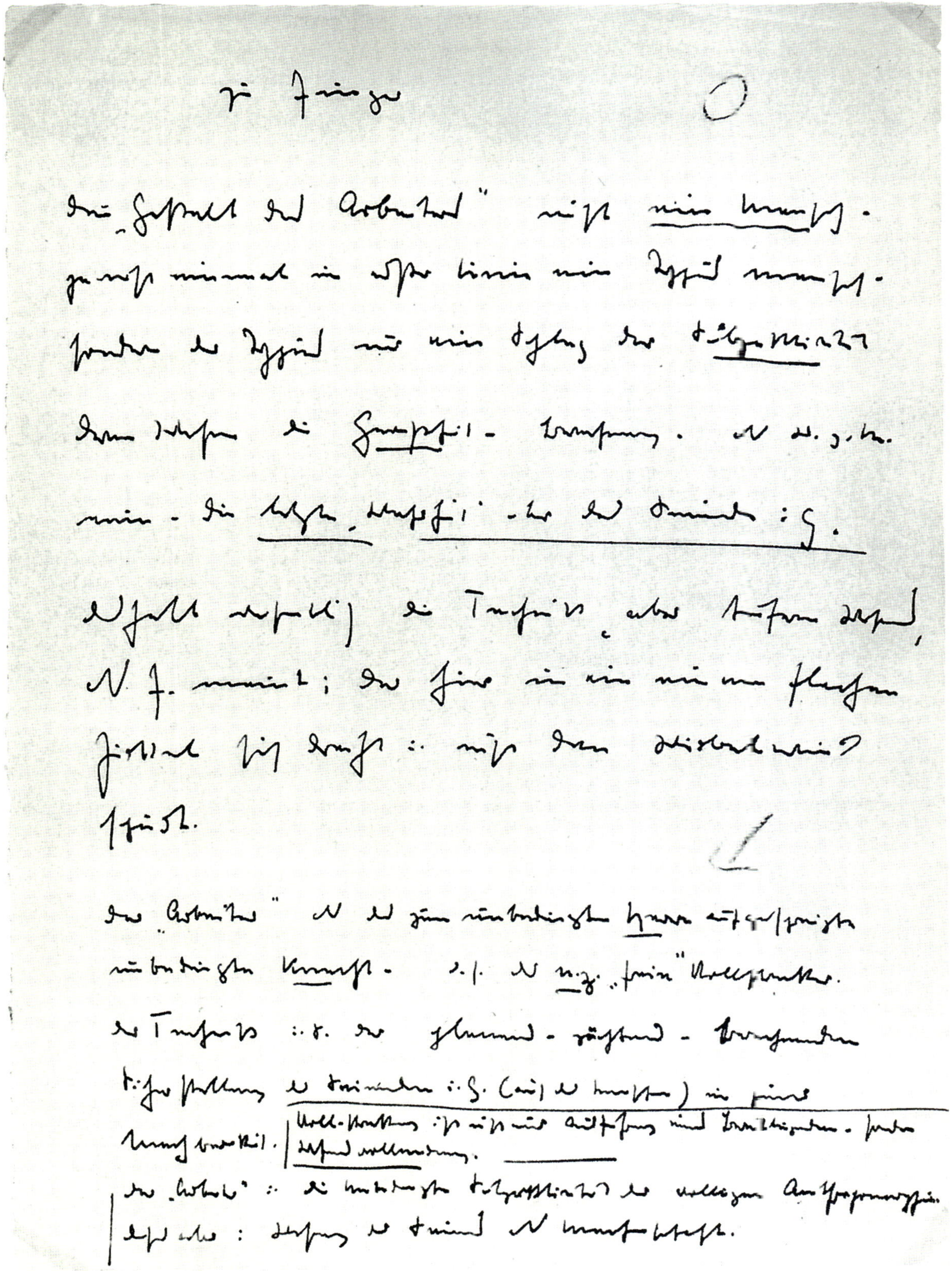

Aus Martin Heideggers Notizen zu Ernst Jüngers Buch »Der Arbeiter«. Die Gedanken fügen sich ein in Heideggers Kritik der neuzeitlichen Metaphysik des Willens und der Technik.

Die »Gestalt des Arbeiters« nicht *ein* Mensch – ja nicht einmal in erster Linie ein Typus Mensch – sondern der Typus nur ein Schlag der *Subjektivität*, deren Wesen die *Gewißheit*. Berechnung als W(ille) z(ur) M(acht) eine – die *letzte* *»Wahrheit« über das Seiende im G(anzen).*
Deshalb wesentlich die Technik, aber tieferen Wesens, als J. meint; der hier in einem flachen Zirkel sich dreht u. nicht den Wirbelwind spürt. Der »Arbeiter« als der zum unbedingten *Herrn* aufgespreizte unbedingte *Knecht* – d. h. *n(eu)z(eitlich)* »freie« Vollstrecker der Technik im Sinne der planend-züchtend-berechnenden Sicherstellung des Seienden i(m) G(anzen) (auch des Menschen) in seiner Machbarkeit. Voll-Streckung ist nicht nur Ausführung eines Bereitliegenden, sondern Wesensvollendung. Der »Arbeiter« und die unbedingte Subjektivität der völligen Anthropomorphie. Diese aber: Wesung des Seins als Machenschaft.

Albert Speer: Modell der »Großen Halle« für Berlin (1940).

Palast der Sowjets: Modell von 1937 (im Pavillon der Pariser Weltausstellung).

Es kommt nicht darauf an, daß wir leben, sondern daß überhaupt auf der Welt wieder die Führung eines Lebens im großen Stile und nach großen Maßstäben möglich ist.

Der Arbeiter

Die Aufgabe der Totalen Mobilmachung ist die Verwandlung des Lebens in Energie, wie sie sich in Wirtschaft, Technik und Verkehr im Schwirren der Räder oder auf dem Schlachtfelde als Feuer und Bewegung offenbart. Sie bezieht sich also auf die Potenz des Lebens, während die Gestaltung das Sein zum Ausdruck bringt und sich damit nicht einer Bewegungs-, sondern einer Formensprache zu bedienen hat.

Es leuchtet ein, daß es einem Willen, der als sein elementares Material den Erdball begreift, an Aufgaben nicht fehlen kann. Es sind dies Aufgaben, an denen sich der enge Zusammenhang zu erweisen hat, der dort, wo das Leben in Ordnung ist, zwischen Kunst und Staatskunst besteht. Denn dieselbe Macht, welche die Staatskunst durch Herrschaft repräsentiert, wird von der Kunst durch Gestaltung offenbart. Die Kunst hat erwiesen, daß das Leben unter hohen Aspekten als Totalität begriffen wird. Daher ist sie nichts Abgelöstes, nichts, was an sich und aus sich heraus Gültigkeit besitzt, sondern es gibt kein Gebiet des Lebens, das nicht als Material auch der Kunst zu betrachten ist.

Dies wird klar, wenn man als die umfassendste Aufgabe, die sich dem künstlerischen Willen darbietet, die Landschaftsgestaltung begreift. Die Landschaftsgestaltung, und zwar die planmäßige Landschaftsgestaltung, gehört zu den Zeugnissen aller Zeiten, denen eine unbezweifelbare und unbestreitbare Herrschaft gegeben war. Die bedeutendsten Beispiele bieten die großen sakralen, Götter- und Totenkulten geweihten Landschaften, die um heilige Ströme oder Gebirge gelagert sind.

Der Arbeiter

Die großen Zeugnisse, die Weltwunder, die Zeichen, daß die Erde ein Wohnsitz hoher Wesen ist, sind nur vergleichbar ihrem Range nach, unvergleichbar jedoch in ihrer Eigenart. Dies gilt, wie für jedes Zeitalter von Rang, so auch für das des Arbeiters. Wenn man sich von den spezifischen Veränderungen, die zu erwarten sind, eine Vorstellung machen will, so ist zunächst zu erkennen, daß diese Veränderungen bereits in vollem Gange sind, obgleich sie noch durchaus eines Wechsels der Vorzeichen bedürftig sind.

Tatsächlich hat die Werkstättenlandschaft, die unsere Zeit kennzeichnet und die man gemeinhin als Industrielandschaft zu bezeichnen pflegt, den Erdball bereits sehr gleichmäßig mit ihren Bauten und Anlagen, mit ihren Städten und Revieren bedeckt. Es gibt keine Region mehr, die nicht durch Straßen und Schienen, durch Kabel und Funkwege, durch Flug- und Schiffahrtslinien in Fesseln geschlagen ist. Es fällt immer schwerer, zu entscheiden, in welchem Lande, ja in welchem Erdteil die Bilder entstanden sind, die die photographische Linse festgehalten hat. Es kann kein Zweifel darüber sein, daß diese Veränderung in ihrer ersten und eben erst abgeschlossenen Phase auch in dieser Hinsicht zerstörerischen Charakter besitzt, daß sie die Eigenart der Natur- und Kulturlandschaften sprengt und mit Fremdkörpern durchsetzt; und es sind Äußerungen genug überliefert, aus denen hervorgeht, daß das verantwortliche Bewußtsein dies gleich zu Beginn des Prozesses mit Sorge begriffen hat. Wir finden hier im Landschaftsbilde dieselbe Auflösung wieder, die in bezug auf die menschliche Gemeinschaft an den Ständen und später an den Formen der bürgerlichen Gesellschaft zu beobachten ist, aber wir wissen, daß Zerstö-

Zwei Abbildungen aus dem Fotoband »Die veränderte Welt«, zu der Ernst Jünger das Vorwort verfaßte. Herausgegeben wurde die »Bilderfibel« von Edmund Schultz (Korn Verlag, Breslau 1933).

rungen dieser Art zu tief und zu begründet sind, als daß man ihnen Einhalt gebieten könnte, und daß man zu neuen Harmonien nicht vordringen kann, ohne durch diese Zerstörung hindurchgegangen zu sein.

Der Arbeiter

Einer solchen Welt von der geschlossenen Dichte eines Zauberringes nähert sich sichtbar auch jener Typus, der die Gestalt des Arbeiters repräsentiert, und er nähert sich ihr um so mehr, je deutlicher der Einzelne als Typus erscheint. Sicherlich haben die Bildungen, als deren Träger der Typus auftritt, nichts gemeinsam mit dem überkommenen Kulturbegriff; wohl aber wohnt ihnen die unvergleichliche Einheit inne, die verrät, daß hier mehr als das Bewußtsein an der Arbeit ist. Diese Geschlossenheit bringt es mit sich, daß sich die Bewegungen immer zwangsläufiger, unter dem Einflusse einer grausamen Logik, vollziehen. Es kennzeichnet sie ferner, daß gerade die wesentlichen Veränderungen am schwersten zu erfassen sind, eben deshalb, weil sie im Selbstverständlichen vor sich gehen. Und doch wird der große Kampf um und in jedem Einzelnen geführt; er spiegelt sich in jeder Fragestellung, die ihn bewegt.

Der Typus kann also sehr wohl der Träger einer schöpferischen Leistung sein. Der schlechthin andersartige Rang dieser Leistung besteht darin, daß sie mit individuellen Wertungen nichts zu schaffen hat. Im Verzicht auf Individualität liegt der Schlüssel zu Räumen, deren Kenntnis seit langem verloren gegangen ist.

Der Arbeiter

Ebenso wie das moderne Naturgefühl ein Kennzeichen für den Zwiespalt ist, der zwischen den Menschen und der Natur besteht, deutet sich im Kulturgefühl die Entfernung des Menschen von der schöpferischen Leistung an – eine Entfernung, wie sie im Abstand des Museumsbesuchers von den ausgestellten Objekten zum Ausdruck kommt. Es ist uns der Gedanke sehr fremd geworden, daß es Maße gibt, deren Hervorbringung ohne Anstrengung geschieht, weil jede Bewegung bereits Ausdruck und Repräsentation des Maßes ist – und entsprechend eine Bildung, welche die Gebilde wie Gewächse aus dem Boden treibt oder sie nach kristallinischen Gesetzen zusammenschießen läßt.

Es gibt jedoch nichts Selbstverständlicheres, Gleichmäßigeres und – vom individuellen Standpunkt – Gleichförmigeres als Gräber- oder Tempellandschaften, in denen sich einfache und konstante Maßverhältnisse, Monumente, Säulenordnungen, Ornamente und Symbole in feierlicher Monotonie wiederholen und durch die sich das Leben mit bestimmten und eindeutigen Bildern umstellt. Zustände dieser Art sind von einer geschlossenen Einheit und Dichtigkeit, von der uns heute vielleicht noch am besten das sakrale Gedicht eine Vorstellung zu geben vermag.

Der Arbeiter

Prospekt der Hanseatischen Verlagsanstalt.

Die Rangordnung innerhalb des 19. Jahrhunderts wurde (...) dargestellt durch das Maß, in dem man Individualität besaß. Im 20. Jahrhundert wird der Rang entschieden durch den Umfang, in dem man den Arbeitscharakter repräsentiert. (...) Wir dürfen uns nicht irre machen lassen durch die umfassende Nivellierung, der heute Menschen und Dinge unterworfen sind. Diese Nivellierung bedeutet nichts anderes als die Verwirklichung der untersten Stufe, der Basis der Arbeitswelt. Daher kommt es, daß heute der Lebensprozeß in überwiegendem Maße als passiv, als leidend erscheint. Je weiter jedoch die Zerstörung, die Umbildung fortschreitet, desto bestimmter wird die Möglichkeit eines neuen Aufbaues, die Möglichkeit der organischen Konstruktion zu erkennen sein.

Die Technik ist die Mobilisierung der Welt durch die Gestalt des Arbeiters; der erste Abschnitt dieser Mobilisierung ist notwendig zerstörerischer Natur. Nach Abschluß dieses Vorgangs tritt die Gestalt des Arbeiters in bezug auf die konstruktive Tätigkeit als oberster Bauherr auf. (...)

Das Ziel, in dem sich alle Anstrengungen treffen, besteht in der planetarischen Herrschaft als dem höchsten Symbol der neuen Gestalt. Hier allein ruht der Maßstab einer übergeordneten Sicherheit, der alle kriegerischen und friedlichen Arbeitsgänge übergreift.

Der Arbeiter

Was vielmehr die höchste Aufmerksamkeit erregt, das ist die Tatsache, daß zwischen dem Bürger und dem Arbeiter nicht nur ein Unterschied im Alter, sondern vor allem ein Unterschied des Ranges besteht. Der Arbeiter nämlich steht in einem Verhältnis zu elementaren Mächten, von deren bloßem Vorhandensein der Bürger nie eine Ahnung besaß. Hiermit hängt es, wie ausgeführt werden wird, zusammen, daß der Arbeiter aus dem Grunde seines Seins einer ganz anderen Freiheit als der bürgerlichen Freiheit fähig ist und daß die Ansprüche, die er in Bereitschaft hält, weit umfassender, weit bedeutsamer, weit fürchterlicher als die eines Standes sind.

Der Arbeiter

Noch besitzt die Erde ihre entlegenen Täler und bunten Riffe, wo kein Pfiff der Fabriken und keine Sirene der Dampfer erschallt, noch ihre Seitenstraßen, die romantischen Taugenichtsen offenstehen. Noch gibt es Inseln des Geistes und des Geschmackes, von erprobten Wertungen begrenzt, noch jene Molen und Wellenbrecher des Glaubens, hinter welchen der Mensch »in Frieden stranden kann«. Wir kennen die zärtlichen Genüsse und Abenteuer des Herzens, und wir kennen den Klang der Glocken, der das Glück verspricht. Dies sind Räume, deren Wert, ja deren Möglichkeit durch die Erfahrung bestätigt ist. Wir aber stehen mitten im Experiment; wir treiben Dinge, die durch keine Erfahrung begründet sind. Söhne, Enkel und Urenkel von Gottlosen, denen selbst der Zweifel verdächtig geworden ist, marschieren wir durch Landschaften, die das Leben mit höheren und tieferen Temperaturen bedrohen. Je mehr die Einzelnen und die Massen ermüden, desto größer wird die Verantwortung, die nur Wenigen gegeben ist. Es gibt keinen Ausweg, kein Seitwärts und Rückwärts; es gilt vielmehr, die Wucht und die Geschwindigkeit der Prozesse zu steigern, in denen wir begriffen sind. Da ist es gut, zu ahnen, daß hinter den dynamischen Übermaßen der Zeit ein unbewegliches Zentrum verborgen ist.

Der Arbeiter

Erinnerungsfoto von der Reise mit Friedrich Georg nach Dalmatien im Sommer 1932. Beide Brüder hielten sie literarisch fest – Ernst Jünger im Tagebuch »Dalmatinischer Aufenthalt«, Friedrich Georg in der Erzählung »Dalmatinische Nacht«. Blick vom Kloster Sottomonte über das Hotel »Bellevue« auf eine Inselgruppe vor Korcula.

Für uns gilt es, zu wissen, daß das Wunderbare in jenem Sinne, der so liebevoll den Klang der mittelalterlichen Glocken oder den Duft exotischer Blüten herbeizuzaubern versteht, zu den Ausflüchten des Unterlegenen gehört. Der Romantiker versucht, die Wertungen eines elementaren Lebens einzusetzen, dessen Gültigkeit er ahnt, ohne seiner teilhaftig zu sein, und daher kommt es, daß der Betrug oder die Enttäuschung nicht ausbleiben kann. Er erkennt die Unvollkommenheit der bürgerlichen Welt, der er doch kein anderes Mittel als die Flucht entgegenzustellen weiß. Wer jedoch wirklich berufen ist, der steht zu jeder Stunde und an jedem Orte im elementaren Raum.

Der Arbeiter

In der Tiefe strebte jetzt der Mittagsdampfer der Insel Lesina zu; er schien kaum größer als das Boot, das den gefesselten Odysseus am Eiland der Sirenen vorübertrug. Das Wunderbare ruft in uns kein Erstaunen hervor, denn das Wunderbare ist uns am tiefsten vertraut. Das eigentliche Glück, das uns sein Anblick bietet, liegt darin, daß wir die Wirklichkeit unserer Träume bestätigt sehen.

Dalmatinischer Aufenthalt

Will man das Programm, das Niekisch im »Widerstand« entwickelte, auf eine dürre Alternative bringen, so etwa: gegen den Bürger, für den Arbeiter, gegen die westliche, für die östliche Welt. Zum Westen zählten Paris und der Versailler Frieden, Rom und der Katholizismus, England als Muster kapitalistischer und kolonialer Ausbeutung, auch die deutsche Sozialdemokratie. Gut aspektiert im Sinne des Ostens waren außer Rußland auch Preußen und sein Staatsdenken, die technische Planung, die machtpolitische Präzision im Sinn Macchiavellis, die Volksarmee, wie sie Engels vorschwebte. Das fand seinen Niederschlag in der Zeitschrift und im Verlagswerk des »Widerstandes«, auch in den Bildern A. Paul Webers, in denen manches auf eine überraschend, ja bestürzend knappe Formel gebracht wurde.

Ausgehend vom Brümmerhof

Entfallen ist mir, ob wir Ernst Niekisch erst auf dem Brümmerhof trafen oder ob er mit uns aus Goslar kam. Jedenfalls reiste er damals viel im Lande umher, um kleine Gruppen von Freunden zu treffen, fast durchweg ehemalige Leser seiner Zeitschrift, die seit kurzem verboten war. Sein »Widerstand« war schon in der Republik erschienen und hatte sich fast zwei Jahre lang im Dritten Reich gehalten wie ein noch nicht eingeschmolzener Block, dessen Name allein schon zum wachsenden Ärgernis geriet.

In seiner Autobiographie, die den treffenden Namen »Gewagtes Leben« führt, datiert Ernst Niekisch jenes Treffen auf den Sommer 1934; er hat sich dabei um ein Jahr geirrt. Im Sommer 1934 hatte er auf dem Brümmerhof vor geladenen Gästen einen Vortrag über das Werk von A. Paul Weber gehalten; er war mit einer Ausstellung verbunden und als »getarntes ›Widerstands‹-Treffen« beabsichtigt. Von seinen Goslarer Besuchen finde ich zwei, 1934 und 1936, und beide von ihm ausdrücklich als »getarnte Geheimversammlung« erwähnt.

Dabei fällt mir ein Unterschied hinsichtlich der Bewegung in Gefahrenzonen auf. Bei Ernst Niekisch wurde sie durch das Freund-Feind-Verhältnis bestimmt; er war sich dessen immer bewußt. Da er als Feind bekannt war und keine Gelegenheit versäumt hatte, sich als solcher sichtbar zu machen, konnte jede Tarnung nur mehr oder minder durchsichtig sein. Zur Katastrophe mußte es kommen, wenn der Vorrat an Achtung, der ihm während der »Kampfzeit« zuteil geworden war, ihn nicht mehr über Wasser hielt. Die Weimarer Republik war der gemeinsame Gegner gewesen, doch die Kampfziele waren grundverschieden und schon im Ansatz getrennt. Goebbels, den Niekisch einen »hochtalentierten, bis ins Mark verlogenen Reklamefachmann« nannte, hatte sich um ihn bemüht und war von ihm mit einer Überlegenheit demontiert worden, die keiner der bei jener Begegnung Anwesenden, am wenigsten der Betroffene selbst, je vergaß.

Ich faßte diese freundschaftlichen Besuche schon deshalb nicht als Geheimtreffen auf, weil derartiges sich in politisch wachen, ja erregten Zeiten nicht verbergen läßt. Man fährt um so besser, je weniger man ein Geheimnis daraus macht. Es gibt eine Novelle von E. A. Poe, in der ein wichtiger Brief von der Polizei gesucht und nicht gefunden wird, weil der Besitzer ihn, nur das Kuvert mit einer anderen Adresse versehen, offen liegen läßt.

Den äußeren Anlaß zur Verhaftung Ernst Niekischs und vieler seiner Freunde bot denn auch gerade jene Versammlung, auf deren Geheimhaltung sie den größten Wert gelegt hatten: das Treffen in einer Nürnberger Jagdhütte mit ausgestellten Spähern und vielen Teilnehmern. Natürlich hatte die Polizei einen Spitzel eingeschleust.

Ausgehend vom Brümmerhof

A. Paul Weber, Maler und Zeichner (1893-1980).

In Berlin lernte Jünger 1927 Ernst Niekisch (1889-1967), den »Cellarius« der Tagebücher, kennen. Er war einer der wenigen politischen Figuren, die Jünger als solche ernstnahm und respektierte. In Niekischs 1926 in Dresden gegründeter Zeitschrift »Widerstand« veröffentlichte er zwischen 1927 und 1933 zahlreiche Beiträge, darunter Vorabdrucke aus »Das Abenteuerliche Herz« und aus dem »Arbeiter«. In »getarnten Geheimversammlungen« tauschte man bis zur Verhaftung Niekischs am 21. März 1937 politische Lagebeurteilungen aus. Gleich nach der Verhaftung des Freundes, der zwei Jahre nach seiner Verurteilung vor dem »Volksgerichtshof« ins Gefängnis geworfen wurde, nahm Ernst Jünger Niekischs Frau Anna und ihren Sohn bei sich auf. Trotz der grundlegenden Abweichung in der persönlichen Haltung gegenüber der Politik – Jünger verstand sich als Beobachter, Niekisch sich als politisch Handelnder – läßt sich in der weltanschaulichen Offenheit und der politischen Position zwischen allen Stühlen eine deutliche Gemeinsamkeit erkennen. »Der Arbeiter« ließe sich so auch als die theoretische Grundlage zu Ernst Niekischs politischem Programm lesen.

Provokation und Replik. Als Ernst Niekisch seine Schrift »Hitler, ein deutsches Verhängnis« abgeschlossen hatte, auf deren von A. Paul Weber gezeichnetem Umschlag man Legionen Bewaffneter mit ihren Bannern im Schlamm versinken sah, zeigte er mir die Druckbogen. Das war leider mehr als ein politisches Pamphlet; es war eine Vision. Es muß unmittelbar vor der Berufung Hitlers zum Reichskanzler gewesen sein. Niekisch kam mir vor wie ein Mann, der im Begriff steht, sich in die Luft zu sprengen; ich riet ihm von der Veröffentlichung ab. Er war aber kein politischer Gegner im üblichen Sinn; er litt unter dem, was er über das Land heraufziehen sah, in einer Tiefe, die Furcht nicht aufkommen läßt. Kurze Zeit danach verschwanden er und Weber in den Gefängnissen.

Strahlungen

Die prophetischen Bilder A. Paul Webers beeindruckten Jünger stark. Webers künstlerischer Instinkt ahnte schon den katastrophalen Sog einer Bewegung, die man 1932, zum Zeitpunkt, als Niekischs polemische Abrechnung mit der Verfehltheit der Hitlerschen Politik veröffentlicht wurde, in Intellektuellenkreisen noch als durchaus ephemer eingeschätzt hatte. Nach der Verhaftung Niekischs wurde auch Weber für einige Monate eingesperrt. Danach zog er sich aus der Politik und aufs Land zurück. Die graphische Gestaltung der Zeitschrift »Widerstand« und der im Widerstandsverlag erschienenen Bücher, darunter Gedichtbände von Friedrich Georg Jünger, trägt seine Handschrift und hat sehr zur Resonanz der im »Widerstand« propagierten Politik beigetragen.

1933 | 1948

BEOBACHTER DES ABGRUNDS

Früher als die meisten hat Ernst Jünger geahnt, daß Deutschlands Weg in die Katastrophe führen mußte. Seine Briefe aus den Jahren vor der nationalsozialistischen Machtergreifung lassen keinen Zweifel daran, und seine Freundschaft zu Ernst Niekisch, der in seinem Buch »Hitler – ein deutsches Verhängnis« dem Nationalsozialismus schon 1932 das Urteil sprach, zeigt ihn auf der Seite derer, die in Hitler den Entfessler atavistischer Gewalt sehen.

»Der Arbeiter« und »Die Totale Mobilmachung« steckten den Rahmen ab, in dem sich Deutschlands Zukunft abspielen würde. An der tagespolitischen Entwicklung will Jünger allerdings nicht teilhaben. Die »plebiszitäre Demokratie« Hitlers ist ihm verhaßt, er verabscheut Massenagitation, Rassismus und die moralische Korruptheit der NS-Führer.

Daß nicht der preußisch-spartanische Arbeitersoldat 1933 die Macht antritt, sondern der uniformierte Kleinbürger, erscheint ihm wie ein verhängnisvoller Umweg der Geschichte, den Deutschland mit einer erneuten, radikalen Niederlage zu bezahlen haben würde.

So zieht er sich auf die Position des Beobachters zurück. Natur und Sprache sind die Gegenwelten; er will nicht politischen, sondern metaphysisch-dichterischen Widerstand leisten. In der »geistigen Erfassung der Katastrophe« sieht er die Aufgabe des Autors.

Die Nationalsozialisten aber wollen den nationalen Schriftsteller und berühmten Kriegsbuchautor für ihre Politik vereinnahmen. Ernst Jünger hätte zu *dem* Vorzeigeliteraten des Dritten Reiches werden können. Er distanziert sich jedoch betont vom NS-Regime, etwa 1933 mit seiner Zurückweisung der Aufnahme in die gesäuberte Dichterakademie. Jünger verwahrt sich gegen Abdrucke seiner Texte im »Völkischen Beobachter« und lehnt den Eintritt in die Wehrmacht mit provozierenden Worten ab. Der durch die Freundschaft mit Ernst Niekisch verdächtig Gewordene ist Hausdurchsuchungen ausgesetzt. Als dem Freund 1937 der Hochverratsprozeß gemacht wird, nimmt er dessen Frau und Sohn bei sich auf. Gegen den Ausschluß jüdischer Mitglieder aus dem Traditionsverein der 73er, seiner Weltkriegseinheit, protestieren er und Friedrich Georg Jünger mit ihrem Austritt. Und während die Nationalsozialisten den Völkerhaß schüren, reist Jünger zu Begegnungen mit Joseph Breitbach, André Gide und Julien Green nach Paris. Sein Kriegstagebuch »Gärten und Straßen« (1942), das er als Offizier in Frankreich führt, ist ein Dokument geistiger Unabhängigkeit und Achtung vor der Kultur und den Menschen des eroberten Landes. André Gide, Paul Léautaud und Julien Gracq bezeugen ihren Respekt, in Deutschland sorgt Goebbels dafür, daß Jünger wegen seiner Zitierung des 73. Psalms an weiteren Publikationen gehindert wird.

Mit seinem Roman »Auf den Marmorklippen«, der kurz nach Ausbruch des Zweiten Weltkrieges erscheint, schreibt Ernst Jünger das einzige Buch in der Zeit, in dem in fast unverhüllter Form Tyrannis und Konzentrationslager gegeißelt werden. Obwohl Jünger das Attentat als Mittel des Widerstandes für sich selbst ablehnt, suchen in Paris die Verschwörer gegen Hitler Kontakt mit ihm und weihen ihn in ihre Pläne ein. 1942, im Jahr der größten Ausdehnung der deutschen Front, entwirft er seinen Traktat »Der Friede«, in dem er zur europäischen Völkerversöhnung aufruft.

Die Herausgabe des Sammelbandes »Blätter und Steine« im Jahr 1934 bedeutet für den um Unabhängigkeit Bemühten einen Akt geistiger und moralischer Selbstvergewisserung. Mit dem Wiederabdruck der Aufsätze »Feuer und Bewegung« und »Die Totale Mobilmachung« unterstreicht Jünger, daß er an seinen Zeitdiagnosen auch unter den geänderten Verhältnissen festhalten will. Wie sehr die symbolische Bildersprache Alfred Kubins Ernst Jüngers Gewißheit vom Untergang der bürgerlichen Welt gestärkt hat, darüber gibt der Aufsatz »Die Staubdämonen« (1931) Auskunft. Er steckt den atmosphärischen Rahmen ab, in dem Jüngers Denken sich in diesen Jahren vollzieht. Der in »Blätter und Steine« erstmals veröffentlichte Essay »Über den Schmerz« weist nach vorne. Eine neue, der Photographie ähnliche, kalt-distanzierte Optik kündigt sich an. Sie nimmt Jünger als Zeichen dafür, daß es eine grausame, von Konflikt und Schmerz bestimmte Zeit zu bestehen gilt. Jüngers Algodizee, seine Apologie des Schmerzes, ist der letzte Trumpf, den der zum Stoiker gewordene »heroische Realist« dem sich noch immer in Sicherheit wiegenden Bürger entgegenhält. Epigramme beschließen den Band, deren die Machthaber herausfordernde Kühnheit noch heute erstaunt. Im Augenblick des nationalsozialistischen Triumphes bezieht Ernst Jünger Gegenposition.

Wo die eigenen Kraftquellen zu finden sind, ist dem Band »Blätter und Steine« unschwer zu entnehmen: in der Natur, in der Geschichte, in der Sprache und in den Büchern. Das Reisetagebuch »Dalmatinischer Aufenthalt« und die Sprachstudie »Lob der Vokale« stehen für diese Neuorientierung. Der Beginn der großen Reisen fällt in die späten zwanziger Jahre. Das naturkundliche und historische Interesse und der Überdruß an den deutschen Zuständen ziehen Jünger mehrfach ans Mittelmeer. 1935 reist er in Begleitung des

Philosophen Hugo Fischer (1897–1975), mit dem er seit seiner Leipziger Studienzeit befreundet ist, nach Norwegen. Fischer hatte in den zwanziger Jahren maßgeblichen Anteil an der Formulierung von Jüngers nationalrevolutionärer Ideologie; man darf ihn zu Recht als den philosophischen Lehrer bezeichnen.

Das Brieftagebuch »Myrdun« (1944), das Kubin illustrierte, ist die schriftstellerische Ausbeute dieser Reise. Die »Atlantische Fahrt« nach Brasilien ein Jahr später während der Jünger das Manuskript der »Afrikanischen Spiele« abschließt, ist Ausdruck seiner Sehnsucht nach den Urwäldern. Wo die Veränderung reißend wird, versichert sich der Autor in den Tropen der bleibenden biologischen Grundlagen des Lebens. Er sucht das Elementare wie das ganze Leben hindurch.

Im Dezember 1936 zieht Ernst Jünger mit seiner Familie nach Überlingen. Im Weinberghaus über dem Bodensee – hier beginnt er, einen Garten zu bestellen, was durch die Jahrzehnte hindurch eine wachsende Bedeutung für ihn erlangt – erarbeitet er sich die zweite Fassung seines Buches »Das Abenteuerliche Herz«. Alles nur Erklärende, auf Überredung Zielende und Persönliche wird eliminiert. Jünger will den Leser verzaubern mit einer Sprache, in der Traum und helles Bewußtsein sich ununterscheidbar vermischen. »Der verlorene Posten« und »Die Schleife« sind Formeln, mit denen der Autor der eigenen Unabhängigkeit den Rang einer metaphysischen Konstellation verleiht. Mantische Träume weisen voraus auf die sich ankündigenden Verbrechen der NS-Schergen, »Capriccios« trösten mit dem »Überfluß«, an dem jeder teilhaben kann, sofern er über den rechten Sinn und ein offenes Auge verfügt. Wo in der politischen Wirklichkeit die Dürre des Ressentiments und die Phrasen herrschen, verkündet Jünger mit der Heiterkeit des Wissenden, daß auf der vexierbildhaften Oberfläche der Welt die Fülle ihrer Schätze abzulesen ist. Dem Rückzug in die magische Wirklichkeit entspricht die Zurückweisung aller politischen Ansprüche, die noch immer von verschiedenen Seiten an Jünger herangetragen werden.

Das »Abenteuerliche Herz« in seiner zweiten Fassung erscheint noch in der Überlinger Zeit; im April 1939 übersiedelt Ernst Jünger nach Kirchhorst bei Hannover. Der Roman »Auf den Marmorklippen«, den Jünger am Bodensee niederschrieb, wird kurz nach Kriegsbeginn, im Herbst 1939, in der Hanseatischen Verlagsanstalt veröffentlicht. Er erzählt die Geschichte einer hereinbrechenden Tyrannis und von der Usurpation der Macht durch den barbarischen Anhang des »Oberförsters«. Ein hellsichtiges und – betrachtet man Zeitpunkt und Ort seines Erscheinens – außergewöhnlich mutiges Buch. Es wird sogleich als Schlüsselroman gelesen.

Die Parabel geht auf einen Überlinger Traum zurück, in dem Ernst Jünger prophetisch den Untergang einer ganzen Kultur geschaut hatte. Bis in Einzelheiten hinein sind Aufstieg und Vernichtungspraktiken des NS-Regimes ins dichterische Bild gesetzt, doch geht es dem Autor nicht darum, vordergründige politische Zusammenhänge darzustellen, wie so mancher unvorsichtige Rezensent meinte. Vielmehr zeichnet er das Muster des Untergangs, dem jede menschliche Ordnung anheimzufallen droht.

Wenn die Moral des Dichters der Dienst an der Sprache ist, dann ist die Dichtung »Auf den Marmorklippen« ein eminent moralisches Buch, ein Buch auch des ästhetischen Widerstandes gegen die Sprachverhunzung der Nationalsozialisten. Sein Erscheinen erregt Aufsehen, rund 20 000 Exemplare sind trotz der Intervention von Goebbels und von Reichsleiter Bouhler schnell verkauft. Im Schutz der Wehrmacht werden weitere Auflagen gedruckt. So liegen die »Marmorklippen« den ganzen Krieg hindurch in den Schaufenstern der Buchhandlungen.

Am 30. August, zwei Tage vor Kriegsbeginn, wird Ernst Jünger einberufen. Im November übernimmt er als Kompanieführer einen Abschnitt des Westwalls am Oberrhein. Für die Bergung eines Verwundeten verleiht man ihm 1940 das Eiserne Kreuz zweiter Klasse. Vom Frühjahr 1941 ab tut Jünger Dienst in der Wachttruppe in Paris. Dort lernt er Oberst Hans Speidel, den Stabschef des Militärbefehlshabers, kennen, der einen kleinen Kreis von gebildeten Offizieren, Wissenschaftlern und Künstlern um sich versammelt. Gegen den Einspruch Keitels betreibt Speidel die Versetzung Jüngers in den Kommandostab des Militärbefehlshabers, der im Hotel »Majestic« untergebracht ist. Zu Jüngers dienstlichen Aufgaben gehören die Bearbeitung der Akten des »Unternehmens Seelöwe«, die Briefzensur und die Dokumentation des Kampfes zwischen Partei und Wehrmacht um die Vorherrschaft im besetzten Frankreich.

Die Zeit als Besatzungsoffizier in Paris hat in Ernst Jüngers Pariser Tagebüchern (»Strahlungen«) ein zwiespältiges Echo gefunden. Da ist zum einen das Fluidum der Metropole, die Jünger als »geistige Heimat« erlebt, da sind die Künstler und Salons, die Galerien, Museen und Antiquariate, die Boulevards, Quais und Gärten, die der Flaneur unbehelligt durchstreifen kann. Aber da ist auch der Zwang zur Verstellung, den ihm der Dienst im »Majestic« abnötigt, die Kenntnis von den Verbrechen an Geiseln und Juden, da sind die Gerüchte über die gnadenlose Kriegsführung im Osten und über die Stätten der Völkervernichtung. Melancholie grundiert die Aufzeichnungen der Jahre 1941 bis 1944. Beim Anblick des Judensterns ergreift ihn Ekel vor der Uniform und Abscheu vor den Untaten, die im Namen Deutschlands verübt werden.

Von Oktober 1941 bis Januar 1942 reist Ernst Jünger im Auftrag des Oberbefehlshabers an die Front im Kaukasus. Die Erfahrungen, die er aus dem totalen Krieg im Osten gewinnt, sind niederschmetternd, längst hat Jünger seine Hoffnung auf kollektive Lösungen begraben. Der Nihilismus, so Jünger in seinen Pariser Tagebüchern, kann nur mit Hilfe des Glaubens und im Appell an den Einzelnen überwunden werden. Ein großes Thema, das Jünger in der Nachkriegszeit beschäftigen wird, kündigt sich an: die Bewahrung der Freiheit des Einzelnen im modernen Staat.

Im Winter 1941/1942 entschließt sich Jünger, bestärkt durch die Gespräche im Kreis um Speidel, aus der Rolle des Beobachters herauszutreten und einen Friedensaufruf zu verfassen. Die Anregung kommt von Alfred Toepfer, der in Deutschland Publikationsmöglichkeiten erkundet. Der Traktat »Der Friede« entsteht auf dem Höhepunkt deutscher Machtausdehnung; er ist keine Frucht der Niederlage. Vorausweisend und damit zugleich den Autor in höchster Weise gefährdend sind die darin enthaltenen Forderungen nach Sühnung der Verbrechen und Überwindung des Nationalstaats. Speidel und Rommel erwägen, den Aufruf an die Jugend Europas und an die Jugend der Welt als ethische Grundlage des Widerstands zu verwenden. Das Scheitern des Umsturzversuches im Juli 1944 verhindert, daß Jüngers Friedensschrift vor Kriegsende gedruckt werden kann. Sie verbreitet sich dann seit dem Frühjahr 1945 in zahllosen Abschriften. 1946 erscheint in Amsterdam der erste Druck.

Ernst Jüngers Tagebücher aus dem Zweiten Weltkrieg geben ein Bild der Katastrophe. Der Autor läßt es aber nicht beim Blick in den Abgrund bewenden. Neben der Zeugenschaft ist die metaphysische Tröstung das Amt des Dichters; er sucht das Schreckliche auf ein Höheres zu beziehen. In der Bibel findet Jünger Gleichnisse und Muster für die aktuelle Lage. Zweimal liest er das Alte und das Neue Testament und die Apokryphen. Hinter Tod und Vernichtung leuchtet das Licht einer absoluten Sicherheit: Léon Bloys Bibellektüre wird zum Vorbild der eigenen Bemühung. Trost verspricht auch die auf geistigen Zusammenhang gerichtete Lektüre. Jünger bezieht die Dichtung auf das Leben und die Lage, die es zu bestehen gilt: »Poe, Melville, Hölderlin, Tocqueville, Dostojewski, Burckhardt, Nietzsche, Rimbaud, Conrad« werden als »Auguren der Malstromtiefen« beschworen, das Studium von Schiffsuntergängen als Gleichnissen der nahenden Katastrophe wirft die Frage auf, ob der zerbrechenden menschlichen Ordnung eine höhere, geistige gegenübersteht.

Zahlreich sind die Begegnungen mit Künstlern und Schriftstellern. In einer von Parteilichkeit und Haß bestimmten Zeit erprobt Ernst Jünger die Utopie einer auf das Geistige gerichteten Brüderlichkeit. Aus den Begegnungen mit Marcel Jouhandeau, Léautaud und der Kaukasierin Umm-el-Banine werden lebenslange Freundschaften, mit Pablo Picasso und Georges Braque begegnet er zwei der größten Maler der Zeit. Im Hause des Schriftstellers Paul Morand trifft Jünger Abel Bonnard, Gaston Gallimard und Louis Ferdinand Céline. Das Gegenstück zur Speidelrunde, in der vor allem philosophische Fragen und die politische Lage erörtert werden, ist der literarische Salon von Florence Gould. Dort verkehrten neben Jünger auch Jean Paulhan, Sacha Guitry, Marcel Jouhandeau, Gerhard Heller, Jean Giraudoux, Paul Léautaud und Jean Cocteau. Zum Kreis der Vertrauten gehören Carlo Schmid, die Maler Werner Höll und Ernst Wilhelm Nay, Carl Schmitt, Gerhard Nebel, Friedrich Sieburg, Gerhard Heller und Walter Bargatzky, der als erster die Friedensschrift liest.

1941 lernt Jünger die Pariser Kinderärztin Sophie Ravoux kennen, zu der sich eine geistige und bald auch amouröse Beziehung entwickelt. In seinen Pariser Journalen hat Jünger die Intensität dieser Beziehung festgehalten, aber auch den moralischen Konflikt, in den sie ihn stürzte. Anfang 1943 kommt es zu einer versöhnlichen Aussprache mit Gretha, die bereit ist, die Ehe aufzugeben. Die Situation wird zusätzlich belastet durch die Tatsache, dass der Ehemann von Sophie Ravoux, der Journalist Paul Ravoux, im Mai 1943 von der Gestapo verhaftet und im KZ Dachau interniert wird.

Die Pariser Fronde gegen Hitler scheitert tragisch. Speidel wird verhaftet, Stülpnagel, Hofacker und Linstow werden gehängt. Doch bleibt Ernst Jüngers Mitwisserschaft unentdeckt. Der Stab löst sich auf, und Jünger verläßt Paris, während die Invasionstruppen auf die Hauptstadt zurücken. In Kirchhorst erfährt er von seiner Entlassung und wird zum »Volkssturm« einberufen. Gegen die wahnwitzigen Durchhalteparolen und Vernichtungspraktiken der örtlichen Machthaber wehrt er sich mit hinhaltendem Widerstand.

Den Zusammenbruch erlebt Jünger in Kirchhorst. Die Niederlage, das Leiden der Millionen muß er, der eine Flut des Schmerzes vorausgesagt hatte, nun auch persönlich erfahren durch die Nachricht vom Tod des Sohnes, der achtzehnjährig am 29. November 1944 bei Carrara gefallen ist, nachdem er wegen Abhörens ausländischer Sender und freimütiger Äußerungen gegen Hitler und das Regime monatelang im Gefängnis in Wilhelmshaven gesessen hatte. Daß die Erkenntnis des Notwendigen nicht nur Bestätigung und Trost, sondern vor allem Schmerz und Leiden bringt, enthüllt sich im persönlichen Verlust.

Die Explosion der amerikanischen Atombombe über Hiroshima am 6. August 1945 bestätigt auf schreckliche Weise, daß das prognostizierte Zeitalter der Massen und der Massenvernichtung dauernde Wirklichkeit geworden ist. Jüngers Weigerung, den Fragebogen der Besatzungsmacht auszufüllen und die eigene Vergangenheit den Normen der Sieger zu unterwerfen, erscheint so als Protest des autonomen Einzelnen.

Dafür unterziehen fünf namhafte Literaturkritiker den »Fall Jünger« einer »Quantitätsanalyse« nach Art des Fragebogens und markieren damit den Beginn einer polemischen Auseinandersetzung, die bis heute andauert: Ernst Jünger figuriert in der bundesdeutschen Kritik seitdem als »umstrittener« Autor. Während der vier Jahre eines Publikationsverbotes arbeitet Jünger an seinen Tagebuchaufzeichnungen und am Roman »Heliopolis«, der wie der Tagebuch-Zyklus »Strahlungen« erst 1949 im Tübinger Heliopolis Verlag, dem der Roman den Namen gegeben hat, erscheinen kann.

In »Heliopolis« verarbeitet Jünger die Summe seiner Erfahrungen, die er in Paris gesammelt hatte. Im Widerstreit von romantischem Konservatismus und fortschrittsgläubigem Utopismus, von legitimer Autorität und terroristischer Gewalt verkörpert der Held Lucius de Geer die theologische Position. Er setzt auf den Einzelnen und die Macht, die sich von Liebe leiten läßt.

Fackelzug durchs Brandenburger Tor zur Reichskanzlei. Hitlers Ernennung zum Reichskanzler am 30. Januar 1933 nutzten SA und Stahlhelm zur Demonstration ihrer Machtansprüche.

Ernst Jünger verfolgte die Vorgänge der Machtübernahme durch die Nationalsozialisten aufmerksam; die Aufzeichnungen darüber hat er nach einer Hausdurchsuchung durch die Gestapo 1933 vernichtet.

Bei den feinsten Schachzügen des Weltgeistes rücken die unbedeutenden Figuren vor.

Epigramme. Blätter und Steine

Mit Prerow bin ich recht zufrieden und rate auch Dir zu diesem Strand. Wenig Komfort, man fühlt sich daher sehr wohl. Solltest Du kommen, so bringe bitte einen scharfen Feldstecher mit, hier ist ein ornithologisches Paradies. Ich ging heute mit Ernstel den Strand zum Darsser Riff an Landzungen und Muschelbänken entlang und sah auf diesem kurzen Gange Strandläufer, Lummen, Kraniche, einen großen Seeraubvogel und eine Ballenart, Wand, Düne und Strand sind eigenartig, Tiere und Pflanzen in Fülle, das Dorf ist nicht geschlossen, sondern seine Gehöfte sind weitläufig verstreut.

Wir stehen jetzt in einer wüsten Repetition der nationaldemokratischen Ideologie. Gleichzeitig kann man einen Einblick in den intimen Mechanismus der großen Schiebung tun. Demgegenüber muß man die Kunst erlernen, wie man mit Tatsachen ficht. Man müßte dergleichen ohne Entrüstung schildern, doch mit den Mitteln der scharfen Description.

(An Friedrich Georg, 30. 6. und 13. 7. 1933)

Ernst Jünger während eines Urlaubs in Prerow a. Darss (Ostsee, Sommer 1933). Nach Abschluß des »Arbeiters« im Herbst 1932 wandte Jünger sich mehr und mehr von den politischen Vorgängen ab und verlegte sich aufs Studium der Natur in Landschaften, die von der Technik noch wenig berührt waren.

Süddeutsche Ausgabe / Ausgabe A

Ausgabe A / Süddeutsche Ausgabe

VÖLKISCHER BEOBACHTER

Dem deutschen Künstler zum Gruß!

Der Sinn des 15. Oktober

Kultusminister Hans Schemm

Die Totalität des künstlerischen und politischen Genius

Kunst aus Blut und Boden

Leistung und Verantwortung

Seit dem Kriege hatte ich nur in großen Städten gehaust, in Hannover, in Leipzig, in Berlin. Im Grunde entsprach das nicht meiner Neigung und beruhte vielleicht auf einem Mangel an Phantasie oder, besser, an Entschlußkraft, denn im Traum sah ich mich oft in Häfen oder auf Bahnhöfen. Dann fehlten die Pässe, das Geld, die Fahrkarten. Nun begann die Reihe der Freunde und Bekannten sich zu lichten; sie traten wie Franke, Paetel, Fischer, Gilbert, Lilienthal, Breitbach und Marcu, lange Wanderungen an, von denen manche nie zurückkehrten. Andere zogen fort, ohne das Land zu wechseln – Friedrich Hielscher nach Potsdam, Rudolf Schlichter nach Rottenburg. Schlichter rühmte den Wechsel: für einen Maler und eingefleischten Schwaben mochte er besonders fruchtbar sein. Man merkte es an seinen Bildern: ich erwarb damals von ihm »Atlantis vor dem Untergang«, das seitdem in meinem Arbeitszimmer hängt. Er gab mir auch den Anstoß, es ihm nachzutun, indem er fragte: »Warum ziehn Sie nicht auch aufs Land?« (...)

Daß ich, der außer Ehrungen wenig zu befürchten hatte, in dieser Schicksalsstunde aufs Land zog, war vermutlich richtig – ob es recht war, darüber kann man verschiedener Meinung sein. Schließlich ging es um mehr als um ein Für und Wider in Parteifragen. Kritiker, an denen es mir zu keiner Zeit gefehlt hat, kreideten mir dreißig Jahre später, um sich aus der Verlegenheit zu ziehen, meinen »Ästhetizismus« an. Hier könnte man vielleicht auch an Moral denken.

In diesem Zusammenhang ist mein Umzug deshalb zu erwähnen, weil von nun an die Uhr für mich langsamer lief und ich mehr Zeit hatte. Das war für meine Prosa günstig und ebenso für meine Studien und Neigungen. In dieser Voraussicht nahm ich mir vor, ein Gebiet, auf dem ich mich bislang als Dilettant bewegt hatte, etwas gründlicher zu bestellen und bei einem Experten in die Lehre zu gehen. Ihn zu ermitteln, konnte nicht schwierig sein.

Subtile Jagden

Ich habe mich in Goslar bereits etwas eingelebt und bin damit beschäftigt, eine neue Art der Bewegung, nämlich die des Ski-Laufens zu entdecken. Es ist vielleicht die Fortbewegung, bei der man dem Winde am nächsten kommt, und das lautlose Gleiten über lange, geneigte Hänge in der Abenddämmerung bereitet eine Art von gespenstischer Lust. Es kommt mir so vor, als ob ich hier besser arbeite, auf jeden Fall bin ich der alleinige Herr über meine Zeit.

(An Carl Schmitt, 13. 12. 1933)

In der »Jungen Mannschaft«, Beilage zum »Völkischen Beobachter« vom 6./7. Mai 1934, ist ein Auszug aus meinem Buche »Das Abenteuerliche Herz« zum Abdruck gebracht. Da dieser Abdruck ohne Quellenangabe erfolgte, muß der Eindruck entstehen, daß ich Ihrem Blatte als Mitarbeiter angehöre. Dies ist keineswegs der Fall; ich mache vielmehr seit Jahren vom Mittel der Presse überhaupt keinen Gebrauch.

In diesem besonderen Falle ist noch hervorzuheben, daß es nicht angängig erscheint, daß einerseits die offizielle Presse mir die Rolle eines Mitarbeiters zuerkennt, während andererseits der Abdruck meines Schreibens an die »Dichter-Akademie« vom 18. November 1933 durch offizielles Presse-Kommuniqué unterbunden wird. Mein Bestreben läuft nicht darauf hinaus, in der Presse möglichst oft genannt zu werden, sondern darauf, daß über die Art meiner politischen Substanz auch nicht die Spur einer Unklarheit entsteht.

(Brief an den »Völkischen Beobachter«, 14. Juni 1934)

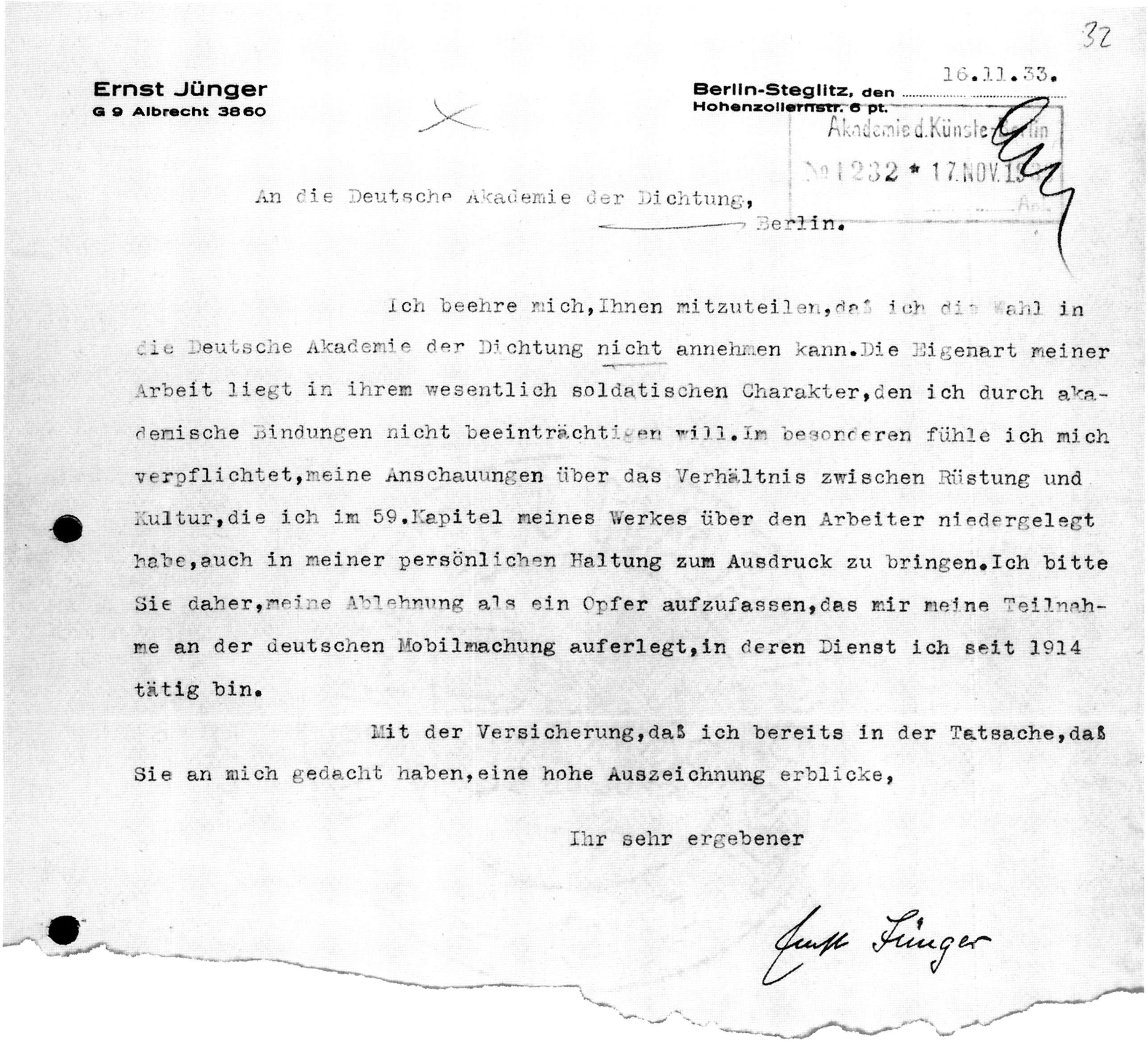

32

Ernst Jünger
G 9 Albrecht 3860

Berlin-Steglitz, den 16.11.33.
Hohenzollernstr. 6 pt.

Akademie d. Künste Berlin
No 1232 * 17. NOV. 19..

An die Deutsche Akademie der Dichtung,
Berlin.

Ich beehre mich, Ihnen mitzuteilen, daß ich die Wahl in die Deutsche Akademie der Dichtung nicht annehmen kann. Die Eigenart meiner Arbeit liegt in ihrem wesentlich soldatischen Charakter, den ich durch akademische Bindungen nicht beeinträchtigen will. Im besonderen fühle ich mich verpflichtet, meine Anschauungen über das Verhältnis zwischen Rüstung und Kultur, die ich im 59. Kapitel meines Werkes über den Arbeiter niedergelegt habe, auch in meiner persönlichen Haltung zum Ausdruck zu bringen. Ich bitte Sie daher, meine Ablehnung als ein Opfer aufzufassen, das mir meine Teilnahme an der deutschen Mobilmachung auferlegt, in deren Dienst ich seit 1914 tätig bin.

Mit der Versicherung, daß ich bereits in der Tatsache, daß Sie an mich gedacht haben, eine hohe Auszeichnung erblicke,

Ihr sehr ergebener

Ernst Jünger

Das Haus in Goslar.
Am 1. Dezember 1933 wechselte Ernst Jünger mit seiner Familie von der Großstadt in den Harz nach Goslar. Die Natur und das Studium der Insekten inspirierten jetzt zunehmend die literarische Arbeit.

Der Skifahrer (1933).

Am 15. Oktober 1933 ließ das nationalsozialistische Regime den Anbruch einer neuen Ära »deutscher Kunst« verkünden.

Am 9. Juni 1933 wurde Ernst Jünger zusammen mit Rudolf Huch, Isolde Kurz, Heinrich Lersch, Joseph Magnus Wehner, Johannes Schlaf und anderen in die »gesäuberte« »Deutsche Akademie der Dichtung« berufen. Mit seinem Schreiben vom 16. 11. 1933 entzog er sich der Mitgliedschaft.

Die Familie Jünger (Leisnig, Weihnachten 1934). Von links nach rechts: der Jüngste, Wolfgang, mit Frau Liane und Sohn Wolfgang, Hans, davor Kurt und Gert Deventer, der Vater Dr. Ernst Jünger und die Mutter Lily Jünger, Hanna Deventer geb. Jünger, Friedrich Georg, Ernst und Gretha Jünger mit den Söhnen Ernst und Alexander (der am 11. März 1934 in Goslar geboren wurde).

Man munkelt unter meinen Bekannten, daß ich mich auf ein totes Gleis begeben hätte, nichts mehr zu sagen wisse, mich wiederhole, kurzum erledigt sei. Dazu ist zu bemerken, daß die Leute einem nichts schwerer verzeihen, als die eigene Erbärmlichkeit. Ich habe längst die Hoffnung aufgegeben, mit ihnen jemals d'accord zu sein. Dafür wird es für uns Zeit, daß wir unter unseren Freunden furchtbare Musterung halten: dies will ich mit Dir in Leisnig vor allem absprechen.

(An Friedrich Georg, 8. 7. 1934)

An Bord, 6. Juli 1935

Es sei Dir vermeldet, daß der Magister und ich gestern morgen von Goslar aufgebrochen sind und jetzt bereits die Elbe hinabtreiben. Noch ist mir benommen zumute wie jemandem, der durch den engen Hals einer Flasche hindurchgeblasen ist. Es mag auch sein, daß die Gesellschaft des Magisters dazu das ihre tut, denn ich beobachtete schon in anderen Himmelsstrichen, daß wir uns zu einem Molekül verschwistern, das sich inmitten einer ein wenig aufgekräuselten Realität bewegt. Ich hatte als Kind ein ähnliches Gefühl, wenn ich über einen glühenden Ofen hinweg die Gegenstände im Zimmer zittern und schwimmen sah.

Myrdun

Mit Hugo Fischer, dem »Magister«, reiste Ernst Jünger im Sommer 1935 für zwei Monate nach Norwegen. Aus den Briefen, die er von dort an den Bruder Friedrich Georg geschrieben hatte, komponierte Jünger 1943 das Reisetagebuch »Myrdun«, das Alfred Kubin illustrierte.

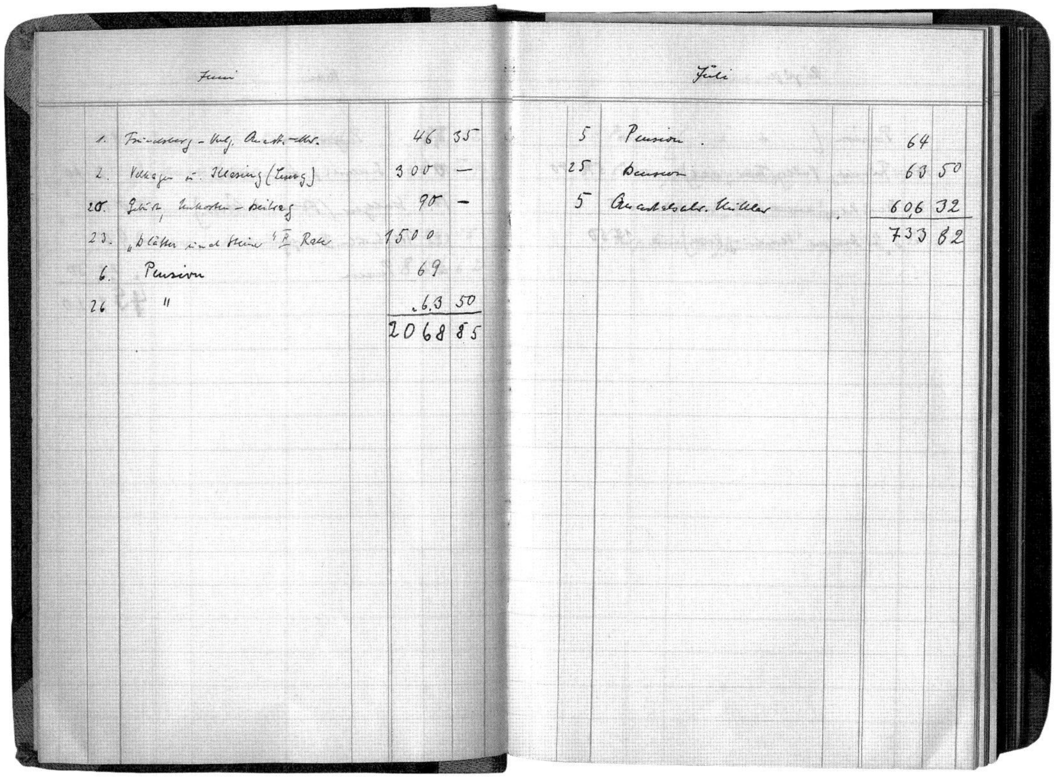

Jüngers Kontobuch verzeichnet im Juni 1934 für »Blätter und Steine« Einnahmen in Höhe von 1500 Mark.

Die Schachspieler (Ernst und Friedrich Georg Jünger). Gemälde von A. Paul Weber.

Der Band »Blätter und Steine« enthielt das Reisetagebuch »Dalmatinischer Aufenthalt«, die Sprachstudie »Lob der Vokale«, den Essay »Über den Schmerz« und einen »Epigrammatischen Anhang«.

Hier möchte ich Dir gleich einiges über Deine Gedichte berichten, denen eine wunderbare und fast unheimliche Wirkung innewohnt. Wohin ich kam – und ich habe mich in diesen Tagen viel bewegt – fand ich sie im Mittelpunkt des Gesprächs. Das revolutionäre Stadium, in das wir eingetreten sind, kann nur durch tiefere Kräfte bestanden werden, als durch die rhetorischen, literarischen oder ideologischen – es prüft uns in der Substanz. Man muß jetzt das Blatt aufdecken und zeigen, wer man ist. In einem Zustand des üblen Spukes und des Betruges wird der Gedanke rein dadurch gefährlich, daß er richtig ist, und Geister, die das rechte Maß besitzen, wirken wie Spiegel, in denen sich die Nichtigkeit der Schattenwelt enthüllt. Ein logischer Gedanke, ein reines Metron, eine edle Tat, ja selbst die Nichtbeteiligung am Niedrigen – das sind heute Dinge, die sich erheben wie drohende Waffen, die um so schärfer wirken, je weniger man sie auf die Zeit bezieht.

(An Friedrich Georg, 11. 11. 1934)

Ich schließe in diesen Tagen die Revision von »In Stahlgewittern« ab. Auch treffe ich Vorbereitungen für eine kleine Schrift über den Schmerz. Übrigens ist das Furchtbare ein Kennzeichen dafür, ob eine Macht die elementare Zone erreicht.

Ich arbeite an einem Bande kleinerer Schriften, die zum Teil wie die »Totale Mobilmachung« oder der »Sicilische Brief« schon in der Welt verstreut, zum größeren Teil aber erst hier entstanden sind. Nach dem »Arbeiter«, in dem ich mich allen Gepäcks entledigt hatte, und dem die konsumierende Großstadtluft zuträglich war, ist es jetzt vielleicht an der Zeit, ein wenig neues Fleisch anzusetzen. Wenn man von einer weiteren Steigerung des Willens nichts mehr erwarten darf, muß man sehen, ob sich das Mehr nicht durch die tieferen Kräfte der Zauberei, und müheloser erreichen läßt. Dies versuche ich im Augenblicke mit einer Schrift über die Vokale, und empfinde dabei zuweilen das Gefühl stark zuströmender Kraft.

(An Friedrich Georg, 13. 8. 1933 und 19. 1. 1934)

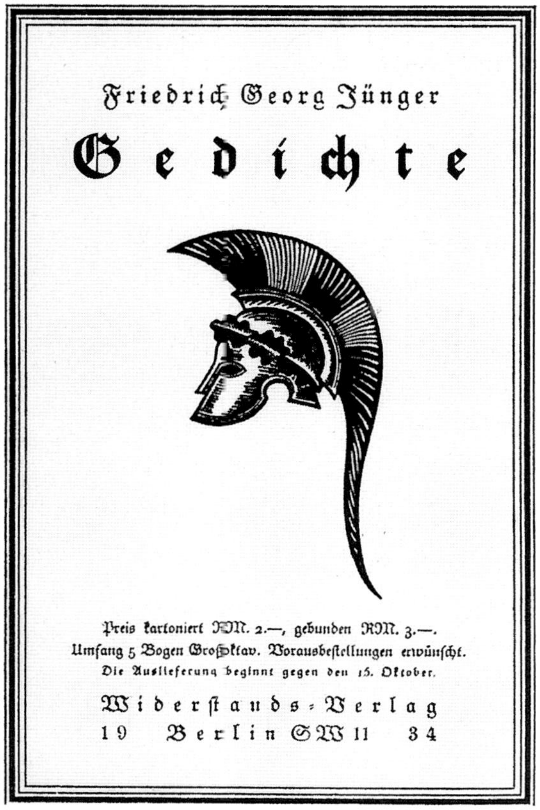

Im Widerstands-Verlag des Freundes Ernst Niekisch veröffentlichte Friedrich Georg Jünger 1934 seine Gedichte, darunter »Der Mohn«, eine unverhüllte Absage an die nationalsozialistische Tyrannei.

Nach dem Kriege hat die Verneinung des Schmerzes als eines notwendigen Bestandteils der Welt eine späte Nachblüte hervorgebracht. Diese Jahre zeichnen sich aus durch eine seltsame Mischung von Barbarei und Humanität: sie gleichen einem Archipel, wo gleich neben den Inseln der Menschenfresser die Eilande der Vegetarier gelegen sind. Ein extremer Pazifismus neben einer ungeheuerlichen Steigerung der Rüstungen, Luxusgefängnisse neben den Quartieren der Arbeitslosigkeit, die Abschaffung der Todesstrafe, während sich des Nachts die Weißen und die Roten die Hälse abschneiden – das alles ist durchaus märchenhaft und spiegelt eine bösartige Welt, in der sich der Anstrich der Sicherheit in einer Reihe von Hotelfoyers erhalten hat. (...)

Kein Anspruch ist jedoch gewisser als der, den der Schmerz an das Leben besitzt. Wo an Schmerz gespart wird, stellt sich das Gleichgewicht nach den Gesetzen einer ganz bestimmten Ökonomie wieder her, und man kann unter Abwandlung eines bekannten Wortes von einer »List des Schmerzes« sprechen, die ihr Ziel auf allen Wegen erreicht. Wenn man daher den Zustand eines breiten Behagens vor Augen sieht, darf man ohne weiteres fragen, wo die Last getragen wird. Man wird in der Regel nicht weit zu gehen haben, um den Schmerz aufzuspüren, und so finden wir auch hier selbst den Einzelnen mitten im Genusse der Sicherheit nicht völlig von ihm befreit. Die künstliche Abschnürung von den Elementarkräften vermag zwar die groben Berührungen zu verhindern und die Schlagschatten zu bannen, nicht aber das zerstreute Licht, mit dem der Schmerz dafür den Raum zu erfüllen beginnt. Das Gefäß, das dem vollen Zustrom verschlossen ist, wird tropfenweis gefüllt. So ist die Langeweile nichts anderes als die Auflösung des Schmerzes in der Zeit. (...)

Es gibt offenbar Haltungen, die den Menschen befähigen, sich weit von den Bereichen abzusetzen, in denen der Schmerz als unumschränkter Gebieter regiert. Die Abhebung tritt dadurch in Erscheinung, daß der Mensch den Raum, durch den er am Schmerze Anteil hat, das heißt: den Leib, als Gegenstand zu behandeln vermag. Dieses Verfahren setzt freilich eine Kommandohöhe voraus, von der aus der Leib als ein Vorposten betrachtet wird, den der Mensch aus großer Entfernung im Kampf einzusetzen und aufzuopfern vermag. Dann laufen alle Maßregeln nicht darauf hinaus, dem Schmerz zu entrinnen, sondern ihn zu bestehen. Wir finden daher sowohl in der heroischen als auch in der kultischen Welt ein ganz anderes Verhältnis zum Schmerz als in der Welt der Empfindsamkeit. Während es dort nämlich, wie wir sahen, darauf ankommt, den Schmerz abzudrängen und das Leben von ihm abzuschließen, gilt es hier, ihn einzuschließen und das Leben so einzurichten, daß es jederzeit auf die Begegnung mit ihm gerüstet ist.

Über den Schmerz

Ernst Jünger in Goslar (um 1936). Ölbild von A. Paul Weber.

Gestern habe ich die Bearbeitung des »Wäldchens 125« abgeschlossen; ich darf damit zufrieden sein. Ich habe auf diese Weise den ersten Teil des Jahres damit zugebracht, meine Autorschaft nach rückwärts auszubauen, damit kein Satz hinter mir bleibt, dem ich nicht zustimmen kann. Es handelt sich dabei im Grunde um die Herausschälung des Kernes, der mir immer deutlich war, den sichtbar zu machen aber meine Mittel inzwischen gewachsen sind. Als ich aus dem Kriege zurückkam, fand ich eine Reihe von Worten vor, die man zunächst auf Treu und Glauben übernehmen mußte, deren zweifelhafter Charakter mich jedoch immer stärker beunruhigte. Nicht zuletzt hat die Pöbelherrschaft, die sich auch der Sprache bemächtigt, jene Vorliebe für alles Schlechte, Billige, Abgestandene und Künstlich-Gesteigerte, mir Sinn und Verantwortung geschärft. Es gibt auch heute gute Dinge, die man nicht mehr aussprechen darf. Wenn ich noch einige Jahre an der Arbeit bleiben kann, so wird es mir gelingen, ein geschlossenes Opus zu präsentieren, und ich gedenke nicht, mich mit einer Zeit, in der die Fetzen fliegen, zu entschuldigen. Auch muß man wissen, daß die Demokratie dort am bösartigsten ist, wo sie Beifall zollt.

(An Friedrich Georg, 24. 4. 1935)

Zu meiner Belustigung lese ich in den Zeitungen, daß ich mich am Treffen der sogenannten Kriegsdichter beteiligte. Auch wenn man sich in Türmen aus Erz verschlösse, würde man den Ausdünstungen des Niederträchtigen nicht entgehen.

(An Friedrich Georg, 9. 11. 1936)

Über Ihre Anfrage zu meinem Horoskop habe ich in diesen Tagen noch einmal nachgedacht. Es scheint mir doch, daß hier das Zeichen des Krebses nicht nur, wie Sie meinen, einen rein geistigen, sondern einen sehr substantiellen Einfluß übt. Ich will Ihnen dazu noch einige Bemerkungen mitteilen, die vielleicht auch für die Rektifizierung des Geburtsdatums nützlich sind.

Der hemmende Einfluß dieses Zeichens wird mir deutlich bei sehr verschiedenen Gelegenheiten, so beim Denken, Sprechen und Entschließen, notwendigerweise also auch bei der Aktion. Sehr auffällig ist auch ein bedenkliches Zögern und Zaudern in Lagen, in denen es zuzugreifen gilt – die ärgerliche Folge ist die verpaßte Gelegenheit. Neben diesen kleinen Behinderungen gibt es auch stärkere, die sich darin ausdrücken, daß ich zuweilen eine bedeutende Position räumen muß, die ich bereits für sicher hielt. Diese Bewegung ist jedoch zum Glück nicht lediglich negativer Natur; sie bringt auch die günstigen Dinge wieder zurück. Hier gleiche ich einem Schiff, das zuweilen strandet, aber nicht zerschellt, sondern durch dieselbe Woge wieder zurückgetragen wird. Besonders in der elementaren Situation wendet sich der Einfluß des Zeichens zum Günstigen; was mich im alltäglichen Leben oft wie Ballast beschwert, gibt mir im Sturm Schwerkraft und fördert die Bewegung im gefährlichen Raum. Meine Lage bessert sich bei zunehmender Unsicherheit.

Auf diese Weise erkläre ich mir auch mein Glück im Kriege, bei dem auffälliger als alles andere der gelungene Rückzug ist. Sehr oft war ich mit vielen anderen auf einem Posten, von dem kein Entrinnen mehr möglich schien; eine starke Kraft zog mich dann glücklich zurück. In geringeren und friedlicheren Dingen äußert sich dieses Verhältnis darin, daß ich, wie man so sagt, mit einem blauen Auge davonzukommen pflege.

(An Friedrich Lindemann, Goslar 29. 10. 1935)

Kulturpolitisches Archiv.
- - - - -

Berlin, den 11. Sept. 1936
Dr.Wk./Fr.

An die
Abteilung Schrifttum,
im H a u s e!

Betrifft: Ernst J ü n g e r.

Nachdem uns die Reichsstelle zur Förderung des deutschen Schrifttums ihre ablehnende Stellungnahme zu Ernst Jünger mitgeteilt hatte, haben wir die Preuss. Geheime Staatspolizei veranlasst, nochmals sorgfältige Erhebungen über J. durchzuführen. Das Ergebnis ist, dass Jünger in den letzten Jahren politisch nicht mehr in Erscheinung getreten ist, und dass aufgrund der bisher über ihn bekannt gewordenen Tatsachen kaum Bedenken dagegen bestehen, dass er für Lesungen aus eigenen Werken herangezogen wird.

Bei der Bedeutung Jüngers und angesichts des Widerhalls, den insbesondere sein Buch " In Stahlgewittern " heute wie z. Zt. des Erscheinens h findet, machenauch wir uns die Auffassung der Gestapa zu eigen.

Heil Hitler!

Eine erste Hausdurchsuchung der Gestapo Anfang 1933 war der Auftakt zu einer durch all die Jahre der nationalsozialistischen Herrschaft betriebenen Observierung: Ernst Jünger war durch seine Beziehung zum »Nationalbolschewisten« Ernst Niekisch verdächtig geworden – andererseits wollte man sich des Kriegsbuchautors versichern, dessen Bücher weit verbreitet waren.

Als stärkster Eindruck einer solchen Fahrt, dem alle anderen sich einfügen und unterordnen, drängt sich die riesenhafte Weite auf. Man scheint sich auf Meeresarmen zu bewegen, und in den Wäldern, die ohne Lichtung die Gewässer säumen, entfaltet das Wachstum eine alles bezwingende Gewalt. An manchen Punkten glaube ich das Äußerste an Üppigkeit zu ahnen, das unsere Endzeit entfalten kann. (...) Während dieses Vorübergleitens malte ich mir ein Dasein aus, das zwischen den Armen und Inseln dieses ungeheuerlichen Deltas zu führen wäre, sei es, daß man als Jäger, Fischer, Gärtner oder einfach als Beobachter des Stromes und seiner gewaltigen Fülle lebendiger Vorgänge sich ansiedelte. Doch würde man es wohl nicht lange treiben; das Wachstum ist zu ungeheuer, als daß man ihm auf die Dauer standhielte. Man würde im reinen Sauerstoff verbrennen und müßte mit einem frühen Tode, mit geistiger und körperlicher Verheerung rechnen, mit einem Schicksal, ähnlich dem Rimbauds. (...)

Alle Erscheinungen sind außerordentlich farbig, wie Visionen auf einem dunklen Tuch. Das Gefährliche, das stark Erregende an ihnen liegt in ihrem jähen Einbruch, im Angriff auf das Bewußtsein; es wirkt in ihnen eine ungeheuerliche Macht, ein prunkvolles Aufgebot, das mit Blendung oder Beraubung des Verstandes droht. Zugleich kommt das Verhältnis von äußerer und innerer Welt ins Wanken – es scheint, als ob der Geist, mit übermäßiger Phantasie begabt, die Bilder zauberte und die Einbildung, auf Kosten des Bewußtseins triumphierend, sich selbst zu Gast lade. Und damit wächst mächtig die Versuchung, einzustimmen in diesen Wirbel von Dunkelheit und Lichtern, sich mit ihm zu vermählen, ganz in ihm aufzugehen.

Atlantische Fahrt

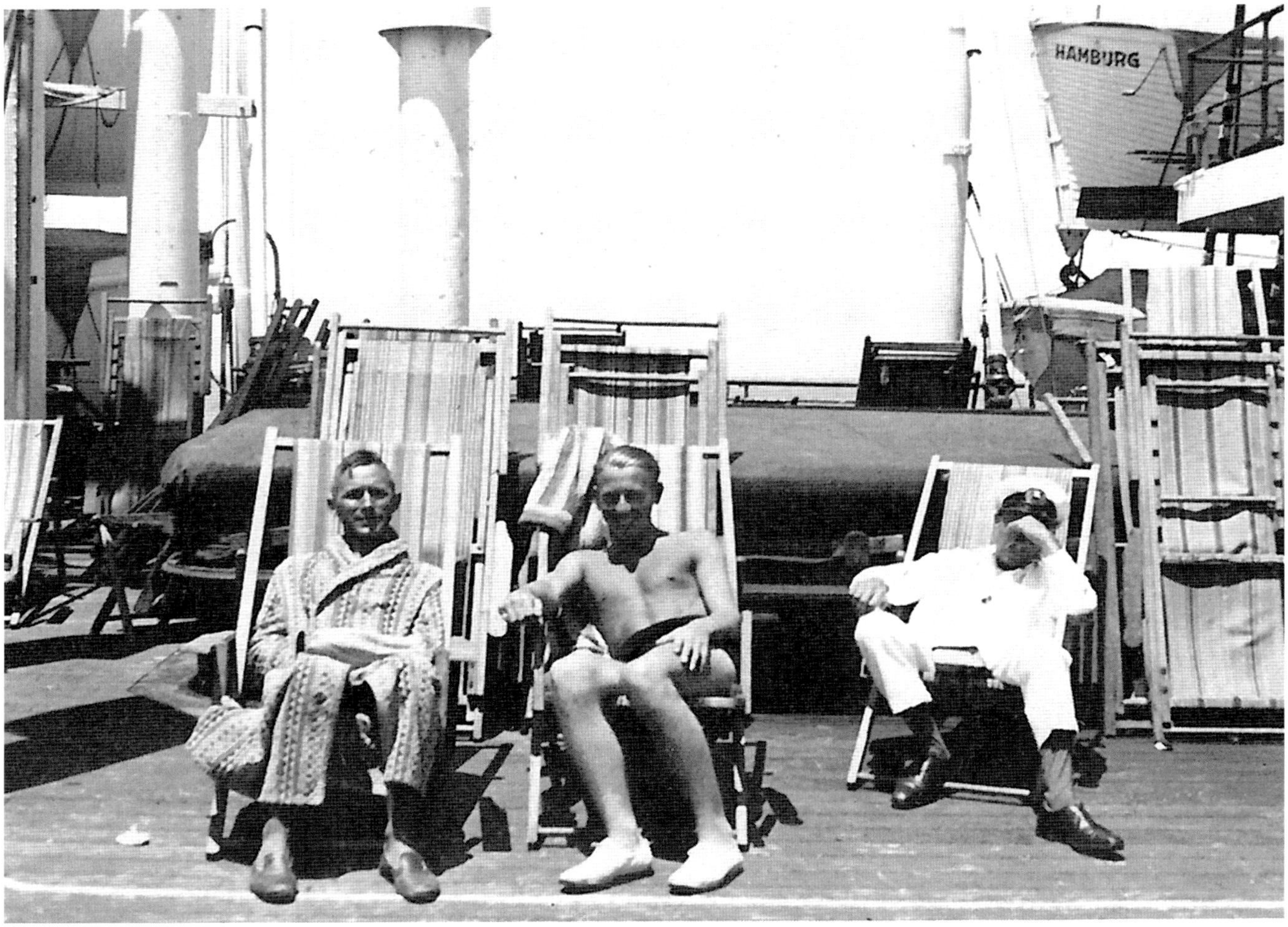

An Bord der »Monte Rosa«: Vom Oktober bis Dezember 1936 reiste Ernst Jünger in »atlantischer Fahrt« nach Brasilien. Auf dem Sonnendeck im Gespräch mit einem Passagier während der Amazonasfahrt.

In aller Frühe machte das Schiff am Kai von Bahia fest. Hier fand ich meine Vorstellungen von südamerikanischen Städten ein wenig mehr verwirklicht und die modernen Energien nicht so ausgeprägt. Der Zustand der Häuser an der Straße, die zur Oberstadt führt, hat Ähnlichkeit mit dem von Korallenriffen, man spürt die Verwitterung, den Humusgrund. In den glaslosen Fensterhöhlen hockten Papageien, und auf den Treppenstufen saßen Neger hinter Auslagen von Töpferwaren, aus Büffelhorn geschnittenen Geräten und bunten Mumien von Kolibris. (...)

... in der Straßenbahn, saß ich zwischen zwei Kindern, einem Jungen und einem Mädchen, die aus der Kirche zurückkamen, wie ihre Gebetsbücher andeuteten. In dieser dunklen Haut, den aufgeworfenen Lippen und den großen, blendend weißen Augäpfeln schien eine Art der Wohlgeratenheit zu schimmern, auf die ich nicht vorbereitet war. Indem ich sie betrachtete, belebten sich die Gesichter durch das unter ihnen strömende Blut und blühten in Sammet- und Purpurtönen auf. Der Vorgang steigerte sich zu einer Art von Durchsichtigkeit, zu einer durchleuchteten Sauberkeit der inneren Gewebe, die mich lebhaft ergriff. Zu dieser physiognomischen Wahrnehmung gesellte sich eine zweite und stärkere – die Ahnung nämlich, daß diese Geschöpfe, die da so ruhig vor sich hinzudämmern schienen, in Wahrheit auf das lebhafteste beschäftigt waren, und zwar beschäftigt mit einer inneren Heiterkeit oder mit einem naiven Erstaunen, das in demselben Maße, in dem ich es spürte, zu wachsen schien.

Atlantische Fahrt

Zum Landgang nach Bahia. Ernst Jünger in der Bildmitte mit Strohhut.

Das Weinberghaus, die »Rautenklause«, wie Ernst Jünger sein Domizil am Bodensee im Roman »Auf den Marmorklippen« (1939) nannte. Er lebte dort mit seiner Familie vom Dezember 1936 bis zu seiner Übersiedlung nach Kirchhorst im April 1939. Das Atmosphärische der Überlinger Zeit ist in Jüngers berühmtestem erzählerischen Werk durchgängig spürbar. Der Bruder Friedrich Georg (»Otho«) war häufig zu Gast.

Im Überlinger Garten: (von links) Friedrich Georg, Oskar Kius, ein Offizierskamerad des Ersten Weltkriegs (»In Stahlgewittern«), Ernst Jünger, Margarete Kius, Gretha Jünger mit dem Sohn Alexander.

Sonst aber lebten wir in unserer Rautenklause tagaus, tagein in großer Eingezogenheit. Die Klause stand am Rand der Marmorklippen, inmitten einer der Felseninseln, wie man sie hier und dort das Rebland durchbrechen sieht. Ihr Garten war in schmalen Bänken aus dem Gestein gespart, und an den Rändern seiner locker aufgeführten Mauern hatten sich die wilden Kräuter angesiedelt, wie sie im fetten Weinbergland gedeihen. Hier blühte im frühen Jahr die blaue Perlentraube der Muskathyazinthe, und im Herbst erfreute uns die Judenkirsche mit ihrer gleich roten Lampionen leuchtenden Frucht. Zu allen Zeiten aber säumten Haus und Garten die silbergrünen Rautenbüsche, denen bei hohem Sonnenstande wirbelnd ein krauser Duft entstieg.

Auf den Marmorklippen

Das Gärtchen, das zum Haus gehört, erscheint, wenn man es ansieht, winzig klein, dagegen recht beträchtlich, wenn man es umzugraben beginnt, wie ich es jetzt tue, ehe Du die nötigen Direktiven erteilen wirst. Wir leben hier, zwar garnicht entlegen, aber doch recht einsam, etwa zwanzig Minuten von der Stadt. Der Menschenschlag ist dem sächsischen vorzuziehn. Den anderen Boden spüre ich auch daran, daß mich abends Weindurst befällt. Deine Zelle, klein, aber die wenigen Möbel fassend, deren der Mensch bedarf, und vor allem mit dem köstlichen Blick nach Süden hinaus, ist noch beim Austrocknen; sie wird jedoch Anfang Februar beziehbar sein. Ich glaube, daß es Dir hier schon gefallen wird.

(An Friedrich Georg, 7. 1. 1937)

Am Mikroskop (Überlingen 1937).

Ihr alle kennt die wilde Schwermut, die uns bei der Erinnerung an Zeiten des Glücks ergreift. Wie unwiderruflich sind sie doch dahin, und unbarmherziger sind wir von ihnen getrennt als durch alle Entfernungen. Auch treten im Nachglanz die Bilder lockender hervor; wir denken an sie wie an den Körper einer toten Geliebten zurück, der tief in der Erde ruht und der uns nun gleich einer Wüstenspiegelung in einer höheren und geistigeren Pracht erschauern läßt. Und immer wieder tasten wir in unseren durstigen Träumen dem Vergangenen in jeder Einzelheit, in jeder Falte nach. Dann will es uns scheinen, als hätten wir das Maß des Lebens und der Liebe nicht bis zum Rand gefüllt gehabt, doch keine Reue bringt das Versäumte zurück. O möchte dieses Gefühl uns doch für jeden Augenblick des Glückes eine Lehre sein.

Und süßer noch wird die Erinnerung an unsere Mond- und Sonnenjahre, wenn jäher Schrecken sie beendete. Dann erst begreifen wir, wie sehr es schon ein Glücksfall für uns Menschen ist, wenn wir in unseren kleinen Gemeinschaften dahinleben, unter friedlichem Dach, bei guten Gesprächen und mit liebevollem Gruß am Morgen und zur Nacht. Ach, stets zu spät erkennen wir, daß damit schon das Füllhorn reich für uns geöffnet war.

So denke ich auch an die Zeiten, in denen wir an der großen Marina lebten, zurück – erst die Erinnerung treibt ihren Zauber hervor. Damals freilich schien manche Sorge, mancher Kummer uns die Tage zu verdunkeln, und vor allem waren wir vor dem Oberförster auf der Hut.

Auf den Marmorklippen

Wenn die Landschaft am Bodensee auch anders ist, so finde ich sie doch der Arbeit fast zuträglicher als den Harz. Vor allem muß man heute zuweilen die Menschen wechseln; sie gleichen Garnituren, die allzubald abgetragen sind.

Als besonderer Vorzug wäre die Lage an der Südseite zu nennen; in Goslar wohnte ich am Nordhange. Ferner wurde mir dort der Betrieb der Durchreisenden allmählich zu bunt; hier bin ich weitab von den großen Linien und auch entfernter vom Ort. Während meines Aufenthalts habe ich noch mit niemand gesprochen, kaum in die Zeitung gesehen, kein Radio gehört. Arbeit habe ich für so lange Zeit im Kopf, daß ich jede Belagerung und Aushungerung in geistigen Dingen zu überstehen vermag. Ich bin da völlig autark.

(An Ernst Niekisch, 3. 3. 1937)

Der Schriftsteller Joseph Breitbach (1903–1980) lebte von 1929 an in Paris und in der Normandie. Er bemühte sich als Publizist, Erzähler und Dramatiker um die deutsch-französische Verständigung. 1940 wurde seine Bibliothek in Paris von der Gestapo beschlagnahmt, dabei ging ein Teil seiner Manuskripte verloren. Im Zentrum seines Werkes steht die Psychologie der Macht. Durch Breitbach lernte Ernst Jünger eine Reihe französischer Autoren kennen.

Julien Green (1900–1998), französischer Schriftsteller, der sich in seinen zahlreichen Romanen und Theaterstücken mit dem Phänomen des Bösen, aber auch mit der Sehnsucht der Menschen nach einer höheren Ordnung auseinandersetzte.

Wie meine Karte Ihnen bereits ankündigte, traf ich wohlbehalten am Bodensee wieder ein, wie ein Bergmann, der aus dem Venusberg ausgefahren ist. Die, wenn auch flüchtigen, Einblicke waren für mich nicht ohne Wert. Ich werde sie in meinem Innern bewahren wie Herodot, wenn er bei der Erzählung seiner Reisen die Mysterien erwähnt. Zu meinen Maximen gehört, daß alles auf dieser Welt mich erstaunen und nichts mich befremden soll. Ich würde mehr darüber schreiben, wenn mich nicht ein Kummer ergriffen hätte, der mich hoffentlich bald verläßt.

Julien Green war so freundlich, mir einige seiner Werke zu übersenden. Er gehört zu den wenigen Autoren, mit denen ich mich beschäftige. Ich begann bereits, in seinem »Journal« zu lesen, und es fiel mir darin die Stelle über den Äther auf. Ich schrieb ihm soeben, daß ich auf diesem gefährlichen Grenzstrich manche Erfahrung sammelte und erwähnte dabei den Aufsatz von Maupassant, den er indessen wahrscheinlich schon kennt. Dabei fällt mir ein, daß Green wahrscheinlich zu denen gehört, denen die »Zollstation« einleuchtet. (...)

Es freute mich sehr, daß ich Sie im Besitze eines hohen Maßes an geistiger Freiheit traf. Die Schätzung des freien Wuchses ist vielleicht der einzige Punkt, hinsichtlich dessen ich Moralist geblieben bin. Auch halte ich es für günstig, daß Sie einen gewissen Degout an den Pariser Verhältnissen empfinden – das wird Ihnen zur Arbeit dienlich sein.

(An Joseph Breitbach, 13. 7. 1938)

Begegnungen mit berühmten Männern sind nicht unbedenklich; sie führen leicht zum Verlust einer Illusion. Das ist begreiflich, wenn wir die Emanation bedenken, mit der ihr Werk uns berührt. Wir treten mit hohen Erwartungen an sie heran. Dem standzuhalten, muß zu ihrem Talent noch ein persönlicher Zauber hinzukommen.

Dieser Zauber war André Gide verliehen, wie alle bestätigen, die ihn gekannt haben. Auch mich hat seine starke menschliche Nähe ergriffen an einem Tag, an dem ich vor Jahren bei ihm zu Gaste war. Ich frage mich in der Erinnerung, worauf dieser Eindruck beruhen mochte, und finde, daß sich zu ihm zwei entgegengesetzte Eigenschaften verbunden und ergänzt haben. Einmal war es ein junger, heiterer Mensch, mit dem man zu sprechen meinte, etwa ein Hirt in seiner freien Natürlichkeit. Dann wieder konnte er Züge eines alten Weisen, vielleicht eines gütigen Chinesen, annehmen, eines gelehrten Mandarins, der sich beim Tee mit seinen Gästen über Ideogramme unterhält. Es will mir scheinen, als ob ich nur in solchen Augenblicken bemerkte, daß er eine Brille trug. Diese Polarität, in der Jugend und Alter sich durchdrangen, war bezeichnend für ihn. (...)

Was wird man in hundert Jahren wissen von diesem Werk? Darüber läßt sich streiten – ich möchte glauben, daß auch dann das große »Journal« nicht zu entbehren sein wird für Geister, die sich rückblickend den feineren Strukturen unserer Zeit zuwenden. Was die Aufzeichnungen der Goncourts für unsere Kenntnis der zweiten Hälfte des 19. Jahrhunderts bedeutet haben, das setzen die von André Gide bis in die Mitte des 20. fort. Da wird man wie auf dem Lithographenschiefer aus zartesten Abdrücken erraten können, was uns beschäftigte und uns zu denken gab. Es ist wohl möglich, daß dem Leser des 21. Jahrhunderts dann manches verschlossen sein, doch vieles auch weniger problematisch erscheinen wird, weil es inzwischen zu Lösungen gekommen ist. Eines wird er jedoch gewiß bestätigen: daß in unserer Zeit nicht leicht zu leben war. (...)

Nachruf auf André Gide

André Gide (1869–1951), Aufnahme um 1928.
Im Sommer 1938, während seines Aufenthaltes in Paris, besuchte Ernst Jünger den Schriftsteller André Gide. Gide schätzte vor allem Jüngers Buch »In Stahlgewittern», wie seine Tagebucheintragung vom 1. Dezember 1942 belegt: »Das Buch Ernst Jüngers über den Krieg von 1914, ›In Stahlgewittern‹, ist unstreitig das schönste Kriegsbuch, das ich kenne; vollständig gutgläubig, wahrheitsgemäß, ehrlich. Ich bedauere aufrichtig, es (ebenso wie jenes andere, das ich in Sidi Bou Saïd las: ›Gärten und Straßen‹) nicht gekannt zu haben, als er mich in der Rue Vaneau besuchte (er erwähnt diesen Besuch in dem letzteren Buch). Ich hätte mich ganz anders mit ihm unterhalten.«

Alfred Kubins Haus in Zwickledt in Oberösterreich (1924).

Kubin mit seiner Frau im Garten seines Hauses in Zwickledt (Aufnahme von 1924).

Am nächsten Morgen fuhr ich dann über Nürnberg nach Passau und blieb dort über Nacht. Während des letzten Teiles der Fahrt kann man bereits spüren, daß man der magischen Residenz des Meisters Kubin näher kommt; die Landschaft beginnt einen Eindruck zu erwecken, der sich wohl am besten mit unserem Wort von den »böhmischen Dörfern« andeuten läßt. Unmerklich, aber tief dringen uns fremdartige, östliche Elemente in sie ein, vielleicht sogar letzte balkanische Ausläufer.

Diese Vorstellung wurde mir noch deutlicher, als Kubin mich am anderen Vormittag in Wernstein vom Bahnhof abholte. Er trug einen kurzen Radmantel um die Schultern und sah etwas größer und voller aus, als ich es erwartet hatte. Umgekehrt hatte er sich gedacht, daß ich wie ein Recke aus Artus' Tafelrunde bei ihm einziehen würde. Wir stiegen dann durch ein Seitental nach Zwickledt hinauf und machten unterwegs, um eine invalide Stampfmühle zu betrachten, einen kurzen Aufenthalt.

Das Haus oder Schlößchen, das Kubin seit über dreißig Jahren bewohnt, eben das mit einem kleinen Glockenstuhl geschmückte Zwickledt, stellte sich als ein äußerst verwohntes, vielleicht aber gerade deshalb um so gemütlicheres Gehäuse dar. Es scheint, daß der Besitzer die Mauern und Möbel soviel wie möglich ihrem eigenen Leben überläßt und daß die Zeit recht ungestört an ihnen arbeiten soll, so wie man Früchte in Weingeist setzt, damit er ihnen das Aroma entzieht. Dies fand ich recht spürbar; so war es, als ob der Kalk an den kahlen Wänden als eine Art von feiner, kreidiger Paste sich voll von dem Fluidum gesogen hätte, wie es das Bewohnen erzeugt. Auch die Möbel sind in diesem Sinne merkwürdig; so fiel mir ein roter, verschlissener, aber sorgfältig gehegter Sessel auf, dann die von Würmern benagte Platte des Arbeitstisches, ein Schirmständer aus bemaltem Porzellan, eine Sammlung von Nippsachen und dergleichen mehr.

Sehr in dieser Ordnung schien es mir, daß die in alten Rahmen hängenden Spiegel, die ich auf den Fluren und in den Zimmern sah, gänzlich erblindet waren; die Folie war gekräuselt und wie von zahllosen Regentropfen betupft.

Ich blieb in Zwickledt einen Tag, den wir mit Essen, Trinken, Schlafen und dem Betrachten von Bildern und alten Photographien recht angenehm zubrachten. Kubin schätzt das behagliche Leben; er läßt in den Schlafzimmern einheizen, der Gemütlichkeit wegen auch abends warm servieren und dergleichen mehr. Seine Frau war gerade verreist, dafür sorgten zwei Mägde für unsere Bequemlichkeit. Für Kubin ist die matriarchalische Verfassung, wie sie etwa von Hoffmann in »Datura fastuosa« so verlockend geschildert wird, die einzig angemessene. Es gibt darüber hinaus vielleicht Naturen, die in gewissem Sinne nie aus dem embryonalen Leben hinausfinden, und vielleicht hängt damit auch das Bestreben zusammen, sich in das Haus einzuspinnen wie in einen Leib. Ebenso wurde mir unter diesem Winkel sogleich sehr deutlich seine ungemeine Sensibilität, ein gesteigerter Hautsinn, wie ihn der Hase in seinen Tasthaaren oder die Fledermaus in ihren Ohren besitzt. Dieser ängstlichen Witterung entspricht dann wieder eine lebhafte Munterkeit nach vollzogener Sicherung; so überraschte er mich einige Male, indem er mich bei einer treffenden Bemerkung schnell und vertraulich mit dem Finger antippte. Übrigens erzählte er mir, daß es zu seinen Schwächen gehöre, in einem veralteten Lexikon die Namen von Krankheiten nachzuschlagen, deren Symptome er sich dann einbildet, sodaß seine Frau ihm schon prophezeien mußte, daß er gewiß noch einmal am Kindbettfieber eingehen würde. Auch ist er leicht geneigt, an verzweigte Konspirationen, etwa der Postbeamten, zu glauben, die gegen ihn und seine Sicherheit gerichtet sind.

Am Abend unterhielten wir uns bei einer Flasche Sekt über dies und jenes, so auch über eine Gründung von Silberfuchsfarmen, die seine Phantasie lebhaft

Widmung Kubins für Ernst Jünger in seinem Roman »Die andere Seite«, mit einer Originalzeichnung auf dem Titelblatt.

beschäftigte. Es handelte sich dabei nach Zeitungsberichten um einen über die ganze Welt verzweigten Konzern mit eigenen Zuchtfüchsen, Tierärzten, Terrains, der aber nur in den Köpfen einiger Schwindler existierte, die seit Jahren Beiträge dafür einzogen, bis sich dann das ganze Unternehmen wie Rauch verflüchtigte. Nachrichten dieser Art üben auf Kubin eine ungemein anregende Wirkung aus. Dem entspricht auch seine Teilnahme für ganz bestimmte historische Abschnitte und Persönlichkeiten, wie die des dritten Napoleon. Diese Teilnahme steigert sich noch, wenn auf irgendeine Weise das Exotische in die Dinge einzuspielen beginnt, wie etwa bei Maximilian von Mexiko oder bei Abdul Hamid, dem letzten Sultan der Türkei. (...)

Ich dachte auf dem Heimwege über dieses und anderes, das mir an ihm aufgefallen war, nach, und es wurde mir dabei das gewaltige Reich des Schwundes ein wenig deutlicher. Kubin bewegt sich in den Vorhöfen, von denen die Residenz des Königs Tod umgeben ist, und dazu gehört doch letzten Endes die ganze Welt. Er kennt den Genuß, den das Leben gerade unter dem Aspekt des Vergänglichen gewährt, und er ist mit der Morbidezza der Dinge vertraut, die ja alle bestimmt sind, früher oder später Triumphstücke des Todes zu sein. Ich dachte an das Breughelsche Bild vom Babylonischen Turm, an dem hier mit Macht und hohen Plänen gearbeitet wird, während er dort bereits, ohne daß jemand darauf achtet, zerbröckelt und zerfällt. Insofern Kubin das weiß, weiß er mehr, als man in unserer so planmäßigen Zeit begreift und wohl auch vertragen kann, er gilt daher auch als nicht positiv. Ich hatte indessen den Eindruck, daß er sich darüber durch eine sehr angenehme Art von geheimer Ironie zu trösten versteht.

(An Friedrich Georg, 27. 11. 1937)

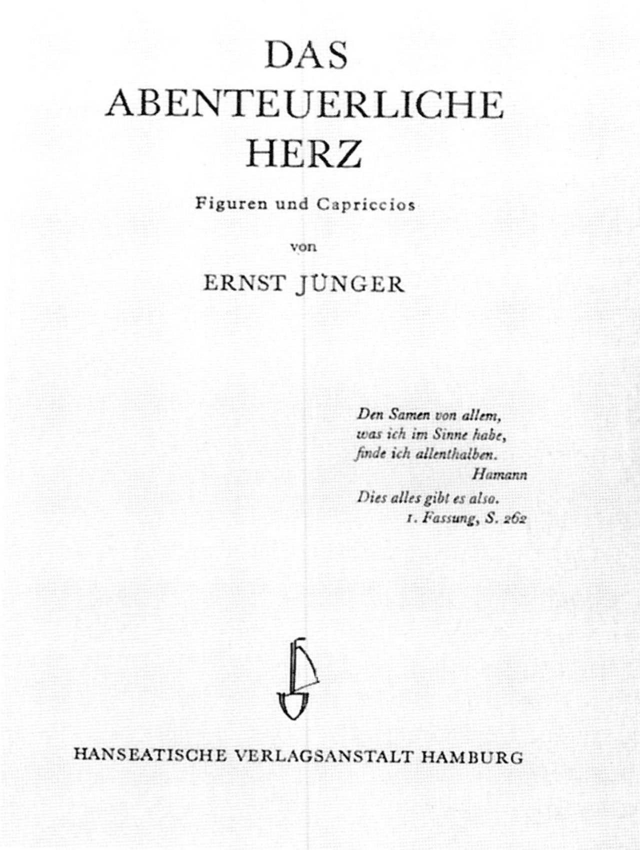

DAS
ABENTEUERLICHE
HERZ

Figuren und Capriccios

von

ERNST JÜNGER

Den Samen von allem,
was ich im Sinne habe,
finde ich allenthalben.
Hamann
Dies alles gibt es also.
1. Fassung, S. 262

HANSEATISCHE VERLAGSANSTALT HAMBURG

Es scheint mir, daß ich während der letzten Jahre gerade in bezug auf jenen Kunstgriff der Sprache, der das Wort erhellt und durchsichtig macht, manches gelernt habe. Ihn vor allem halte ich für geeignet, einen Zwiespalt zu lösen, der uns oft heftig ergreift – den Zwiespalt, der zwischen der Oberfläche und der Tiefe des Lebens besteht. Oft scheint uns der Sinn der Tiefe darin zu liegen, die Oberfläche zu erzeugen, die regenbogenfarbige Haut der Welt, deren Anblick uns brennend bewegt. Dann wiederum scheint dieses bunte Muster uns nur aus Zeichen und Buchstaben gefügt, durch welche die Tiefe zu uns von ihren Geheimnissen spricht. So packt uns, ob wir draußen oder drinnen leben, der Schmerz dessen an, der, wohin er sich wende, sich von herrlichen Gütern abwendet. Unruhe befällt uns während der strengen Genüsse der Einsamkeit wie an den festlich gedeckten Tafeln der Welt.

Das Abenteuerliche Herz. Zweite Fassung

Deine Anmerkungen zum »Abenteuerlichen Herz« kamen mir gelegen, da ich Ende Januar mit der Arbeit, die ich freilich nach Belieben fortsetzen könnte, abschließe. Im Manuskript sind viele Stücke, die noch stärker sind. (...) Vor allem lege ich Wert darauf, daß das Ganze einen imperialen Zug besitzt, und dieser liegt in den Atomen, nicht aber in den Sujets. Ich glaube, die Nivellierung hier um einen entscheidenden Schritt weiterzutreiben, durch den die Welt zugleich einfacher und wunderbarer erscheint. Es handelt sich dabei um die vollkommene Präsenz und Einheit des Geistes bei Tag und Nacht, im Wachen und im Traum, in allen Grenzen und Entfernungen, in allen Zuständen der Illusion und der Materie. Ich glaube, daß mir das am Modell gelungen ist, was wohl nur auf diese abbreviatorische Weise möglich war, denn sonst hätten Bibliotheken nicht genügt. Ich möchte die Prosa in einer neuen Potenz handhaben und sie bis an die Grenzen der Zauberei vortreiben. In diesem Überlinger Jahr habe ich wieder eine gute Entfernung zurückgelegt und glaube in Bezirke eingedrungen zu sein, die vor mir noch keiner gesehen hat. Ich werde jetzt behutsamer weiterschreiten, weniger aus Gründen der Sicherheit als aus solchen der Perfektion.

(An Friedrich Georg, 6. 1. 1938)

An Brombeerranken hing ein glänzender Julodis, auch eine Erscheinung, die am Rande unserer Fauna steht. Die Farbe des Tieres nimmt es mit dem reinsten Dukatengolde auf. Den Flügeln sind drei erhabene Linien, die sich in krause Runzeln verlieren, aufgeprägt. Daneben breite, nachlässig aufgelegte Streifen aus schwefelgelbem Filz. Das Gold verdunkelt sich auf der Unterseite matt purpurviolett. Es bleibt doch immer eine Lust, ein solches Tier, mit dem man sich seit vielen Jahren beschäftigte, zum ersten Male zu sehen und in der Hand zu halten; auch ein Gefühl dabei, als ob nun wieder ein Stückchen Lebensstoff wohl abgesponnen sei. All diese Formen, diese Wunderwesen entdecken wir ja in uns, als unbekannte Inseln und Zauberklippen in unserem inneren Archipel. Daher das Glück und auch der Schauder, der uns bei ihrem Anblick überfällt.

Ein Inselfrühling

Ernst Jünger, Überlingen 1937.

1938 erschien »Das Abenteuerliche Herz. Figuren und Capriccios«, das von Ernst Jünger als »Zweite Fassung« bezeichnet wurde.

Im Frühjahr 1938 reiste Ernst Jünger (vorne im Bild) mit Friedrich Georg (hinten Mitte) nach Rhodos. Das Reisetagebuch »Ein Inselfrühling« (Erstveröffentlichung 1948) vermerkte auch die Bekanntschaft mit einem Zahnarzt Krebs und seiner Frau.

Im April 1939 zog Ernst Jünger mit seiner Familie in den Norden zurück, nach Kirchhorst bei Hannover. Im ehemaligen Pfarrhaus vollendete er seinen Roman »Auf den Marmorklippen«.

Hier fehlt der schöne Badestrand uns sehr. Doch gehe ich mit Bruder Tiefgeist oft zu einem kleinen Ententeiche, den einige Binsen und Rohrkolben umgeben, und in dessen Ufer die Kühe Löcher getreten haben. Auch riecht er ein wenig modrig, oder wie Zita auf alemannisch sagen würde: michtelig. Dort nehmen wir bescheiden unser Bad und liegen dann auf dem Rücken und sehen den Störchen zu. Sie fliegen über uns hinweg nach einem Orte, der sich Neu-Warmbüchen nennt, und sind sehr ungehalten, uns in ihrem Frosch-Revier zu sehn.

Bald geht die schöne Pilzzeit wieder an. Dann stellen wir den krausen Glücken, den reizenden Reizgern und den dunklen Totentrompeten nach. Vielleicht erbeuten wir auch die delikate Lorchel, die wir mit Rührei braten – doch fehlt uns leider, um den Genuß perfekt zu machen, der Most dazu. Zwar bin ich hier Besitzer eines großen Weinstockes, der fast die ganze Front des Hauses überwuchert, doch werden, wie ich vermute, die Trauben höchstens zum Purgieren gut.

(An Aenner [Anna] Weickhardt, 8. 7. 1939)

Wir standen hinter einem kleinen Busche, der feuerrote Beeren trug, und schauten auf die Rodung von Köppelsbleek hinaus. Das Wetter hatte sich geändert, denn wir erblickten von den Nebelschwaden, die uns seit den Marmorklippen begleitet hatten, hier keine Spur. Die Dinge traten vielmehr in voller Deutlichkeit hervor, so wie im Zentrum eines Wirbelsturmes, in stiller und unbewegter Luft. Auch waren die Vogelstimmen nun verstummt, und nur ein Kuckuck lichterte, wie es die Sitte seiner Sippschaft ist, am dunklen Waldrand hin und her.

Über dem dunklen Tore war am Giebelfeld ein Schädel festgenagelt, der dort im fahlen Lichte die Zähne bleckte und mit Grinsen zum Eintritt aufzufordern schien. Wie eine Kette im Kleinod endet, so schloß in ihm ein schmaler Giebelfries, der wie aus braunen Spinnen gebildet schien. Doch gleich errieten wir, daß er aus Menschenhänden an die Mauer geheftet war. Wir sahen das so deutlich, daß wir den kleinen Pflock erkannten, der durch den Teller einer jeden getrieben war.

Auch an den Bäumen, die die Rodung säumten, bleichten die Totenköpfe, von denen mancher, dem in den Augenhöhlen schon Moos gewachsen war, mit dunklem Lächeln uns zu mustern schien. Es war ganz still bis auf den tollen Tanz, mit dem der Kuckuck um die Schädelbleiche lichterte. Ich hörte, wie Bruder Otho, halb träumend, flüsterte: »Ja, das ist Köppelsbleek.«

Das Innere der Scheune lag fast im Dunkel, und wir erkannten nur dicht am Eingang eine Schinderbank mit aufgespannter Haut. Dahinter schimmerten noch bleiche, schwammige Massen aus dem finsteren Grund. (...)

Das sind die Keller, darauf die stolzen Schlösser der Tyrannis sich erheben und über denen man die Wohlgerüche ihrer Feste sich kräuseln sieht: Stankhöhlen grauenhafter Sorte, darinnen auf alle Ewigkeit verworfenes Gelichter sich an der Schändung der Menschenwürde und Menschenfreiheit schauerlich ergötzt.

Auf den Marmorklippen

Nun brach für uns an der Marina eine sonderbare Zeit heran. Indes die Untat im Lande wie ein Pilzgeflecht im morschen Holze wucherte, versenkten wir uns immer tiefer in das Mysterium der Blumen, und ihre Kelche schienen uns größer und leuchtender als sonst. Vor allem aber setzten wir unsere Arbeit an der Sprache fort, denn wir erkannten im Wort die Zauberklinge, vor deren Strahlen die Tyrannenmacht erblaßt. Dreieinig sind das Wort, die Freiheit und der Geist.

Auf den Marmorklippen

»Auf den Marmorklippen«: Manuskriptseite. Der Roman erschien im Herbst 1939 bei der Hanseatischen Verlagsanstalt in Hamburg. Wie unerhört es war, daß dieses Buch, in dem ganz offen die Welt der Konzentrationslager dargestellt ist, im nationalsozialistischen Deutschland gedruckt werden konnte, wurde im Ausland sogleich erkannt. Die Zensur, an ihrer Spitze der »Reichsleiter« Bouhler, intervenierte, Hitler aber, der Jünger für immer auf den Kriegsbuchautor festgelegt hatte, wies das Verbotsersuchen zurück.
Der Roman geht auf einen Traum zurück, in dem Ernst Jünger prophetisch den Untergang einer ganzen Kultur geschaut hatte. Der Logik des Traumes entsprechend sind politische Realität, eigene Erfahrung und Vision ununterscheidbar vermischt.

Ernst Jüngers Kompanie beim Abmarsch aus Celle. Der Kompanieführer oben Mitte, den Soldaten zugewandt.

Ernst Jünger wurde am 30. August 1939 nach Celle einberufen, um sich dann im Regiment 19 in Blankenburg und in Hannover-Bothfeld auf den Fronteinsatz vorzubereiten. Im November übernahm er einen Abschnitt des Westwalls am Oberrhein bei Greffern, später bei Iffezheim.

Die Menschenordnung gleicht dem Kosmos darin, daß sie von Zeit zu Zeiten, um sich von neuem zu gebären, ins Feuer tauchen muß.

Auf den Marmorklippen

Um neun Uhr morgens, als ich im Bette behaglich im Herodot studierte, brachte Louise den Mobilmachungsbefehl herauf, der mich zum 30. August nach Celle einberuft und den ich ohne große Überraschung empfing, da sich das Bild des Krieges von Monat zu Monat und von Woche zu Woche schärfer abzeichnete.

Gärten und Straßen

In der Betrachtung steckt Freiheit, ja Souveränität. Im Maß, in dem es dem Menschen glückt, sich seine Lage »darzustellen«, sie zum Gegenstande seines betrachtenden Geistes zu machen, löst er sich aus ihr und erhebt sich über sie.

Zum Beispiel liegt es kaum in der Freiheit des Einzelnen, daß der Staat ihn auf seine Schlachtfelder schickt. Wohl aber liegt es in seiner Freiheit, den Standort des Beobachters einzunehmen, und damit stellt er den Staat in seine Dienste, etwa als Veranstalter gewaltiger Schauspiele. Das wird ihm freilich nur möglich werden, wenn er zuvor in seiner inneren Arena den Triumph über die Furcht errungen hat. Daher sind der Beobachter immer nur wenige.

Sgraffiti

Am 6. November, um zwei Uhr morgens, fuhren wir von Bergen ab. Der dunkle Trubel, der beim Verladen üblich ist, berührte mich wie eine erste Wiedergeburt der Dinge aus dem Weltkriege. Sehr deutlich flog mich dabei auch ein Schauer, ein Strahl von kalter Dämonenarbeit, an, besonders beim Klirren der Hämmer und Ketten, das durch die Eisluft schnitt. Der Atem, der in weißen Wölkchen, wie Watte, vorm Munde der Menschen, vor den Nüstern der Tiere stand. Jetzt scheuen vor einer Küche die Pferde, daß die Funken stieben, und emsig bildet sich ein schwarzes Grüppchen, um auszuspannen und sich vorzuschirren – Ameisen, die mit der Bergung ihrer Güter und ihrer Symbionten beschäftigt sind. In solchen Augenblicken sieht man ein wenig schärfer, wieviel an Trieb im Leben ist.

Gedanke: die bleichen Eintagsfliegenschwärme, mit deren Körpern der Weltmechanikus die Achsen schmiert. Sie klatschen an das kalte Eisen an.

Gärten und Straßen

Beendet: Boëthius' »Consolationes«, die ich im Bahnhof von Karlsruhe inmitten Betrunkener zu lesen begann. Der Gipfel des Werkes liegt in der Zuordnung von freiem Willen und göttlicher Fügung – Boëthius verlegt den freien Willen in die Zeit, die Fügung aber in die Ewigkeit. Da wir in beiden leben, so schalten wir in unseren Taten in voller Freiheit, und dennoch sind sie zugleich in jeder Einzelheit vorherbestimmt. Auf diese Weise untersteht der Handelnde zwei Qualitäten, von denen die eine der anderen unendlich überlegen ist. Im höheren Rahmen mögen wir uns bewegen, wie wir wollen, dennoch verharren wir in ihm. In allem ist, wie ein Gewürz, auf wunderbare Weise zugleich die Ewigkeit.

Gärten und Straßen

Vierter Band von Herodots Geschichte in der deutschen Übertragung von Johann Friedrich Degen (1789) aus Ernst Jüngers Bibliothek.

Die Eigenart der Werke tritt nicht so scharf hervor, wenn man in ihnen wohnt. Sie wurde mir erst deutlich, als ich gestern den Bunker 14 unweit vom Zollhaus Greffern revidierte, den die Besatzung verlassen hat. Als ich mit großer Mühe die ungeheuere Stahltür geöffnet hatte und in die Betongruft hinabgestiegen war, stand ich zwischen den Maschinenwaffen, den Entlüftern, den Handgranaten und der Munition allein und hielt den Atem an. Zuweilen fiel ein Tropfen von der Decke, oder es läutete in verschiedenen Signalen das Festungstelefon. Hier erst erkannte ich den Ort als Wohnsitz eisenkundiger Zyklopen, denen das innere Auge fehlt – ganz ähnlich wie man in den Museen oft Gegenstände schärfer in ihrem Sinn erkennt als jene, die sie vor langer Zeit benutzten und fertigten. So war ich, wie im Inneren der Pyramiden oder in der Tiefe der Katakomben, dem Zeitgeist konfrontiert, den ich wie ein Idol ganz ohne den bewegten Schimmer der technischen Finessen sah und dessen ungeheure Stärke ich begriff.

Gärten und Straßen

Da die Franzosen im Panzerwerk »Roter Rhein« auch heute morgen wieder grundlos eine Serie von Schüssen auf unsere Stellung abgegeben hatten und ich ihnen überhaupt von meinem Geburtstag her noch gram bin, ließ ich am Nachmittag zweihundertfünfzig Schuß Hartmunition mit Leuchtspur auf ihre Scharte feuern, aus der die Öffnung eines Maschinengewehrs blinkte. Ich saß mit Spinelli am Scherenfernrohr, und Erichson war am Gewehr. Er lenkte die Geschosse wie glühende Pfeile auf den Turm und fädelte sie dann in die Scharte ein, in der sie mit zähem weißem Qualm phosphorisch sprühend zersplitterten.

Gärten und Straßen

Was mich betrifft, so habe ich während der letzten Monate meist in den Bunkern der Oberrheinfront gehaust. Außer den kleinen Schießereien, die Sie ja wohl auch kennen, geschieht dort nichts von Belang. Ich führe hier, wie schon vor zwanzig Jahren, eine Kompanie, und diese Tätigkeit ist mir auch die liebste, weil sie wohl die anschaulichste ist, die man innerhalb der Armee finden kann. Mein Ehrgeiz, soweit er sich auf militärische Dinge richtet, ist heute erloschen; und damit lebe ich in einem Zustande der Selbstgenügsamkeit. Ich bin zufrieden, wenn man mich weder bedrückt noch auszeichnet und fechte aus einem Bedürfnis nach Sauberkeit. Wo gefochten wird, darf man noch hoffen, am wenigsten jenen Menschen zu begegnen, deren Nähe so widrig ist. Ich habe schon das Wort »deutsch« aus allen meinen Büchern gestrichen, damit ich es nicht mit ihnen teilen muß. So zieht man während einer Inflation das Gold zurück.

(An Manfred Schwarz, 24. 3. 1940)

Am Westwall.
Februar 1940.

Kompaniechef Jünger als Beobachter am Scherenfernrohr (Westwall 1940). Im Visier die französischen Stellungen am Altrhein.

In der vorderen Bunkerstellung bei Greffern im Januar 1940. Ernst Jünger mit Adjutant Berthold.

Frankreichfeldzug 1940. Hauptmann Jünger als Kompanieführer zu Pferd.

An gewissen Scheidewegen unserer Jugend könnten uns Bellona und Athene erscheinen – die eine mit dem Versprechen, uns die Kunst zu lehren, wie man zwanzig Regimenter ins Treffen führt, so daß sie zur Schlacht zur Stelle sind, während die andere uns die Gabe verhieße, zwanzig Worte so zu fügen, daß ein vollkommener Satz durch sie gebildet wird. Es könnte sein, daß wir den zweiten Lorbeer wählen, der seltener und unsichtbarer am Felshang blüht.

Gärten und Straßen

Das erste der sechs Tagebücher, »Gärten und Straßen«, schildert den deutschen Vormarsch durch Frankreich und wurde bald darauf bekannt. Ich liebte damals, durch Vexierbilder für Menschen oder solche, die es bleiben wollten, die Lage anzudeuten, und zu ihnen gehörte die Erwähnung des 73. Psalms. Es dauerte ein Jahr, bis diese Arabeske sich verbreitete; dann machte der Minister für Volksaufklärung die Neuauflage von ihrer Streichung abhängig. Da ich ablehnte, kamen die »Gärten und Straßen« auf den Index, auf dem sie lange geblieben sind. (...)

Durch manche Begegnung erfuhr ich, daß dieser erste Abschnitt unter dem Titel »Routes et Jardins« auch in Frankreich bald Freunde fand. Der gute Gedanke der Freundschaft zwischen beiden Ländern hat durch schlechte Kräfte sein Ansehen verloren, doch viel hängt davon ab, ob er es wiedergewinnen wird. Daß seine Verwirklichung im Krieg unmöglich war, gehört zur Tragik von Freunden in beiden Ländern, die ich für ihn fallen sah.

Strahlungen. Aus dem Vorwort

Die Straßen, die Dörfer und Städte, die wir durchquerten, lagen zerschmettert am Wege, der von verbrannten Wagen dicht gesäumt war; darunter ausgeschmorte Tanks. Tote Pferde, Ruinen, Gräber. Aus dichten Waldstücken Leichengeruch. An vielen Stellen Denkmäler von 1870 und aus dem Weltkrieg, oft durch Treffer zerstört.

Inmitten dieser Trümmerwelten hallt auf den Straßen und wiederhergestellten Brücken das Rollen der schweren Räder im Vormarsch endloser Kolonnen, die westwärts ziehen. Geschütze, Flaks, Munition, Infanterie auf Geländeschleppern, Panzer, Krankenwagen, Scheinwerfer, Entgiftungskompanien und Fahrzeuge, deren Form und Bedeutung niemand kennt. Es herrscht eine übernächtige Stimmung, zugleich ein Bewußtsein unbezwinglicher Übermacht. Die Motorhauben der schweren Wagen führen seltsame Maskotten: grobe Holzschuhe, erbeutete Stahlhelme, glotzende Gasmasken und elegante Puppen, denen der Fahrtwind die rosa Seidenröcke über die Köpfe schlägt. Der Wagen eines Sturmverbandes trägt einen Schädel, der, wie die aufgeschnittene und leise klappende Decke zeigt, einem anatomischen Kabinett entnommen ist. In Soissons sind auf den mit Schutt und Ziegeln bestreuten Plätzen die Puppen aus den Konfektionsläden aufgestellt. Sie scheinen mit den Händen zu deuten und zu plaudern; ein Polizist mit roter Mütze hebt einem Bauernmädchen die Röcke hoch. (...)

Am Abend, und auch noch jetzt, ein seltsames Gefühl, wie Trunkenheit. Ich bin mit Bildern angefüllt wie ein Gefäß, das überläuft. Sie fließen an mir herab.

Gärten und Straßen■

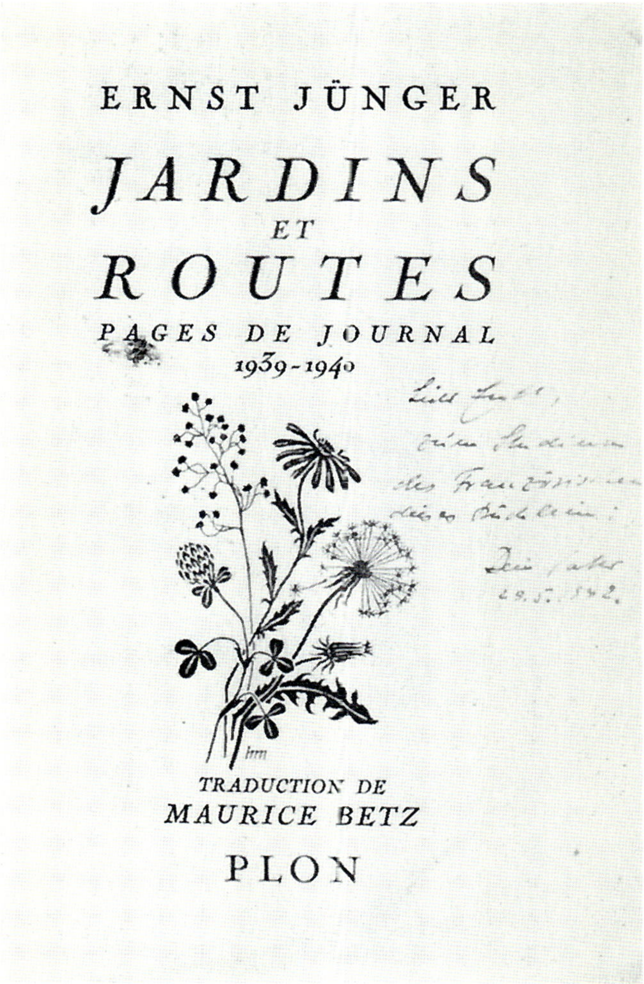

Französische Ausgabe von »Gärten und Straßen« (mit Widmung Ernst Jüngers an seinen Sohn Ernst vom 29. 5. 1942). Die Veröffentlichung des Kriegstagebuchs »Gärten und Straßen«, in dem Jünger durch die Zitierung des 73. Psalms (»Israel hat dennoch Gott zum Trost ...«) die »Gottlosen« angeprangert hatte, führte dazu, daß man kein Papier für weitere Publikationen in Deutschland bewilligte. In Frankreich gewann der Autor sich damit Freunde – so unter anderen die Schriftsteller Paul Léautaud und Julien Gracq.

Paris um 1940.

Gestern kam ich von der Hauptwache zurück, wo ich für einen Tag als Chef meines Amtes waltete. Es war eine unruhige Nacht, in der mir über dreißig Verhaftete vorgeführt wurden, über die ich befinden mußte, - Betrunkene, unerlaubt Entfernte und kleine Freudenmädchen, die schon soviel von ihren Soldaten gelernt hatten, daß sie militärisch stramm standen. Die Vergatterung geschieht beim Triumphbogen, mit Musik und allerlei feierlichen Griffen, dann mit Vorbeimarsch am Grabmal des unbekannten Soldaten.

Wie geht es Euch, Ihr Lieben? Schreib mir immer, was Du tust und treibst, damit ich Dich in Gedanken sehen kann. In der Stimmung geht es mir seit einigen Tagen besser, sei es wegen der Gesellschaft von Holl, sei es aus Gründen der Witterung. Ich habe mich in diesen letzten Jahren sowohl in der Wahrnehmung als auch in der Empfindung in einer Weise verfeinert, die zu dieser militärischen Welt in sehr starkem Gegensatz steht.

(An Gretha, 22.5.1941)

Paris, 20./21. Mai 1941

Am Mittag löste ich im Hotel »Continental« mit meiner Kompanie die Hauptwache ab. Zuvor Vergatterung auf der Avenue Wagram. Ich ließ dabei die Griffe ausführen, für die wir einen Monat lang geübt hatten, und dann im Paradeschritt am Grabmal des Unbekannten Soldaten vorüberziehn. Wir kamen an dem Denkmal von Clemenceau vorbei, der diese Dinge gut vorausgesehen hat. Ich nickte ihm, wie unter Auguren, zu.

Das erste Pariser Tagebuch

Inzwischen liegen wieder drei Marschtage, die recht anstrengend waren, hinter uns. Wie ich Dir wohl schon schrieb, begegnete ich in Paris dem Grafen Podewils. Ich fand ihn sehr angenehm, und wir unterhielten uns gut. Ich traf ihn inmitten eines Kreises von intelligenten Offizieren an, deren Mittelpunkt der Oberst Speidel, Chef des Stabes beim Oberbefehlshaber von Frankreich, ist. Der Eindruck, den ich dort erhielt, bestätigte mir meine Theorie von der Bildung sehr kleiner geistiger Eliten in unserer Zeit.

(An Friedrich Georg, 12. 6. 1941)

Aufzug der Wache in der Rue de Rivoli. Ernst Jünger als Kompaniechef zu Pferde.

In Paris lebt doch noch etwas von unzerstörbarer Substanz; manches an Menschen und Dingen tritt gerade in diesen Wochen und Monaten in bedeutenderer Schönheit, fast schmerzhaft hervor. Es ist die einzige Stadt, zu der ich ein Verhältnis besitze wie zu einer Frau. Sie erhielt sich auch auf weibliche Art, indem sie keinen Widerstand leistete.

(An Carl Schmitt, 28. 8. 1941)

Diese Stadt ist wie ein Altwasser inmitten der Wirbel der Zeit, und ich verdanke ihr nicht nur eine ungemeine Ausbeute an Einsichten, sondern auch einen für den musischen Menschen unschätzbaren Gewinn an Heiterkeit. Ich will damit nicht sagen, daß man hier fern von der Geschichte lebt; im Gegenteil halte ich den Ausspruch Rivarols, daß in Paris das Schicksal stärker wirkt als anderswo, auch heute noch für zutreffend. Ich merke das an mir selbst und meinen Begegnungen. Daher nehme ich die Zeit auch wahr, um festzuhalten, was mir aufgefallen ist.

(An Hans Speidel, 9. 10. 1942)

Hier ist es immer noch schön. Ich arbeite an meinen Dingen weiter, ohne mich viel um anderes zu kümmern, denn ich meine, daß ein so gewaltiger und öder Kasten wie das Majestic die Existenz eines einzigen musischen Menschen tragen können muß, auch wenn er schwer in diese Sardinenbüchse paßt. Que diable ai-je à faire dans cette galère?

(An Horst Grüninger, Paris 19. 9. 1942)

Damals gehörte die Briefzensur zu meinen Aufgaben. An jedem Morgen legte ein melancholischer Feldwebel als ersten Eingang auf meinen Tisch einen Stoß von Briefen, die von den Überwachungsstellen der Armeen beanstandet waren und mit deren Lektüre der Tageslauf begann. Es war ein unangenehmes, diffiziles Amt mit ungeahnten Einblicken in die menschliche Komödie und Tragödie. Es gibt nichts, was die Menschen nicht in ihre Briefe hineinschreiben. Melville hat eine ähnliche Situation geschildert, in seiner schönen Novelle »Barleby«.

In diesem Falle war es an Gefängnis und Zuchthaus vorbeigeglitten – es gab aber auch Briefe, bei denen es um Kopf und Kragen ging. (...)

Die Beseitigung solcher Briefe war nicht unbedenklich, weil es Rückfragen geben konnte; ich schloß sie also in den Panzerschrank und ließ sie, bevor ich sie verbrannte, einige Wochen ablagern. Natürlich mußte auch etwas geschehen. Um aber den nötigen Eifer nachzuweisen, war die Masse der Beanstandungen nicht ungeeignet: sie betraf das Einlegen von Geldscheinen in die Briefe und kleine Kaffeeschiebungen. Auf diese Weise brachte ich mich vermutlich in den Ruf eines Pedanten (»Dem hätte ich auch mehr Großzügigkeit zugetraut«).

Es war ein Posten, an dem mir ganz deutlich wurde, daß wir in einen Abschnitt geraten sind, an dem wir's nicht recht machen können, weder nach oben noch nach unten, weder nach außen noch in der eigenen Brust.

Wenn die Dinge labil werden, läßt sich der Zustand nicht abdichten. Es gibt keine Klimakammer; das Unbehagen setzt sich fort bis in die Spitze des Universums und bis in das kleine tägliche Geschäft. Es bleibt, gleichviel ob man routinemäßig handelt oder auf eigene Faust. Da ist kein Ruhm und kein Verdienst, kann keine Belohnung sein. Man kann nur approximativ handeln: mehr oder weniger richtig, mehr oder weniger verkehrt.

Die Hütte im Weinberg. Jahre der Okkupation

Mit Oberst Wildermuth auf dem Dach des Hotel »Raphael«, wo Jünger während seiner Pariser Dienstzeit wohnte. Das kleine Luxushotel, neben dem »Majestic« gelegen, war das Wohnquartier für die oberen Ränge. Dort wurde Jünger in die Casino-Runde des Militärbefehlshabers Heinrich von Stülpnagel miteinbezogen, führte er instruktive Gespräche mit dem Hauptmann und Hitlergegner Max Hattingen (»Präsident«), der die Abteilung »Kriegsgefangene« leitete. Vom Hoteldach aus beobachtete Jünger die alliierte Bombardierung der Pariser Verschiebebahnhöfe.

Im Juni 1941 wurde Jünger in den Stab des »Militärbefehlshabers in Frankreich« versetzt. Die deutsche Militärkommandantur war in der Avenue Kléber unweit des Bois de Boulogne im Hotel »Majestic« untergebracht. Dort hatte Jünger bis zum Sommer 1944 sein Büro. Chef des Kommandostabes war Oberst Hans Speidel, der einen kleinen Kreis von gebildeten Offizieren, Wissenschaftlern und Künstlern, darunter Ernst Jünger, um sich versammelte. Zu Jüngers dienstlichen Aufgaben gehörte die Bearbeitung der Akten des Unternehmens »Seelöwe«, die Dokumentation des Kampfes zwischen dem Militärbefehlshaber und der Partei um die Vorherrschaft in Frankreich und die damit verbundene Frage der Geiselerschießungen. Im »Majestic« entstand auch seit 1942 Jüngers Aufruf »Der Friede«, mit dem die Verschwörer gegen Hitler nach geglücktem Attentat an die Öffentlichkeit treten wollten.

~~Diensteigentum!~~

Nur für den Dienstgebrauch !

Geschäftseinteilung

des Stabes

des Militärbefehlshabers

in Frankreich

Band I

(Stand vom 15.10.43)

Eine Zeitlang war Ernst Jünger innerhalb des Kommandostabes (Abteilung 1c) für »Zensurangelegenheiten« zuständig, wie die »Geschäftseinteilung« ausweist. Nach seiner Versetzung als Hilfsoffizier zum »Stabsoffizier für landeseigene Hilfskräfte« im Mai 1944 wurde er aus der Liste (Stand 15. 10. 1943) gestrichen.

Abteilung Ic

Name Vertreter	Dienstgrad Dienst- bezeichn.	Arbeitsgebiet	Dienst- gebäude	Zimmer Nr.	Fern- spr. Nr.	Wohnung Hotel	Wohnung Fern- spr. Nr.
		Ic					
Dr. Leo	Major	Abteilungsleiter	Hotel Majestic	205	2048	Raphael ~~La Pé- rouse~~	2839
				Vorzi. 204	~~2047~~ 2830		
				Regi- stratur 208	2983		
		Gruppe Ic/I					
Dr. Neuhaus ~~Volckmar-Frentzel~~	Major (Gruppen- leiter)	Beobachtung der Tagespresse u. Zusammenstellung der einlaufenden aussen- u. militärpolitischen Nachrichten. Ic-Tagesmeld. und Lageberichte Abwehrangelegenheiten Beteiligung an dem Aufgabengebiet des Höh. ss- u. Pol. Führers u. des Verw. Stabes, soweit militärische Belange berührt werden, Spionagefälle ~~Franz. Militärschulen~~ ~~Franz. Sportwesen~~, Verbindung zur Abwehrleitstelle Verbindung zum Höh. ss- u. Pol. Führer ~~Franz. Freiw. Legion~~ Sonstige Ic-Angelegenheiten soweit nicht andere Gruppen zuständig sind.	„	280 ~~Gesch. Zi. 280~~	2051 ~~2772~~	Raphael	2714
~~König~~ Locke	~~Rittm.~~ Leutnant			285 Gesch. Zi. 282	2043 ~~2072~~ ~~2952~~	Royal Monceau	CAR 7803
~~Dr. Neuhaus~~	~~Major~~	~~Geistige Betreuung der Stäbe und Truppen des Mil. Bef.~~	„	~~211~~	~~2055~~	~~Raphael~~	~~2720~~
~~Jünger~~	~~Hauptmann~~	~~Zensurangelegenheiten~~		~~202~~ 285	~~2008~~ 2057	~~Raphael~~	
Schneider	Sdf. (Z) (Dolmet- scher)	Uebersetzungen ~~Abhördienst fremder Sender~~ ~~Wehrmachtschrifttum u. Zeitschriftenvertrieb~~ ~~Schmalstamm- und Tonfilmwesen~~ ~~Verbindung mit OKH Heerwesen Abt.~~ ~~Besichtigungsreisen fremder Dienststellen~~ Bearbeitung beanst. Feldpostbriefe Fahnenflucht		~~211~~ Gesch. Zi. 286 ~~211~~ „ 283	~~2054~~ ~~2098~~ 2772 2052	Royal Monceau	CAR 7803
Locke	~~Leutnant (Dolmetscher)~~	Feindlage Fremde Heere Kartenstelle		287 B	2049	Royal Monceau	CAR 7803

— 10 —

Porträt Ernst Jüngers von Werner Höll (Paris, 1941). Die Begegnung mit Werner Höll (1898–1984) begründete eine lebenslange Freundschaft.

Vincennes, 17. Mai 1941

Nachts lag ich lange beklommen im Dunkeln, wog die Sekunden nach. Dann kam ein entsetzlicher Vormittag auf dem Kasernenhof von Vincennes. Ich war wie jemand, der sehr durstig ist: in einer Pause erquickte mich die schaumige Frische der weißen Dolden am Festungswall. Wenn ich die Blumen so still im Sonnenlicht sich breiten sehe, erscheint mir ihr Behagen unendlich tief. Ich fühle, daß sie mit Sätzen und Worten zu mir sprechen, die süß und tröstend sind, und immer ergreift mich Schmerz, daß doch kein Laut von alledem zu meinen Ohren dringt. Man wird gerufen und weiß doch nicht wohin.

Am Mittag kam der Oberst mit einem Hauptmann Höll, der ein Bild von mir malen soll und einige Zeit hierbleiben wird. Ich war abends mit ihm in der Gegend der Madeleine und kaufte für Perpetua Geschenke ein. Im Laden eines Negers; Gespräche über Kolanüsse und weißen Rum. Der ganze Nachmittag war seltsam und bestätigte mich in meiner Ansicht, daß wir es sind, die das Erlebnis dirigieren; die Welt stellt uns die Instrumentation. Wir sind geladen mit einer bestimmten Art von Kraft; es springen dann die adäquaten Gegenstände an. So sind wir etwa männlich, und es stellen sich die Frauen ein. Oder sind kindlich, und es strömen uns Geschenke zu. Und wenn wir fromm sind …

Vincennes, 26. Mai 1941

Der Umgang mit Höll ist wohltätig und hat mich dem gefährlichen Sinnen entrissen, in das ich seit Beginn des Jahres versunken war. Im Februar lag eine Tiefe, während deren ich eine Woche lang die Nahrung verweigerte und in jeder Beziehung zehrte vom Kapital der Vergangenheit. Meine Lage ist die eines Mannes, der in der Wüste zwischen einem Dämon und einem Leichnam haust. Der Dämon fordert ihn zur Handlung auf, der Leichnam zur Sympathie. Schon öfters im Leben ist es der musische Mensch gewesen, der mir in meinen Krisen zu Hilfe kam. Er spendet noch vom Überfluß der Welt.

Das erste Pariser Tagebuch

Paris, 29. Mai 1941

Zur Flut von widrigen Dingen, die mich bedrücken, kommt, daß ich zur Aufsicht bei der Erschießung eines wegen Fahnenflucht zum Tode verurteilten Soldaten befohlen bin. Ich hatte zuerst die Absicht, mich krank zu melden, doch kam mir das zu billig vor. Auch dachte ich: vielleicht ist es besser, daß du dort bist als irgendein anderer. Und wirklich konnte ich manches menschlicher fügen, als es vorgesehen war. Im Grunde war es höhere Neugier, die den Ausschlag gab. Ich sah schon viele sterben, doch keinen im bestimmten Augenblick. Wie stellt sich die Lage dar, die heute jeden von uns bedroht und seine Existenz schattiert? Und wie verhält man sich in ihr? Ich sah also die Akten ein, die mit dem Urteil abschlossen. Es handelt sich um einen Gefreiten, der vor neun Monaten die Truppe verlassen hat, um in der Stadt unterzutauchen, wo eine Französin ihn beherbergte. Er bewegte sich teils in Zivil, teils in der Uniform eines Marineoffiziers und ging Geschäften nach. Es scheint, daß er allmählich zu sicher wurde und seine Geliebte nicht nur eifersüchtig machte, sondern auch prügelte. Sie rächte sich, indem sie ihn der Polizei anzeigte, die ihn den deutschen Behörden auslieferte.

Darauf begab ich mich gestern mit dem Richter in ein kleines Waldstück bei Robinson, den vorgesehenen Ort. Auf einer Lichtung die Esche, der Stamm zersplittert durch frühere Hinrichtungen. Man sieht zwei Serien von Einschlägen – eine höhere der Kopf- und eine tiefere der Herzschüsse. Im Kernholz rasten, von den

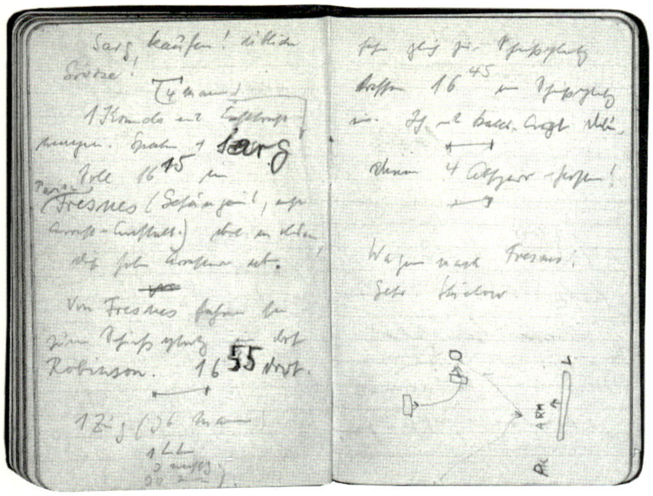

Notizbuch mit Zeitplan für die Exekution eines kriegsgerichtlich verurteilten Fahnenflüchtigen am 29. Mai 1941, die Jünger als Offizier leitete. Mit Bleistift notierte Jünger, daß ein Sarg in »üblicher Größe« zu kaufen sei und wo das Kommando den Delinquenten abzuholen hatte. Angefügt ist auch eine Skizze, wie das Erschießungskommando an der Richtstätte aufgestellt werden sollte.

Werner Höll: Selbstbildnis.

feinen Fasern des aufgeplatzten Bastes eingesponnen, einige dunkle Schmeißfliegen. Sie instrumentieren das Gefühl, mit dem ich den Platz betreten habe: so sauber kann keine Richtstätte gehalten werden, als daß nicht etwas vom Schindanger einspielte …

Der Mann wird in den Korridor geleitet; dabei ergreift mich ein Gefühl der Beklemmung, als ob plötzlich das Atmen schwerfiele. Man stellt ihn vor den Kriegsrichter, der neben mir steht: ich sehe, daß ihm die Arme durch Handschellen auf dem Rücken gehalten sind. Er trägt eine graue Hose aus gutem Stoff, ein graues Seidenhemd und einen offenen Militärrock, den man ihm über die Schultern geworfen hat. Er hält sich aufrecht, ist gut gewachsen, und sein Gesicht trägt angenehme Züge, wie sie die Frauen anziehen.

Das Urteil wird verlesen. Der Verurteilte folgt dem Vorgang mit höchster, angespannter Aufmerksamkeit, und dennoch habe ich den Eindruck, daß ihm der Text entgeht. Die Augen sind weit geöffnet, starr, saugend, groß, als ob der Körper an ihnen hinge; der volle Mund bewegt sich, als buchstabierte er. Sein Blick fällt auf mich und verweilt für eine Sekunde mit durchdringender, forschender Spannung auf meinem Gesicht. Ich sehe, daß die Erregung ihm etwas Krauses, Blühendes, ja Kindliches verleiht.

Eine winzige Fliege spielt um seine linke Wange und setzt sich einige Male dicht neben seinem Ohre fest; er zieht die Schultern hoch und schüttelt den Kopf. Die Verlesung dauert eine knappe Minute, dennoch erscheint die Zeit mir außerordentlich lang. Das Pendel wird schwer und gedehnt. Dann führen die beiden Wächter den Verurteilten an die Esche; der Pfarrer begleitet ihn. In diesem Augenblick vermehrt sich noch das Schwere; es hat etwas Umwerfendes, als ob starke Gewichte sich auslösten. Ich entsinne mich, daß ich ihn fragen muß, ob er eine Augenbinde verlangt. Der Geistliche bejaht das für ihn, während die Wächter ihn mit zwei weißen Stricken anbinden. Der Pfarrer stellt ihm noch einige leise Fragen; ich höre, daß er sie mit »Jawohl« beantwortet. Dann küßt er ein kleines silbernes Kreuz, das ihm vorgehalten wird, während der Arzt ihm ein Stück roten Kartons von der Größe einer Spielkarte über dem Herzen an das Hemd heftet.

Inzwischen sind die Schützen auf ein Zeichen des Oberleutnants eingeschwenkt und stehen hinter dem Pfarrer, der den Verurteilten noch deckt. Nun tritt er zurück, nachdem er mit der Hand noch einmal an ihm heruntergestrichen hat. Es folgen die Kommandos, und mit ihnen tauche ich wieder zum Bewußtsein auf. Ich möchte fortblicken, zwinge mich aber, hinzusehen, und erfasse den Augenblick, in dem mit der Salve fünf kleine dunkle Löcher im Karton erscheinen, als schlügen Tautropfen darauf. Der Getroffene steht noch am Baum; in seinen Zügen drückt sich eine ungeheure Überraschung aus. Ich sehe den Mund sich öffnen und schließen, als wollte er Vokale formulieren und mit großer Mühe noch etwas aussprechen. Der Umstand hat etwas Verwirrendes, und wieder wird die Zeit sehr lang. Auch scheint es, daß der Mann jetzt sehr gefährlich wird. Endlich geben die Knie nach. Die Stricke werden gelöst, und nun erst überzieht die Totenblässe das Gesicht, jäh, als ob ein Eimer voll Kalkwasser sich darüber ausgösse. Der Arzt tritt flüchtig hinzu und meldet: »Der Mann ist tot.« Der eine der beiden Wächter löst die Handschellen und wischt ihr blitzendes Metall mit einem Lappen vom Blute rein. Man bettet den Leichnam in den Sarg; es ist mir, als spielte die kleine Fliege in einem Sonnenstrahl darüber hin.

Rückfahrt in einem neuen, stärkeren Anfall von Depression. Der Stabsarzt erklärt mir, daß die Gesten des Sterbenden nur leere Reflexe gewesen sind. Er hat nicht gesehen, was mir in grauenhafter Weise deutlich geworden ist.

Das erste Pariser Tagebuch

Sacha Guitry (eigentlich Alexandre Pierre Georges G.), französischer Dramatiker, Schauspieler und Regisseur (1885–1957).

Friedrich Sieburg (1893–1964), Schriftsteller (»Gott in Frankreich«) und Publizist, bemühte sich während der Besatzungszeit um die Vermittlung zwischen der deutschen und der französischen Kultur. Er arbeitete eng mit der deutschen Botschaft (Otto Abetz) und dem Deutschen Institut in Paris zusammen.

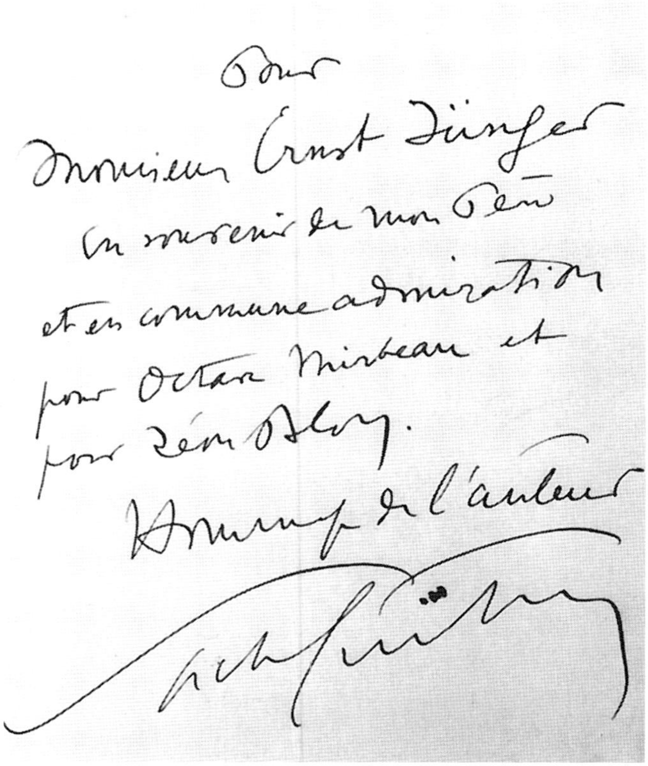
Pour
Monsieur Ernst Jünger
en souvenir de mon père
et en commune admiration
pour Octave Mirbeau et
pour Léon Bloy.
Hommage de l'auteur
Sacha Guitry

Sacha Guitry an Ernst Jünger.

Paris, 21. Oktober 1941

Meine persönlichen Aufzeichnungen und Tagebücher halte ich im »Majestic« unter sicherem Verschluß. Da ich in Speidels Auftrag sowohl die Akten des Unternehmens »Seelöwe« als auch den Kampf um die Hegemonie in Frankreich zwischen dem Oberbefehlshaber und der Partei bearbeite, wurde in meinem Zimmer ein besonderer Stahlschrank aufgestellt. Natürlich sind solche Panzer nur Sinnbilder der persönlichen Unantastbarkeit. Wird diese fraglich, dann springen die stärksten Schlösser auf.

Das erste Pariser Tagebuch

Die Führung des Tagebuches, das heißt, die Ordnung des Anfalls von Fakten und Gedanken, zählt zum Kursus, zur Aufgabe, die sich der Autor stellt. Darin liegt eine einsame Tröstung, deren er bedarf. In einem Zustand, in dem der Techniker den Staat verwaltet und nach seinen Ideen umformt, sind nicht nur die musischen und die metaphysischen Exkurse, sondern ist auch die reine Lebensfreude von Konfiskation bedroht. Seit langem sind bereits die Zeiten überboten, in denen das Eigentum als Diebstahl galt. Zum Luxus zählt auch die eigene Art, die Heraklit den Dämon des Menschen nennt. Im Kampf um sie, im Willen, sie zu wahren, liegt eines der großen, der tragischen Themen unserer Zeit.

Strahlungen. Aus dem Vorwort

Paris, 8. Oktober 1941

Mittags mit Speidel beim Botschafter de Brinon, Ecke Rue Rude und Avenue Foch. Das kleine Palais, in dem er uns empfing, soll seiner jüdischen Frau gehören, was ihn nicht hinderte, sich bei Tisch über die »Youpins« zu belustigen. Ich lernte dort Sacha Guitry kennen, den ich als angenehm empfand, obwohl das Mimische das Musische in ihm stark überwiegt. Er verfügt über eine tropische Individualität, wie ich sie mir an Dumas père vorstelle. Vom kleinen Finger leuchtet ein ungeheurer Siegelring mit großem, in die Goldplatte bossiertem S. G. Ich unterhielt mich mit ihm über Mirbeau, von dem er mir erzählte, daß er in seinen Armen gestorben sei, ihm noch ins Ohr flüsternd: »Ne collaborez jamais!«, was ich für meine Sammlung letzter Worte aufzeichne. Gemeint war die Mitautorschaft an Lustspielen, denn damals hatte das Wort noch nicht den heutigen Hautgoût.

Das erste Pariser Tagebuch

Zwei Blätter aus dem Manuskript der Tagebücher mit Eintragungen über Johann Georg Hamann und Léon Bloy.

Paris, 14. Oktober 1941

Abends bei Speidel im »George V«. Dort Sieburg, den man das Rüstzeug des Weltjournalisten mit angenehmer Leichtigkeit beherrschen sieht und, was sehr wichtig, mit ausgeprägtem Selbstbewußtsein, das die Begabung präsent macht und verstärkt. Horoskopisch möchte man auf einen mittleren Jupiter und eine gute Sonne schließen – wie häufig bei solchem Aspekt entfernt sich der Umriß des Gesichtes vom Oval und nähert sich der Rundung an. Der Eindruck wird durch die Haare, die strahlig abstehen, noch erhöht.

Er hält die Niederlage Frankreichs für unheilbar, glaubt dagegen noch an eine lange Vorherrschaft dieses Landes in Dingen des Geschmacks und der Kultur.

Das erste Pariser Tagebuch

Ernst Jünger und Carl Schmitt auf dem Lac de Rambouillet (19. Oktober 1941).

Paris, 18. Oktober 1941

Mittags im »Ritz« mit Carl Schmitt, der vorgestern einen Vortrag über die völkerrechtliche Bedeutung des Unterschiedes von Land und Meer gehalten hat. Dazu Oberst Speidel, Grüninger, Graf Podewils. Gespräch über wissenschaftliche und literarische Kontroversen in dieser Zeit. Carl Schmitt verglich seine Lage mit der des weißen, von schwarzen Sklaven beherrschten Kapitäns in Melvilles »Benito Cereno« und zitierte dazu den Spruch:

»Non possum scribere contra eum, qui potest proscribere.«

Zum Trocadéro, am rechten Ufer entlang. Wir sprachen dabei die Lage durch. Carl Schmitt sieht ihre Bedeutung darin, daß Schichten sich vom menschlichen Bestande abzulösen beginnen, um unterhalb der Zone der Willensfreiheit zu erstarren – so wie die Tiere abgefallene Masken des Menschenbildes sind. Der Mensch stößt eine neue zoologische Ordnung aus sich aus – die eigentliche Gefahr des Vorgangs liegt darin, daß man in ihn einbezogen wird.

Ich fügte hinzu, daß diese Verhärtung im Alten Testament bereits beschrieben sei, wie es das Sinnbild der ehernen Schlange verrät. Was heute die Technik, war damals das Gesetz.

Endlich noch im Musée de l'Homme Schädel und Masken besehen.

Das erste Pariser Tagebuch

Der Taurus

Gedichte

von

Friedrich Georg Jünger

Hanseatische Verlagsanstalt

Hamburg

Wann sendest Du mir von den neuen Gedichten? Ich bin sehr begierig darauf. In diesen Tagen war Ziegler hier; er läßt unter anderem in Paris auch eine Auflage des Taurus drucken und wird Dir die Einzelheiten mitteilen. Ich kümmere mich um mancherlei Dinge wie Neudrucke, Korrekturen und Übersetzungen, doch manchmal kommt mir dieses Bemühen gegenüber der gewaltig steigenden Todesflut fast widersinnig vor, gleich den Geschäften, wie man sie Ameisen im aufgewühlten Baue weitertreiben sieht. Auch scheint es, daß im Sterben, wenn es jedes Maß überschreitet, etwas Verlockendes, Ansteckendes liegt. Auch Carl Schmitt war neulich hier; wir saßen zu seiner Begrüßung bei Maxim, fast wie im tiefsten 19. Jahrhundert, und frühstückten einmal im Ritz, wo wir ihm den besten Bordeaux vorsetzen konnten, den er jemals gekostet hatte, was bei ihm viel heißen will. Dann waren wir draußen in Port Royal, wo es ihm sehr gefiel und wo er das Vogelnest, das ich in Pascals Bibliothek entdeckt hatte, bewunderte. Am gleichen Tag besuchten wir noch Rambouillet, wo wir uns auf dem Schloßteich rudern ließen und dabei die berühmte Diana betrachteten, und endlich die Kathedrale von Chartres, die ich zum ersten Male sah. Leider fehlten die bunten Scheiben, und damit fiel auf das Gestein im Inneren ein zu hartes Licht.

(An Friedrich Georg. Paris, 11. 11. 1941)

Kirchhorst, 14. Dezember 1943

Carl Schmitt ist unter allen Geistern, die ich kennenlernte, jener, der am besten definieren kann. Als klassischer Rechtsdenker ist er der Krone zugeordnet, und seine Lage wird notwendig schief, wo eine Garnitur des Demos die andere ersetzt. Bei der Heraufkunft illegitimer Mächte bleibt an der Stelle des Kronjuristen ein Vakuum, und der Versuch, es auszufüllen, geht auf Kosten der Reputation. Das sind so Mißgeschicke des Berufs. In dieser Hinsicht sind heute am besten die Mimen dran; ein Schauspieler von Weltruf wird jeden Wechsel mühelos bestehen. Wenn man einen Ausspruch von Bacon etwas ändert, könnte man sagen, daß man, um heute durch die Welt zu kommen, nicht zu wenig vom Mimen und nicht zu viel vom Ehrenmann besitzen darf.

Nach seiner Gewohnheit führt Carl Schmitt auch eine Bibelstelle, Jesaja 14,17, an.

Das zweite Pariser Tagebuch

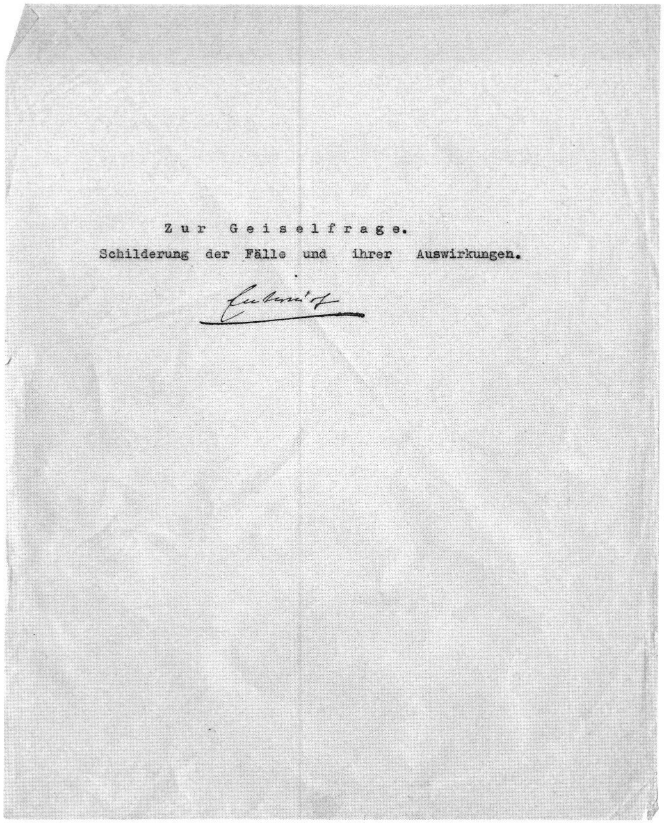

Zur Geiselfrage.

Schilderung der Fälle und ihrer Auswirkungen.

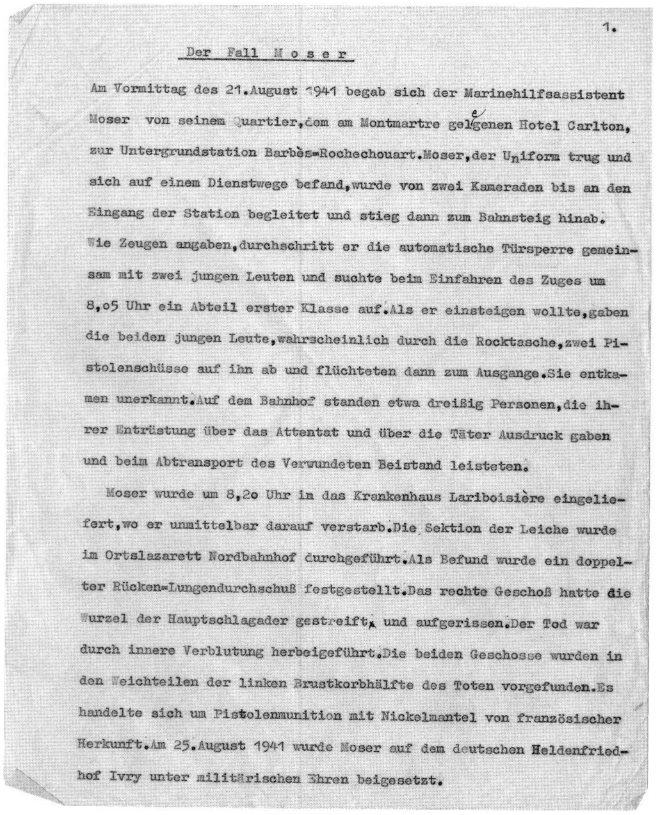

1.

Der Fall Moser

Am Vormittag des 21.August 1941 begab sich der Marinehilfsassistent Moser von seinem Quartier,dem am Montmartre gelegenen Hotel Carlton, zur Untergrundstation Barbès=Rochechouart.Moser,der Uniform trug und sich auf einem Dienstwege befand,wurde von zwei Kameraden bis an den Eingang der Station begleitet und stieg dann zum Bahnsteig hinab. Wie Zeugen angaben,durchschritt er die automatische Türsperre gemeinsam mit zwei jungen Leuten und suchte beim Einfahren des Zuges um 8,05 Uhr ein Abteil erster Klasse auf.Als er einsteigen wollte,gaben die beiden jungen Leute,wahrscheinlich durch die Rocktasche,zwei Pistolenschüsse auf ihn ab und flüchteten dann zum Ausgange.Sie entkamen unerkannt.Auf dem Bahnhof standen etwa dreißig Personen,die ihrer Entrüstung über das Attentat und über die Täter Ausdruck gaben und beim Abtransport des Verwundeten Beistand leisteten.

Moser wurde um 8,20 Uhr in das Krankenhaus Lariboisière eingeliefert,wo er unmittelbar darauf verstarb.Die Sektion der Leiche wurde im Ortslazarett Nordbahnhof durchgeführt.Als Befund wurde ein doppelter Rücken=Lungendurchschuß festgestellt.Das rechte Geschoß hatte die Wurzel der Hauptschlagader gestreift, und aufgerissen.Der Tod war durch innere Verblutung herbeigeführt.Die beiden Geschosse wurden in den Weichteilen der linken Brustkorbhälfte des Toten vorgefunden.Es handelte sich um Pistolenmunition mit Nickelmantel von französischer Herkunft.Am 25.August 1941 wurde Moser auf dem deutschen Heldenfriedhof Ivry unter militärischen Ehren beigesetzt.

Paris, 13. November 1941

Am Abend im »George V«. Ich brachte Oberst Speidel die Maximen von René Quinton mit. Als er mich um eine Einzeichnung bat, wählte ich das Wort »La récompense des hommes, c'est d'estimer leurs chefs«. Unter seiner Ägide bildeten wir hier im Innern der Militärmaschine eine Art von Farbzelle, von geistiger Ritterschaft, die im Bauche des Leviathans tagt und noch den Blick, das Herz zu wahren sucht für die Schwachen und Schutzlosen.

Das erste Pariser Tagebuch

Paris, 8. Februar 1942

Vormittags bei Speidel, in dessen Vorzimmer es der Sonntagsunterschriften wegen starken Andrang gab. Er war gerade vom Hauptquartier zurückgekehrt und zeigte mir die Aktennotizen, die er gemacht hatte. Sie modifizieren meine Ansicht, daß die Vernichtungstendenzen, die Erschießungs-, Ausrottungs- und Aushungerungsbestrebungen aus allgemein nihilistischen Zeitströmungen hervorgehen. Das ist natürlich auch der Fall, doch treten hinter den Heringsschwärmen Haifische als Treiber auf.

Kein Zweifel, daß es Einzelne gibt, die für das Blut von Millionen verantwortlich sind. Und diese gehen wie Tiger auf Blutvergießen aus. Ganz abgesehen von den Pöbelinstinkten ist in ihnen ein satanischer Wille, ein kalter Genuß am Untergang der Menschen, ja vielleicht der Menschheit, ausgeprägt. Ein tiefes Leiden scheint sie zu befallen, ein heulender Verdruß, wenn sie verspüren, daß eine Kraft sie hindern möchte, so viele zu verschlingen, wie ihr Gelüst sie treibt. Man sieht sie auch zum Massaker drängen, wo das bedenklich scheint, ja wo es ihrer eigenen Sicherheit widerspricht. Entsetzlich war, was Jodl dort über Kniébolos Absichten äußerte.

Auch muß man wissen, daß viele Franzosen solche Pläne billigen und Henkersdienste zu leisten begierig sind. Nur hier im Hause walten Kräfte, die die Verbindung der Partner zu verhindern oder doch aufzuhalten fähig sind, was freilich mit völlig verdeckten Karten geschehen muß. Vor allem ist wichtig, daß jeder Anschein von Humanität vermieden wird.

Das erste Pariser Tagebuch

Ende 1941 wurde Jünger von Otto von Stülpnagel beauftragt, die Geschichte der Attentate und Geiselerschießungen aufzuzeichnen. Das Dossier umfaßt rund 100 Seiten und dokumentiert die Anschläge, die Strafmaßnahmen und die Verhandlungen zwischen dem Militärbefehlshaber, der französischen Regierung und der Berliner Führung. Der letzte Teil besteht aus einer Abschrift von dreißig bewegenden Abschiedsbriefen der hingerichteten Geiseln.

Der Salon im Hotel »George V«, der Residenz Speidels, nach der die »Georgsrunde« benannt wurde.

Otto von Stülpnagel war von 1940 bis Anfang 1942 Militärbefehlshaber in Frankreich. Der entschiedene Hitlergegner nahm sich in französischer Gefangenschaft 1948 das Leben.

Paris, 8. Dezember 1941

Im Zuge meiner Arbeit über den Kampf um die Vorherrschaft in Frankreich zwischen Heer und Partei übersetze ich die Abschiedsbriefe der Geiseln, die in Nantes erschossen worden sind. Sie fielen mir mit den Akten in die Hände, und ich will sie sichern, da sie sonst vielleicht verloren gehen. Die Lektüre kräftigte mich. Der Mensch scheint in dem Augenblick, in dem man ihm den Tod verkündet, aus dem blinden Willen herauszutreten und zu erkennen, daß der innerste aller Zusammenhänge die Liebe ist. Außer ihr ist vielleicht der Tod der einzige Wohltäter auf dieser Welt.

Das erste Pariser Tagebuch

Paris, 5. Januar 1942

In der Mittagspause Papier erstanden für das Friedensmanuskript. Mit dem Grundriß begonnen. Auch den Tresor auf Sicherheit geprüft.

Das erste Pariser Tagebuch

Paris, 23. Februar 1942

Nachmittags im Palais Talleyrand zum Tee beim scheidenden Oberbefehlshaber, dem General Otto von Stülpnagel.

Merkwürdig ist an ihm die Mischung von Zartheit, Grazie, Souplesse, an einen Vortänzer bei Hof erinnernd, mit Zügen, die hölzern und melancholisch sind. Er gebraucht Wendungen von spanischer Höflichkeit, trägt hohe Lackstiefel und goldene Knöpfe an der Uniform.

Er hatte mich wegen der Geiselfrage rufen lassen, deren genaue Schilderung für spätere Zeiten ihm am Herzen liegt. Sie ist ja auch der Anlaß, aus dem er jetzt geht. An einer Stellung wie der seinen wird nur die große, prokonsularische Macht nach außen sichtbar, nicht aber die geheime Geschichte der Zwiste und Intrigen im Innern des Palasts. Sie ist erfüllt vom Kampf gegen die Botschaft und die Partei in Frankreich, die langsam Feld gewinnt, ohne daß ihn das Oberkommando unterstützt. Entwicklung und Fortgang dieses Kampfes, zu dem auch das Ringen um die Köpfe der Geiseln gehört, schildere ich auf Speidels Anordnung in den Geheimakten.

Das erste Pariser Tagebuch

Hans Speidel (1897 – 1984), Chef des Pariser Kommandostabes 1939 – 1942, nach einem Kommando an der Ostfront Generalstabschef im Hauptquartier der Heeresgruppe West in La Roche-Guyon. Er hielt von Anfang an seine schützende Hand über Ernst Jünger und verhinderte, daß man ihn von Paris an die Front abzog. Als Vertrauter Ludwig Becks und Mitwisser der Hitler-Verschwörung wurde Speidel nach dem 20. Juli 1944 verhaftet. Von 1957 bis 1963 war er Oberbefehlshaber aller Nato-Landstreitkräfte in Mitteleuropa.

»Merline«: Louis-Ferdinand Céline (eigentlich Louis Destouches), französischer Arzt und Schriftsteller (1894–1961), Verfasser des Romans »Reise ans Ende der Nacht« (1932). Er stellte in seinem antisemitischen Pamphlet «Bagatelles pour un massacre« (»Judenverschwörung von Frankreich«, 1938) die französische Literatur als »verjudet« dar. Céline floh 1944 nach Dänemark und wurde in Abwesenheit wegen geistiger Kollaboration mit Deutschland verurteilt; 1951 wurde das Urteil aufgehoben.

Paris, 3. Dezember 1941

Nachmittags bei Lechevalier in der Rue de Tournon. Beim Betrachten von Stichen und kolorierten Insektenwerken erfaßte mich ein Gefühl des Ekels, als ob die Nähe von Kadavern den Genuß beeinträchtigte. Es gibt Untaten, die die Welt im ganzen, in ihrem sinnvollen Zusammenhang berühren; dann kann auch der musische Mensch sich nicht mehr dem Schönen, er muß sich der Freiheit weihen. Das Fürchterliche heute ist indessen, daß man sie bei keiner der Parteien findet und einsam fechten muß. Dagegen sind die Taglöhner dieses Krieges zu beneiden, die ehrlich fallen, auf beschränktem Grund. Sie gehen dennoch ins Ganze ein.

Das erste Pariser Tagebuch

Gestern wurden hier Juden verhaftet, um deportiert zu werden – man trennte die Eltern zunächst von ihren Kindern, so daß das Jammern in den Straßen zu hören war. Ich darf in keinem Augenblick vergessen, daß ich von Unglücklichen, von bis in das Tiefste Leidenden umgeben bin. Was wäre ich sonst auch für ein Mensch, was für ein Offizier. Die Uniform verpflichtet, Schutz zu gewähren, wo es irgend geht. Freilich hat man den Eindruck, daß man dazu, wie Don Quijote, mit Millionen anbinden muß.

Das erste Pariser Tagebuch

Paris, 7. Dezember 1941

Nachmittags im Deutschen Institut. Dort unter anderen Merline, groß, knochig, stark, ein wenig plump, doch lebhaft in der Diskussion oder vielmehr im Monolog. Er spricht mit dem in sich gekehrten Blick der Manischen, der wie aus Höhlen hervorleuchtet. Er sieht nicht mehr nach rechts und links; man hat den Eindruck, daß er auf ein unbekanntes Ziel zuschreitet. »Ich habe den Tod stets neben mir« – dabei deutet er neben seinen Sessel wie auf ein Hündchen, das dort liegt.

Er sprach sein Befremden, sein Erstaunen darüber aus, daß wir Soldaten die Juden nicht erschießen, aufhängen, ausrotten – sein Erstaunen darüber, daß jemand, dem die Bajonette zur Verfügung stehn, nicht unbeschränkten Gebrauch von ihnen macht. »Wenn die Bolschewiken in Paris wären, sie würden Ihnen das vormachen, Ihnen zeigen, wie man Quartier für Quartier und Haus für Haus die Einwohnerschaft durchkämmt. Wenn ich die Bajonette hätte, ich würde wissen, was ich zu tun hätte.«

Es war mir lehrreich, ihn derart zwei Stunden wüten zu hören, weil die ungeheure Stärke des Nihilismus durchleuchtete. Solche Menschen hören nur eine Melodie, doch diese ungemein eindringlich. Sie gleichen eisernen Maschinen, die ihren Weg verfolgen, bis man sie zerbricht.

Merkwürdig, wenn solche Geister von der Wissenschaft, etwa von der Biologie, sprechen. Sie wenden sie wie Menschen der Steinzeit an; es wird ihnen ein reines Mittel, andere zu töten, daraus.

Ihr Glück liegt nicht darin, daß sie eine Idee haben. Sie hatten deren schon viele – ihre Sehnsucht treibt sie Bastionen zu, von denen aus sich das Feuer auf große Menschenmengen eröffnen und der Schrecken verbreiten läßt. Ist ihnen das gelungen, dann halten sie mit der geistigen Arbeit inne, gleichviel mit welchen Thesen sie emporgeklommen sind. Sie geben sich dann dem Genuß des Tötens hin; und dieser Trieb zum Massenmorde war es, der sie von Anfang an dumpf und verworren vorwärtszwang.

Solche Naturen wurden in Zeiten, in denen sich der Glaube noch prüfen ließ, früher erkannt. Jetzt dringen sie unter der Kapuze der Ideen vor. Diese sind ganz

beliebig, was schon daraus zu ersehen ist, daß man sie nach erreichten Zielen wie Lumpen von sich wirft.

Das erste Pariser Tagebuch

Es freut mich, daß Ihnen der Rivarol gefallen hat. Ich studiere jetzt die Odes Funambulesques von Banville. Verschiedentlich traf ich Cocteau, der mir gut gefällt, noble und daher heute notwendig leidende Züge besitzt. Seine Physiognomie ist die eines Menschen, der in einer speziellen Art von Hölle lebt. Dann sah ich Céline, der mir als eine Art von Saurier, von Höhlentier erschien. Es gibt Typen, die den geistigen Weg und den komplizierten Pfad der Wissenschaften Stufe um Stufe zurücklegen, bis sie eine Plattform gewinnen, von der aus sich auf große Menschenmassen schießen läßt. Dann werfen sie die geistige Rüstung wie Steigeisen hinter sich, und man erkennt, daß sie aus ganz uraltem, unveränderlichem Stoff gebacken sind. Die Schlange beißt sich in den Schwanz.

(An Carl Schmitt, 10. 12. 1941)

Eine persönliche Widmung Cocteaus für Ernst Jünger mit einer eigenhändigen Zeichnung auf dem Vorsatzblatt (1941). Der Roman »La Machine infernale« erschien unter dem Titel »Die Höllenmaschine« 1934 in deutscher Übersetzung.

Jean Cocteau (1889–1963) war eines der Zentralgestirne der Pariser Salons. In seinem Werk beschäftigte er sich u. a. mit dem Tod. Cocteau war seit 1955 Mitglied der Académie française.

Henry de Montherlant (1896–1972), französischer Schriftsteller. Montherlant hatte Sympathie für die deutsche Kultur und war, um auch im besetzten Frankreich weiter publizieren zu können, zur Zusammenarbeit mit den Kulturbehörden bereit. Er veröffentlichte Beiträge in der vom Deutschen Institut in Paris herausgegebenen Zeitschrift »Deutschland-Frankreich«, in der Jünger 1944 sein Reisetagebuch »Aus der Goldenen Muschel« veröffentlicht hatte. Nach dem Krieg schrieb Montherlant christlich inspirierte Dramen; 1972 beging er, fast erblindet, Selbstmord.

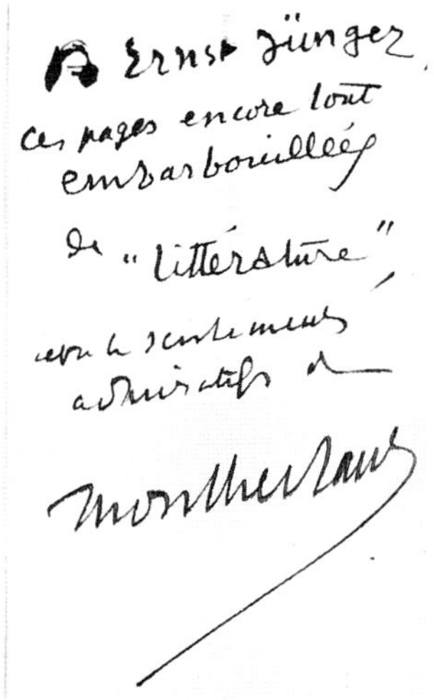

Eine Widmung Henry de Montherlants für Ernst Jünger in seinem 1932 erschienenen Buch »Mors et Vita«.

Paris, 6. Januar 1942

Abends im »George V«. Anwesend Nebel, Grüninger, Graf Podewils, Heller und Maggi Drescher, eine junge Bildhauerin. Nebel trug das Gedicht auf Harmodios und Aristogeiton vor, auf deren herrliches Standbild im Museo Nazionale die Rede kam, dann Verse von Sappho, Sophokles, Homer. Ihm kommt dabei ein außerordentliches Gedächtnis zustatten, über das er frei verfügt, so daß der Eindruck entsteht, als wirke er unmittelbar an der Entstehung der Verse mit. So muß zitiert werden: durch Beschwörungen.

Das erste Pariser Tagebuch

Paris, 13. Januar 1942

Geburtstagsfeier im »Raphael«, bei der mir zum ersten Male deutlich wurde, daß dessen Bewohner zuverlässig sind. Dergleichen ist heute nur möglich, wenn durch einen inneren und unsichtbaren Kreis die Auswahl getroffen wird. Ein bösartiger Witz, den Phillipps über Kniébolo machte, gab das Signal zu freimütigem Gespräch. Der Zwang, die Vorsicht scheiden die Menschen heute wie durch Masken; mit deren Fallen breitet mächtige Heiterkeit sich aus. Ich geriet dann mit Merz und Hattingen in eine ernsthafte Unterhaltung, in der ich ihnen die Grundzüge meiner Schrift über den Frieden entwickelte.

Das erste Pariser Tagebuch

Paris, 8. September 1942

Abends bei Valentiner, dort Henry de Montherlant und Nebel, der von den Inseln kam. Nebel erzählte von einer Prophezeiung aus dem XVI. Jahrhundert, durch welche die Zerstörung Kölns für diese Zeit geweissagt worden sei. Er meinte, daß die Erfüllung wörtlich und örtlich stimme, denn nur der den damaligen Umfang repräsentierende Stadtkern sei demoliert. Dann über den Amerikanismus, der durch die Niederlegung der alten Städte weiter gefördert wird.

Über de Quincey, von dem Nebel eine englische Ausgabe mitgebracht hatte, nach der mir der Mund wässerte. Über Stierkämpfe, derentwegen Montherlant als Knabe von zu Hause ausgerissen ist. Über den Herzog von Saint-Simon und die Memoiren Primi Viscontis vom Hofe Ludwigs XIV.

Das erste Pariser Tagebuch

Gerhard Nebel (1903–1976), einer der eigenwilligen Geister der Zeit, gilt als Schüler Ernst Jüngers, dessen Schriften schon früh starken Einfluß auf ihn ausübten. Während des Zweiten Weltkrieges erneuerte sich in Paris die Freundschaft. Seine offene Gegnerschaft zum Hitlerregime brachte ihn mehrfach in Gefahr und bewirkte 1942 eine Strafversetzung auf die Kanalinsel Alderney.
Nebels Denken war von Jaspers und Heidegger, bei denen er studiert hatte, von griechischem Mythos und reformatorischer Theologie geprägt. Neben Reisebüchern veröffentlichte er große Essays über »Homer« (1959), »Pindar und die Delphik« (1967), »Sokrates« (1969) und »Hamann« (1973).

Ernst Jünger mit Gerhard Heller (1909–1982). Heller war von November 1940 bis Sommer 1942 als Zensor bei der dem Militärbefehlshaber unterstellten Propaganda-Staffel im besetzten Paris tätig. Von 1942 bis 1944 arbeitete er in der Kulturabteilung der Deutschen Botschaft. Seine Aufgabe, die ihn mit zahlreichen Autoren zusammenführte, war die Zensur der im besetzten Frankreich erscheinenden Bücher. Die herzliche Freundschaft mit vielen Autoren beweist, daß Heller weniger als observierender Okkupant denn als Kulturvermittler eingeschätzt wurde.

Paris, 1. Februar 1942

Am Morgen besuchte mich Nebel wegen des Vorfalls, den er auf seiner Abhörstelle gehabt hatte. Er konnte freilich nicht sagen, daß man ihn nicht gewarnt hätte. Nachdem er durch seinen Aufsatz über die Insektenmenschen, den Suhrkamp veröffentlichte, sich schon verdächtig gemacht hatte, gab er jetzt Anlaß zur unmittelbaren Denunziation. Sie hatten sich bei der Sylvesterfeier auf den Korridoren über den »Oberförster« lustig gemacht. Nebel muß in der Provinz verschwinden, doch tut der Abzug eines so glänzenden Geistes aus dieser Stadt mir leid.

Nachmittags bei Madame Boudot-Lamotte, wo Cocteau sein neues Stück »Renaud et Armide« las. Es handelt sich um eine Zauberverknüpfung, der seine Stimme, die geistigen Wohllaut mit Geschmeidigkeit verbindet, trefflich gewachsen war. Besonders der webende Gesang, durch den die Zauberin Armida den im Banne liegenden Renaud umstrickt, war wohl gelungen – von zugleich leichter und zwingender Kraft. Es rollte dabei ein immer wiederholtes »file, file, file« von unsichtbaren Spindeln ab, schoß gleich den Silberfäden des Herbstes in die Luft.

Das erste Pariser Tagebuch

Paris, 7. Juni 1942

Zu Mittag im »Maxim«, wohin ich von Morands eingeladen war. Unter anderem Unterhaltung über amerikanische und englische Romane, so über »Moby Dick« und über »Sturmwind auf Jamaika«, ein Buch, das ich vor Jahren in Steglitz las, und zwar mit peinlicher Spannung, gleich jemandem, der zusieht, wie man Kindern Rasiermesser zum Spielen gibt. Dann über Ritter Blaubart und Landru, der hier in einem Vorort siebzehn Frauen schlachtete. Endlich fiel einem Bahnbeamten auf, daß er stets nur eine Rückfahrkarte nahm. Frau Morand erzählte, daß sie ihm benachbart gewesen sei. Nach dem Prozeß kaufte ein kleiner Gastwirt das Mordhaus auf und nannte es »Au Grillon du Foyer«.

In der Rue Royale begegnete ich zum ersten Mal in meinem Leben dem gelben Stern, getragen von drei jungen Mädchen, die Arm in Arm vorbeikamen. Diese Abzeichen wurden gestern ausgegeben; übrigens mußten die Empfänger einen Punkt von ihrer Kleiderkarte dafür abliefern. Nachmittags sah ich den Stern dann häufiger. Ich halte derartiges, auch innerhalb der persönlichen Geschichte, für ein Datum, das einschneidet. Ein solcher Anblick bleibt nicht ohne Rückwirkung – so genierte es mich sogleich, daß ich in Uniform war.

Das erste Pariser Tagebuch

Pablo Picasso (1881 – 1973). In seinem Atelier in Paris, Rue des Grands-Augustins (1943), wo er den ganzen Krieg über arbeitete.

Paris, 22. Juli 1942

Nachmittags bei Picasso. Er wohnt in einem weiträumigen Gebäude, dessen Etagen zu Speichern und Lagerräumen herabgesunken sind. Das Haus, Rue des Grands-Augustins, spielt in den Romanen von Balzac eine Rolle, auch brachte man Ravaillac nach seinem Mordanschlag dorthin. In einer seiner Ecken zog sich eine schmale Wendeltreppe nach oben mit Stufen aus Steinen und altem Eichenholz. An eine schmale Tür war ein Blatt Papier geheftet, auf das mit Blaustift das Wörtchen: »Ici« geschrieben stand. Nachdem ich geklingelt hatte, öffnete mir ein kleiner Mann in einfachem Arbeitskittel, Picasso selbst. Ich war ihm schon einmal flüchtig begegnet, und wieder hatte ich den Eindruck, einen Magier zu sehen – einen Eindruck, der damals noch durch ein spitzes grünes Hütchen gesteigert worden war.

Das Hauswesen bestand außer einer kleinen Wohnung und Abstellkammern aus zwei weiten Speichern, von denen er den unteren für plastische Arbeit, den oberen zum Malen zu benutzen schien. Der Estrich war wabenförmig mit Ziegeln ausgelegt, die gelbgetünchten Wände durch dunkle Balken aus Eiche unterstützt. Auch unter den Decken zogen sich schwarze Rippen aus Eichenholz entlang. Die Räume schienen mir zur Arbeit gut geeignet; sie hatten die Trächtigkeit von alten Böden, auf denen die Zeit stagniert.

Wir sahen unten erst alte Papiere an und stiegen dann in den oberen Stock hinauf. Unter den Bildern, die dort standen, gefielen mir zwei einfache Frauenporträts und dann vor allem ein Strandstück, das beim Betrachten in roten und gelben Tönen stärker und stärker aufzublühen schien. Wir unterhielten uns bei seinem Anblick über das Malen und Schreiben aus der Erinnerung. Picasso erkundigte sich dabei nach der realen Landschaft, die hinter den »Marmorklippen« zu suchen sei.

Andere Bilder, wie eine Reihe asymmetrischer Köpfe, empfand ich als monströs. Indessen muß man einer so ungemeinen Begabung, wenn man sie durch Jahre und Jahrzehnte sich solchen Themen widmen sieht, die objektive Entsprechung zubilligen, auch wenn sie sich der eigenen Wahrnehmung entzieht. Im Grunde handelt es sich um noch Ungeschautes und Ungeborenes und um Experimente von alchimistischer Natur, wie denn auch einige Male das Wort »Retorte« fiel. Nie war mir so stark und so beklemmend deutlich, daß der Homunculus mehr als eine müßige Erfindung ist. Das Bild des Menschen wird magisch vorausgesehen, und wenige ahnen die fürchterliche Tiefe der Entscheidung, die der Maler fällt.

Obwohl ich mehr als einmal versuchte, ihn auf dieses Thema zu lenken, wich er, vielleicht mit Absicht, aus:

»Es gibt Chemiker, die ihr ganzes Leben damit verbringen, die Elemente zu erforschen, die in einem Stückchen Zucker verborgen sind. So möchte ich wissen, was Farbe ist.«

Über die Auswirkung:

»Meine Bilder würden die gleiche Wirkung haben, wenn ich sie nach ihrer Vollendung, ohne sie zu zeigen, einhüllte und versiegelte. Es handelt sich dabei um Manifestationen unmittelbarer Art.«

Über den Krieg:

»Wir beide, wie wir hier zusammensitzen, würden den Frieden an diesem Nachmittag aushandeln. Am Abend könnten die Menschen die Lichter anzünden.«

Das erste Pariser Tagebuch

Paris 1942. Aufnahme von Florence Henri.

Paris, 4. Juli 1942

Abends in der »Tour d'argent«, im Silberturm, in dem bereits Heinrich IV. Reiherpasteten speiste und von dem man wie aus dem Diningroom eines großen Flugzeugs auf die Seine und ihre Inseln sieht. Im Abendglanz wurde der Wasserspiegel perlmuttrig überhaucht. Schön war der Unterschied der Färbung zwischen einer Trauerweide und ihrem Schattenbild im Wasser – das Silbergrün des Laubes wurde, in stiller Selbstbetrachtung, ein wenig dunkler in der Flut.

Man hat den Eindruck, daß die Menschen, die dort oben tafeln, beim Verspeisen der Seezungen und der berühmten Enten gleich Turmfiguren mit einem dämonischen Behagen das graue Meer der Dächer, unter denen die Hungernden ihr Leben fristen, zu ihren Füßen sehen. In solchen Zeiten gibt essen, gut und viel essen, ein Gefühl der Macht.

Das erste Pariser Tagebuch

182.

Paris, 4. Juli 1942.

Paris, 5. Juli 1942.

Manuskriptblatt aus Jüngers »Journal«, das er in den vier Pariser Jahren geführt und in das er die Notizen weiterer Tagebuchhefte, Notizhefte und Taschenkalender eingearbeitet hat. Die Journale bestehen aus insgesamt 522 mit verschiedenartigen Tinten beschriebenen Büttenblättern, die mit Blüten, Blättern, Vogelfedern und Aquarellen geschmückt und in kostbaren Kasetten verwahrt sind. Die Einbände der Journale sind in rotem Maroquinleder gehalten und mit Jüngers Signet versehen.

Paris 1942.
Aufnahme von Florence Henri.

Léon Bloy (1846–1917), Wegbereiter eines erneuerten Katholizismus, gehörte zu den immer wieder von Jünger zitierten Schriftstellern. Ihn faszinierte Bloys unerschütterlicher, über alle menschlichen Niederungen sich erhebender Gottesglaube.

Heute mehr als je empfiehlt sich das Studium der Heiligen Stoa oder der Evangelien. Auf dieser Erde wird immer das gleiche Stück gespielt, es wechseln nur die Masken und die Ausstattung.

(An Friedrich Georg, Paris, 10. 5. 1942)

Und wieder bewährt sich die Bibel als das Buch der Bücher, prophetisch auch für unsere Zeit; doch nicht nur prophetisch, sondern auch tröstend in höchstem Maße und insofern das Handbuch alles Wissens, das wiederum Unzählige durch die Schreckenswelt begleitete.

Strahlungen

Kirchhorst, 7. Juli 1939

Bloy ist ein Zwillingskristall aus Diamant und Kot. Sein häufigstes Wort: »ordure«. Sein Held Marchenoir sagt von sich aus, daß er in das Paradies mit einer aus Menschenkot geflochtenen Krone eintreten wird. Frau Chapuis ist nur noch als Wischlappen für die Totenmulden eines Leprosenhospitals gut. In einem Pariser Garten, den er beschreibt, herrscht ein solcher Gestank, daß sich eines säbelbeinigen Derwisches, der Abdecker von verpesteten Kamelen geworden ist, Verfolgungswahn bemächtigen würde. Frau Poulot hat unter ihrem schwarzen Hemd eine Büste, die einem im Schmutz gewälzten Stück Kalbfleisch gleicht, das eine Hundemeute, nachdem sie es flüchtig überpißte, im Stiche ließ. Und so endlos fort.

Gärten und Straßen

Paris, 4. Oktober 1942

Abends weitergelesen in »La Porte des Humbles« von Léon Bloy, dessen Lektüre mich stets befriedigt, trotz seinen maniakalischen und unterschiedslosen Ausfällen gegen alles Germanische. So möchte er London durch eine einzige Granate ausrotten, und Dänemark stellt sich ihm als eine Art von schmutzigem Sodom dar. Ich glaube aber, daß ich inzwischen lernte, Menschen im Geiste anzuerkennen, obwohl sie im Willen von mir verschieden sind, um sie zu sehen in ihrer jenseits der Grenzen und Gegensätze ruhenden Gestalt.

Das erste Pariser Tagebuch

Paris, 7. Juli 1942

Lektüre: Léon Bloy, »Mon Journal«, das ich in einem Einband aus violettem Leder lese, dessen Berührung Genuß erweckt. Der Geist hat etwas Dichtes, Eingebrühtes, wie eine Suppe von ausgestorbenen Fischen und Schaltieren, die durch langes Kochen ziehend geworden ist. Sehr gut zu lesen, wenn man sich an allzu lauen Gerichten den Appetit verdorben hat. Übrigens fiel mir diesmal die Beziehung oder vielmehr die Korrespondenz zu Hamann auf – sie liegt im Zug zum Absoluten, und die Vergleichung dieser beiden Autoren ergäbe eine gute Studie.

Zwei Mal erwähnt er, daß Verstorbene ihn nachts erwecken, sei es, daß sie an seine Türe klopfen oder daß er ihren Namen hört. Er steht dann auf und betet für ihr Heil. So leben wir vielleicht auch heute nicht nur durch Kräfte vergangener, sondern auch zukünftiger Gebete mit, die man nach unserem Tode sprechen wird.

In seinem Verhältnis zum Tod ist dieser Geist am stärksten – ich denke da an die schöne Stelle in einem anderen seiner Bücher, an der er sagt, daß Sterben kaum eine größere Veränderung für uns bedeute, als für ein schönes Möbel, daß man den Staub von ihm herunterwischt.

Das erste Pariser Tagebuch

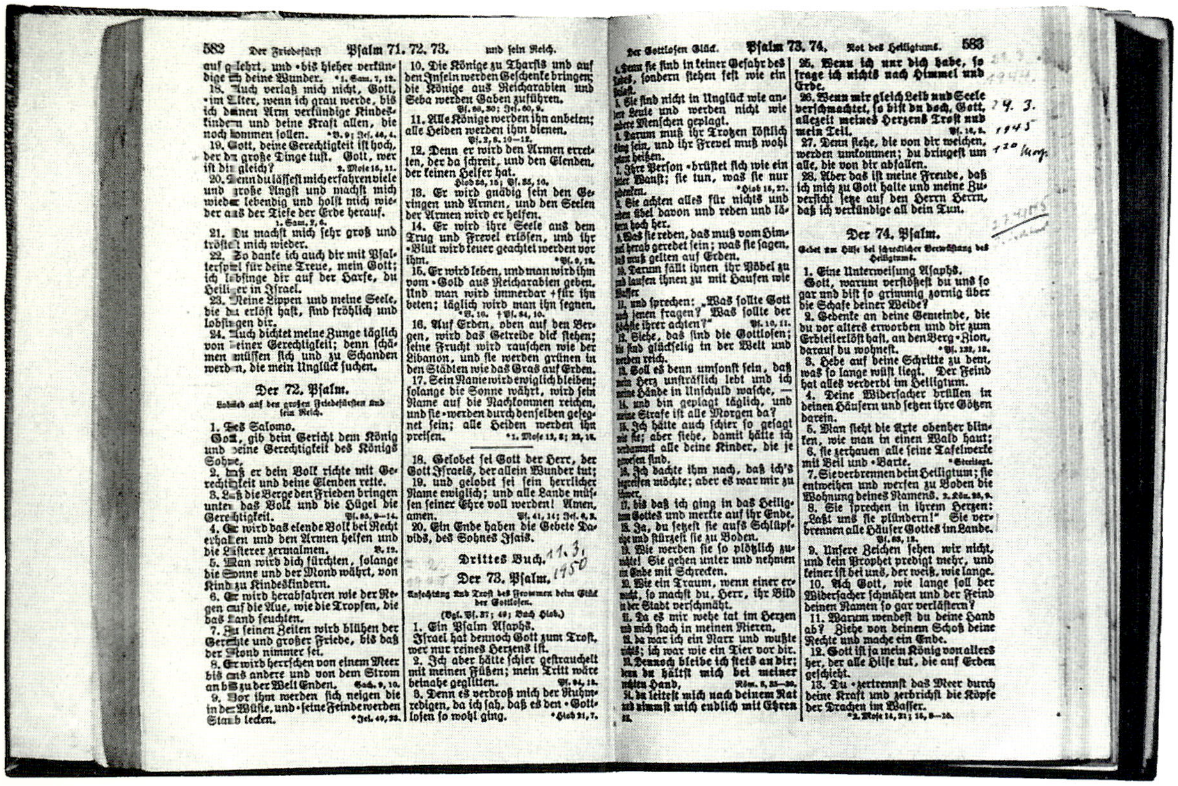

Ernst Jüngers Bibel mit den handschriftlichen Eintragungen der Lektüredaten. Beginnend am 3. September 1941, hatte er sie in vierjähriger, täglicher Lesung neu für sich erschlossen. Aufgeschlagen ist der 73. Psalm, dessen Erwähnung in »Gärten und Straßen«, unter dem 29. März 1940, die Machthaber provoziert hatte.

Die Bücher über den ersten Weltkrieg, den Arbeiter, die Totale Mobilmachung und zum Teil noch den Aufsatz über den Schmerz möchte ich als mein Altes Testament bezeichnen – als Übergang zum Neuen betrachte ich die kleine Vision »Sicilischer Brief an den Mann im Mond«. An diesem Allem werde ich schon deshalb nichts modifizieren, weil ich am Unterbau nichts ändern will. Es wäre nach dem »Arbeiter« ein gradliniges Fortschreiten möglich gewesen; dieses hätte in eine reine Masken- und Automatenwelt geführt. Stücke aus der zweiten Fassung vom »Abenteuerlichen Herzen« deuten das an. Hier weiterzugehen war auch verlockend, doch sehr bedenklich, mehr noch für andere als für mich.

(An Edgar Traugott, Paris, 21. 9. 1942)

Mit Kommandeur General Rupp im Gefechtsstand der 97. Division (Kaukasus).

Nicht so sehr Neigung als Gewissenhaftigkeit erweckte in mir den Wunsch, mich auch einmal im Osten umzusehen. Ich glaube doch, daß das, um ein vollständiges Urteil über den Krieg und auch die zweite Hälfte des 20. Jahrhunderts zu gewinnen, wichtig ist. Auch der Oberbefehlshaber bestärkte mich darin, und wenn man in Berlin zustimmt, werde ich ein Kommando von drei Monaten Dauer in den Osten antreten, dessen Eindrücke ich dann hier in Paris in Ruhe auszuwerten gedenke. Sehr schön wäre es, wenn wir uns bei dieser Gelegenheit sehen könnten. Sie würden mir auch dort für manche Dinge den Blick schärfen, wie hier bereits in Paris, ich denke nur an Port Royal.

(An Hans Speidel. Paris, 9. 10. 1942)

Krapotkin, 9. Dezember 1942

Am gestrigen Abend Abfahrt zur 17. Armee mit dem Kurierzug, der sich als ein auf Schienen gesetztes Auto präsentierte, das einen Güterwagen zog. Nach kurzer Fahrt blieben wir für einen Teil der Nacht bei Schneegestöber auf den Geleisen stehen. Da es gelang, ein wenig Holz aufzutreiben, wärmte uns ein kleiner Ofen für eine Stunde oder zwei.

Am Morgen Ankunft in Krapotkin, wo ich den Tag mit Warten auf den Zug nach Beloretschenskaja zubrachte. In der großen kahlen Bahnhofshalle harrten viele hundert Soldaten gleich mir. Sie standen schweigend in Gruppen oder saßen auf ihrem Gepäck. Zu gewissen Stunden drängten sie sich an Schaltern zusammen, an denen es Suppe oder Kaffee gab. Man spürte in dem hohen Raum die Nähe der ungeheuer zwingenden Mächte, die den Menschen treiben, ohne doch seinen Augen schon offenbar zu sein: die eisige Titanenmacht. Daher der Eindruck, daß der Wille in allen Fasern beansprucht wird, während die Einsicht müßig bleibt. Wenn reine Anschauung gelänge, etwa im Bilde eines Malers, würde das ohne Zweifel eine große Entspannung, eine Linderung sein. Doch ist das ebenso unmöglich wie schon in dieser Phase die Deutung des Geschehens durch einen großen Historiker oder, besser noch, durch den Roman. Man kennt ja noch nicht einmal die Namen der Mächte, die gegeneinander angetreten sind.

Gedanke bei diesem Anblick: »Die Freiheit kann nicht wiederhergestellt werden im Sinne des 19. Jahrhunderts, wie viele noch träumen; sie muß sich erheben zur neuen und eisigen Höhe des geschichtlichen Vorgangs, und höher noch wie ein Adler über die Zinnen, die sich aus dem Chaos auftürmen. Auch sie muß durch den Schmerz hindurch. Sie muß wieder verdient werden.«

Kaukasische Aufzeichnungen

Kiew, 9. Januar 1943

Während der Nachtfahrt lebhaft an den Vater gedacht. Ich sah ihn nicht seit dem Jahre 1940, als ich nach dem Frankreich-Feldzug in Leisnig rastete. Doch telephonierte ich einige Male mit ihm. Nun, in der Ermüdung der ersten Morgenstunde, sah ich am dunklen Himmel seine Augen strahlen, groß und in tieferem, lebendigerem Blau als je zuvor – die Augen, die ihm im Grunde zugehörig sind. Nun sah ich sie voll Liebe auf mir ruhen. Ich möchte ihn einmal schildern wie eine Mutter, die männliche Intelligenz besäße – mit tieferer Gerechtigkeit.

Kaukasische Aufzeichnungen

Kirchhorst, 21. Januar 1943

In Leisnig suchte ich nach kurzer Begrüßung der Geschwister sogleich den Friedhof auf, wo mir die »Heimbürgin« den Schlüssel zur Totenkapelle gab. Es war schon dämmerig, als ich das Tor aufschloß. Im offenen Sarge, hoch aufgebahrt, im Frack, der Vater, in großer Entfernung, feierlich. Ich näherte mich langsam, entzündete die Kerzen rechts und links von seinem Haupt. Sah lange in das Gesicht, das mir sehr fremd geworden war. Besonders die untere Partie, das Kinn, die Unterlippe gehörten einem Andern, Unbekannten an. Indem ich weit auf seine linke Seite zurücktrat und Stirn und Wange betrachtete, auf der noch die wohlbekannte Säbelnarbe als roter Strich zu sehen war, gelang es mir, die Verbindung wiederherzustellen – ich sah ihn, wie ich ihn so ungezählte Male nach dem Essen plaudernd in seinem Lehnstuhl hatte sitzen sehen. Freude, ihn noch zu finden, ehe die Erde ihn mir verbirgt. Gedanke: »Ob er jetzt wohl von diesem Besuche Kenntnis nimmt?« Ich berührte seinen so mager gewordenen Arm, die kalte Hand, auf die, wie um sie aufzutauen, eine Träne fiel. Was hat das ungeheure Schweigen zu bedeuten, das um die Toten webt?

Dann Rückkehr und Tee im alten, vertrauten Eßzimmer bei Gesprächen über ihn. Er wurde am ersten Weihnachtsfeiertage krank und legte sich zu Bett, nachdem er einige Tage auf dem Sofa geblieben war. »Jetzt müßt ihr eben sehen, wie ihr allein fertig werdet«, sagte er bald darauf. Der Zustand verschlimmerte sich schnell, so daß ihn der Arzt in das Krankenhaus bringen ließ, wo sein Leiden als doppelseitige Lungenentzündung erkannt wurde.

Friedrich Georg hatte den Eindruck, daß er sich dort zunehmend mit sich selbst beschäftigte und keine Zeit fand, die Besucher noch zu sehen. »Setzt euch doch« und »Wasser« waren die beiden letzten Worte, die er von ihm vernahm. Er sah ihn noch am Freitag nachmittag. In der Nacht, Sonnabend um ein Uhr, soll er dann, nach Aussage der Krankenschwester, gestorben sein. Das wäre also um die gleiche Stunde, zu der ich auf der Fahrt nach Armawir seine Augen erscheinen sah. Auch wurde ich betroffen, als ich jetzt beim Blättern in meinen Tagebüchern entdeckte, daß ich auf die Stunde genau ein Jahr zuvor traurig erwacht war, weil ich von seinem Tode geträumt hatte.

Er starb mit vierundsiebzig Jahren, zehn Jahre älter als sein Vater und zehn Jahre Jünger als seine Mutter, was wieder meine Ansicht bestätigt, daß eine der Methoden, das wahrscheinliche Alter zu errechnen, darin besteht, daß man das Mittel zwischen den Lebensjahren der Eltern nimmt, vorausgesetzt, daß deren Tod normal gewesen ist.

Am Abend schlief ich in seinem Zimmer, in dem er bei gemütlicher Beleuchtung gern im Bette las oder Schach spielte. Noch lagen die Bücher, mit denen er sich in den letzten Tagen beschäftigt hatte, auf dem Nachttisch – Jägers »Geschichte der Griechen« und Werke über die Entzifferung der Hieroglyphen, auch Schachblätter. Hier fühlte ich mich ihm sehr nahe, mit starkem Schmerz bei der Betrachtung der wohlgeordneten Häuslichkeit mit ihren Bibliotheken, Laboratorien, Fernrohren und Apparaten – so ließ er noch in den letzten Lebenstagen eine große Influenzmaschine mit einer Röntgenröhre in einer besonderen Bodenkammer aufstellen. Das Haus ist unser Kleid, ein erweitertes Wesen, das wir um uns herumordnen. Wenn wir dahinscheiden, verliert sich bald seine Form – in gleicher Weise, wie der Körper sie verliert. Hier aber war noch alles frisch, ein jeder Gegenstand wie eben aus der Hand gelegt.

Am nächsten Tage war die Beerdigung, an der, wie er gewünscht, nur die Familie sich beteiligte. Wir reichten ihm zuvor noch einmal die Hand – »so kalt«, sagte die Mutter, als sie sie anfaßte.

Ich notiere, daß ich, ins Haus zurückgekehrt, von einer fast unbezähmbaren Heiterkeit erfaßt wurde. Das ist ein uralt menschlicher Zug im Aufeinanderfolgen von Mysterien, die uns fremd geworden sind.

Kaukasische Aufzeichnungen

Leisnig in Sachsen, die Löwen-Apotheke. Hier lebte die elterliche Familie seit 1919, hier starb der Vater 1943.

Florence Gould, von Jünger im Tagebuch auch »Lady Orpington« genannt (1895–1983), Gattin des amerikanischen Milliardärs Frank Jay Gould. Sie unterhielt in Paris einen glänzenden literarischen Salon, zuerst im Hotel »Bristol«, seit 1942 dann in ihrer Wohnung in der Rue Malakoff. Dort verkehrten neben Ernst Jünger auch Paul Léautaud, Marcel Jouhandeau, Jean Paulhan, Gerhard Heller, Jean Giraudoux und Persönlichkeiten aus Wirtschaft und Politik.

Ernst Jünger zitiert im »Postscriptum zu Paul Léautaud« aus einem Brief Gerhard Hellers vom 21. 2. 1978: »Ohne Zweifel sind die Jeudis ein einzigartiges Unternehmen in schwierigster Zeit gewesen. Bei aller Gegensätzlichkeit – ich denke an die weit auseinandergehenden Meinungen von Jean Paulhan und Paul Léautaud in politicis – war es eine Runde, die enge Freundschaften geknüpft hat.«

Das eigentliche Zentrum der Begegnungen bildeten die Donnerstage bei Florence Gould. Sie entsprachen für mich im literarischen Bereich der »Georgsrunde«, die sich um General Speidel versammelte. (…)

Postscriptum zu Paul Léautaud

Paris, 4. März 1943

Frühstück mit Heller bei Florence Gould, die jetzt in der Avenue Malakoff eine Wohnung bezogen hat. Wir trafen dort außer ihr und Jouhandeau noch Marie Louise Bousquet und den Maler Bérard.

Gespräch vor einer Vitrine voll ägyptischer Funde aus Rosette. Unsere Wirtin zeigte uns uralte Salbenbüchsen und Tränenkrüge aus antiken Gräbern, von denen sie spielerisch die dunkelveilchenblauen und perlmuttfarbenen Häutchen, den Niederschlag von Jahrtausenden, abkratzte, so daß der Irisstaub im Lichte wirbelte. Auch teilte sie davon aus – ich konnte dem Geschenk eines schönen hellgrauen Skarabäus mit umfangreicher Inschrift auf der Fußplatte nicht ausweichen. Dann zeigte sie Bücher und Manuskripte, die bei Gruel gebunden waren – in einem Werk mit alten Bildern fehlten drei Blätter, die sie herausgerissen und einem Besucher, der Gefallen daran gefunden, geschenkt hatte.

Das zweite Pariser Tagebuch

Paris, 10. Mai 1943

Beim Antiquar Dussarp, Rue du Mont-Thabor. Ich kaufte dort Balthasar Beckers »Verzauberte Welt«, ein Buch, dem ich seit langem nachstrebe, und fand sogar die Inschrift des Autors in jedem der vier um 1694 zu Amsterdam gedruckten Oktavbände.

Gedanke: Auch ich gehöre nun zu den ungezählten Millionen, die dieser Stadt von ihrem Lebensstoff gegeben haben, von ihren Gedanken und Gefühlen, die das Steinmeer einsaugt, um sich im Laufe der Jahrhunderte geheimnisvoll zu wandeln und aufzubauen zu einem Schicksals-Korallenstock. Wenn ich bedenke, daß ich auf diesem Wege an der Kirche von Saint-Roch vorüberkam, auf deren Stufen César Birotteau verwundet wurde, und an der Ecke der Rue des Prouvaires, an der die schöne Strumpfhändlerin Baret im Hinterstübchen ihres Ladens Casanova das Maß nahm, und daß das nur zwei winzige Daten in einem Meer phantastischer und realer Vorgänge sind – dann ergreift mich eine Art von freudiger Wehmut, von schmerzhafter Lust. Ich nehme gern am Leben der Menschen teil.

Das zweite Pariser Tagebuch

Umm-el-Banine, russische Schriftstellerin (1905–1992). Sie schrieb Jünger 1942 als Leserin und drückte ihm ihre Bewunderung für sein Werk aus. Er suchte sie des öfteren über Mittag in ihrer Wohnung in der Rue Lauriston, unweit des Hotels »Raphael«, auf. Die freundschaftliche Beziehung ist nie abgerissen.

Mit Sophie Ravoux (1906–2001), einer Pariser Kinderärztin, pflegte Jünger in Paris eine geistige und zeitweilig auch amouröse Beziehung, die seine Ehe mit Gretha belastete. In den »Strahlungen« verschleierte Jünger diese Beziehung, indem er für Sophie Ravoux Tarnnamen wie »Doctoresse«, »Charmille« oder »Madame Dancart« benutzte. Sophie Ravoux entstammte einer deutsch-jüdischen Familie und war 1938 nach Frankreich geflüchtet. In Paris heiratete sie den Journalisten Paul Ravoux (1898–1957), der als Presseoffizier für die französische Militärregierung arbeitete und im Mai 1943 vom deutschen »Sicherheitsdienst« SD verhaftet und im KZ Dachau interniert wurde.

Als ich in der Nacht erwachte, fühlte ich, wie Sophie mit ganz zarten, schlanken Fingerspitzen mich abtastete. Sie zog zuerst die Hände nach, jeden Finger einzeln, besonders dort, wo die Nägel ansetzen. Dann nahm sie Teile des Gesichtes auf, die Augenlider, die Augenwinkel, die Jochbögen. Das war sehr angenehm, bezeichnend für diese Frau, ihr Wesen und ihre Geistigkeit. Sie übte eine feine Meßkunst an mir aus, fast schien es, als ob sie mich verändern wolle, denn sie bewegte die Finger wie über einer Paste, einem feinen Teig.

Dann legte sie die Hand auf meine Stirn und flüsterte mir ins Ohr: »Mein armer Freund, mit der Freiheit ist es vorbei.«

(Journal 1941, 6.12.1941)

Paris, 20. April 1943

Mittags ein Mauretanierstündchen bei Banine. Sie pflegt dabei den Kaffee auf ihrem Bett zu nehmen, das sie ebenso ungern wie der Einsiedlerkrebs sein Schneckenhaus verläßt. Die Fenster ihres Studios münden auf das hohe Wasserbassin in der Rue Copernic. Vor ihnen, noch blattlos, blüht eine große Paulownia. Die hohen mattlila Kelche, in deren Amorbögen die Bienen tauchen, zeichnen sich scharf, doch leicht vom blassen Blau des Frühlingshimmels ab.

Gespräch über den meridionalen Typus und die Ligurier und Gascogner im besonderen. Dann über Gesetz und Mystik in der Religion. In den Moscheen sei die Gegenwart des Gesetzes offenbar. Ich glaube, daß das auch für die Synagogen gilt. Endlich über die Ausdrücke für Furcht in den verschiedenen Sprachen und ihre Nuancierungen.

Das zweite Pariser Tagebuch

Mit den Söhnen Ernst (links) und Alexander während eines Urlaubs im Kirchhorster Garten.

Paris, 1. September 1943

Lieber Ernst, gestern legte ich in ein Päckchen an Mama für Dich mit ein: zwei Pfeifen, einen Tabaksbeutel und ein Päckchen Tabak. Die Pfeifen sind aus Bruyèreholz geschnitten, der Wurzel von Erica arborea oder der baumförmigen Heide, die ihrer Härte wegen am besten dafür geeignet ist. Die Mundstücke sind noch aus gutem Horn; es dauerte deshalb auch einige Zeit, bis ich sie fand. Du glühst sie am besten mit Kohle aus und bläst dann langsam eine Füllung von Tabak von unten her durch, um Dir das unangenehme Anrauchen zu ersparen. Ich kaufte zwei, damit Du sie kalt werden lassen kannst. Doch rauche nicht zuviel, da sicher Deine Leber noch empfindlich ist.

(An den Sohn Ernst)

Ich hoffe, daß ich nun bald sehen kann, wie Du gewachsen bist. Gestern kaufte ich ein kleines Notizbuch für Dich, das sende ich Dir in diesen Tagen zu. Es ist sehr niedlich. Auch bringe ich wieder ein Puzzlespiel mit, das wollen wir abends immer legen. Hast Du auch das andere für mich aufbewahrt?

Nun hör einmal zu. In diesen Tagen kommt ein kleines Paket aus Franzensbad für mich an, es kostet fünf Mark. Darin sind zwanzig indische Heuschrecken; sie sehen fast wie Stäbe aus und werden deshalb Stabheuschrecken genannt. Dies tu' in ein großes Einmachglas, das oben mit Papier zugebunden werden muß. Du gibst ihnen dann immer Eichenblätter zum Fressen hinein. Ich bin neugierig, ob sie dann, wenn ich komme, schon schön gewachsen sind. Hast Du das Bilderbuch bekommen, das ich Dir neulich geschickt habe?

Also besorg' die Heuschrecken gut. Gib der Mama einen Kuß von mir und sei selbst herzlich geküßt.

(An den Sohn Alexander. Paris, 11. 5. 1943)

06661 10.3.1943.

Meine liebe Gretha,

Zu Deinem Geburtstage sende ich Dir die allerherzlichsten Glückwünsche.Möge dieser Tag Dich heiter finden,geliebt und beschenkt.Mein Präsent sende ich morgen ab,ich sah es bereits in der Stadt und werde es in der Mittagspause abholen.Freilich ist es riskant,es,wie ich plane,einem Briefe anzuvertrauen,doch hoffe ich,daß es gelingt,weil ich gern sähe,daß es zurecht zu Tage kommt.

Noch einmal möchte ich Dir versichern,daß zwischen uns beiden, soviel es von mir abhängt,alles Unangenehme und Peinliche der letzten Jahre geschwunden ist.Wie gerne überzeugte ich Dich davon. Eigentlich bin ich ja selber davon überrascht und führe diese Wendung in meinem Inneren zum großen Teil auf Deine geistige Anstrengung - ich meine damit nicht einmal so sehr Deine Briefe - zurück.Es wurde auch Zeit,daß ich mich hier wandelte.Ich fühlte auch sogleich,daß mir dies seit langem fehlte,und wäre es aus einem geringfügigerem Anlasse geschehen,so hätte ich es vielleicht unterschätzt.

Doch darüber schreibe ich einmal ausführlicher.Heute nimm meine herzlichen Glückwünsche und vor allem den Wunsch,daß Du Dich mir und den Kindern noch viele,viele Jahre erhältst.Wir haben Dich alle nötig,und ich nicht am wenigsten.Nun müssen wir erst einmal durch das böse Jahr hindurch.Ich fühlte gleich,daß es mir Wichtiges bringen würde - dann fing es ja auch mit meiner Teilnahme am Rückzug und mit dem Tode meines Vaters an.Im zweiten Monat kam dann unsere Aussprache,die sicher zu den bedeutendsten Daten meines Lebens zählt. Und nun steht noch so vieles für die nächsten Monate bevor.Vor alle aber halte ich es für wichtig,daß wir von nun an gut zusammenbleiben und nichts mehr geschehen kann,was unser Verhältnis trübt. Wie gerne würde ich Dich zu diesem Tage besuchen,doch hoffe ich,daß wir vom nächsten Jahre an wieder unsere drei März=Tage zusammen feiern können.

Sei recht herzlich gegrüßt und geküßt

Von Deinem

Brief Ernst Jüngers an seine Frau Gretha, die am 14. März 1943 in Kirchhorst ihren 37. Geburtstag feierte. Bei der im Brief erwähnten »Aussprache« im Februar 1943 hatte Jünger Gretha versprochen, die Liaison mit Sophie Ravoux zu beenden.

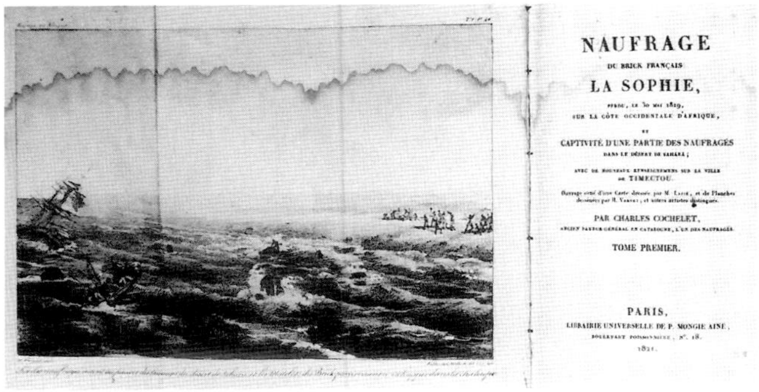
NAUFRAGE
DU BRICK FRANÇAIS
LA SOPHIE,
SUR LA CÔTE OCCIDENTALE D'AFRIQUE,
ET
CAPTIVITÉ D'UNE PARTIE DES NAUFRAGÉS
DE TIMECTOU.
PAR CHARLES COCHELET,
TOME PREMIER.
PARIS,
LIBRAIRIE UNIVERSELLE DE P. MONGIE AINÉ,

Kirchhorst, 7. Juni 1943

Lektüre ... wieder einmal im Lichtenberg, dem seltenen Beispiel eines Deutschen, der Grenzen kennt. Es scheint, daß bei der germanischen Rasse immer etwas Beschwerendes, eine Art von Fessel hinzukommen muß, damit sie sich nicht in den Elementen verliert. Das kann, wie bei den Engländern, die Fessel des Meeres sein oder, wie bei Fontane, die Mischung mit westlichem Blut. Bei Lichtenberg ist es der Buckel, den er trägt.

Der Deutsche gleicht gewissen Weinen, die verschnitten am trinkbarsten sind.

Ferner »Naufrage de la Méduse« von Corréard und Savigny, Paris 1818. Das Lehrreiche an diesen Schiffbrüchen, deren ich in der letzten Zeit eine ganze Reihe studierte, ist, daß sie Weltuntergänge im kleinen sind.

Das zweite Pariser Tagebuch

Selbst philosophisch kann die Lage in einer Weise bedrohlich werden, die das Opus dem Logbuch annähert und wie sie sich zum ersten Male andeutet im »Willen zur Macht«. Das sind Notizen auf der Fahrt durch Meere, in denen der Sog des Malstroms fühlbar wird und Ungeheuer auftauchen. Wir sehen den Steuermann bei der Betrachtung der Instrumente, die allmählich glühend werden, den Kurs bedenken und sein Ziel. Er untersucht die Wege, die möglich sind, die äußersten Routen, auf denen die praktische Vernunft dann scheitern wird. Die geistige Erfassung der Katastrophe ist fürchterlicher als die realen Schrecken der Feuerwelt. Sie ist das Wagnis nur der kühnsten, lastbarsten Geister, die den Dimensionen, wenngleich nicht den Gewichten, des Vorgangs gewachsen sind. So zu zerbrechen war das Schicksal Nietzsches, den zu steinigen heute zum guten Ton gehört. Nach dem Erdbeben schlägt man auf die Seismographen ein. Man kann jedoch die Barometer nicht für die Taifune büßen lassen, falls man nicht zu den Primitiven zählen will.

Strahlungen. Aus dem Vorwort

Paris, 15. September 1943

Im »Raphael« aß ich auf meinem Zimmer, als etwa zwanzig Minuten vor acht die Sirenen Alarm kündeten. Bald ertönte lebhaftes Feuer; ich eilte auf das Dach. Dort eröffnete sich den Augen ein zugleich furchtbares und großartiges Bild. Zwei starke Geschwader überflogen in Keilform von Nordwesten nach Südosten die Innenstadt. Sie hatten offenbar schon abgeworfen, denn in der Richtung, aus der sie kamen, erhoben sich in breiter Ausdehnung Rauchwolken, die bis zum Firmament hinaufragten. Der Anblick war unheilvoll und machte sogleich den Sinnen deutlich, daß dort jetzt Hunderte, ja vielleicht Tausende von Menschen erstickten, verbrannten, verbluteten.

Vor diesem düsteren Vorhang lag die Stadt im goldenen Lichte des Sonnenuntergangs. Die Abendröte traf die Flugzeuge von unten; die Rümpfe hoben sich wie Silberfische vom blauen Himmel ab. Besonders die Schwanzflossen schienen die Strahlen aufzufangen und zu sammeln; sie glänzten wie Leuchtkugeln.

Diese Geschwader zogen im Kranichfluge, schimmernd, in geringer Höhe über das Weichbild, während Gruppen von weißen und dunklen Wölkchen sie begleiteten. Man sah die Feuerpunkte, um die sich, erst scharf und winzig wie Nadelköpfe und dann allmählich zerfließend, die Bälle breiteten. Zuweilen stürzte brennend, ganz langsam und ohne rauchende Fahne, als goldene Feuerkugel ein Flugzeug ab. Eins sank auch dunkel, sich kreiselnd drehend wie ein Blatt im Herbst, zu Boden, und dieses ließ eine Spur von weißem Qualm zurück. Wieder ein anderes wurde im Sturz zerrissen, ein großer Flügel schwebte lange in der Luft. Auch etwas Sepia-

Pariser Vorstadt nach einem Bombenangriff der Alliierten im November 1943.

braunes, Umfangreiches fiel mit wachsender Geschwindigkeit; hier stürzte wohl ein Mensch am verkohlenden Fallschirm ab.

Trotz diesen Treffern hielten die Schwärme, ohne nach rechts oder links zu weichen, ihren Kurs, und das Gradlinige der Bewegung erweckte den Eindruck fürchterlicher Kraft. Dazu kam noch das tiefe Summen der Motoren, das den Raum erfüllte und die Taubenschwärme ängstlich den Triumphbogen umkreisen ließ. Das Schauspiel trug die beiden großen Züge unseres Lebens und unserer Welt: die streng bewußte, disziplinierte Ordnung und die elementarische Entfesselung. Es war zugleich von hoher Schönheit und von dämonischer Kraft. Für Augenblicke verlor ich die Übersicht, und das Bewußtsein löste sich in der Landschaft auf, in der Empfindung der Katastrophe, aber auch des Sinnes, der ihr zugrunde liegt.

Das zweite Pariser Tagebuch

Paris, 16. Oktober 1943

Summarisch gesprochen, war das 19. Jahrhundert ein rationales, während das 20. ein kultisches ist. Davon lebt bereits Kniébolo, und daher die völlige Unfähigkeit der liberalen Intelligenzen, auch nur den Ort zu sehen, an dem er steht.

Dann über Bogos Reisen. Darunter manche Geheimnisse. Besonders bestürzten mich Einzelheiten, die er aus dem Getto von Lodz oder, wie es jetzt heißt, von Litzmannstadt berichtete. Er hatte sich dort unter einem Vorwand eingeführt und mit dem Vorsteher der Judenschaft, einem ehemaligen österreichischen Oberleutnant, konferiert. Es leben dort hundertundzwanzigtausend Juden auf das engste zusammengedrängt, indem sie für die Rüstung arbeiten. Sie haben eines der größten Werke im Osten aufgebaut. So können sie sich fristen, da sie unentbehrlich sind. Indessen strömen aus den besetzten Ländern immer neue Juden als Deportierte zu. Um diese aus der Welt zu schaffen, sind nahe den Gettos Krematorien gebaut. Man schafft die Opfer dorthin in Autos, die eine Erfindung des Chefnihilisten Heydrich sein sollen – in ihnen werden die Auspuffgase ins Innere geleitet, das so zur Todeszelle wird.

Auch soll es noch eine zweite Art der Schlachtung geben, die darin besteht, daß man die Opfer vor der Verbrennung nackt auf eine große Eisenplatte führt, die dann mit Starkstrom geladen wird. Man ist zu diesen Methoden übergegangen, weil sich zeigte, daß die SS-Leute, die man zur Abgabe der Genickschüsse bestimmt hatte, Störungen erlitten und sich zuletzt weigerten. Für diese Krematorien braucht man geringes Personal; es soll dort eine Art von höllischen Meistern und Knechten ihr Werk treiben. Dort also verschwinden die Massen von Juden, die man aus Europa zur »Umsiedlung« verschickt. Das ist die Landschaft, in der Kniébolos Natur sich wohl am klarsten offenbart und die selbst Dostojewski nicht vorausgesehen hat.

Das zweite Pariser Tagebuch

Walter Bargatzky (1910–1998) war von Juli 1940 bis zur Räumung von Paris im August 1944 im Verwaltungsstab des Militärbefehlshabers im Hotel »Majestic« tätig. In seinem Domizil, im Hotel »Raphael«, kam er öfters auch mit Ernst Jünger zusammen. Bargatzky las als einer der ersten die Friedensschrift und riet, sie heimlich drucken zu lassen. Gut informiert über die organisierte Vernichtung der Juden, beteiligte er sich an Umsturzplänen. Bargatzky sollte als Jurist die Liquidation der Pariser Gestapo übernehmen. Nach dem Scheitern rettete ihn die Verschwiegenheit der Mitverschwörer.

Paris, 12. August 1943

Ihre Zeilen vom 17. Juli wurden mir übermittelt, wie Ihnen Ihr Kamerad berichtet haben wird. Es hatte in der Tat seinen Grund, daß ich auf Ihre früheren Briefe geschwiegen habe, denn es gibt immer Dinge, die unausgesprochen bleiben müssen, und die wir, wenn wir an ihnen rühren, in ihrem unsichtbaren Wachstum schädigen. Indessen habe ich von Ihnen Anregungen empfangen, und aus der Beziehung, in die Sie Gestalten aus den »Marmorklippen« zu Ihrem Besuche in Überlingen bringen, darf ich schließen, daß Ihnen das auch nicht entgangen ist.

Es nahen nun Tage, an denen man erkennen wird, was in der Stille heranreifte. Davor sind viele in Sorgen, doch wird es vielleicht nicht anders sein, als ob von einem alten, guten Schreine der Staub und Schmutz heruntergewaschen wird.

Die Zeit ist völlig darauf angelegt zu scheiden, was echt und unecht ist, und das ist wohl das Beste, was man von einer Zeit erwarten kann.

(An Heinrich von Trott zu Solz)

Paris, 11. Oktober 1943

Die großen Vernichtungspläne können nur gelingen, wenn ihnen Veränderungen in der moralischen Welt gleichlaufen. Der Mensch muß weiter im Werte sinken, muß metaphysisch gleichgültig werden, ehe der Übergang von der Massenvernichtung, wie wir sie heute erleben, zur Totalvernichtung möglich wird. Wie unsere gesamte Lage, so ist auch dieses Verhältnis in der Schrift vorausgesehen, und zwar nicht nur in der Schilderung der Sintflut, sondern auch in der des Untergangs von Sodom: Gott drückt es dadurch aus, daß er die Stadt verschonen will, solange sie noch zehn Gerechte birgt. Dies ist auch ein Symbol der ungeheuren Verantwortung des Einzelnen in dieser Zeit. Für ungezählte Millionen kann Einer Bürge sein.

Das zweite Pariser Tagebuch

Paris, 18. November 1943

Vormittags Besprechung mit Bargatzki, dem ich als zweitem Leser den Aufruf übergab. Wir sprachen über die Möglichkeit einer geheimen Auflage rebus sic stantibus. Ich dachte dabei an Haumont und auch an eine Übersetzung durch Henri Thomas, an den Heller herantreten soll.

Nachmittags kam Ziegler aus Hamburg und berichtete über die großen Bombardements. In den brennenden Vierteln erstickten die Menschen teils aus Luftmangel, teils gingen sie zugrunde, weil Kohlenoxyd in die Keller einströmte. Durch diese Einzelheiten wird die Zahl der Opfer verständlicher. Ähnlich wie Plinius es in seiner Schilderung vom Untergange Pompejis angibt, verwandelte eine ungeheure Aschenwolke den Tag zur Nacht, so daß Ziegler gegen Mittag, um an seine Frau zu schreiben, eine Kerze entzündete.

Das zweite Pariser Tagebuch

Paris, 4. Oktober 1943

Nachmittags mit Jouhandeau bei Braque, der in der Nähe des Parks von Montsouris ein kleines, warmes, nach Süden gebautes Atelier besitzt. (...)

Wir wurden empfangen von einem mittelgroßen, doch kräftig gewachsenen Mann von etwa sechzig Jahren, der in eine blaue Leinenjacke und eine Hose aus braunem Manchester gekleidet war. Bequeme Hausschuhe aus Leder, weiche wollene Strümpfe und die stets in Brand gehaltene Pfeife trugen zur Erhöhung des Eindrucks freier Bewegung im gewohnten Kreise bei. Der Kopf war ausdrucksvoll,

Der französische Maler Georges Braque (1882–1963) in seinem Atelier, Paris 1949.

bestimmt, mit dichtem und völlig weißem Haar; die Augen von schönem Email und ungewöhnlich, wie die Linsen von überscharfen Gläsern, vorgewölbt.

Die Wände waren reichlich mit Gemälden behangen und bestellt. Besonders gefiel mir das Bildnis eines schwarzen Tisches, dessen Fläche Gefäße und Gläser, die auf ihr ruhten, eher vergeistigte als einfach spiegelte. Ein angefangenes Stilleben stand auf der bereits vom Vater ererbten Staffelei, auf der die Farbe in dicken Schichten verkrustet war und in bunten Stalaktiten herunterhing.

Gespräch über die Zusammenhänge zwischen der impressionistischen Malerei und der Tarnung im Kriege, von der Braque meinte, daß *er* sie erfunden habe, als erster, bei dem die Vernichtung der Formen durch die Farbe sich in der Kunst vollzog.

Braque, der die Gegenwart des Vorbildes und der Modelle scheut, malt stets aus der Erinnerung, und das gibt seinen Bildern die tiefere, die Traumrealität. In diesem Zusammenhang erzählte er, daß er neulich einen Hummer in eines seiner Bilder eingefügt habe, ohne zu wissen, wieviel Beine dieses Tier besitzt. Als er sich später bei Tisch an einem Exemplar vergewissern konnte, sah er, daß er genau die rechte Anzahl getroffen hatte – er brachte das in Beziehung zu der Auffassung des Aristoteles, nach der jeder Spezies ein Zahlenverhältnis zugeordnet ist.

Wie immer, wenn ich produktiven Menschen begegne, fragte ich ihn, welche Erfahrungen er mit dem Altern gemacht habe. Er meinte, das Angenehme für ihn bestehe darin, daß es ihn in einen Zustand versetze, in dem er nicht mehr zu wählen brauche – ich übersetze das dahin, daß im Alter das Leben notwendiger wird und weniger zufällig; die Bahn wird eingleisig.

Er fügte hinzu: »Auch muß man dahin gelangen, daß das Schaffen nicht mehr von dort ausgeht, sondern von hier.« Dabei wies er zunächst auf seine Stirn, dann auf das Zwerchfell hin. Die Geste wunderte mich in ihrer Reihenfolge, da man im allgemeinen annimmt, daß die Arbeit bewußter wird – auch dort, wo Übung, Routine, Erfahrung sie vereinfachen, handelt es sich um die bewußte Abkürzung schöpferischer Vorgänge. Dennoch leuchtete sie mir für die Wandlung ein, wie sie in seiner Wendung vom Kubismus zum tieferen Realismus sichtbar wird. Es gibt auch einen Fortschritt zur Naivität. Im Reich des Geistes gibt es Bergsteiger und Bergleute; die einen folgen dem paternitären, die anderen dem materiellen Zug. Die einen gewinnen größere Höhen, wachsende Klarheit, die anderen dringen wie der Held in Hoffmanns Faluner Bergwerk in immer tiefere Schächte vor – dorthin, wo die Idee sich schlummernd, trächtig und in kristallener Schönheit dem Geiste offenbart. Das ist auch der eigentliche Unterschied zwischen dem Apollinischen und dem Dionysischen. Den Größten aber sind beide Kräfte eigen – sie messen doppelt, wie die Anden, deren absolute Höhe der Meeresspiegel für das Auge teilt. Doch spannt ihr Reich sich von der Sphäre der Kondorschwingen bis zu den Ungeheuern der Tiefsee aus.

Mit Braque und mit Picasso sah ich zwei große Maler dieser Zeit. Der Eindruck war gleichermaßen stark und doch spezifisch verschieden insofern, als Picasso unter der Hirnschicht als machtvoller Magier erschien, während Braque über ausstrahlende Herzlichkeit verfügt.

Das zweite Pariser Tagebuch

In Paris (1943).

Das zerstörte Hannover.

… dieser Krieg gleicht einem Fische, der mit dem Kopf zuletzt geboren wird. Das reißende Gebiß erscheint am Schluß. Zunächst war alles verworren und unbestimmt, doch nun wird deutlich, daß der Vorgang seine strengen Regeln und Gesetze besitzt. Er steigt in abgemessenen Schritten die Stufen der Vernichtung hinab, bis zu dem untersten Grund.

(An Friedrich Georg. Paris, 25. 8. 1941)

Paris, 19. Oktober 1943

Wieder wird ein furchtbarer Angriff gemeldet, der in der letzten Nacht auf Hannover gerichtet worden ist. Vergeblich versuchte ich, dorthin durchzudringen, um mit Perpetua zu sprechen – die Drähte sind zerstört. Die Stadt scheint nunmehr völlig zertrümmert zu sein.

Nachmittags bei dem Kunsthändler Etienne Bignou, der auf meine Bitte ein Gemälde des Zöllners Rousseau, das lange verschollen gewesen ist, aus dem Gewölbe seiner Bank geholt hatte. Rousseau hat dieses große, 1894 gemalte Bild »Der Krieg oder der Ritt der Zwietracht« genannt und ihm das Motto gegeben: »Sie zieht erschreckend vorüber und läßt Verzweiflung, Tränen und Ruinen hinter sich.« (…)

Ich sehe in diesem Bilde, von dessen Wiederentdeckung Baumgart mir berichtet hatte, eine der großen Zeitvisionen; auch gibt es einen Begriff von notwendiger Malerei, im Gegensatz zur Kaleidoskopik der Sujets. Wie die Gemälde der frühen Impressionisten den alten Daguerrotypien konform gingen, so dieses der Momentphotographie. Zur elementaren Ladung des Inhalts steht eine Art von Schreckensbann oder von dekorativer Starrheit in zwingendem Gegensatz – man kann in Ruhe betrachten, was sich sonst, sei es durch die dem Dämonenwesen eigene Heimlichkeit, sei es durch furchtbare Geschwindigkeit, der Wahrnehmung entzieht. Man sieht, daß es um diese Zeit schon ungemein gefährlich geworden war.

Das zweite Pariser Tagebuch

Kirchhorst, 27. November 1943

Nachmittags in Hannover, das ich in einen Trümmerhaufen verwandelt fand. Die Stätten, an denen ich als Kind, als Schüler, als junger Offizier gewohnt hatte, waren dem Erdboden gleich. Lange stand ich vor dem Haus in der Krausenstraße, in dem die Großmutter über zwanzig Jahre lang gewohnt hat und wo ich ihr zahllose Male Gesellschaft leistete. Einige Ziegelmauern waren davon geblieben, und ich baute aus der Erinnerung die Küche, das kleine Fremdenzimmer, den Salon und das gemütliche Wohnzimmer in sie ein, an dessen Fenstern die Großmutter ihre Blumen zog. Zehntausende solcher Wohnstätten sind mit ihrer Aura von gelebtem Leben in einer Nacht vernichtet worden gleich Nestern, die ein Sturm zu Boden fegt.

In der Ifflandstraße, wo der Großvater gestorben ist, stürzte, nachdem ich mit Ernstel wenige Schritte daran vorübergegangen war, ein Haus zusammen; das Wandeln in diesen Trümmerwelten birgt Gefahr. (…)

Zwischen den Trümmern herrschte Geschäftigkeit. Das Kreisen und Drängen der grauen Massen erinnerte mich an Bilder, die ich in Rostow und anderen russischen Städten sah. Der Osten rückt vor.

Der Anblick bedrückte mich; doch war das Unbehagen geringer als jenes, das ich, lange vor dem Kriege, bei der geistigen Vorschau auf die Feuerwelt empfand. Ich fühlte das auch 1937 in Paris. Die Katastrophe mußte kommen; sie wählte sich den Krieg als ihren besten Förderer. Doch hätte auch ohne ihn der Bürgerkrieg das Werk vollbracht, wie es in Spanien geschah, oder ganz einfach ein Komet, ein Feuer vom Himmel, eine Erderschütterung. Die Städte waren reif geworden und mürbe wie Zunder – und der Mensch war begierig auf Brandstiftung. Was kommen mußte, ließ sich erraten, als er in Rußland die Kirchen, in Deutschland die Synagogen in Brand steckte und als er seinesgleichen ohne Recht und Urteil in den Zwangslagern verkommen ließ. Die Dinge erreichten den Punkt, an dem sie zum Himmel schreien.

Das zweite Pariser Tagebuch

Paris, 22. April 1944

Mein Ort ist am Kopf einer Brücke, die über einen dunklen Strom geschlagen wird. Die Existenz auf diesem vorgeschobenen Bogen wird mit jedem Tage unhaltbarer, der Absturz drohender, falls nicht von drüben spiegelbildlich ihm die Entsprechung, die Vervollkommnung entgegenwächst. Aber das andere Ufer liegt in dichtem Nebel – und nur zuweilen dringen unbestimmte Lichter und Töne aus der Dunkelheit. Das ist die theologische, die psychologische, die politische Situation.

Das zweite Pariser Tagebuch

Paris, 12. Februar 1944

Aufgestanden, doch zieht die Grippe immer noch in den Knochen herum. Gegen Mitternacht rief mich der Wehrmachtsdekan Ronneberger an. Im Fieber sah ich einen Kellner eintreten und hörte ihn sagen: »Capitaine, un appel téléphonique à longue distance.« Ich wollte zuerst liegenbleiben, doch glaubte ich das Wort »Wilhelmshaven« aufgefaßt zu haben, und plötzlich schoß mir durch den Kopf, daß Ernstel ja an der Küste als Marinehelfer dient. »Vielleicht ist beim Schießen ein Unglück geschehen.« Das ließ mich aufspringen. Unten erfuhr ich, halb erleichtert, von der Verhaftung einer Gruppe von Schülern, als deren Rädelsführer der Junge mit einem seiner Kameraden, namens Siedler, gilt. Die beiden sind seit einigen Wochen in Wilhelmshaven eingeschlossen, und wenn ich recht verstanden habe, ist bereits ein Urteil von sechs und neun Monaten Gefängnis gefällt. Freimütige Gespräche über die Lage sollen der Grund gewesen sein. Der Junge ließ aus falscher Zurückhaltung nichts von sich hören, obwohl ein solcher Handel ihn nur ehren kann. Es scheint auch, daß keiner seiner Vorgesetzten es für nötig hielt, mich zu benachrichtigen. Statt dessen bespitzelte man, um »Material zu sammeln«, die Kinder seit Monaten und überlieferte sie dann den Fängen der Staatsgewalt.

Solche Nachrichten treffen uns mit Vorliebe, wenn wir nicht im vollen Besitz unserer Kräfte sind

Das zweite Pariser Tagebuch

Der Sohn Ernst Jünger (1926–1944) als Marinehelfer. Wegen Bildung eines »Widerstandskreises« wurden er und sein Freund Wolf Jobst Siedler zu einer Gefängnisstrafe verurteilt. Das Kriegsgericht entschied auf »Frontbewährung«.

Henri Rousseau, »Der Krieg oder der Ritt der Zwietracht«, 1894 (Paris, Louvre).

Paul Léautaud (1872–1956), französischer Schriftsteller. In seinem »Literarischen Tagebuch« rühmte er Jüngers Kriegstagebuch »Gärten und Straßen«; Deutschland gegenüber empfand er Sympathie und plädierte für eine Entente beider Länder. Léautaud, dessen große Passion die Bücher und die Katzen waren, hat dem Salon von Florence Gould in seinen Tagebüchern ein literarisches Denkmal gesetzt. Ernst Jünger übersetzte 1978 Léautauds Erinnerung an seinen Vater (»In Memoriam«, 1905).

Eine zerbombte Straße im 18. Pariser Arrondissement nach einem Luftangriff der Alliierten im Frühjahr 1944.

Paris, 23. März 1944

Unter der Post ein Brief von Kubin, in dem er über seine Zeichnungen zu der von Benno Ziegler geplanten Ausgabe von »Myrdun« schreibt.

Gestern schloß ich die Abschrift meines sizilischen Tagebuches von 1929 ab, dem ich den Titel »Die Goldene Muschel« gab: Der Text hat sich dabei bedeutend vermehrt. Die kurzen Notizen solcher Reisehefte entfalten sich bei der Revision wie Teeblumen. Sie geben Gerüste der Erinnerung.

Weiter im Paulus, Kolosser 2, 17 die schöne Stelle »... welches ist der Schatten von dem, das zukünftig war«. In diesem Satze steckt hohe Blüte griechischer Weisheit; auch wir sind Schatten, die unser eigentlicher Körper wirft. Einst wird er hervortreten.

Das zweite Pariser Tagebuch

Als sein Vaterland sah er nicht Frankreich, sondern die französische Sprache an. Nächtlich allein oder nur in Gesellschaft seiner Katzen bei Kerzenlicht mit der Feder vor einem Manuskript zu sitzen, bereitete ihm »ein tiefes Glücksgefühl«. Er konnte eine Liebesstunde in der Mansarde unterbrechen, um aufzustehen und am Pult einen Gedanken zu fixieren, der ihm in den Sinn gekommen war. (...)

Er genoß die Vor- und Nachteile der selbstgewählten Isolation, die ihm Armut, doch vor allem Muße einbrachten. An Mallarmé bewunderte er »die Eleganz der Armut«; er zog, auch im Äußeren, die Nachlässigkeit vor. Zuweilen stellte sich ihm das Problem, ob er die Stiefel besohlen lassen könnte; trotzdem hatte er Geld für die kleinen Pasteten, die er als Mahlzeit für die streunenden Katzen im Luxembourg auslegte.

Postscriptum zu Paul Léautaud

Paris, 27. März 1944

Weiter in der Durchsicht des Aufrufs. Es ist richtig, daß viele meiner Ansichten, insbesondere meine Wertung des Krieges und auch des Christentums und seiner Dauer, sich änderten. Doch weiß man bei der Arbeit in diesen alten Schächten niemals, ob und wann man auf Minen stößt. Auch muß man den Einschnitt sehen, der dem der Sanduhr gleicht. Während die Körnchen sich dem Punkte der größten Dichte, der größten Reibung, zubewegen, ist ihre Tendenz eine andere, als wenn sie ihn passiert haben. Die erste Phase steht unter dem Gesetz der Konzentration, des Engpasses, der Totalen Mobilmachung, die zweite unter dem der endgültigen Lagerung und Ausweitung. Es sind ein und dieselben Atome, deren Umlauf das Bild ergibt.

Das zweite Pariser Tagebuch

Paris, 27. Mai 1944

Alarme, Überfliegungen. Vom Dache des »Raphael« sah ich zweimal in Richtung von Saint-Germain gewaltige Sprengwolken aufsteigen, während Geschwader in großer Höhe davonflogen. Ihr Angriffsziel waren die Flußbrücken. Art und Aufeinanderfolge der gegen den Nachschub gerichteten Maßnahmen deuten auf einen feinen Kopf. Beim zweiten Mal, bei Sonnenuntergang, hielt ich ein Glas Burgunder, in dem Erdbeeren schwammen, in der Hand. Die Stadt mit ihren roten Türmen und Kuppeln lag in gewaltiger Schönheit gleich einem Kelche, der zu tödlicher Befruchtung überflogen wird. Alles war Schauspiel, war reine, von Schmerz bejahte und erhöhte Macht.

Das zweite Pariser Tagebuch

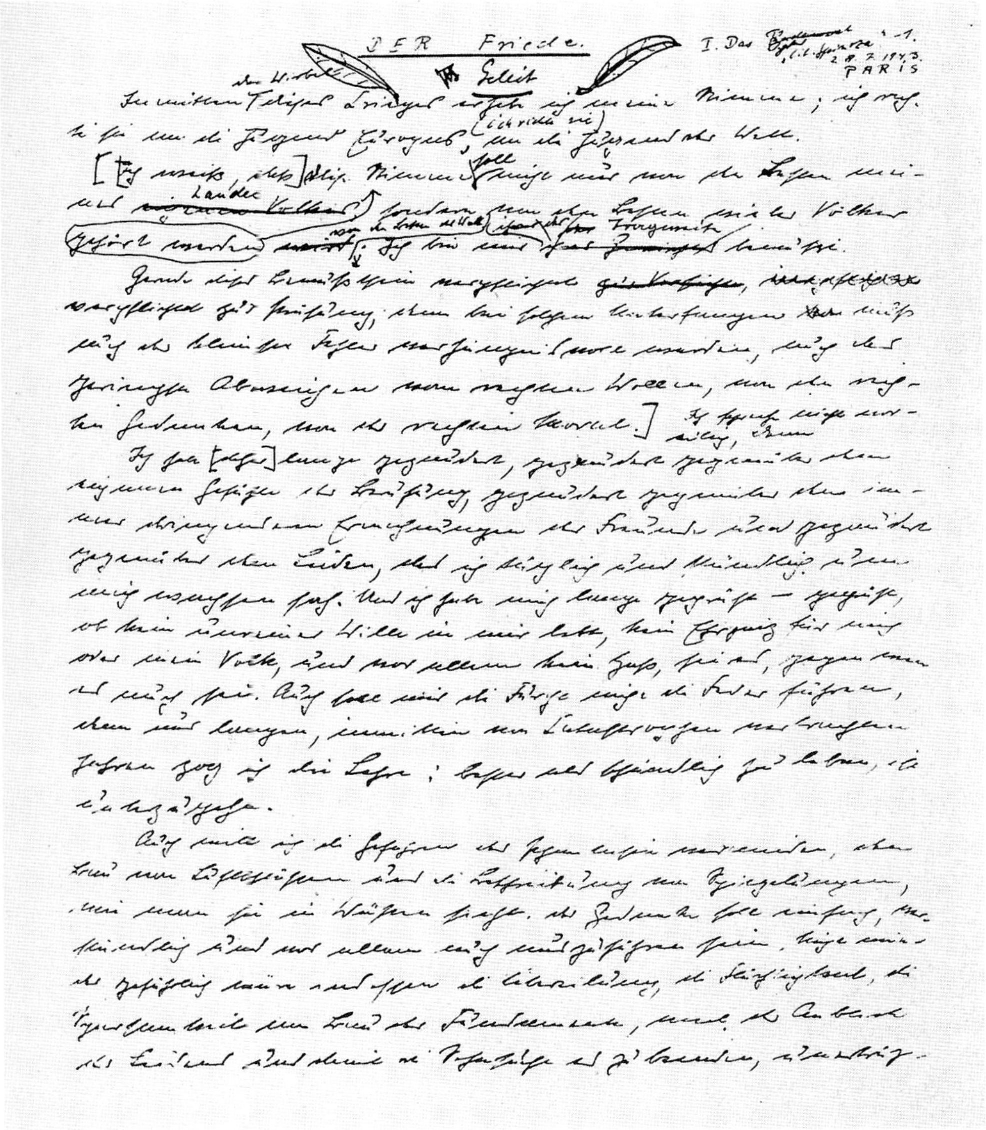

DER Friede.

PARIS

Arbeit am Aufruf »Der Friede«.
Manuskriptblatt vom Juli 1943.

Deutschland-Frankreich

VIERTELJAHRESSCHRIFT
DES DEUTSCHEN INSTITUTS / PARIS
HERAUSGEBER : KARL EPTING / SCHRIFTLEITER : HANS FEGERS
Numéro d'autorisation 261

2. Jahr 1944 Nr. 9

ERNST JÜNGER

AUS DER GOLDENEN MUSCHEL
Tier- und Landschaftsstudie aus den Aufzeichnungen des Jahres 1929

(SONDERDRUCK)

Paris, 16. 7. 1944.

HANSEATISCHE VERLAGSANSTALT
HAMBURG

Paris, 4. Mai 1944

Bei Florence, wo ich außer dem Dr. Verne und Jouhandeau auch Léautaud traf, der in einem Anzug nach der Mode von 1910 erschien, mit einem langen schmalen Schlips, der wie ein Schnürsenkel zu einer Schleife gebunden war. Als Autor ist er auf der geraden Linie verblieben, ohne romantische Schwächung, sagt viel weniger Unnötiges als alle anderen seiner Kollegen, die ich bislang beobachtete.

Unterhaltung über den »Mercure de France«, dann über Sprache und Stil. Léautaud haßt die Bilder, die Vergleiche, die Umschweife. Der Autor soll mit vollkommener Präzision und Sparsamkeit ausdrücken, was er meint. Auch soll er sich mit der Sorge um den Rhythmus und die Ausfeilung nicht aufhalten. »J'aime plutôt une répétition qu'une préciosité.« Wenn man sagen will, daß es regnet, so schreibe man: »Es regnet« hin. Auf die Erwiderung von Paulhan, daß man das auch einem Angestellten überlassen könnte: »Alors, vivent les employés.«

Er ist der Ansicht, daß man mit den Worten genau ausdrücken könne, was man wolle, und daß bei völliger Beherrschung der Sprache auch der geringste Verlust zwischen dem Gesagten und dem Gemeinten vermeidbar sei. Das gilt freilich nur unter Nichtmetaphysikern. Nur solche erkennt er indessen an.

Das zweite Pariser Tagebuch

Carl-Heinrich von Stülpnagel (1886 – 1944), General der Infanterie und Militärbefehlshaber in Frankreich 1942–44, entstammte einer preußischen Offiziersfamilie und hatte schon 1938, im Zusammenhang mit der Fritsch-Krise, Kontakt mit dem Widerstand gegen Hitler aufgenommen. Nachdem Hitlers Kriegspläne nicht verhindert werden konnten, leistete Stülpnagel als Militärbefehlshaber hinhaltenden Widerstand gegen die von Hitler und Generalfeldmarschall Keitel (Chef des OKW) angeordneten Geiselerschießungen, gegen SS und SD. Mit Oberstleutnant Cäsar von Hofacker und Friedrich Freiherr von Teuchert und anderen organisierte er den Umsturz im Westen. Nach dem Attentat auf Hitler ließ Stülpnagel die gesamte Pariser SS und den Sicherheitsdienst von Wachtruppen verhaften, mußte die Verhafteten aber wieder auf freien Fuß setzen, nachdem sich der Oberbefehlshaber West, Generalfeldmarschall Kluge, der Aktion versagte. Nach dem gänzlichen Scheitern des Umsturzes schoß Carl-Heinrich von Stülpnagel sich eine Kugel durch den Kopf; er wurde erblindet gerettet, vom Freislerschen Volksgerichtshof verurteilt und am 30. August 1944 in Berlin-Plötzensee hingerichtet.

Paris, 27. März 1944

Am Abend suchte mich der Oberstleutnant von Hofacker auf und nahm beim Eintritt den Hörer vom Telefon. Er zählt zu den Figuren unserer Runde, denen das Personal im »Raphael« besondere Namen verliehen hat. Es nennt ihn »l'Aviateur«, während Neuhaus »Il Commandante« ist und ich »La Croix Bleue«.

Obwohl er also den Hörer abgenommen hatte, schien er sich in meinem Arbeitszimmer, in dem doch schon manches abgehandelt wurde, nicht wohl zu fühlen, sondern bat mich, ihn auf die Avenue Kléber zu begleiten, zur Aussprache. Indem wir zwischen dem Trocadéro und dem Etoile hin und her pendelten, teilte er mir Einzelheiten aus Berichten von Vertrauensleuten mit, die für die Generalität in der höheren SS-Führung arbeiten. Dort wird der Kreis um Stülpnagel mit größtem Mißtrauen beobachtet. Vor allem als undurchsichtig und verdächtig gelten, wie Hofacker sagte, der Pfarrer Damrath und ich. Er halte es daher für richtig, daß ich für einige Zeit die Stadt verließe, um nach Südfrankreich, etwa nach Marseille, zu gehen. Er wolle dem Oberbefehlshaber in diesem Sinne vortragen. Ich begnügte mich damit, zu erwidern, daß ich Entscheidung abwarte.

Im Anschluß daran Lagebesprechung, bei der er eine Reihe von Namen nannte, an erster Stelle den von Goerdeler, den man seit Jahren in allen derartigen Kombinationen hört, besonders wenn man Popitz und Jessen kennt. Es ist unmöglich, daß Schinderhannes und Grandgoschier darüber nicht unterrichtet sind, vor allem, wenn man an die mexikanischen Gestalten denkt, die, als Generale verkleidet, im »Raphael« und im »Majestic« mithören.

Das Vaterland sei jetzt in äußerster Gefahr. Die Katastrophe sei nicht mehr abzuwenden, wohl aber zu mildern und zu modifizieren, da der Zusammenbruch im Osten fürchterlicher als der im Westen drohe und sicher mit Ausmordungen größten Stiles verbunden sei. Infolgedessen müsse im Westen verhandelt werden, und zwar vor einer Landung; man stehe bereits in Fühlung in Lissabon. Voraussetzung sei das Verschwinden Kniébolos, der in die Luft zu sprengen sei. Dazu sei während der Lagebesprechung im Hauptquartier die beste Gelegenheit. Er nannte dabei Namen aus seinem engsten Kreis.

Das zweite Pariser Tagebuch

Das Schloß La Roche-Guyon bei Paris, Hauptquartier des Heeresgruppenbefehlshabers in der Normandie, Generalfeldmarschall Erwin Rommel.

Generalleutnant Dr. Hans Speidel (1944), Chef des Generalstabs in La Roche-Guyon.

Paris, 31. Mai 1944

Was Heinrich von Stülpnagel betrifft, der zur Unterscheidung von anderen Generalen dieses alten Soldatengeschlechts auch als »der blonde Stülpnagel« bezeichnet wird, so trägt er fürstliche Züge, wie sie der prokonsularischen Stellung anstehen. Dazu gehört die Schätzung der Ruhe, der Muße, der Einwirkung auf einen kleinen geistigen Kreis. Das alles unterscheidet sich von dem Getriebe, das man sonst in höheren Stäben trifft. Sein vornehmer Charakter neigt der geistigen Wertung des Menschen zu. Sein Leben erinnert an das eines Wissenschaftlers, wie er sich auch auf langen Krankenlagern eine umfassende Belesenheit erwarb. Er sucht den Umgang mit Mathematikern und Philosophen, und in der Geschichte fesselt ihn das alte Byzanz. Doch darf man sagen, daß er als Feldherr gut führte, als Staatsmann gut verhandelte und als Politiker nie den Blick für unsere Lage verloren hat. Das alles macht verständlich, daß er von Anfang an einer der Gegenspieler Kniébolos gewesen ist.

Das zweite Pariser Tagebuch

Paris, 13. Mai 1944

Nachmittags mit Horst und Podewils bei General Speidel in La Roche-Guyon. Wir aßen zusammen, machten dann einen Gang im Park und tranken oben im ältesten Teil des Schlosses unter der normannischen Zinne noch eine Flasche Wein.

Speidel ist wohl bei dem kommenden Gange, dessen Vorzeichen sich immer deutlicher ankünden, auf deutscher Seite der entscheidende Kopf. Schön, daß er nicht die Manieren anderer Generalstabschefs teilt, die man, noch in der Nacht mit dicken Mappen von Eingängen beladen, sich auf ihr Zimmer zurückziehen sieht. In seiner Nähe herrscht vielmehr die Ruhe, die Windstille, die der Achse des großen Rades, dem Innern des Wirbelsturmes angemessen ist. Ich beobachte ihn, während er am Schreibtisch eine Blume betrachtet, eine Bemerkung über das Seinetal macht, das man unten mit seinen Wiesen und Blütenbäumen sieht. Das Telefon klingelt; er nimmt den Hörer ab und legt ihn wieder auf, nachdem er eine kurze Entscheidung getroffen hat:

»Eine Panzerdivision ist kein Fuhrunternehmen; bestellen Sie das.«

»Wie? Das kann der Führer nicht beurteilen.«

Im Dorf blühen die Glyzinen, die weißen Sterne der Klematis, der Flieder, der Goldregen, die ersten Rosen üppiger als je. Wir schlenderten, ihre Farbe und ihren Duft genießend, am Rande der Gärten hin. Speidel zitiert den Vers von Platen:

»Wer die Schönheit angeschaut mit Augen – – –«

und spricht dann eines der Worte, wie sie dem Feldherrn, der ja zugleich Augur sein soll, wohl anstehen:

»Im Herbst ist in Europa der Krieg vorbei.«

Das zweite Pariser Tagebuch

Noch am Abend des Anschlags, am 20. Juli 1944, sprach der nur leicht verletzte Hitler über den Rundfunk zur Bevölkerung und kündigte den Verschwörern furchtbare Rache an.

Das Nahen der Katastrophe brachte mich in Berührung mit jenen Männern, die das fürchterliche Wagnis planten, den Koloß zu fällen, ehe er mit unendlichem Gefolge sein Ziel im Abgrund fand. Ich hatte nicht nur eine andere Beurteilung der Lage, sondern fühlte mich auch von anderer Substanz, wenn ich von musischen Geistern wie Speidel und Stülpnagel absehe. Vor allem war ich der Überzeugung, daß ohne einen Sulla jeder Angriff auf die plebiszitäre Demokratie notwendig zur weiteren Stärkung des Niederen führen mußte, wie es denn auch geschah und weiterhin geschieht.

Doch es gibt Lagen, in denen man auf den Erfolg nicht achten darf; man steht dann freilich außerhalb der Politik. Das gilt auch für diese Männer, und daher gewannen sie moralisch, wo sie historisch scheiterten. Ihr Opfer zählt zu jenen, die nicht der Sieg, wohl aber die Dichtung krönt.

Ich sah es als Ehre an, mit meinen Mitteln beizutragen, und in diesem Zusammenhang nahm die Schrift die Form des Aufrufs an die Jugend Europas an. Auch wirkte sie inzwischen in dem kleinen Kreise, der auf das Stichwort wartete. So las sie Rommel, bevor er sein Ultimatum absandte. Der Treffer, den er am 17. Juli 1944 auf der Straße nach Livaroth erhielt, beraubte den Plan der einzigen Schultern, denen das fürchterliche Doppelgewicht des Krieges und des Bürgerkrieges zuzutrauen war – des einzigen Mannes, der Naivität genug zum Widerpart der fürchterlichen Simplizität der Anzugreifenden besaß. Es war ein eindeutiges Vorzeichen.

Strahlungen. Aus dem Vorwort

Hinsichtlich der Wahrnehmung der historischen Realitäten bin ich vorgeschaltet – das heißt, ich nehme sie etwas eher, etwas vor ihrem Erscheinen wahr. Für meine praktische Existenz ist das nicht günstig, da es mich zu den jeweils waltenden Mächten in Widerspruch bringt. Auch metaphysisch sehe ich keinen Vorteil – denn welcher Unterschied kann darin liegen, ob meine Einsicht sich auf den heutigen Zustand oder auf eine seiner späteren Entwicklungen bezieht? Ich strebe im Gegenteil zur geistigen Vermählung mit dem Augenblick in seiner zeitlosen Tiefe, denn er allein, und nicht die Dauer, ist Symbolon der Ewigkeit.

Das zweite Pariser Tagebuch

Paris, 21. Juli 1944

Gestern wurde der Anschlag bekannt. Ich erfuhr die Einzelheiten durch den Präsidenten, als ich gegen Abend aus Saint-Cloud zurückkehrte. Die höchst gefährliche Lage gewinnt damit noch eine besondere Zuspitzung. Der Attentäter soll ein Graf Stauffenberg sein. Ich hörte den Namen bereits von Hofacker. Das würde meine Meinung bestätigen, daß an solchen Wenden die älteste Aristokratie ins Treffen tritt. Aller Voraussicht nach wird diese Tat furchtbare Gemetzel einleiten. Auch wird es immer schwieriger, die Maske zu bewahren – so geriet ich heute vormittag in einen Wortwechsel mit einem Kameraden, der das Ereignis als »unerhörte Schweinerei« bezeichnete. Dabei bin ich seit langem der Überzeugung, daß durch Attentate wenig geändert und vor allem nichts gebessert wird. Ich deutete das schon in der Schilderung Sunmyras in den »Marmorklippen« an.

Nachmittags verbreitete sich im engsten Kreis die Nachricht, daß der Oberbefehlshaber seines Amtes enthoben und nach Berlin befohlen sei. Er hatte, als die Nachricht aus der Bendlerstraße eingelaufen war, die gesamte SS und den Sicherheitsdienst verhaften lassen, um sie dann wieder in Freiheit zu setzen, als er bei Kluge in La Roche-Guyon Vortrag gehalten hatte und kein Zweifel mehr darüber walten konnte, daß das Attentat mißlungen war. »Die Riesenschlange im Sack gehabt und wieder herausgelassen«, wie der Präsident sagte, als wir in höchster Erregung bei geschlossenen Türen verhandelten. Erstaunlich ist das Trockene, Geschäftsmäßige des Aktes – die Grundlage der Verhaftung bildete ein einfaches Telefonat an den Kommandanten von Groß-Paris. Dem lag wohl auch die Sorge zugrunde, nicht mehr Köpfe zu gefährden als unbedingt erforderlich. Aber das sind solchen Mächten gegenüber keine Gesichtspunkte. Dazu der völlig unfähige und magenkranke Oberst von Linstow als Chef des Stabes, der kurz zuvor eingeweiht wurde, weil er technisch unentbehrlich war, und den man jetzt wie ein Gespenst vor der Auflösung im »Raphael« umherschleichen sieht. Wenn wenigstens mein alter Fahnenjunker Koßmann noch Chef gewesen wäre; er hätte zum mindesten getan, was man von einem Generalstabsoffizier erwartet, nämlich die Zuverlässigkeit der Nachrichten geklärt. Dazu kommt der Unfall Rommels vom 17. Juli, mit dem der einzige Pfeiler brach, auf dem ein solches Unternehmen sinnvoll war.

Demgegenüber die fürchterliche Aktivität der Volkspartei, die durch den Vorstoß kaum ins Schwanken geraten ist. Ja, das war lehrreich: den Körper heilt man nicht in der Krisis, und auch nur im ganzen, nicht am Organ. Selbst wenn die Operation gelungen wäre, hätten wir heute statt eines Karbunkels deren ein Dutzend, mit Blutgerichten in jedem Dorf, in jeder Straße, in jedem Haus. Wir stehen in einer Prüfung, die begründet und die notwendig ist; und diese Räder schraubt man nicht zurück.

Das zweite Pariser Tagebuch

Generalfeldmarschall Erwin Rommel (1891–1944), legendärer Führer des deutschen Afrika-Corps. Unter dem Eindruck der katastrophalen Fehlentscheidungen Hitlers schloß er sich im Frühjahr 1944 der Widerstandsbewegung an. Er wurde, kaum von schwerer Verwundung durch einen Fliegerangriff genesen, von Hitler zum Selbstmord gezwungen.

Paris, 30. Juli 1944

Durch einen merkwürdigen Mechanismus der Geschichte werden die Flecken auf dem Deutschen im gleichen Maße sichtbar, in dem das Schicksalsrad für ihn nach unten schwingt. Er lernt nun die Erfahrung des Juden kennen: ein Skandalon zu sein. Valeriu Marcu pflegte zu sagen, daß der Besiegte die Pest im Leibe habe, wenn das Gespräch auf dieses Thema kam.

Im »Raphael« breitet sich Panikstimmung aus. Es kommen Typen an, die nicht mehr Vorgesetzte im alten Sinne sind, sondern Kommissare, und gründlich die letzten Bindungen zerstören, die seit den Zeiten Friedrich Wilhelms I., intakt geblieben sind.

Das zweite Pariser Tagebuch

Paris, 8. August 1944

Noch einmal auf der Plattform von Sacré-Coeur, um einen Abschiedsblick auf die große Stadt zu tun. Ich sah die Steine in der heißen Sonne zittern wie in der Erwartung neuer historischer Umarmungen. Die Städte sind weiblich und nur dem Sieger hold.

Das zweite Pariser Tagebuch

Paris, 13. August 1944

Nachmittags Abschiedsbesuche, letzte Begegnungen. Spaziergang mit Charmille an den Ufern der Seine. Jeder der großen Einschnitte realisiert sich in zahllosen persönlichen Trennungen.

Das zweite Pariser Tagebuch

Kirchhorst, 14. November 1944

Das präfigurierte Bild. Unsere Wissenschaft strebt darauf zu, ist Mosaikarbeit auf vorgezeichnetem Grund. Je mehr bereits »ausgelegt« ist, desto zwingender werden die Stückchen, die sich anbieten. Im Anfang kann man noch auf diesem oder jenem Plane schaffen, am Ende ist der Ort bestimmt.

Die Willensfreiheit wird damit scheinbar immer geringer, doch muß man sie als dem Ganzen innewohnend sehen. Gewaltige Entschlüsse bestimmen den Prozeß, der gegen Ende stets automatischer zu werden scheint. Wir sind dabei, die Schlußsteine in Gewölbe und Kuppeln zu fügen, die Einsiedler in theologischen Meditationen geschaut und geplant haben. Die Willensfreiheit ist im Homo magnus natürlich größer als im Individuum, doch hat auch dieses daran teil. Im Ungeteilten, in der Entscheidung über Gut und Böse, ist das Individuum auch heute noch souverän. Man appelliere an seine Souveränität, und man wird Wunder schauen.

Kirchhorster Blätter

Kirchhorst, 15. November 1944

Der erste Schnee im Jahr. Vielleicht gehts heute in Deutschland vielen wie mir, in dem die Kenntnis des Infamen einen Ekel gegen die Teilnahme an kollektiven Dingen überhaupt erzeugt, in der Voraussicht, daß auch künftige Gremien sich vom gleichen Stamm abzweigen. Auch jetzt, nach so gewaltigen Schicksalszeichen, überbietet die Verblendung des unüberschaubar gewordenen Pöbels noch jede Vorstellung, noch jedes Maß.

Kirchhorster Blätter

Paris, 11. 8. 1944. Erinnerung an die Begegnungen mit Banine in der Rue Lauriston: ein mit Widmung versehenes Foto von Ernst Jünger.

Die Alliierten rückten näher, der Pariser Stab löste sich auf. Am 14. August verließ Ernst Jünger Paris und kehrte über Lothringen nach Kirchhorst zurück. Er wurde Mitte September zur Führungsreserve beurlaubt, einen Monat später aus der Wehrmacht regulär entlassen.

Das Land um Hannover: Hochwasser an der Leine.

Kirchhorst, 22. November 1944

Im Unendlichen ist jeder Punkt Mittelpunkt.« Dieses Axiom, das ich heute morgen beim Umgraben der Beete aufstellte, würde bestätigen, daß das Unendliche nicht quantitative, sondern qualitative, metaphysische Überlegenheit besitzt. Man kann einen Kreis, eine Kugel sich noch so ausgedehnt denken, ohne daß sich die Zahl der Mittelpunkte auch nur um einen vermehrt – es bleibt bei dem einen und einzigen. Damit jeder Punkt Mittelpunkt werde, müßte ein Vorgang eintreten, dessen Wahrnehmung sich unserem Sensorium entzieht – eine geheimnisvolle Umkrempelung des Raumes, wahrscheinlich ins Einfache.

Dieses Verhältnis besitzt, wie jede mathematische oder physikalische Tatsache, auch einen moralischen Bezug. Als metaphysisches Wesen ist jeder Mensch im Universum Mittelpunkt und in dieser Stellung auch durch die fernsten Fixsternwelten nicht zu beeinträchtigen. Die Raumkulissen, vor deren Anblick uns schwindelt, sinken im Augenblick des Todes dahin, zugunsten der Wirklichkeit.

Kirchhorster Blätter

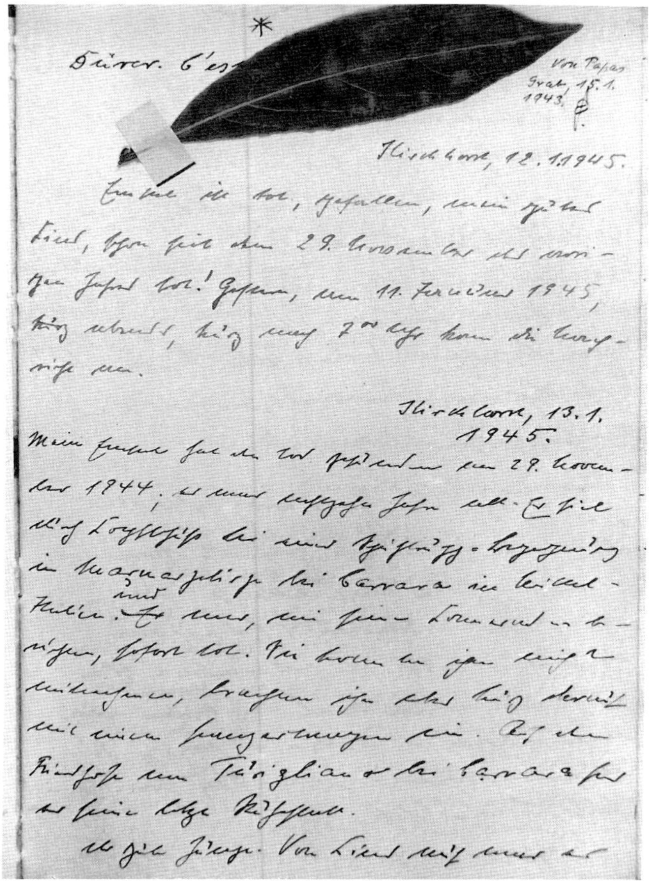

Tagebucheintragung über die Nachricht vom Tode des Sohnes Ernst vom 12. 1. 1945.

Kirchhorst, 12. Januar 1945

Ernstel ist tot, gefallen, mein gutes Kind, schon seit dem 29. November des vorigen Jahres tot! Gestern, am 11. Januar 1945, abends kurz nach sieben Uhr kam die Nachricht an.

Kirchhorst, 13. Januar 1945

Der liebe Junge hat den Tod gefunden am 29. November 1944; er war achtzehn Jahre alt. Er fiel durch Kopfschuß bei einer Spähtruppbegegnung im Marmorgebirge von Carrara in Mittelitalien und war, wie seine Kameraden berichten, sofort tot. Sie konnten ihn nicht mitnehmen, brachten ihn aber kurz darauf mit einem Panzerwagen ein. Auf dem Friedhof von Turigliano bei Carrara fand er die letzte Ruhestatt.

Kirchhorst, 16. Januar 1945

Der Tod des Sohnes fügt eines der Daten, einen der Angel- und Wendepunkte in mein Leben ein. Die Dinge, die Gedanken, die Taten vorher und nachher unterscheiden sich.

Kirchhorster Blätter

Kirchhorst, 12. Februar 1945

Ziegler schreibt mir aus Hamburg, daß auf besondere Anweisung von Grandgoschier die Presse von meinem fünfzigsten Geburtstag nicht Notiz nehmen wird. Das ist auch die einzige Auszeichnung, auf die ich Wert lege.

Kirchhorster Blätter

Kirchhorst, 4. April 1945

Am Morgen besuchte mich der Feldmeister der großen Batterie und wollte wissen, wie ich den Volkssturm ins Treffen zu bringen gedächte, wenn sich die Panzer näherten. Da ich hierüber meine eigenen Gedanken hege, sagte ich ihm, daß ich noch Anweisungen und Waffen erwartete. Darauf eröffnete er mir die Absicht, mit seinen weittragenden Geschützen die Gefangenenlager »plattzumachen«, wie er sich ausdrückte.

Da man Wahnsinnigen möglichst in ihrem eigenen System widersprechen soll, antwortete ich ihm, daß er damit doch nur das Gegenteil seiner Absichten erreichen würde – nämlich Sprengung der Lager durch die ersten Schüsse und Verbreitung der zum Äußersten getriebenen Insassen über das ganze Land. Dann aber mußte ich die Karten aufdecken und ihm sagen, daß ich mich dem mit Gewalt widersetzen würde, unter Aufrufung der Bevölkerung. Ich lernte hier einen Menschen kennen, der stumpfe Intelligenz mit Brutalität verbindet, wie das in unserer Welt so häufig ist. Die Charaktere der Typen, die den groben historischen Vorgang tragen, sind nach folgendem Rezept komponiert: technische Intelligenz, Dummheit, Gutmütigkeit, Brutalität zu je einem Viertel – das ist die Mischung, ohne deren Kenntnis man nie die Widersprüche der Zeit begreifen wird.

Kirchhorster Blätter

Der Sohn Ernst Jünger im Jahre 1944.

10. April 1945. Amerikanische Panzer auf dem Marsch nach Hannover. Im Graben, gefallene deutsche Soldaten.

Kirchhorst, 11. April 1945

Ich stehe am Fenster und blicke über den noch kahlen Garten auf die Chaussee hinaus. Das mahlende Getöse nähert sich. Dann gleitet langsam, wie ein Augentrug, ein grauer Panzerwagen mit leuchtendweißem Stern vorbei. Ihm folgen, dicht aufgeschlossen, Kriegswagen in ungeheurer Zahl, die Stunden um Stunden vorüberziehen. Kleine Flugzeuge überschweben sie. Das Schauspiel macht einen hochautomatischen Eindruck in seiner Verbindung von militärischer und mechanischer Uniformität – als rollte eine Puppenparade vorbei, ein Zug von gefährlichen Spielzeugen. Zuweilen pflanzt sich ein Halt durch die Kolonne fort. Dann sieht man die Marionetten, wie vom Faden gezogen, vornüberschwanken, während sie sich beim Anfahren wieder zurückneigen. Wie immer unser Blick sich an gewisse Einzelheiten heftet, so fallen mir besonders die zum Funken ausgeschwenkten Ruten auf, die über den Panzern und ihren Begleitfahrzeugen wippen: sie erwecken in mir den Eindruck einer magischen Angelpartie, vielleicht zum Fange des Leviathans.

Ununterbrochen, langsam, doch unwiderstehlich wälzt sich der Strom vorbei, die Flut von Männern und Stahl. Die Mengen von Sprengstoff, die ein solcher Heereszug bewegt, umgeben ihn mit einer furchtbaren Ausstrahlung. Und wieder, wie schon 1940 auf den Vormarschstraßen um Soissons, empfinde ich den Einbruch gewaltiger Übermacht in eine völlig zerschmetterte Region. Und auch die Trauer kehrt wieder, die mich damals schon ergriff. Wie gut, daß Ernstel das nicht sieht; es hätte ihn zu sehr geschmerzt. Von einer solchen Niederlage erholt man sich nicht wieder wie einst nach Jena oder nach Sedan. Sie deutet eine Wende im Leben der Völker an, und nicht nur zahllose Menschen müssen sterben, sondern auch vieles, was uns im Innersten bewegte, geht unter bei diesem Übergang.

Man kann das Notwendige sehen, begreifen, wollen und sogar lieben und doch zugleich von ungeheurem Schmerz durchdrungen sein. Das muß man wissen, wenn man unsere Zeit und ihre Menschen erfassen will. Was ist Geburtsschmerz, was ist Todesschmerz bei diesem Spiel? Vielleicht sind beide identisch, wie ja der Sonnenuntergang zugleich auch Sonnenaufgang für neue Welten ist.

»Besiegte Erde schenkt uns die Sterne.« Dies Wort wird räumlich, geistig und überirdisch in unerhörtem Sinne wahr. Die äußerste Mühe setzt ein äußerstes, noch unbekanntes Ziel voraus.

Kirchhorster Blätter

Kirchhorst, 14. April 1945

Wenn ich zurückblicke, will es mir scheinen, daß ich in Abschnitten der Anarchie nicht nur besonders heiter war, sondern auch besser arbeitete. Ich muß das schon früh, schon als Kind gewußt haben, daher wohl auch die Sehnsucht nach den Urwäldern. Die ungeheure Last, der atmosphärische Druck der Zivilisation verschwindet dann. Die Dinge werden gefährlicher, aber auch einfacher. Die Gedanken verlieren ihre Verbrämungen. Das Leben wird üppiger; Vorräte, selbst Lebensmittel, strömen zu.

Die Hütte im Weinberg. Jahre der Okkupation

Kirchhorst, 13. Mai 1945

Begonnen mit dem Jesaja, der gleich im ersten Kapitel eine Lage schildert, die der unseren gleicht: die Hütte im Weinberg.

»Euer Land ist wüst, eure Städte sind mit Feuer verbrannt; Fremde verzehren eure Äcker vor euren Augen, und es ist wüst wie das, so durch Fremde verheert ist.

Was aber noch übrig ist von der Tochter Zion, ist wie ein Häuslein im Weinberge, wie eine Nachthütte in den Kürbisgärten, wie eine verheerte Stadt.«

Die Hütte im Weinberg. Jahre der Okkupation

Doch hat die schnelle Beendigung des Treffens in Frankreich der Menschheit viel erspart. So wurde die Zerstörung der Stadt Paris vermieden, die als ein Kunstwerk höchsten Ranges uns allen unersetzbar ist. Sie möge als eine mit alten und schönen Dingen überreich gefüllte Arche aus dieser Sintflut den Strand der neuen Sicherheit erreichen, um fernere Geschlechter zu erfreuen.

Auch wird man erkennen, daß die Besetzung trotz aller Leiden, die sie brachte, auch Samen der Freundschaft hinterließ. Zwar war fast alles verfehlt, was man von Staat zu Staat versuchte – schon deshalb, weil die Freiheit mangelte, die ja die Quelle des Einvernehmens ist. Auch fehlte es nicht an Übergriffen, Beugung des Rechts, Gewalttat jeder Art. Es ist für beide Länder wichtig, daß sie gesühnt werden.

Doch lernten sich auch die Besten der Völker kennen, denn immer bieten solche Schicksalszeiten auch zur Hilfe Gelegenheit. Die Achtung, die Freundschaft und auch die Liebe spannen eine Fülle von feinen Fäden, die fester haften werden als mancher Staatsvertrag.

Es bleibt die Frage, was denn der Einzelne zum Frieden beitragen kann. Sie stellt sich um so dringender, als heute der Einzelne den Rang, der ihm verliehen ist, leicht unterschätzt. (...)

Vor allem muß der Einzelne begreifen, daß der Friede nicht aus der Müdigkeit erwachsen kann. Auch trägt die Furcht zum Kriege und zur Verlängerung des Krieges bei. Nur so erklärt sich der Ausbruch des Zweiten Weltkrieges nach so kurzer Frist. Zum Frieden genügt nicht, daß man den Krieg nicht will. Der echte Friede setzt Mut voraus, der den des Krieges noch übertrifft; es ist ein Ausdruck geistiger Arbeit, geistiger Macht. Sie wird erworben, wenn man das rote Feuer in sich zu löschen und sich zunächst im Eigenen vom Haß und seiner Spaltung zu lösen weiß.

So gleicht der Einzelne dem Lichte, das, sich entzündend, zu seinem Teile die Verdunkelung bezwingt. Ein kleines Licht ist größer, ist zwingender als sehr viel Dunkelheit.

Das gilt auch für den, der fallen muß. Er schreitet im guten Stande in die Ewigkeit. Der eigentliche Kampf, in dem wir stehen, spielt sich ja immer deutlicher zwischen den Mächten der Vernichtung und den Mächten des Lebens ab. In diesem Kampfe stehen die gerechten Krieger Schulter an Schulter, wie je die alte Ritterschaft.

Der Friede wird währen, wenn das zum Ausdruck kommt.

Der Friede

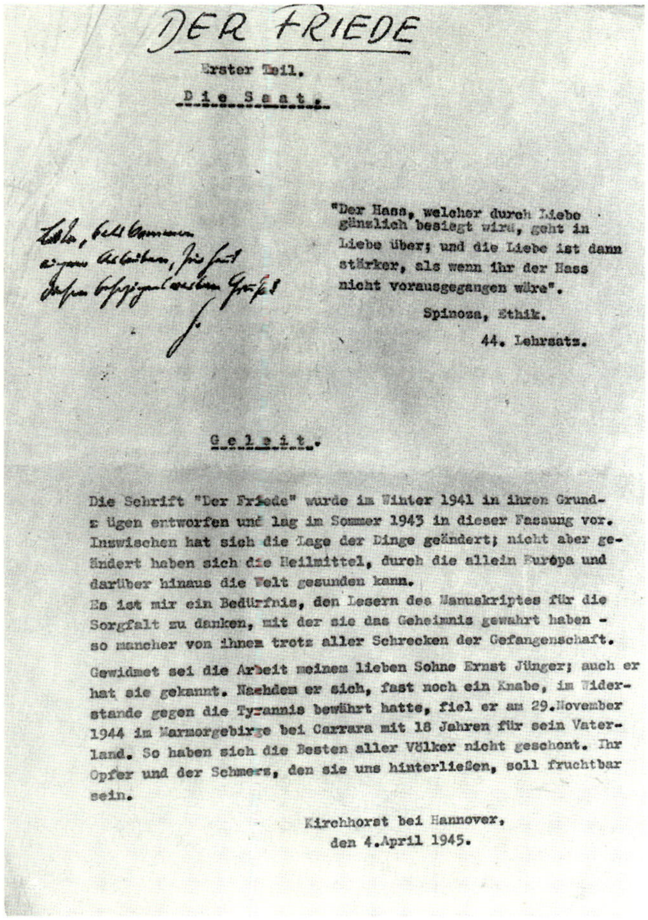
DER FRIEDE

Erster Teil.

Die Saat.

"Der Hass, welcher durch Liebe gänzlich besiegt wird, geht in Liebe über; und die Liebe ist dann stärker, als wenn ihr der Hass nicht vorausgegangen wäre".

Spinoza, Ethik.

44. Lehrsatz.

Geleit.

Die Schrift "Der Friede" wurde im Winter 1941 in ihren Grundzügen entworfen und lag im Sommer 1943 in dieser Fassung vor. Inzwischen hat sich die Lage der Dinge geändert; nicht aber geändert haben sich die Heilmittel, durch die allein Europa und darüber hinaus die Welt gesunden kann.

Es ist mir ein Bedürfnis, den Lesern des Manuskriptes für die Sorgfalt zu danken, mit der sie das Geheimnis gewahrt haben – so mancher von ihnen trotz aller Schrecken der Gefangenschaft.

Gewidmet sei die Arbeit meinem lieben Sohne Ernst Jünger; auch er hat sie gekannt. Nachdem er sich, fast noch ein Knabe, im Widerstande gegen die Tyrannis bewährt hatte, fiel er am 29. November 1944 im Marmorgebirge bei Carrara mit 18 Jahren für sein Vaterland. So haben sich die Besten aller Völker nicht geschont. Ihr Opfer und der Schmerz, den sie uns hinterließen, soll fruchtbar sein.

Kirchhorst bei Hannover,
den 4. April 1945.

»Der Friede. Ein Wort an die Jugend Europas. Ein Wort an die Jugend der Welt.« Erstes Blatt, Niederschrift vom 4. April 1945.

»Der Friede« verbreitete sich seit dem Herbst 1944, insbesondere seit dem Frühjahr 1945 in zahllosen Abschriften. Im Winter 1941 hatte sich Ernst Jünger zur Konzeption einer Friedensschrift entschlossen, mit der er einen Beitrag zur Versöhnung der sich in immer tieferen Haß verstrickenden Kriegsparteien leisten wollte. Anstoß dazu hatten die Gespräche mit Alfred Toepfer und dem Kreis der vertrauten Offiziere im »Raphael« gegeben, durch die Jünger über Geiselerschießungen, Judendeportationen und -vernichtung Kenntnis erlangte. Obwohl das Manuskript in den fast drei Jahren seiner Entstehung im Panzerschrank des »Majestic« verwahrt war, hat sich sein Autor damit aufs Äußerste gefährdet, zumal darin wie schon in den »Marmorklippen« vehement Anklage geführt wird gegen Konzentrationslager und Vernichtungsstätten des Völkermordes. Der Aufruf zirkulierte in den Widerstandskreisen. Er gelangte Ende August 1944 durch Alfred Toepfer zum Verleger Benno Ziegler. Nach dem Sturz Hitlers sollte er in Deutschland und den besetzten Ländern in großer Auflage veröffentlicht werden. Rommel hatte die Friedensschrift über Speidel erhalten und soll durch sie den letzten Anstoß zur Teilnahme an den Widerstandsaktionen des 20. Juli erhalten haben. Wegen des Zusammenbruches im Mai 1945 konnte »Der Friede« nicht mehr gedruckt werden. Er verbreitete sich jedoch hektographiert und in Abschriften und wurde auch von alliierten Offizieren gelesen. Die erste autorisierte Publikation erfolgte 1946 in Amsterdam. In Deutschland verhängte die britische Besatzungsmacht gegen Jünger bis 1948 Publikationsverbot.

Friedrich Georg Jünger und Martin von Katte (rechts). Ernst Jünger und Martin von Katte (1896–1988) kannten sich seit den zwanziger Jahren. Martin von Katte war Land- und Forstwirt in der Altmark (Brandenburg) und fand nach dem Kriege zunächst Zuflucht bei Friedrich Georg Jünger, wo er zwei Jahre lebte. Er veröffentlichte Gedichte und wurde 1960 für sein dichterisches Schaffen von der Bayerischen Akademie der Schönen Künste in München geehrt. 1987 erschien sein Erinnerungsbuch »Schwarz auf Weiß«.

Zur ständigen Lektüre des Lesers und Anekdoten-Liebhabers Ernst Jünger gehörten die »Historietten« des Tallemant des Réaux und die »Preussischen Hofgeschichten«.

PREUSSISCHE HOFGESCHICHTEN

VON

EDUARD VEHSE

NEU HERAUSGEGEBEN VON HEINRICH CONRAD

I

MIT 28 BILDBEIGABEN

1913

MÜNCHEN

BEI GEORG MÜLLER

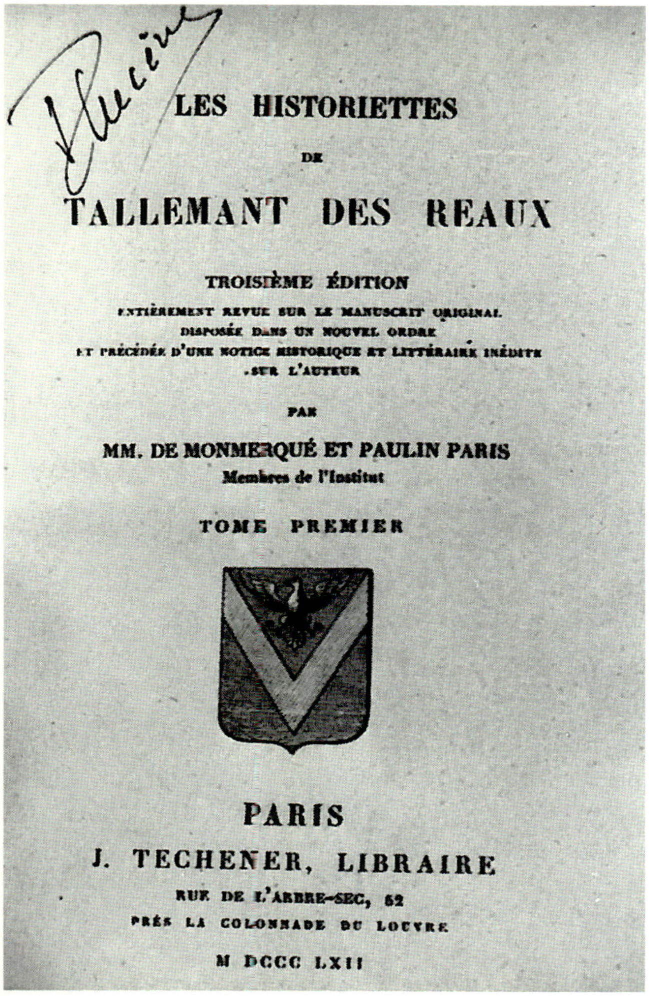

LES HISTORIETTES

DE

TALLEMANT DES REAUX

TROISIÈME ÉDITION

ENTIÈREMENT REVUE SUR LE MANUSCRIT ORIGINAL

DISPOSÉE DANS UN NOUVEL ORDRE

ET PRÉCÉDÉE D'UNE NOTICE HISTORIQUE ET LITTÉRAIRE INÉDITE

SUR L'AUTEUR

PAR

MM. DE MONMERQUÉ ET PAULIN PARIS

Membres de l'Institut

TOME PREMIER

PARIS

J. TECHENER, LIBRAIRE

RUE DE L'ARBRE-SEC, 52

PRÈS LA COLONNADE DU LOUVRE

M DCCC LXII

Die »Historiettes« des französischen Anekdotiers Tallemant des Réaux (1619–1692). Abgebildet der erste Band der sechsbändigen Ausgabe von 1862 (Paris). Tallemant des Réaux entstammte einer reichen hugenottischen Bankiersfamilie. Mit scharfsinnigem Witz hielt er in seinen Historietten das Hof- und Salonleben seiner Zeit fest.

Kirchhorst, 15. Juni 1945

Gestern sprach Martin von Katte vor und blieb über Nacht. Er kam mit dem Fahrrad aus Kufstein, wo sich das Oberkommando der Luftwaffe aufgelöst hat. Zolchow, wo die Familie seit Urzeiten ansässig gewesen ist, fiel in russische Hand. Die Mutter ist noch dort; ihr Schicksal ist unbekannt. Die Frau und die Kinder sind bei einem Förster im Harz. Wir tauschten bis in die tiefe Nacht Erlebnisse und Erinnerungen aus. (…)

Katte ist Urgroßneffe des unglücklichen Freundes Friedrichs des Großen, der in Küstrin geköpft wurde. Sein Lachen ist sonor; der Resonanzboden einer Laute, die im Zimmer hing, begann zu schwingen, wenn er es anstimmte. Er sieht seinem Vorfahren ähnlich, ein Zopf würde ihm gut anstehen. Das Gesicht trägt barocke Züge, auch ältere. Als Heinrich der Sachse 927 Brennabor, das heutige Brandenburg, berannte, ließ er die Reiterei über das Eis der Havel angreifen. Ein sächsischer Reiter, der eine weiße Katze im Schilde führte, brach die Bahn. Der König sah es und rief: »De Kuder sleit«: »Der Wildkater schlägt.« Nachdem die Burg genommen war, brachte dieser Katte einige Wendenfürsten ein. Einer aus dem Königsgefolge sagte: »Katt fanget bannig swatte Muse.« Seither trägt das Wappentier eine schwarze Maus im Maul. Ich sah es oft in Zolchow am Eingang des bescheidenen Gutshauses, dessen Grund an den des Bismarckschen Schönhausen grenzt. Die neue Völkerwanderung, die wir erleben, räumt nun auch diese tausendjährigen Sitze aus.

Die Hütte im Weinberg. Jahre der Okkupation

Kirchhorst, 14. September 1945

Mit dem sechsten Band schloß ich die Lektüre der »Historietten« ab. Das Urteil von Sainte-Beuve über Tallemant des Réaux ist treffend: Er nennt ihn den geborenen Anekdotier, wie La Fontaine den geborenen Fablier. Wenn Tallemant sein Material zu einer Geschichte der Regentschaft verdichtet hätte, wie er es plante, so wäre das bedauerlich. Der Reiz liegt gerade im Vergänglichen, Alltäglichen, im lockeren Gewebe; man sieht hier, wie Geschichte sich bildet, zusammenrinnt. Die genealogischen Notizen gleichen Samenkörnern; sie treiben in Charakterzügen und Absurditäten Ranken, blühen in Anekdoten, Scherzen, Concettis und Capriccios und tragen auf vielgeteilten Beeten Frucht. Wir sind im 17. Jahrhundert, vom Mittelalter und vom Nationalstaat gleich weit entfernt. Die Freiheit hat noch ein gutes Gegengewicht.

Heute, besonders nach der Vernichtung des Landadels und der Einebnung der Handwerke, würde ein solches Opus unmöglich sein. Anekdotenbildende Kräfte sind große Ausnahmen. Es muß ja immer noch Mythisches lebendig sein, wie im Alten Fritzen, im Kleinen Korporal. Da leuchten Urbilder durch. Die Größe liegt nicht in der Zahl. Wenn Karl Kraus sagte: »Zu Hitler fällt mir nichts ein«, so gehört das hierher. Was man dort hörte, sticht eher ins Absurde, Groteske, Gespenstische, fällt aus dem historischen Rahmen heraus. In unserer Zeit beginnt die Erzählung sich zu ändern, wie man das beim Treffen von Männern, die viel erlebt haben, beobachten kann. Sie verliert das Charakterologische und nimmt Bewegungszüge an. Statt der Personen treten Situationen auf. Das Schicksal nimmt die Form von Kurven an, von exakten Prüfungen und Aufgaben. In sie kann jeder versetzt werden, sie meisternd oder an ihnen scheiternd, wie das schon in den Anekdoten von Kleist sich andeutet. Ganz sichtbar wird es in den Geschichten von Poe, die eher mathematische Berichte sind.

Die Hütte im Weinberg. Jahre der Okkupation

Louis de Rouvroy, Duc de Saint-Simon (1675–1755), war von 1693 bis 1702 Offizier der französischen Armee und hielt sich danach am Hof auf. Er opponierte gegen Ludwig XIV. und fiel 1723 in Ungnade. Um seine »Memoiren« zu schreiben, zog er sich aufs Land zurück. Seine Aufzeichnungen umfassen den Zeitraum von 1694 bis 1723 und geben ein Kolossalgemälde des französischen Hoflebens in der Spätzeit Ludwigs XIV. Nach dem Tod Saint-Simons wurden die Memoiren beschlagnahmt und erst 1829 veröffentlicht.

Kirchhorst, 24. Juli 1945

Tröstlich wie immer bleiben die Bücher als leichte, zuverlässige Schiffe für Fahrten in Zeit und Raum und darüber hinaus.

Solange noch ein Buch zur Hand und Muße zum Lesen da ist, kann die Lage nicht verzweifelt, nicht gänzlich unfrei sein. Im Wäldchen 125 waren wir rechts und links von Neuseeländern umgangen, Gewitterregen brach über unsere Erdlöcher herein, auf denen die eigene und die englische Artillerie ihr Feuer vereinigten. Ich lag auf einem Holzrost über dem Grundwasser, oben durch einen einfachen Wellblechboden geschützt. Zugleich war ich aber im Berlin der Gründerzeit, denn ich las »Irrungen, Wirrungen« von Fontane. Es will mir sogar scheinen, als ob ich mich lebhafter an Einzelheiten des Romans erinnerte als an die Mißhelligkeiten der Stellung dort. Das deutet auf die geistige Freiheit, die das Kunstwerk mitteilen kann. Dafür muß man dem Autor dankbar sein. Er spendet unschätzbaren Trost.

Heute beendete ich den zweiten Band des Tallemant des Réaux. Die Lektüre rückt die Vergangenheit in ihren Lebenszügen nahe wie ein Teleskop. Der Staub der Gräber, der Familiengrüfte wacht wieder auf, bekleidet sich mit Leben, das gegenwärtig wird.

Tallemant gibt uns einen Begriff des 17. Jahrhunderts, und zwar unmittelbar, als ob man in ein Bad einstiege, das verjüngt. Ganz ähnlich rückt die Zimmernsche Chronik uns das 15. und 16. Jahrhundert nahe, und es ist seltsam, daß diese beiden unschätzbaren Werke auf den Dachböden alter Schlösser entdeckt wurden. Den Anschluß an das 18. Jahrhundert gibt Saint-Simon. Man kann die Weltgeschichte durch eine Memoirengalerie verfolgen, die sie begleitet wie in Versailles die Flucht privater Gemächer den großen Spiegelsaal.

Die Hütte im Weinberg. Jahre der Okkupation

Kirchhorst, 10. August 1945

Landregen, während dessen Herr Koepp aus Göttingen erschien. Durch ihn erfuhr ich von der japanischen Kapitulation – sie sei erzwungen worden durch die Verwendung einer »Turmbombe«. Ich hielt das für ein Geschoß, das, aus großer Höhe abgeworfen, zur Erschütterung von Städten dienlich sei.

Erst im Verlauf des Gesprächs erwies sich der Irrtum, und ich hörte, daß es sich um eine »Atombombe« gehandelt habe, die, über einer japanischen Großstadt explodierend, Hunderttausende von Menschen mit einem Schlag getötet haben soll. Das wäre ein Untergang von einem Umfang, wie er bisher nur durch kosmische Katastrophen möglich schien – ich meine, in Sekunden; Tamerlan hat in Jahrzehnten ähnliches vollbracht. Aber er war ein Fürst gegenüber diesem Ingenium.

Sogleich ergriff mich heftiger Kopfschmerz, der immer noch währt. Die letzten Jahre waren an solchen Nachrichten reich. Sie fallen ins Innere wie Gift in einen See. Die Pflanzen, die Fische, ja selbst die Ungeheuer, die dort leben, beginnen zu kränkeln; die Farben löschen aus.

Die Hütte im Weinberg. Jahre der Okkupation

Kirchhorst, 12. August 1945

Immer noch Regen und Kopfschmerzen. Nachmittags besuchte mich Herr Schmitz. Wir sprachen über Gärtnerei, kamen aber bald auf die japanische Schreckensnachricht, die er bestätigte. Auch konnte er mir einige technische Details des Vorganges geben oder wenigstens Vermutungen, die er daran knüpfte. Es scheint, daß man durch Strahlung Mauern umwerfen kann. Das überbietet die Trompeten von Jericho.

Schmitz war der Meinung, daß künftigen Kriegen durch die neue Waffe ein starker Riegel vorgeschoben sei. Das ist wahrscheinlich, obwohl man sich hüten muß, einem der Trugschlüsse zu verfallen, die sich durch die Jahrtausende ziehen. Furcht ist ein schlechter Ratgeber. Die Massen sind ohnmächtig und werden es immer mehr. Man muß bedenken, daß die modernen Führer, besonders wenn sie durch die allgemeinen Wahlen emporgestiegen sind, ein ganz vorzügliches Gewissen aufweisen. Sie können ja nur dorthin gelangen, wenn sie von sich und ihren zwei, drei Gemeinplätzen völlig durchdrungen sind. Das führt zur Reduktion auf die einfachsten Umrisse. In den Monarchien gab es wenigstens noch Glücksfälle. Das eigentliche Tempo wird zudem von anderen Gremien bestimmt, in denen man nur in den ersten Rang kommt, wenn man Tausende auf dem Gewissen hat. Das ist die Auslese. Dort kennt man die Dämonenstärke, die das vergossene Blut, vor allem das Blut der Unschuldigen, verleiht. Da schreckt man vor Zahlen nicht zurück, wenn sie in den Kalkül passen.

Die Hütte im Weinberg. Jahre der Okkupation

Antoine Rivarol (1753–1801), eigentlich Antoine Rivaroli, nannte sich selbst »Comte de Rivarol«. Französischer Schriftsteller, der mit elegantem Spott die Schöngeisterei der Enzyklopädisten geißelte. Rivarol war ein Gegner der Revolution, der Aufklärung überhaupt. Seine 1808 posthum herausgegebenen »Maximen«, die Ernst Jünger zwischen 1945 und 1955 ins Deutsche übertragen hat (Erstdruck 1956 mit einer ausführlichen Einführung in Leben und Werk), weisen ihn als einen der großen französischen Moralisten aus.

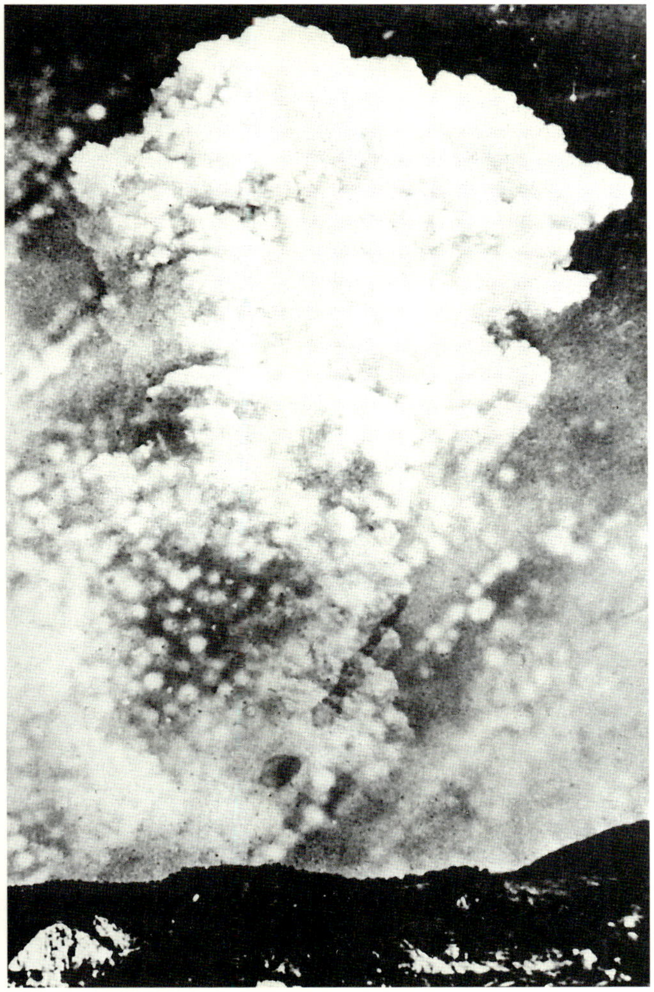

Die Amerikaner warfen im August 1945 eine Atombombe auf Hiroshima.

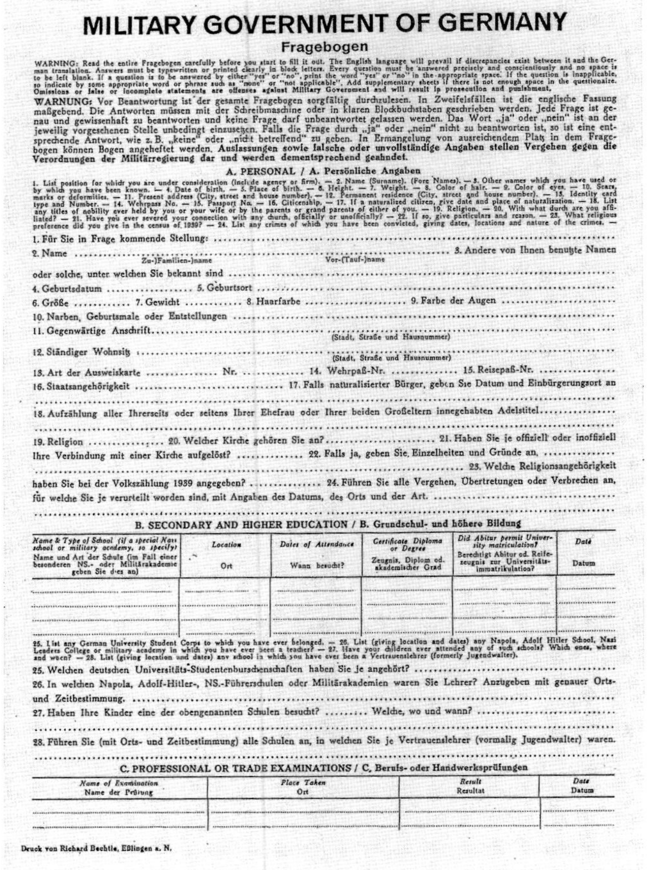

MILITARY GOVERNMENT OF GERMANY

Fragebogen

WARNING: Read the entire Fragebogen carefully before you start to fill it out. The English language will prevail if discrepancies exist between it and the German translation. Answers must be typewritten or printed clearly in block letters. Every question must be answered precisely and conscientiously and no space is to be left blank. If a question is to be answered by either "yes" or "no", print the word "yes" or "no" in the appropriate space. If the question is inapplicable, so indicate by some appropriate word or phrase such as "none" or "not applicable". Add supplementary sheets if there is not enough space in the questionaire. Omissions or false or incomplete statements are offenses against Military Government and will result in prosecution and punishment.

WARNUNG: Vor Beantwortung ist der gesamte Fragebogen sorgfältig durchzulesen. In Zweifelsfällen ist die englische Fassung maßgebend. Die Antworten müssen mit der Schreibmaschine oder in klaren Blockbuchstaben geschrieben werden. Jede Frage ist genau und gewissenhaft zu beantworten und keine Frage darf unbeantwortet gelassen werden. Das Wort „ja" oder „nein" ist an der jeweilig vorgesehenen Stelle unbedingt einzusetzen. Falls die Frage durch „ja" oder „nein" nicht zu beantworten ist, so ist eine entsprechende Antwort, wie z. B. „keine" oder „nicht betreffend" zu geben. In Ermangelung von ausreichendem Platz in dem Fragebogen können Bogen angeheftet werden. **Auslassungen sowie falsche oder unvollständige Angaben stellen Vergehen gegen die Verordnungen der Militärregierung dar und werden dementsprechend geahndet.**

A. PERSONAL / A. Persönliche Angaben

1. List position for which you are under consideration (Include agency or firm). — 2. Name (Surname). (Fore Names). — 3. Other names which you have used or by which you have been known. — 4. Date of birth. — 5. Place of birth. — 6. Height. — 7. Weight. — 8. Color of hair. — 9. Color of eyes. — 10. Scars, marks or deformities. — 11. Present address (City, street and house number). — 12. Permanent residence (City, street and house number). — 13. Identity card type and Number. — 14. Wehrpass No. — 15. Passport No. — 16. Citicenship. — 17. If a naturalized citizen, give date and place of naturalization. — 18. List any titles of nobility ever held by you or your wife or by the parents or grand parents of either of you. — 19. Religion. — 20. With what church are you affiliated? — 21. Have you ever severed your connection with any church, officially or unofficially? — 22. If so, give particulars and reason. — 23. What religious preference did you give in the census of 1939? — 24. List any crimes of which you have been convicted, giving dates, locations and nature of the crimes. —

1. Für Sie in Frage kommende Stellung: ……

2. Name …… (Zu-)Familien-)name …… Vor-(Tauf-)name 3. Andere von Ihnen benutzte Namen oder solche, unter welchen Sie bekannt sind ……

4. Geburtsdatum …… 5. Geburtsort ……

6. Größe …… 7. Gewicht …… 8. Haarfarbe …… 9. Farbe der Augen ……

10. Narben, Geburtsmale oder Entstellungen ……

11. Gegenwärtige Anschrift …… (Stadt, Straße und Hausnummer)

12. Ständiger Wohnsitz …… (Stadt, Straße und Hausnummer)

13. Art der Ausweiskarte …… Nr. …… 14. Wehrpaß-Nr. …… 15. Reisepaß-Nr. ……

16. Staatsangehörigkeit …… 17. Falls naturalisierter Bürger, geben Sie Datum und Einbürgerungsort an ……

18. Aufzählung aller Ihrerseits oder seitens Ihrer Ehefrau oder Ihrer beiden Großeltern innegehabten Adelstitel ……

19. Religion …… 20. Welcher Kirche gehören Sie an? …… 21. Haben Sie je offiziell oder inoffiziell Ihre Verbindung mit einer Kirche aufgelöst? …… 22. Falls ja, geben Sie Einzelheiten und Gründe an. …… 23. Welche Religionsangehörigkeit haben Sie bei der Volkszählung 1939 angegeben? …… 24. Führen Sie alle Vergehen, Übertretungen oder Verbrechen an, für welche Sie je verurteilt worden sind, mit Angaben des Datums, des Orts und der Art. ……

B. SECONDARY AND HIGHER EDUCATION / B. Grundschul- und höhere Bildung

Name & Type of School (if a special Nazi school or military academy, so specify) Name und Art der Schule (im Fall einer besonderen NS.- oder Militärakademie geben Sie dies an)	*Location* Ort	*Dates of Attendance* Wann besucht?	*Certificate Diploma or Degree* Zeugnis, Diplom od. akademischer Grad	*Did Abitur permit University matriculation?* Berechtigt Abitur od. Reifezeugnis zur Universitätsimmatrikulation?	*Date* Datum

25. List any German University Student Corps to which you have ever belonged. — 26. List (giving location and dates) any Napola, Adolf Hitler School, Nazi Leaders College or military academy in which you have ever been a teacher? — 27. Have your children ever attended any of such schools? Which ones, where and when? — 28. List (giving location and dates) any school in which you have ever been a Vertrauenslehrer (formerly Jugendwalter).

25. Welchen deutschen Universitäts-Studentenburschenschaften haben Sie je angehört? ……

26. In welchen Napola, Adolf-Hitler-, NS.-Führerschulen oder Militärakademien waren Sie Lehrer? Anzugeben mit genauer Orts- und Zeitbestimmung. ……

27. Haben Ihre Kinder eine der obengenannten Schulen besucht? …… Welche, wo und wann? ……

28. Führen Sie (mit Orts- und Zeitbestimmung) alle Schulen an, in welchen Sie je Vertrauenslehrer (vormalig Jugendwalter) waren. ……

C. PROFESSIONAL OR TRADE EXAMINATIONS / C. Berufs- oder Handwerksprüfungen

Name of Examination Name der Prüfung	*Place Taken* Ort	*Result* Resultat	*Date* Datum

Druck von Richard Bechtle, Eßlingen a. N.

Im Zuge der »Entnazifizierung« der deutschen Bevölkerung wurden von der Militärregierung schon bald nach Kriegsende Fragebogen ausgegeben, eine Aktion, die zu den sogenannten »Spruchkammerbescheiden« führte.

Kirchhorst, 3. September 1945

Rückkehrend fand ich auf meinem Schreibtisch einen langen Fragebogen des Arbeitsamts für meinen Hausstand vor. »Falsche Angaben werden durch die Gerichte der Militärregierung verfolgt.« Jetzt haben sie einen neuen Herrn. Ich wußte wohl, daß man dergleichen beibehalten würde, das Instrument ist zu bequem. Die Regierungen lösen sich wie Glieder eines Bandwurms ab; ihr Kopf, ihr intelligibler Charakter bleibt bestehen. Jede baut eine Reihe von neuen Zellen an das Gefängnis an. Die Staatskunst läuft immer mehr darauf hinaus, bei alldem die Illusion der Freiheit zu erzeugen, also ist neben der Polizei die Propaganda das Hauptmittel. Der Vorgänger war immer der Teufel; die Zukunft wird glänzend sein.

Die Hütte im Weinberg. Jahre der Okkupation

Ettlingen, 18. Oktober 1945

Wir fuhren durch verheertes Land. In Bruchsal fand ich das schöne Schloß zerstört. Maulbronn war zu meiner großen Freude unversehrt. Ein wunderbarer silberner Gesang drang durch die verschlossene Kirchentür.

Wir blieben in Ettlingen. Dort kehrte ich in die Traumlandschaften der vorigen Nacht zurück. Vielleicht sind unsere Tage nur Sekunden gegenüber diesen Nächten am Saum der Ewigkeit. Wir leben auf einer Kette von Inseln, die aus der Tiefsee aufsteigen, oder wie ein Schwarm von Fliegenden Fischen, der immer wieder nach kurzen Sonnenflügen in den Kristall versinkt. Das Leben ist nur möglich, wird nur gehalten durch dieses Eintauchen. Es ist auch selbst nur eine Insel in der Ewigkeit.

Ich komme noch einmal auf den Gedanken: nichts oder alles ist wunderbar. Das Urteil hängt von der Tiefe ab, zu der wir eintauchen. Es gibt hier Grenzen, an denen jeder Unterschied erlischt. Gold, Edelsteine, Meisterwerke, das Leinen, auf das sie gemalt, das Pergament, auf das sie geschrieben sind, das alles ist wunderbar und einig im Wesensgrund. Stofflich läßt sich das so ausdrücken, daß wir in allem zuletzt auf die Atome stoßen, die Wunderwerke sind. Das ist der Goldgrund, auf dem das flüchtige Gemälde dieser Welt aufglänzt und zeitlich wiederkehrt.

Die Hütte im Weinberg. Jahre der Okkupation

Wir leben in Zeiten, in denen ununterbrochen fragenstellende Mächte an uns herantreten. Und diese Mächte sind nicht nur von idealer Wißbegier erfüllt. Indem sie sich mit ihren Fragen nähern, erwarten sie von uns nicht, daß wir einen Beitrag zur objektiven Wahrheit liefern, ja nicht einmal, daß wir zur Lösung von Problemen beitragen. Sie legen nicht auf unsere Lösung, sie legen auf unsere Antwort Wert.

Das ist ein wichtiger Unterschied. Er nähert die Fragen den Verhören an. Man wird das an der Entwicklung verfolgen können, die vom Wahlzettel zum Fragebogen führt. Der Wahlzettel zielt auf die Feststellung reiner Zahlenverhältnisse und deren Auswertung. Er soll den Willen des Wählers ermitteln, und der Wahlvorgang ist dahin ausgerichtet, daß dieser Wille rein und ohne fremde Einflüsse zur Darstellung gelangt. Die Wahl wird daher auch von einem Gefühl der Sicherheit, ja selbst der Macht begleitet, wie es den freien, im Rechtsraum abgegebenen Willensakt auszeichnet.

Der Zeitgenosse, der einen Fragebogen abzugeben sich veranlaßt sieht, ist weit entfernt von solcher Sicherheit. Die Antworten, die er erteilt, sind folgenschwer; oft hängt von ihnen sein Schicksal ab. Man sieht den Menschen in eine Lage kommen, in der von ihm verlangt wird, Urkunden zu schaffen, die auf seinen Untergang berechnet sind. Und was für belanglose Dinge bestimmen heute oft den Untergang.

Es leuchtet ein, daß sich in dieser Veränderung der Fragestellung eine ganz andere Ordnung andeutet, als wir sie zu Anfang unseres Jahrhunderts vorfanden. Hier gibt es die alte Sicherheit nicht mehr, und unser Denken muß sich danach einrichten. Die Fragen rücken uns enger, dringender auf den Leib, und immer bedeutungsvoller wird die Art, in der wir antworten. Dabei ist zu bedenken, daß Schweigen auch eine Antwort ist. Man fragt uns, warum wir dann und dort geschwiegen haben, und gibt uns die Quittung dafür. Das sind die Zwickmühlen der Zeit, denen keiner entrinnt.

Der Waldgang

Kirchhorst, 28. Oktober 1945

Besuch von Captain Thomas und Major Hood. Thomas überbrachte mir Briefe von Niekisch, mit dem er in Berlin ein langes Gespräch geführt hatte. Niekisch lag, als die Russen sich näherten, im Zuchthaus Brandenburg und sollte »sonderbehandelt«, das heißt: umgebracht werden wie zahllose andere. Er wurde dadurch gerettet, daß der Direktor ihn immer wieder als »nicht transportfähig« bezeichnete. Die Kreuzung von Bürokratie und Bestialität erzeugt solche Paradoxa, wie man deren noch viele in den Akten entdecken wird.

Mit Hood sah ich am Nachmittag seine Übersetzung der »Marmorklippen« durch. Der englische Text ist mit gälischen Worten grundiert, die ihm ein altertümliches Gepräge verleihen, wie »the squaich« für »das Kesselchen«.

Die Hütte im Weinberg. Jahre der Okkupation

Kloster Maulbronn.

Englische Ausgabe von »Auf den Marmorklippen«.

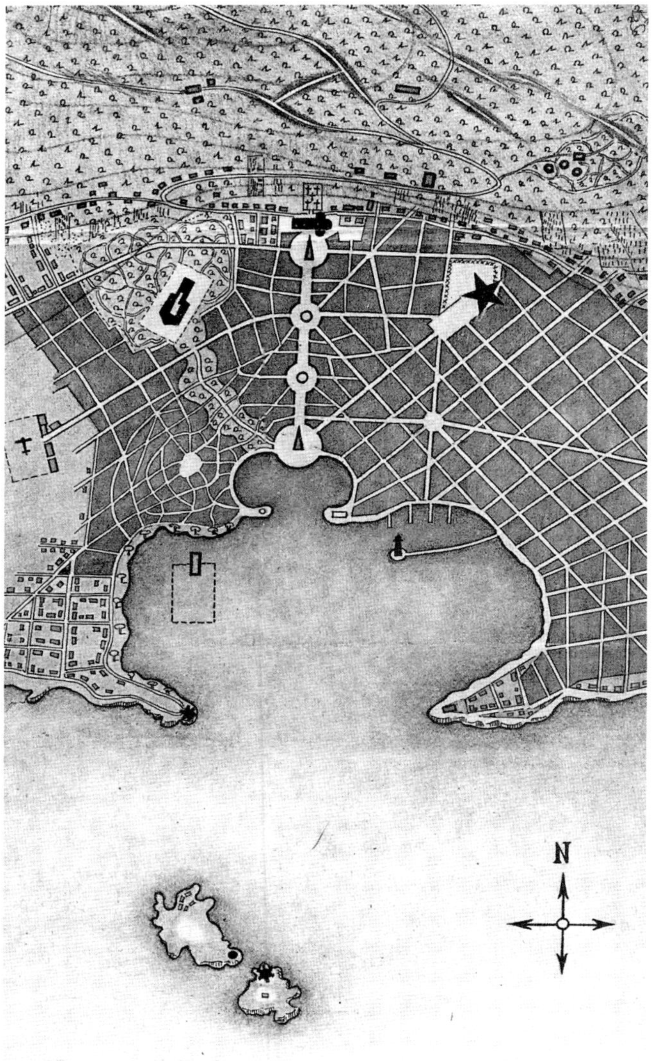

Stadtplan von Heliopolis, gezeichnet von Werner Höll. Innenseite des von Emil Preetorius gestalteten Schutzumschlages für die Erstausgabe des 1949 im Heliopolis Verlag in Tübingen erschienenen Romans »Heliopolis«.

Ich war in diesen Monaten recht arbeitsam. Auch habe ich große Vorräte an Manuscripten und blieb trotz aller Wirren des Krieges in meiner Entwicklung ungehindert, – zum großen Teil beruht das, wie Sie ja wissen, darauf, daß Sie mich damals nach unseren beiden Begegnungen im Ritz »auf Ihre Kappe nahmen«, mächtigen Widersachern zum Trotz. Die sind inzwischen mit Schanden hinabgefahren, während ich Ihnen noch dankbar sein kann. Auch wenn ich in diesem großen Geisteskampfe, in dem ich mich dem Gegner sichtbar machte, gefallen wäre, würden andere Ihnen bestätigen, daß Sie richtig handelten. Ich hatte freilich immer gehofft, wir würden triumphieren und zugleich von unserem Vaterlande und seinen tapferen Menschen das Schlimmste abwenden.

(An Hans Speidel, 23. 11. 1945)

Eine junge Frau, die aus einem östlichen Lager befreit worden war, hatte … erzählt, daß dort in den Abendstunden ein gewaltiges Krematorium wie ein periodisch ausbrechender Vulkan Feuer gespien und das Land mit Rauch erfüllt habe. Das ist ein kainitisches Bild.

Ich hatte mir wohl gedacht, daß alle diese Dinge einmal sichtbar werden würden in ihrer Häßlichkeit. Sie übertrifft die früherer Zeitalter bei weitem durch das Perfekte, das Desinfizierte der technischen Welt. Auch in dieser Hinsicht haben wir Fortschritte gemacht. Wenn man im Musée Carnavalet die Zeugnisse der Französischen Revolution betrachtet, etwa die aus Menschenknochen gebastelte Guillotine, ist immer noch ein gewisses Gruseln wie im Schreckenskabinett dabei. Heute gibt es die Akten, die den Mord als Verwaltungssache behandeln, die Kartotheken, die Photographien, die Blitzlichter. Da ist auch das Böse vom Schwund ergriffen, ist reduziert und maschinell geworden, der Mensch nicht böser, sondern billiger. Die Bösen haben das Gesicht verloren, gehen weit unter den physiognomischen Stand eines Danton, eines Robespierre oder selbst eines Marat zurück. Man sieht Funktionärsgesichter wie das von Himmler, intelligent, nervös, verschwommen, beliebig ersetzbar, von witternder Unlust bewegt, livrierte Portiers, die weder ihren Auftraggeber kennen noch das Haus, in dem sie beschäftigt sind.

Die Hütte im Weinberg. Jahre der Okkupation

Kirchhorst, 2. Januar 1947

Weiter in der Disposition zu »Heliopolis«. Im Verhältnis zur Technik sollte eine dritte, vom Fortschritt unabhängige Haltung möglich sein. Die Wahrnehmung des Fortschritts wirkt nach zwei Richtungen, abstoßend oder anziehend. Im ersten Fall will der Geist sich auf vortechnische Formen zurückziehen; er sucht die romantischen Sphären auf. Im anderen Fall will er der Technik utopisch vorauseilen. Das sind die beiden großen Parteien; der erste Blick auf ein Kunstwerk verrät die Zugehörigkeit.

Sollte es nicht das Ziel des Vorgangs sein, daß das Romantische und das Utopische sich unter stereoskopischer Vertiefung zu einer neuen Wirklichkeit vereinigen? Das würde unter anderem theologische Elemente glaubwürdig in unsere Welt zurückführen.

Die Hütte im Weinberg. Jahre der Okkupation

Zwischen den beiden Kaps, die dunkle Bäume krönten, erhob sich in weitem Halbkreis die Stadt Heliopolis. Sie schloß sich um den Alten oder Binnenhafen, von dem aus die Straßen am Hang emporstrahlten. Sie gleißte über dem blauen Meere im Mittagslicht, das ihre Farben löschte, während die Abendsonne das rötliche Gestein erweckte, aus dem die Altstadt errichtet war. Die Neustadt dagegen wurde nach dem letzten der Großen Feuerschläge aus Marmor aufgebaut. Die Fläche hatte lange in Trümmern gelegen, bis einerseits der technische Fortschritt die Atmosphäre gesichert hatte und andererseits die Verfügung über die schweren Waffen vom Regenten zum Monopol erhoben worden war. Dann hatte man die Pläne berühmter Städtebauer ausgeführt. Die Klimaheizung, die Ambianzzerstäuber, das schattenlose Licht und andere Mittel des kollektiven Luxus gaben dem Leben in diesem Viertel seinen Stil. In den weißen Straßen, die auch bei Nacht in hellem Licht erglänzten, herrschte eine monotone Behaglichkeit.

Am Westhang ragte, die Altstadt überhöhend, der prokonsularische Palast. Er lehnte sich Teilen der alten Stadtburg an; noch sah man als Kernstück den mächtigen Bergfried der Akropole von Heliopolis. Antike und mittelalterliche Flügel waren durch neue Fronten verbunden und überstockt. Hier sah man statt der engen Scharten und gotischen Bögen weite Fenster, Loggien und Balkone im Blumenschmuck. Der Bau war einheitlich und imponierend, obgleich die Zeiten stets von neuem an ihm gewirkt hatten wie am Gewande eines großen Herrn, das von Jahrhundert zu Jahrhundert bequemer geworden war. Der Adler mit der Schlange war auf dem Bergfried aufgepflanzt und blickte im Mittagslicht weit auf die See hinaus.

Das Richtungszeichen der Schiffe, die von den Inseln kamen, war jedoch das Kreuz des Domes, der der Maria vom Meer gewidmet war. Es glänzte nachts im schattenlosen Licht. Der Dom erhob sich in der höchsten Mitte; er war dem Großen Feuerschlag zum Opfer gefallen und neuklassisch aufgebaut. Es hieß, daß dort bereits ein Tempel der Aphrodite gestanden habe; gestürzte Säulen bildeten den Grund. (...) Der Dom bezeugte die Hoffnung, die nach den Feuerzeiten mächtig aufgewachsen war – er und das Wunderwerk der theologischen Physik, das der diabolischen Vernichtung so siegreich entgegengehalten worden war.

Heliopolis

Diskussion am runden Tisch des „Nordwestdeutschen Rundfunk“

10 Fragen	*v. Zahn*	*v. Hollander*	*Eggebrecht*	*Heydorn*	*Blank*
Ist J. ein großer Sprachkünstler	ja	ja	ja	ja	ja
Ist J. ein Wegbereiter des Nazismus gewesen?	nein	nein	ja	ja	nein
Wenn ja, war er es jemals bewußt?	nein	nein	? (ja)	?	nein
War J. ein Bejaher, dadurch Förderer des Krieges?	ja	ja	ja	ja	ja
Ist J. sich selber immer gleich geblieben?	nein	nein	ja	ja	nein
Beurteilung des „Arbeiter“	negativ	negativ	negativ	negativ	negativ
Stimmt Js. Bild von unserer Zeit?	ja	ja	nein	ja	ja
Beurteilung der jüngsten Schrift „Der Friede“	positiv	positiv	negativ	negativ	negativ
Sollte J. jetzt verboten werden?	nein	nein	nein	nein	nein
Haben wir von J. noch Wesentliches zu erwarten?	ja	ja	nein	ja	nein

1948 setzte in der deutschen Presse eine erste heftige Diskussion um die Person und das Werk Ernst Jüngers ein. Im Rundfunk erörterten fünf Literaturkritiker den »Fall Jünger« und die Berechtigung eines Veröffentlichungsverbotes, das von seiten der britischen Besatzungsbehörde gegen Jünger bestand. Die »Quantitätsanalyse« ist abgedruckt in: Karl O. Paetel, »Ernst Jünger. Weg und Wirkung«, erschienen 1949 im Ernst Klett Verlag in Stuttgart.

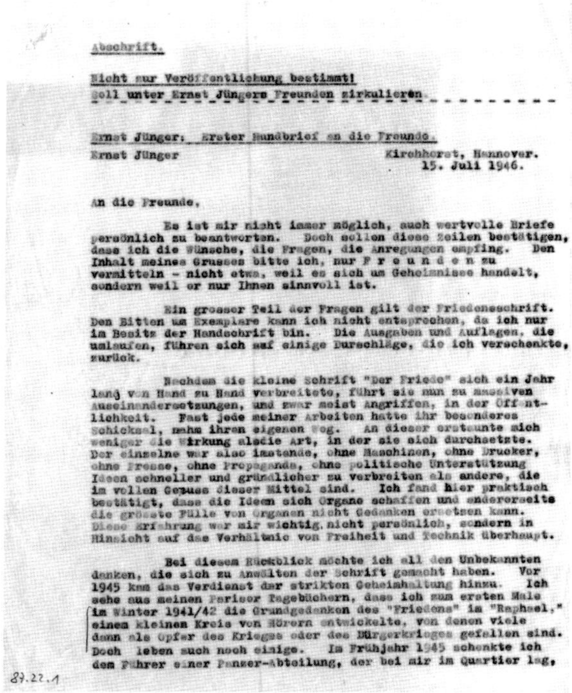

Abschrift.

Nicht zur Veröffentlichung bestimmt!
Soll unter Ernst Jüngers Freunden zirkulieren.

Ernst Jünger: Erster Rundbrief an die Freunde.

Ernst Jünger Kirchhorst, Hannover.
15. Juli 1946.

An die Freunde,

Es ist mir nicht immer möglich, auch wertvolle Briefe persönlich zu beantworten. Doch sollen diese Zeilen bestätigen, dass ich die Wünsche, die Fragen, die Anregungen empfing. Den Inhalt meines Grusses bitte ich, nur F r e u n d e n zu vermitteln – nicht etwa, weil es sich um Geheimnisse handelt, sondern weil er nur Ihnen sinnvoll ist.

Ein grosser Teil der Fragen gilt der Friedensschrift. Den Bitten um Exemplare kann ich nicht entsprechen, da ich nur im Besitz der Handschrift bin. Die Ausgaben und Auflagen, die umlaufen, führen sich auf einige Durchschläge, die ich verschenkte, zurück.

Nachdem die kleine Schrift "Der Friede" sich ein Jahr lang von Hand zu Hand verbreitete, führt sie nun zu massiven Auseinandersetzungen, und zwar meist Angriffen, in der Öffentlichkeit. Fast jede meiner Arbeiten hatte ihr besonderes Schicksal, nahm ihren eigenen Weg. An dieser erstaunte mich weniger die Wirkung als die Art, in der sie sich durchsetzte. Der einzelne war also imstande, ohne Maschinen, ohne Drucker, ohne Presse, ohne Propaganda, ohne politische Unterstützung Ideen schneller und gründlicher zu verbreiten als andere, die im vollen Genuss dieser Mittel sind. Ich fand hier praktisch bestätigt, dass die Ideen sich Organe schaffen und andererseits die grösste Fülle von Organen nicht Gedanken ersetzen kann. Diese Erfahrung war mir wichtig, nicht persönlich, sondern in Hinsicht auf das Verhältnis von Freiheit und Technik überhaupt.

Bei diesem Rückblick möchte ich all den Unbekannten danken, die sich zu Anwälten der Schrift gemacht haben. Vor 1945 kam das Verdienst der strikten Geheimhaltung hinzu. Ich sehe aus meinen Pariser Tagebüchern, dass ich zum ersten Male im Winter 1941/42 die Grundgedanken des "Friedens" im "Raphael," einem kleinen Kreis von Hörern entwickelte, von denen viele dann als Opfer des Krieges oder des Bürgerkrieges gefallen sind. Doch leben auch noch einige. Im Frühjahr 1945 schenkte ich dem Führer einer Panzer-Abteilung, der bei mir im Quartier lag,

87.22.1

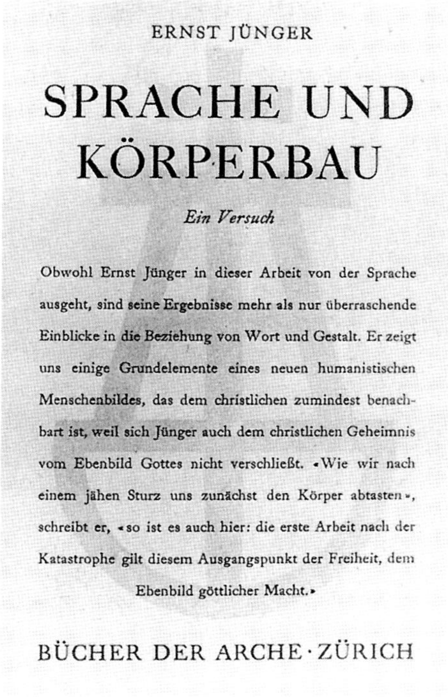

ERNST JÜNGER

SPRACHE UND KÖRPERBAU

Ein Versuch

Obwohl Ernst Jünger in dieser Arbeit von der Sprache ausgeht, sind seine Ergebnisse mehr als nur überraschende Einblicke in die Beziehung von Wort und Gestalt. Er zeigt uns einige Grundelemente eines neuen humanistischen Menschenbildes, das dem christlichen zumindest benachbart ist, weil sich Jünger auch dem christlichen Geheimnis vom Ebenbild Gottes nicht verschließt. »Wie wir nach einem jähen Sturz uns zunächst den Körper abtasten«, schreibt er, »so ist es auch hier: die erste Arbeit nach der Katastrophe gilt diesem Ausgangspunkt der Freiheit, dem Ebenbild göttlicher Macht.«

BÜCHER DER ARCHE · ZÜRICH

Da Ernst Jünger von 1945 bis 1949 in der englischen Besatzungszone nicht veröffentlichen durfte, brachte er seine Publikationen im Ausland heraus: Die Friedensschrift, die 1946 in Amsterdam erschien, das brasilianische Reisetagebuch »Atlantische Fahrt« 1947 (unter dem Patronat der Kriegsgefangenenhilfe des Weltbundes der Christlichen Vereine Junger Männer) in England und »Sprache und Körperbau« 1947 im Zürcher Verlag der Arche.

Zwischen Juli und September 1946 ließ Jünger drei hektographierte »Briefe an die Freunde« kursieren, mit denen er ein Zeichen setzen wollte gegen das von den Alliierten ausgesprochene Publikationsverbot. Die Schreiben reflektierten die Lage in Deutschland nach der Niederlage und verwiesen vor allem auf die Bedeutung, die Jünger seiner Schrift »Der Friede« beimaß.

Kirchhorst, 31. Juli 1945

Sprache und Körperbau. Das Thema führt sogleich auf den Gegensatz von Geist und Stoff und auf den Kampf, den sie auf dem Felde der Sprache austragen. Er steckt im Grunde hinter allen unseren großen Händeln – gleichviel ob es um Nominalismus und Realismus, um die Bedeutung des Abendmahls, um die Farbenlehre oder um den Hauptmann Dreyfus geht.

Daneben sind es auch Licht und Musik, die sich in der Sprache abgleichen. Die Grammatik hat Lichtcharakter, hat ein Verhältnis zur Logik, zur Symmetrie, wie das in jedem Lehrbuch, in dem Formen abgewandelt werden, architektonisch sichtbar wird. Dagegen wirkt ununterbrochen ein vieldeutiges Nacheinander, ein flechtendes, verhüllendes Element. Worte, demselben grammatikalischen Eingriff unterzogen, ändern den Sinn nicht auf die gleiche Weise ab. Es bleibt stets eine Streuung von unberechenbarer Art. Insofern begegnen sich auch Logik und Geschichte in der Sprache; die Zeit verändert den strengen Bau. (...)

Das Verhältnis von Regel und Ausnahme läßt in der Sprache wie in der Tier- und Pflanzenwelt auf Gesetze schließen, die sich in Zeit und Raum abwandeln. »Das Wort« ist metagrammatisch, wie »die Gattung« metaphysisch ist. Schöpfung und Ursprung zeigen ihre grenzenlose Macht.

Die Hütte im Weinberg. Jahre der Okkupation

Kirchhorst, 19. Februar 1947

Immer noch Frost. Der Torf heizt nicht besonders gut. Ich rücke bei der Arbeit dicht an den großen Ofen heran. Bin jetzt im Mondkaukasus.

Zuweilen spricht Carlo Schmid ein, wenn er aus dem Süden nach Hamburg fährt. Die Straße führt hart am Garten vorbei. Geister wie er und Schumacher könnten bei einigem Optimismus an einen Zustand denken lassen, in dem wie in Englands besten Zeiten eine starke Linke und eine starke Rechte zum Vorteil des Ganzen einander ablösten. Man arbeitet ja schließlich mit zwei Händen, marschiert nicht mit einem Bein. Aber vielleicht sind das Fähigkeiten, die auch dort längst historisch geworden sind.

Ich gehe bei klirrendem Frost in den Wald. Bei der Rückkehr begegne ich dem jungen Haustein vor seiner Werkstatt; er winkt mich freudig hinein. Er hat im Moor ein Wildschwein geschossen; die Tiere haben sich stark vermehrt. Auf dem weißgescheuerten Tisch prangt der Ziemer, daneben Brot und Butter; wir machten uns darüber her. Es ist ein Herrenessen, das zarte vordere Rückenstück eines Überläufers von knapp sechzig Pfund. Auch Brot und Butter sind vorzüglich, im Haus gemacht. Ich muß an das Schloß Anet denken, den Sitz der Diane von Poitiers, in dem ich das Bild der nacktbrüstigen Mondgöttin bewunderte. Dort las ich über dem Kamin des Speisesaals den stolzen Spruch: »Auf diesen Tisch kommt kein gekauftes Gericht.«

Auch der Schnaps ist im Hause gebraut, bei Mondschein in Benzinkanistern; die Rübenfasern schweben im grünlichen Saft. Es ist ein gefährlicher Stoff, von gärenden Erdkräften erfüllt. Der Ziemer verschwindet allmählich bei Jagd- und Moorgesprächen; auch die Flasche wird leer, und eine zweite erscheint auf dem Tisch. Haustein raucht selbstgebauten Tabak und beginnt zu singen, seine Frau setzt sich zu uns und begleitet ihn:

Du kannst es nicht ahnen, | Du munteres Rehlein du, | Daß so ein Wilddieb | Dir stiehlt das Herz im Nu.

Fünf Stunden verschwinden, ohne daß ich weiß, wo sie geblieben sind. Endlich muß ich doch an Aufbruch denken; es war ein schöner Nachmittag. Draußen ist es längst dunkel geworden; ich fühle, wie das Getränk zu wirken beginnt. Auf der Wiese ist Wäsche aufgehängt; sie ist steifgefroren und klirrt im Wind.

Im Flur empfängt mich die Hausfrau: »Was ist denn nun das schon wieder? Du weißt doch, daß Carlo Schmid kommen will.«

Richtig, das hatte ich inzwischen ganz vergessen. Zum Glück ist es schon spät; er wird vorübergefahren sein. Ich gehe in die Bibliothek, lege mich in zwei Sessel wie in eine Wanne; sie bringt Kaffee herein. Ich beginne zu träumen, bis ich nach unbestimmbarer Zeit Bruchstücke eines Gesprächs auffange.

»Herr Professor, Sie müssen entschuldigen, aber meinen Mann kann ich nicht vorzeigen.« Sie beschreibt die näheren Umstände. Der Gast läßt sich indessen nicht aufhalten; ich höre seine tiefe Stimme: »O, das ist aber sehr sympathisch« – dann tritt er herein.

Die Hausfrau sucht zu retten, was zu retten ist, und beginnt sich zu vervielfältigen. Sie hat den guten Gedanken, eine frische Flasche von unserem Elixier zu holen und sie vor den Gast zu stellen, der ihr sogleich zuspricht, bringt neuen Kaffee, bereitet in der Küche einen Imbiß vor. Zuweilen kommt sie herein wie ein Regisseur, der einen Auftritt abhört, und ich bemerke, daß ihr Gesicht sich zunehmend aufheitert. Es scheint, daß ich Unvermutetes aus den Untergründen heraufhole. Auch der Gast beginnt sich erstaunlich zu entfalten, und so schließt sich an den burlesken Nachmittag noch eine heitere Nacht.

Die Hütte im Weinberg. Jahre der Okkupation

Carlo Schmid (1896–1979), Jurist und Politiker. Schmid lehrte als Professor für Völkerrecht in Tübingen und für politische Wissenschaften in Frankfurt am Main. Seit 1945 Mitglied der SPD, war er maßgeblich am Aufbau des Landes Württemberg-Hohenzollern beteiligt. Er war Vizepräsident des Bundestages in den Jahren 1949–66 und 1969–72, Bundesminister und Mitglied des Europarates.

Ernst Jünger und Carlo Schmid kannten sich seit den dreißiger Jahren; sie waren sich in Tübingen begegnet. Schmid übersetzte literarische und politische Werke aus romanischen Sprachen; als seine größte Leistung gilt die Übertragung von Baudelaires »Les Fleurs du Mal«.

In dieser Suche nach dem Mittelpunkt liegt auch das Problematische, das Experimentelle unserer Literatur und unserer Lage überhaupt. Nehmen wir an, es würde der Mittelpunkt gefunden, von dem aus die Erde gelenkt, geleitet werden kann – ein Mittelpunkt, dem unser Wille in seinen geistig-politischen Formen und technischen Phänomenen sich immer deutlicher zuwendet. Das würde eine Oberflächen-, eine technische Lösung bleiben, wenn nicht zugleich eine neue Tiefe aufbräche. Neu heißt hier: Wiederentdeckung des währenden, haltbaren Grundes im Zeitlichen. Erst damit schlösse das Zeitalter der Entdeckungen, des Fortschritts und seiner Werkstätten ab. Der Mensch hat sich ein neues Haus gebaut.

Die Hütte im Weinberg. Jahre der Okkupation

Ernst Jünger (1948).

1948 | 1965

ÜBER DIE LINIE

Die Bemühung, die Ansprüche der Geschichte mit der Freiheit des Einzelnen zu versöhnen, die für Ernst Jüngers Weltsicht bestimmend ist, bleibt auch im Werk nach 1949 erkennbar. Die Gestalt des »Arbeiters« wird nicht revidiert, aber neu fundiert mit Ausblicken ins Kosmische. Jünger stellt die weltrevolutionäre Entwicklung in den erdrevolutionären Zusammenhang. Im Widerstand gegen die kollektiven Mächte leistet der »konkrete Einzelne« Vorbildliches: Er handelt stellvertretend für alle, die dem Automatismus und den technischen Apparaten des modernen Staates ausgesetzt sind.

Im Zentrum von Jüngers Essays der unmittelbaren Nachkriegszeit steht so die Deutung des postnihilistischen Zeitalters. Ein persönliches Fortschreiten, die Wandlung seines metaphysischen Denkens ist nicht zu übersehen: Jünger, der das Sein zuerst in den Ekstasen des Kampfes, dann in einer magischen Sur-Realität erfahren hat, ist in die überpersönliche Region des Glaubens vorgestoßen. Die exemplarische Gestalt ist jetzt der »Waldgänger«. Er hat die »Linie« des Nihilismus überschritten.

Die eschatologische Tendenz des Jüngerschen Werkes profiliert sich in mannigfachen Versuchen der Grenzüberschreitung, in philosophischen und astrologischen Spekulationen, im Experiment mit Drogen und in Meditationen über den Tod. Im Klima des »Wiederaufbaus« und des »Wirtschaftswunders«, angesichts eines komfortzivilisatorischen Fortschrittsdenkens bemüht sich Ernst Jünger um die metaphysische Bestimmung der menschlichen Freiheit, durch die allein Nihilismus und Todesangst überwunden werden können.

Um sich den Arbeitsbehinderungen durch die Besatzungsbehörden zu entziehen, übersiedelt Jünger 1948 wieder vom Niedersächsischen in den Bodenseeraum, zuerst nach Ravensburg, dann in das abgelegene Dorf Wilflingen am Südrand der Schwäbischen Alb. Anfänglich wohnt er dort im Stauffenbergschen Schloß und seit Frühjahr 1951 in der zum Schloß gehörenden ehemaligen Oberförsterei. Von 1949 bis 1953 ist der Schweizer Armin Mohler Sekretär Ernst Jüngers. In dieser Zeit festigen sich die Beziehungen zu den Verlegern Vittorio Klostermann, Günter Neske und Ewald Katzmann, Jünger begegnet dem Philosophen Martin Heidegger, pflegt Freundschaften mit dem Entomologen Adolf Horion und dem LSD-Entdecker Albert Hofmann, es kommt von 1949 ab zum Briefwechsel und zu regelmäßigen Begegnungen mit Ernst Klett. Der Lyriker Paul Celan schreibt am 11. Juni 1951 an Jünger und bittet, ihn bei der Suche nach einem Verleger seiner Gedichte zu unterstützen. Der Brief schließt mit: »In Dankbarkeit und Verehrung Ihr sehr ergebener Paul Celan«. Celans Gedichte, darunter die »Todesfuge«, erscheinen – vermutlich durch Vermittlung von Jüngers Sekretär Armin Mohler – 1952 in der Deutschen Verlags-Anstalt unter dem Titel »Der Sand aus den Urnen«.

Mit Mescalin- und LSD-Experimenten knüpft Ernst Jünger in den Jahren 1950/1951 an frühere Rauscherfahrungen an. Die Séancen mit Albert Hofmann, Walter Frederking und Ernst Klett finden ihren Niederschlag in der Erzählung »Besuch auf Godenholm« (1952). Jünger bringt darin – wie rund zwanzig Jahre später noch einmal im Essay »Annäherungen« (1970) – die ästhetischen und metaphysischen Grunderfahrungen des Rausches zur Sprache. Er stellt sich damit in die große Tradition der Novalis, Maupassant, Poe, de Quincey, Nietzsche, Baudelaire, Benjamin und Huxley.

Als Unabhängigkeitserklärung des Einzelnen läßt sich der ein Jahr vorher veröffentlichte Essay »Der Waldgang« lesen. In seiner Nihilismus-Schrift »Über die Linie« (1950) hatte Jünger Liebe, Freundschaft, Kunst und Gebet als Formen des Widerstandes gegenüber der Allmacht des modernen Staates beschrieben. Sie sind auch die Residuen des »Waldgängers«.

Jüngers Denken der fünfziger Jahre steht in Nachbarschaft und Spannung zu Martin Heideggers später Philosophie. Den Essay »Über die Linie« widmet er dem befreundeten Philosophen zu dessen 60. Geburtstag. Fünf Jahre später antwortet Heidegger mit seinem philosophischen Brief »Über ›Die Linie‹«. Jüngers Zuversicht, daß der Tiefpunkt des Nihilismus bereits überschritten sei, wird von Heidegger nicht geteilt. Im »planetarischen« Denken, das Jünger als Indiz für eine evolutionäre Entwicklung hin zum »Weltstaat« (so der Titel einer Schrift aus dem Jahr 1960) und zu einem spirituellen Materialismus nimmt, erkennt Heidegger nur den Widerschein einer verhängnisvollen Selbstenteignung des Menschen. Gegen das metaphysische Denken und seinen Bemächtigungswillen setzt Heidegger das dichterische Wort.

Mitten in der Phase des Kalten Krieges versucht Ernst Jünger mit seinem Essay »Der Gordische Knoten« (1953) eine Bestandsaufnahme des Ost-West-Konfliktes, indem er typologisch das Wesen der beiden Kulturräume herausstellt. Im »Weltstaat« sollen sich abendländische Freiheit und östlicher Fatalismus versöhnen; das Mittel dazu ist der »Vertrag«, den Jünger schon in der »Friedensschrift« gefordert hatte. Das unzeitgemäße Buch wurde zu einem großen Erfolg und erzielte in Japan beträchtliche Wirkung.

Die polemische Diskussion um den politischen Standort Ernst Jüngers tritt in den fünfziger Jahren zurück hinter die Beachtung und Anerkennung, die der Autor als eigenwilliger und unabhängiger Geist findet. Theodor Heuss ehrt ihn 1959 mit dem Großen Verdienstkreuz der Bundesrepublik Deutschland; 1955 hatte Jünger schon den Kulturpreis der Stadt Goslar und den Literaturpreis der Stadt Bremen erhalten. Zum 65. Geburtstag verleiht ihm die Wilflinger Gemeinde die Ehrenbürgerschaft. Der Rastlose, den es nie sehr lange an einem Ort gehalten hat, findet in der herben Landschaft Oberschwabens endgültig seine Heimat. Die ruhige Zeit in Wilflingen wird nur von den zahlreichen Reisen unterbrochen, zumeist zieht es Jünger ans Mittelmeer. Er entdeckt für sich Sardinien, reist nach Griechenland, in die Toskana, aber auch nach Spitzbergen und 1958 das erste und einzige Mal in die USA. Und immer wieder nach Paris.

Reisetagebücher entstehen: »Am Sarazenenturm« (1955), »San Pietro»und »Serpentara« (1957), »Ein Vormittag in Antibes« (1960). Jünger durchstreift die Landschaften als Entomologe und als Liebhaber der Geschichte und Mythologie. Die Beschäftigung mit der Welt der Käfer ist aber nicht nur wissenschaftlicher oder meditativer, sie ist vor allem theologischer Natur. Die Formen des Mikrokosmos weisen als »sinnvolle Muster« zurück auf die sie erzeugende Kraft. In der »Gestalt« offenbart sich der göttliche »Gesamtplan«. Wie wenig es Jünger in der Anschauung auf das Konkrete, Einmalige ankommt, zeigt der Essay »Typus, Name, Gestalt«, den er 1963 veröffentlicht. Unter seinem Blick wird alles zum Phänomen, Modell, Muster, Gleichnis, Ur- und Sinnbild. Den Metaphysiker lockt nicht das Unwiederholbare, Einmalige, sondern das ewig Wiederkehrende und Typische.

Ergebnis dieses naturphilosophischen Denkens ist die schöne Skizze »Das Spanische Mondhorn« (1962). Sie gibt auch ein Bild des Dichters als nachschöpfendem, sinnstiftenden Autor. Mit diesem priesterlichen Verständnis von Dichtung steht Ernst Jünger allein in einer Zeit, in der sich die Schriftsteller anschicken, mit Literatur Politik zu machen. In Distanz zu Fortschrittsoptimismus und Mobilitätswahn konstatiert der Reisende jedoch die wachsende Zerstörung der Natur und den »Schwund des Wunderbaren«: Das »Arbeitszeitalter« und seine Destruktionskräfte bleiben immer im Blick.

Der technikkritischen Diskussion ist Jünger mit seiner surrealen Erzählung »Gläserne Bienen« (1957) vorausgeeilt. Wie skeptisch er inzwischen der Technik gegenübersteht, ist daraus zu sehen, daß er den abgehalfterten Rittmeister Richard dem gerissenen Industriemagnaten Zapparoni und seiner Automatenwelt unterliegen läßt. Mit diesem Buch wird die Nähe zu Heideggers Technik-Kritik, vor allem aber zum Pessimismus Friedrich Georg Jüngers deutlich, der in seiner Schrift »Die Perfektion der Technik« schon 1943 den inhumanen Charakter des technischen Denkens beklagt hatte.

Die technische und ökonomische Fortschrittsgläubigkeit stellt Jünger schließlich in seinem Essayband »An der Zeitmauer« (1959), der sich methodisch an die geschichtsmorphologische Deutung des »Arbeiters« anlehnt, radikal in Frage. Das Thema ist der Austritt des Menschen aus der historischen Zeit. Die aus der Freiheit erwachsene technische Zivilisation kehrt sich in dialektischem Prozeß gegen den Menschen selbst.

Am 20. November 1960 stirbt Gretha Jünger nach schwerer Krankheit. Jünger heiratet im März 1962 Liselotte Lohrer. Sie arbeitete als Leiterin des Cotta-Archivs im Marbacher Schiller-Nationalmuseum und hatte schon seit 1953 Jüngers Bücher lektoriert. Den Lesern Ernst Jüngers ist sie als das »Stierlein« der späten Tagebücher vertraut. Sie begleitet Jünger auf allen großen Reisen und ergänzt ihn als Gesprächspartnerin, Archivarin und guter Geist des Hauses.

Zu den gesellschaftlichen Auseinandersetzungen der sechziger Jahre hält Ernst Jünger Distanz. Er ist seit 1960 mit der Revision seines Werkes für die erste, zehnbändige Werkausgabe beschäftigt. Der Verleger Ernst Klett hatte eine solche schon in den fünfziger Jahren angeregt. Mit der Veröffentlichung der Erzählung »Gläserne Bienen« ist Jünger 1957 Autor des Verlages Ernst Klett geworden. Dort erscheint auch, von 1959 bis 1971, die von Ernst Jünger zusammen mit dem rumänischen Religionswissenschaftler und Schriftsteller Mircea Eliade begründete Zeitschrift »Antaios«. Sie wird zum weithin beachteten Forum für einen internationalen Kreis von Autoren und Wissenschaftlern und behandelt vor allem mythologische, religions- und kulturgeschichtliche Themen.

In diese Zeit fällt die Publikation der »Adnoten zum Arbeiter« unter dem Titel »Maxima – Minima« (1964). In ihnen betont Jünger noch einmal den antizipatorischen Charakter des »Arbeiters«, den er als sein Hauptwerk einschätzt. Der Essay selbst wird nicht revidiert, sondern das Prophetische und der »titanische« Charakter der Zeit abermals hervorgehoben und durch ergänzende Gesichtspunkte illustriert.

Die sukzessive Veröffentlichung der Werke bringt eine neue Welle der Jünger-Polemik. Gegenstand der Kritik ist vor allem Jüngers Revision der eigenen Texte. Die stilistische Überarbeitung kreidet man dem Autor als Verfälschung und Versuch der Enthistorisierung an. Demgegenüber betont Jünger das Recht des Autors, sein geistiges Eigentum zu verwalten. Das Ziel der Überarbeitungen sei die Vervollkommnung des Ausdruckes und die Hervorhebung der inneren Einheit des Werkes

Strahlungen« – das ist der Titel für ein Sextett von Tagebüchern, deren erstes schon während des Krieges und deren letztes lange nach dem Waffenstillstand erschien. Hier sind die Teile nun vereint zum Ganzen, zum Bild der Katastrophe, die wie eine Woge anhebt, brandet und verebbt. Sie traf jeden anders, doch uns alle zugleich.

Strahlungen – darunter sei einmal der Eindruck verstanden, den die Welt und ihre Objekte auf den Autor hervorrufen, das feine Gitter von Licht und Schatten, das durch sie gebildet wird. (...)

Es gibt helle und dunkle Strahlungen. Ganz dunkel sind die großen Schreckensstätten, die seit dem Ende des Ersten Weltkrieges in unsere Zeit hineinragen und unheilvoll sich ausbreiten. Durch sie wird auch die kleinste Freude abschattiert.

Strahlen empfangen wir auch durch den Menschen, durch unsere Nächsten und Fernsten, durch Freund und Feind. Wer kennt die Folgen eines Blickes, der uns flüchtig streifte, wer kennt die Wirkung des Gebetes, das ein Unbekannter für uns spricht? (...)

Wer kennt und wer ermißt das Wirken um unseren Körper, unsere Sinne, unseren Geist – die Ordnung, den Ausgleich, zu dem wir unaufhörlich gezwungen sind? Sogar die Schönheit widerspricht sich, wie die Ermüdung lehrt, die einem Gange durch Galerien folgt, in denen Meisterwerke sich vereinigen. So sind wir rastlos bemüht, die Lichterfluten, die Strahlengarben zu richten, zu harmonisieren, zu Bildern zu erhöhen. Leben heißt ja nichts anderes.

Strahlungen. Aus dem Vorwort

Vor dem Herbarium (um 1948).

Erstausgabe der »Strahlungen«, Tagebuchaufzeichnungen der Jahre 1941 bis 1945, bestehend aus den Teilen »Das erste Pariser Tagebuch«, »Kaukasische Aufzeichnungen«, »Das zweite Pariser Tagebuch« und »Kirchhorster Blätter« (Heliopolis Verlag, Tübingen 1949). In die Ausgabe der »Strahlungen« wurden später auch »Gärten und Straßen« und »Die Hütte im Weinberg. Jahre der Okkupation« aufgenommen.

Die ehemalige Oberförsterei in Wilflingen. Der Konstanzer Fürstbischof Johann Franz von Stauffenberg ließ den Barockbau 1728 errichten. Nach dem Attentat auf Hitler durch Claus Graf Schenk von Stauffenberg am 20. Juli 1944 wurde die gesamte Familie in diesem Gebäude festgesetzt und verhört. Die Ansicht zeigt die Oberförsterei vor der Außenrenovierung, die in den Jahren 1976 bis 1978 erfolgte.

Ernst Jünger zog mit seiner Familie am 1. Dezember 1948 ins bodenseenahe Ravensburg und übersiedelte im Juli 1950 in das Dorf Wilflingen in Oberschwaben, an seinen neuen Wohnsitz. Anfänglich wohnte er dort im Stauffenbergschen Schloß, ab April 1951 lebte er in der zum Schloß gehörenden ehemaligen Oberförsterei.

Wilflingen im Oberschwäbischen: im Hintergrund der Turm der Barockkirche Sankt Johannes Nepomuk und das Schloß der Reichsfreiherren Schenk von Stauffenberg.

Nun gut, wenn man seinen Ort kennt, und das braucht Zeit, kann man sich einrichten. Ich wohne in Oberschwaben, wo Land und Leute noch halbwegs in Ordnung sind.

Siebzig verweht

Wohnsitz des Autors. Früher große Städte und Residenzen: Paris, Rom, Leipzig, Genfer See. Nun der leere Betrieb, der Lärm, die Kasernierungen. Schon des Esseintes zieht sich zurück. Die Städte sind heute eher Orte zum Studium als zur Produktion.

Autor und Autorschaft

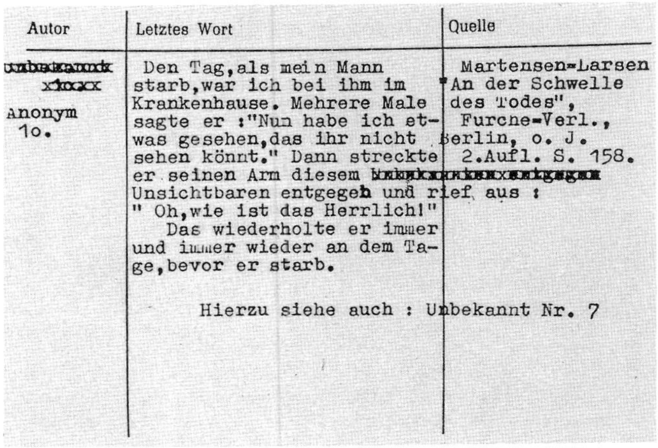

Autor	Letztes Wort	Quelle
Anonym 1o.	Den Tag, als mein Mann starb, war ich bei ihm im Krankenhause. Mehrere Male sagte er : "Nun habe ich etwas gesehen, das ihr nicht sehen könnt." Dann streckte er seinen Arm diesem Unsichtbaren entgegen und rief aus : " Oh, wie ist das Herrlich!" Das wiederholte er immer und immer wieder an dem Tage, bevor er starb. Hierzu siehe auch : Unbekannt Nr. 7	Martensen-Larsen "An der Schwelle des Todes", Furche-Verl., Berlin, o. J. 2. Aufl. S. 158.

Ernst und Gretha Jünger mit Armin Mohler im Park des Stauffenbergschen Schlosses (1949). Der Schweizer Armin Mohler (1920 – 2003) war von 1949 bis 1953 Sekretär Ernst Jüngers in Ravensburg und Wilflingen. 1949 wurde er über das Thema »Die konservative Revolution in Deutschland 1918 – 1932« promoviert. In zahlreichen Büchern und Zeitschriftenbeiträgen stellte Armin Mohler die Entwicklung des deutschen Konservatismus dar.

Eine Karte aus Ernst Jüngers Sammlung »Letzte Worte«.

Bereits das Wort ›konservativ‹ war von bewußter Erinnerung getragen, von einem Gefühl des Mangels, des Fehlenden. Schon deshalb mußte jede konservative Revolution ins Leere stoßen und nach dem Vorbild der Polignacschen Ordonnanzen scheitern; das hatte sich immer wiederholt.

Dagegen trug jeder Einzelne diese Schicht tief in sich, wenngleich sie nur mit dem Schlüssel des Bewußtseins aufzuschließen war. Man konnte ihm die Jugend nicht wiedergeben, doch die Erinnerung. Im Grunde wollte der Mensch auch nicht zurück. Er zog Erkenntnis, Vergeistigung, auch unter Schmerzen, vor.

Sgrafitti

Ihre Sendung kam mit den »Bekenntnissen eines englischen Opium-Essers« zusammen, die gerade in einer neuen Übersetzung erschienen sind. Der Autor (Übersetzer) schrieb mir, daß ihn die Lektüre des »Abenteuerlichen Herzens« dazu anregte. Was mich betrifft, so habe ich die praktischen Studien seit langem hinter mir. Es sind dies Experimente, bei denen man früher oder später in recht gefährliche Kammern tritt und sich freuen darf, wenn man mit einem blauen Auge davongekommen ist.

Was mich vor allem beschäftigte, das war das Verhältnis dieser Stoffe zur Produktion. Ich machte aber die Erfahrung, daß die schöpferische Leistung ein waches Bewußtsein erfordert, und daß sie sich abschwächt, wenn sie unter dem Banne von Drogen steht. Dagegen ist die Conzeption bedeutend, und man gewinnt Einblicke, wie sie sonst wohl nicht möglich sind. (…) Was meine »Studien« anbetrifft, so hatte ich darüber ein Manuscript, habe es aber dann verbrannt. Meine Excursionen endeten beim Haschisch, der zu sehr angenehmen, aber auch zu manischen Zuständen führt, zu orientalischer Tyrannei.

(An Albert Hofmann, 3. 3. 1948)

Es konnte nicht ausbleiben, daß wir eine Séance verabredeten. Vom Meskalin hatte ich damals noch ziemlich abenteuerliche Vorstellungen. Sie gründeten sich auf die Monographie von Beringer, der in Freiburg mit dem Stoff experimentiert hatte, und auf Berichte von Reisenden.

Zu einer Verabredung kam es erst im Januar 1950, als ich nach Ravensburg gezogen war. Wir wollten uns in Stuttgart treffen; Ernst Klett hatte dort an einem Südhang an Stelle des zerstörten ein neues Haus gebaut. Es war geräumig; die Decken waren mit Schilf, die Wände mit Büchern verkleidet – bis auf die Glasfront mit dem Ausblick auf ein dicht bebautes Stadtviertel. Der Horizont wurde durch den bewaldeten Gegenhang begrenzt. Der Garten, ein alter Weinberg mit roter Krume, liegt so geschützt in der Sonne, daß die Paulownia starke Stämme bildet und die Smaragdeidechse den Winter übersteht. (…)

In Stuttgart war Walter Frederking schon angekommen; wir konnten gleich zur Sache gehen. (…)

Wir stiegen gegen drei Uhr nachmittags zu viert ein, nahmen um vier Uhr eine zweite Dosis und waren etwa zwölf Stunden unterwegs. (…)

Ich hatte mir ein Blatt Papier und einen Bleistift zurechtgelegt, kam aber nicht zur Aufzeichnung. Der Doktor hatte mir das vorausgesagt. Nachdem ich etwa eine Stunde in leichter Übelkeit verbracht hatte, erschreckte mich ein Knall wie ein Pistolenschuß. Neben mir hatte die Hausfrau eine Nescafé-Dose aufgemacht. Zugleich begann ein Farn in einem Blumentopf sich zu bewegen, und zwar auf eine zugleich vitale und mechanische Weise, ähnlich wie Raupenketten – das konnten Segmente eines grünen Tausendfüßlers sein. (…)

Wir waren mit Visionen, Meditationen, Schauen und Horchen auf Bilder und Kompositionen beschäftigt bis gegen sechs Uhr abends, als die Welt schon ziemlich aus den Fugen geraten war, doch sich zugleich die Spannung qualvoll steigerte. Es war, als ob das Anfluten der Bilder nicht mehr genügte; sie mußten zurückbleiben. Wir verlangten nach einer dritten, stärkeren Dosis; der Arzt hielt sie für zumutbar.

Annäherungen. Drogen und Rausch

In der Bibliothek des Stauffenbergschen Schlosses in Wilflingen (um 1955).

Albert Hofmann (mit Molekülmodell von LSD, 1943). Der Schweizer Chemiker (1906–2008) entdeckte nach langjährigen Forschungen über die Wirkstoffe von Arzneipflanzen 1943 die halluzinogene Wirkung von LSD. In den Jahren 1929 bis 1971 war er Forschungschemiker in den pharmazeutischen Laboratorien der Sandoz AG in Basel. In seinem 1979 veröffentlichten Buch »LSD – Mein Sorgenkind« erinnert Hofmann an seinen ersten (brieflichen) Kontakt mit Ernst Jünger im März 1949 und an den »LSD-Einstieg mit Ernst Jünger« im Februar 1951. Die gemeinsame Drogenerfahrung fand ihren dichterischen Niederschlag in der Erzählung »Besuch auf Godenholm« (1952). Darüber und von Versuchen mit der Pilz-Droge Psilocybin berichtete Jünger auch in seinem Buch »Annäherungen. Drogen und Rausch« (1970). Albert Hofmann war einer der engsten Freunde Jüngers und begleitete diesen auf zahlreichen Reisen.

Werner Heisenberg (oben links), Ernst Jünger und Martin Heidegger im Auditorium Maximum der Technischen Hochschule München. Im Rahmen der Vorlesungsreihe »Die Künste im technischen Zeitalter«, veranstaltet von der Bayerischen Akademie der Schönen Künste, hielt Martin Heidegger am 18. 11. 1953 einen Vortrag über »Die Frage nach der Technik«, Friedrich Georg Jünger sprach zum Thema »Sprache und Kalkül«.

Noch sinnt das Auge über die Veränderung der Dekorationen, die von denen der Fortschrittswelt und des kopernikanischen Bewußtseins zu unterscheiden sind. Es hat den Eindruck, daß der Plafond nicht minder als die Szenerie auf höchst konkrete Weise heranrücken und in eine neue Optik eintreten. Schon ist vorauszusehen, daß auf diesem Theater auch neue Figuren auftreten.

Daneben wird niemand übersehen, daß in der Welt der Tatsachen der Nihilismus sich den letzten Zielen annähert. Nur war beim Eintritt in seine Zone der Kopf bereits gefährdet, der Leib dagegen noch in Sicherheit. Nun ist es umgekehrt. Das Haupt ist jenseits der Linie. Indessen steigert sich der niedere Dynamismus weiter und drängt zur Explosion. Wir wohnen dem schauerlichen Horten von Geschossen bei, die auf die unterschiedslose Vernichtung großer Teile des Menschengeschlechts berechnet sind. Es ist kein Zufall, daß hier die gleichen Kräfte wirken, die den Soldaten diskriminieren, der noch Regeln des Kampfes und den Unterschied zwischen Kriegern und Wehrlosen kennt.

Damit soll nicht der Vorgang als schlechthin sinnlos abgeurteilt sein. Es kann nichts helfen, daß man die Augen vor ihm verschließt. Er ist ein Ausdruck des Weltbürgerkrieges, in dem wir begriffen sind. Das Ungeheure der Mächte und Mittel läßt darauf schließen, daß nunmehr das Ganze auf dem Spiele steht. Dazu kommt die Gemeinsamkeit des Stils. Das alles deutet auf den Weltstaat hin. Es handelt sich nicht mehr um nationalstaatliche Fragen, auch nicht um Großraumabgrenzungen. Es geht um den Planeten überhaupt.

Das ist ein erster Hoffnungsblick. Zum ersten Male ergibt sich ein festes, sachliches Ziel inmitten des uferlosen Fortschritts und seiner Veränderung. Auch ist der Wille, es zu erreichen, nicht durchaus machtpolitisch – vielmehr entspricht er der Meinung, die man an jeder Straßenecke, in jedem Abteil hört.

Über die Linie

Der Augenblick, in dem die Linie passiert wird, bringt eine neue Zuwendung des Seins, und damit beginnt zu schimmern, was wirklich ist. Das wird auch stumpfen Augen sichtbar sein. Dem schließen sich neue Feste an.

Über die Linie

Der Vorwurf des Nihilismus zählt heute zu den beliebten, und jeder wendet ihn gern auf seine Gegner an. Es ist wahrscheinlich, daß alle recht haben. Wir sollten daher den Vorwurf auf uns nehmen, und nicht bei jenen weilen, die rastlos nach Schuldigen auf der Suche sind. Der kennt am wenigsten die Zeit, der nicht die ungeheure Macht des Nichts in sich erfahren hat und der nicht der Versuchung unterlag. Die eigene Brust: das ist, wie einst in der Thebais, das Zentrum der Wüsten- und Trümmerwelt. Hier ist die Höhle, zu der die Dämonen andrängen. Hier steht ein jeder, gleichviel von welchem Stand und Range, im unmittelbaren und souveränen Kampfe, und mit seinem Siege verändert sich die Welt. Ist er hier stärker, so wird das Nichts in sich zurückweichen. Es wird die Schätze, die überflutet waren, auf der Strandlinie zurücklassen. Sie werden die Opfer aufwiegen.

Über die Linie

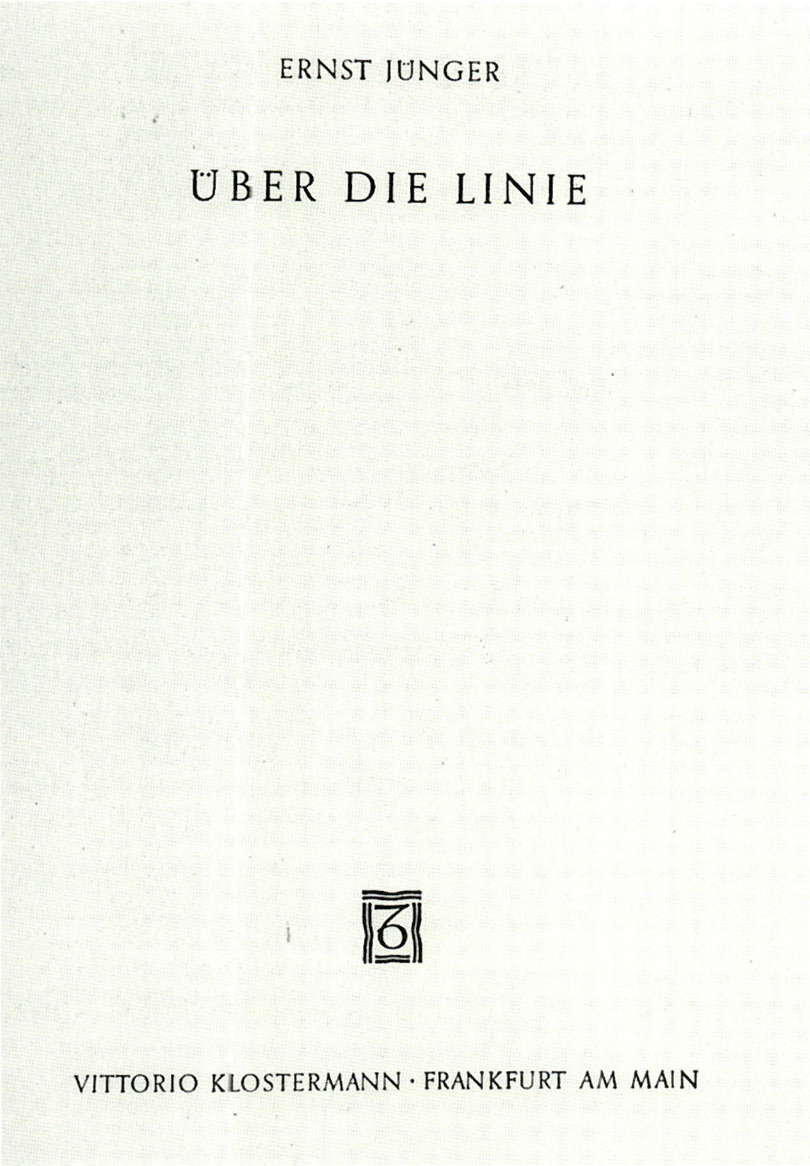
ERNST JÜNGER

ÜBER DIE LINIE

VITTORIO KLOSTERMANN · FRANKFURT AM MAIN

Ernst Jünger: »Über die Linie« (1950). Titelblatt. Die erste Fassung des Essays erschien in »Anteile. Martin Heidegger zum 60. Geburtstag« (Frankfurt 1950). Fünf Jahre später antwortete Heidegger mit dem philosophischen Brief »Über ›Die Linie‹«. Meinte Jünger, erkannt zu haben, daß sich die menschliche Ordnung über die Null-Linie des Nihilismus bewegt, so erwartete Heidegger die Überwindung des Nihilismus nur von einer grundlegenden Besinnung auf dessen »Wesen« in einer gewandelten Sprache – letztlich von der Überwindung der traditionellen Metaphysik.

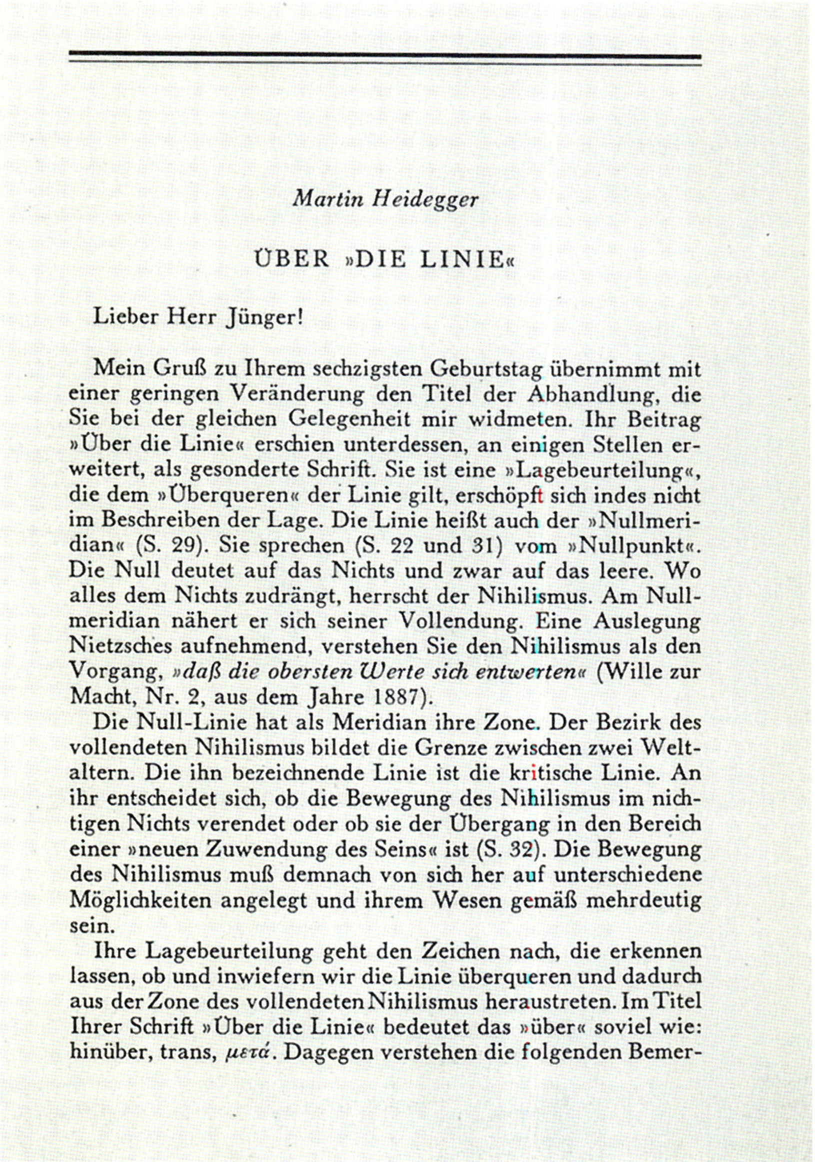
Martin Heidegger

ÜBER »DIE LINIE«

Lieber Herr Jünger!

Mein Gruß zu Ihrem sechzigsten Geburtstag übernimmt mit einer geringen Veränderung den Titel der Abhandlung, die Sie bei der gleichen Gelegenheit mir widmeten. Ihr Beitrag »Über die Linie« erschien unterdessen, an einigen Stellen erweitert, als gesonderte Schrift. Sie ist eine »Lagebeurteilung«, die dem »Überqueren« der Linie gilt, erschöpft sich indes nicht im Beschreiben der Lage. Die Linie heißt auch der »Nullmeridian« (S. 29). Sie sprechen (S. 22 und 31) vom »Nullpunkt«. Die Null deutet auf das Nichts und zwar auf das leere. Wo alles dem Nichts zudrängt, herrscht der Nihilismus. Am Nullmeridian nähert er sich seiner Vollendung. Eine Auslegung Nietzsches aufnehmend, verstehen Sie den Nihilismus als den Vorgang, *»daß die obersten Werte sich entwerten«* (Wille zur Macht, Nr. 2, aus dem Jahre 1887).

Die Null-Linie hat als Meridian ihre Zone. Der Bezirk des vollendeten Nihilismus bildet die Grenze zwischen zwei Weltaltern. Die ihn bezeichnende Linie ist die kritische Linie. An ihr entscheidet sich, ob die Bewegung des Nihilismus im nichtigen Nichts verendet oder ob sie der Übergang in den Bereich einer »neuen Zuwendung des Seins« ist (S. 32). Die Bewegung des Nihilismus muß demnach von sich her auf unterschiedene Möglichkeiten angelegt und ihrem Wesen gemäß mehrdeutig sein.

Ihre Lagebeurteilung geht den Zeichen nach, die erkennen lassen, ob und inwiefern wir die Linie überqueren und dadurch aus der Zone des vollendeten Nihilismus heraustreten. Im Titel Ihrer Schrift »Über die Linie« bedeutet das »über« soviel wie: hinüber, trans, μετά. Dagegen verstehen die folgenden Bemer-

Martin Heidegger: »Über ›Die Linie‹«. Geburtstagsbrief in der Festschrift für Ernst Jünger zum 60. Geburtstag, »Freundschaftliche Begegnungen« (Vittorio Klostermann Verlag, Frankfurt 1955).

Die Erzählung »Die Eberjagd« wurde 1952 in der Monatsschrift »story« (Tübingen) veröffentlicht.

Waldgänger aber nennen wir jenen, der, durch den großen Prozeß vereinzelt und heimatlos geworden, sich endlich der Vernichtung ausgeliefert sieht. Das könnte das Schicksal vieler, ja aller sein – es muß also noch eine Bestimmung hinzukommen. Diese liegt darin, daß der Waldgänger Widerstand zu leisten entschlossen ist und den, vielleicht aussichtslosen, Kampf zu führen gedenkt. Waldgänger ist also jener, der ein ursprüngliches Verhältnis zur Freiheit besitzt, das sich, zeitlich gesehen, darin äußert, daß er dem Automatismus sich zu widersetzen und dessen ethische Konsequenz, den Fatalismus, nicht zu ziehen gedenkt.

Der Waldgang

Alle umstanden nun im Oval die Beute, die Schützen mit umgehängter Büchse, die Treiber mit geschulterter Axt. Der Keiler lag auf dem weißen Bett wie schlafend, die kleinen Augen blickten die Bezwinger halb spöttisch an. Die Männer bewunderten das mächtige Haupt, das wie auf einem Kissen lag. Die scharfen Gewehre schimmerten in grimmiger Krümmung wie altes Elfenbein. Dort, wo der breite Hals ansetzte, starrten die Läufe, die Mossbrugger die Vorderhämmer nannte, steif in die Luft. Das dunkelborstige Vlies war rostig durchschossen, nur über den Rücken zog sich ein reinschwarzes Band. Immer noch breitete sich, an den Rändern verblassend, ein großer Blutfleck aus.

Bei diesem Anblick empfand Richard ein Bangen: fast schien es ihm unziemlich, daß sich hier die Augen an dem Erlegten weideten. Nie hatte ihn eine Hand berührt. Nun, nach dem ersten Staunen, packte man ihn an den Tellern und Läufen und wendete ihn hin und her. Der Knabe suchte sich gegen das Gefühl zu wehren, das in ihm aufstieg: daß ihm in diesem Augenblick der Eber näher, verwandter als seine Hetzer und Jäger war.

Die Eberjagd

Die Ähnlichkeit der beiden Weltmächte, wie sie am besten zur Unterscheidung von den historischen Großmächten genannt werden, ist nicht nur ein Zeichen des gemeinsamen Zeitstils und seiner Oberfläche, sondern der in Evolution befindlichen Substanz. Daß Partner von so verschiedener Art und Herkunft zugleich ergriffen werden, deutet darauf hin, daß sie an der Wurzel erfaßt wurden.

Für den Beobachter, der nicht nur die Ähnlichkeit, sondern auch die Identität des roten und des weißen Sterns erkannt hat, liegt der Schluß nahe, daß diese Tatsache in der politischen Organisation der Erde, etwa durch Vertrag, ihren Ausdruck verlangt. Indessen sind die praktischen Ansätze in dieser Richtung schwach und ebenso ohnmächtig wie der Völkerbund nach dem Ersten Weltkriege. Der Dualismus überwiegt; das läßt auf einen Abschnitt schließen, in dem die Spannung zu den Bildungselementen zählt. Die politischen Begegnungen haben mit den erotischen gemein, daß sie nicht der Vernunft folgen. Sie greifen tiefer hinab; ein stärkerer Wille wird in ihnen offenbar.

So wird man auch in diesem Falle gut tun, sich weniger von Konferenzen, Plänen, Verträgen zu erhoffen als von umfassenden Antrieben. Eine Weltbewegung ist offensichtlich auf der Suche nach dem Mittelpunkt. Sie hat die Ordnung der Barockstaaten zerbrochen zugunsten der Nationalstaaten und der auf sie gegründeten Imperien, und sie hat wiederum mit den Nationalstaaten zugunsten der Weltmächte aufgeräumt. Aber auch dieser Status duldet keine Mehrzahl – das ist der Grund der heutigen Unruhen. Er strebt von den Weltstaaten dem Weltstaat zu, der Erd- oder Globalordnung.

Der Weltstaat

Ost und West: Das Verhältnis stellt sich auch als ein gegenseitiges Anpochen dar, das die eigenen Kräfte bewußt macht und dem Selbstverwirklichung folgt. Die Begegnung bleibt ein ständiges Problem, eine Aufgabe.

Wir sahen, wie dieses Anpochen den Osten veränderte. Wir sehen, wie es den Westen zu ändern beginnt. Die große Frage wirkt immer stärker auf die Völker, in vielem fast unausgesprochen, wie in der Wandlung, der sich die europäischen Arbeiterparteien unterziehen. Das ist eine révolution sans phrase.

Zu diesen Folgen der Bedrohung gehört auch, daß der Nihilismus an seine Ränder kommt, vor allem in den Ländern, denen östliche Grenzen eigen sind. Er wird vor ein Entweder-Oder geführt, das ihm Europa noch nicht geboten hat. Sein Witz wird schwächer, wo ihm der Hintergrund des liberalen Staates fehlt. Die russischen Nihilisten, die sich für die letzte Blüte der Aufklärung hielten, ließen sich das Schicksal nicht träumen, das sie in den Gefängnissen der Tscheka erwartete. Sie boten den neuen Herren kein Problem. Mit wachsender Spannung werden nicht nur die Einzelnen und die Völker, sondern auch die Völkerfamilien angeschirrt. Wir sind inzwischen in die Lage eingetreten, die Tocqueville schon so früh vorausgesehen hat. Der Osten und der Westen beginnen sich die Welt zu teilen; der Osten unter der Hegemonie Rußlands, der Westen unter der Amerikas. Während der Krisen spricht jedermann auf jeder Straße der Welt von nichts anderem. Jeder kennt auch die Macht, von der er in Anspruch genommen wird. Man erwartet endgültige, apokalyptische Abrechnungen.

Und doch, wenn man auf die Jahrtausende zurückblickt, auf all die Völkerstürme, erscheint es seltsam, daß die Grenzen nur leicht geschwankt haben und daß sich immer wieder ein Gleichgewicht herausgewogen hat. Oft folgten Jahrhunderte köstlicher Windstille.

Das läßt es fraglich erscheinen, ob jemals ein Ende, eine Entscheidung kommen wird. Vor allem wird die Gewalt dazu nicht ausreichen. Doch läßt sich daraus kein Einwand gegen die Prophezeiung eines Weltstaates ableiten, dessen Notwendigkeit sich immer dringender ankündet. Der Gegensatz ist nicht unlösbar, sondern verweist auf ein Drittes: auf den Vertrag, durch den sich die Partner, von der Furcht entbunden, reiner verwirklichen.

Der Gordische Knoten

»Der Gordische Knoten«. Die japanische Ausgabe von 1954 (Tokio).

Im Mai 1953 besuchte Bundespräsident Theodor Heuss erstmals Ernst Jünger in Wilflingen. Das Foto zeigt (v. l. n. r.) Albert v. Schirnding, Alexander, Gretha und Ernst Jünger, Theodor Heuss, Landeskonservator Rieth und Ministerialdirigent Hans Bott bei der Besichtigung der keltischen Heuneburg.

Mit Li-Ping (um 1950).

Sanduhren im Arbeitszimmer. Blick durch das Fenster auf das Stauffenbergsche Schloß. Im Jahre 1954 erschien bei Vittorio Klostermann in Frankfurt am Main »Das Sanduhrbuch«

Die Sanduhr ist das Sinnbild der tellurischen Zeit mit ihren Grotten, Dünen und der behaglichen Klausur, dann ihrer Todesseite, die uns noch beschäftigen wird. Das Sonnenlicht haben wir mit allen anderen Planeten und Monden gemeinsam, wenngleich überall das schattenlose Licht durch andere Umläufe und Rotationen gemessen wird und damit die Zeit sich abwandelt. Tief ist der Rhythmus in uns eingegangen, in dem das kosmische Licht erscheint. Doch ihm zugrunde liegen Stoff und Bewegung heimatlicher Herkunft: neptunische Flutung und erdmütterliche Art. In der Umdrehung der Woge am Strand finden wir das alles: kristallisches Wasser, vom Sonnenstrahl durchschossen, hell aufgestäubten Sand und Leben, das in zahllosen Punkten in dieser Wiege schwebt. Um solche Orte webt ein Gefühl von Heimat, das bloße Strahlung nicht gewähren kann. Es ist vorauszusehen, daß die Raumfahrt es auf schreckliche Weise bedrohen wird. Dort stellt die Sanduhr ihren Dienst ein, während der Sonnenstrahl schärfer anzeigt, von keiner Atmosphäre getrübt. Er ist in seinem eigentlichen Elemente, dem schwerelosen Raum. Im väterlichen Himmelslicht und in der Schwerkraft der mütterlichen Erde wirken himmlische und irdische Zeiten auf uns ein. Wir müssen sie in unserm Inneren vereinigen.

(...) Das Uhrwerk greift tief in die menschlichen Bereiche ein. Der Schwund an Freiheit durch den Automatismus führt zu jener Einwanderung aus den zoologischen und dämonischen Grenzgebieten, die, obwohl von einsamen Sehern angekündigt, dennoch durch ihren jähen Auftritt Entsetzen hervorgerufen hat. Hierher gehört die vexierende Verwandlung vertrauter Apparaturen in den Stil des Hieronymus Bosch und die Lemurenwelt seiner automatisch belebten Halbwesen. Das Deck der »Titanic«, eines der großen Luxusautomaten des beginnenden Jahrhunderts, verkehrt sich in ein Schreckensbild. Die Erfindung des Flugzeuges, zunächst begrüßt als neuer Triumph des Geistes über die Schwere und als Erfüllung eines alten Menschheitstraumes, leitet eine Ära des Städtebrandes ein. Und so geht es mit jedem Rade und jedem Rädchen, das neu ersonnen wird.

Das Sanduhrbuch

Wer möchte nicht teilhaben an dieser Stille, inmitten der warmen hölzernen Täfelung, während in der Ecke der Sand durch das Stundenglas rieselt und vor dem Pult ein Löwe träumt, den man sich auch durch eine Katze ersetzen kann? (...)

Wir betrachten mit den Räderuhren die abstrakt-mechanische und mit der Sanduhr die natürlich-elementare Zeit. In ihr liegen größere Erholung und freierer Genuß. Sie ist die Zeit der Muße und aller höheren Verrichtungen, humane, maßvolle Zeit. Sie führt uns zugleich an die Pforte der zeitlosen Gärten, wo keine Stunde schlägt.

Zum Symbol wird uns das Vergängliche, wenn das Sein durchleuchtet. Dieses Durchleuchten nennen wir Sinn. Es bleibt immer ein Wunder, wenn so dem Menschen die Schuppen von den Augen fallen und er Mitmenschen, Tiere und Dinge in diesem Glanze sieht: vielleicht das eigentliche, einzige Wunder auf dieser Welt.

Das Sanduhrbuch

Subtile Jagd in der Toskana
(Montecatini 1956).

Das Erstaunen ist unser bester Teil; es ist der süße Taumel, der uns über dem Abgrund der Liebe überfällt. Es gibt kein ungetrübteres Glück als das des Erstaunens über Landschaften und Dinge der Natur, als die stille Bildung, die sich vom Gebildeten nährt.

Das Abenteuerliche Herz. Erste Fassung

Das Studium der Insekten hat in meinem Leben viel Zeit verschlungen – dergleichen muß man aber als Turnierplatz sehen, auf dem man sich in feinsten Unterscheidungskünsten übt. Auch gibt mir diese Kenntnis Einblick in die zartesten Züge der Landschaften. Ich lese ihre Kompositionen wie ein Chinese, der hunderttausend Ideogramme kennt.

Strahlungen

In meiner Erinnerung runden sich die Landschaftsbilder gerade um Augenblicke, während derer ich einen ihrer winzigen Punkte gespannt betrachtete. Da wurde ein Kontakt geschlossen, der ein besonderes Licht erzeugt. (...)

Wer jagt, wird selbst gejagt, und wer beobachtet, wird selbst beobachtet. Je seltsamer, je wertloser, je fremdartiger die Beute, desto mehr drängt sich die Frage nach dem Sinn der Suche auf. Ein Gleichnis bleibt alles, bleibt jede Erdberührung, im bunten Insekt wie auch im Edelstein. Was fesselte mich hier, was machte mich zugleich blind und sehend – wo steckt der Sinn des Spieles, und wo ist der, der mich dabei beobachtet?

Subtile Jagden

Daß in der Natur ein Künstler waltet, dessen Werke zwar offenbar sind, in dessen Werkstatt jedoch kein erschaffener Geist eindringt, bedarf des Beweises nicht. Wir sehen es bestätigt, wohin sich das Auge wende, an jedem Mückenflügel, jedem Grashalm, jeder Schneeflocke. Was wir in unserer Menschenwelt als Kunst begreifen und was uns zur Bildung antreibt, ohne daß wir je in ihr Genüge fänden, entspringt der gleichen Quelle, ist Zeugnis und Bezeugung der wunderbaren Welt. Ein höherer Trieb, unstillbarer als Durst und Hunger, reizt uns zur Schöpfung an. Doch nur zu zeugen ist uns vergönnt. Daher sterben unsere Söhne, und unsere Welt vergeht.

Das Spanische Mondhorn

Je deutlicher und je beglückender durch ein Ereignis oder eine Gestalt der Gesamtplan bestätigt wird, um so gewisser dürfen wir sie als Wunder ansprechen. Ein wunderbarer Körper, ein wunderbarer Geist verdienen die Bezeichnung nicht deshalb, weil sie von der Regel abweichen, sondern weil sie sie bestätigen. Das kann sie freilich von Millionen unterscheiden, doch andererseits erkennen die Millionen ihr Eigentliches im wunderbaren Bild. Aus diesem Grunde können die Menschen nicht ohne Kunst leben. Alle Wunder sind Abglanz des Schöpfungswunders, sind seine Wiederholungen und Gleichnisse im Zeitlichen. Die Zeugung geht bei der Schöpfung zu Lehen. Die Wahrnehmung der Welt als eines wunderbaren Hauses ist Religion, und daher ist es richtig, daß ihr die Kunst zu dienen hat und in dem Maß verliert, absurd wird, in dem sie sich von ihr entfernt.

Fromm sein heißt, vom Wunder der Welt erfaßt werden. Das ist kein Zeichen, keine Folge von Religion, sondern deren Voraussetzung. Dem folgt Verehrung unmittelbar, auch Heiterkeit. Es ist wahrscheinlicher, daß die Heiterkeit den Ursprung der Religionen bildet als die Furcht, wie viele Theorien annehmen. Auch heute ist jede Frömmigkeit verdächtig, die sich auf Furcht gründet und der Heiterkeit fehlt.

Sgraffiti

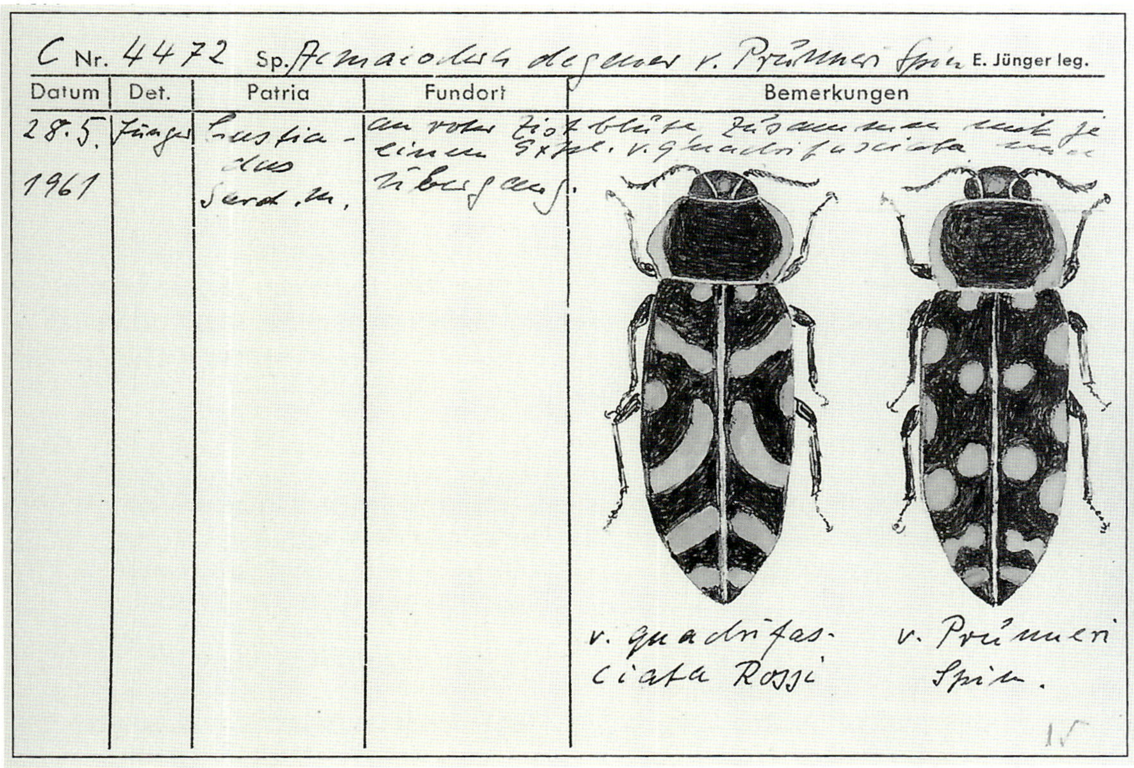

Von Jünger erbeutete und aufgespießte »Prachtkäfer« in seiner Wilflinger Käfersammlung. Die Zettelchen vermerken Spezies, Fundort und Datum.

August Johann Rösels »Insecten-Belustigung«. Das mit illuminierten Kupferstichen reich ausgestattete klassische Werk für den Käferfreund und -forscher wurde Ernst Jünger zum 90. Geburtstag von den Freunden geschenkt.

Eine Karte aus Ernst Jüngers Käferkartei.

Friedrich Georg und Ernst Jünger mit sardischen Fischern (April 1957). Der Mann mit Hut ist Valentino Farci (»Signor Rossi«), der Gastfreund vieler Ferienaufenthalte. Der ersten Reise im Jahre 1954 folgten zahlreiche weitere.

Der Sarazenenturm von Villasimius.

Am 20. November 1960 starb Gretha Jünger nach schwerer Krankheit. Das letzte Foto (1958).

Dann rief Signor Rossi zur Fischsuppe. Er legte vor: zunächst die Fische, Muscheln und Tintenschnecken, sodann geröstetes, mit Knoblauch abgeriebenes Weißbrot, auf das er die Brühe goß. Zum Schluß wurden Früchte und Käse gereicht, nachdem für Friedrich Georg und mich noch ein besonderer Gang eingeschoben war, den der Bärenkrebs bestritt. Wir fanden, daß das Tier trotz seiner Größe noch zarter als die Languste war.

Das ist die beste Fischsuppe: mit den Fischern am Strande, im Schatten des Bootes, während das Feuer verglüht. So erhält sie sich deutlich in der Erinnerung, denn jede ist anders, weil immer der Fang ein anderer ist. Ich staunte, wie die Fischer einhieben: Salvatore, Guiseppe, und die anderen, die ich vom Vorjahr kannte, darunter Signor Carlinos Bruder, der die komische Person spielte. Der Fisch ist ihr tägliches Brot. Sie brachen ihn mit den Händen und warfen die Gräten über den Kopf den Hunden Signor Rossis vor. Dazu kreisten zwei Korbflaschen.

Serpentara

Signora Bonaria gab mir Geleit; sie wollte in Cagliari einkaufen. Der Autobus quälte sich bergauf, bergab über die holprige Küstenstraße, mit harten Schlägen auf die Federung. Immer wieder tauchte aus der verschlungenen Signatur des Littorale der Sarazenenturm, allmählich sich im Wechsel der Perspektive verkleinernd, als bleicher Schemen inmitten der Fels- und Meereseinsamkeit. Ich sah ihn bei jeder Windung mit Freude wieder, den Wächter einer südlichen Gemarkung, die mir ein Stück geistiger Heimat geworden war. Das ist die wahre Landnahme.

Am Sarazenenturm

Lieber Herr Klett,

Es geht nun zu Ende, vielleicht heute noch, an diesem auch für unser Vaterland so traurigen Tag. Gretha ist fabelhaft, hat eben noch ein Glas Sekt mit uns zu trinken verlangt. Ihr Gesicht wird immer schöner. Ich habe eine Reihe von Nächten bei ihr gewacht – die reichsten Stunden, die ich je mit ihr verbracht habe. Hoffentlich kommen wir auch über die heutige. Wenn mein Telegramm eintrifft, benachrichtigen Sie bitte die Freunde, die erreichbar sind. Gretha hat alles genau angeordnet.

(An Ernst Klett, 9.11.1960)

Heut fand ich wie im Traum den rechten Fahrstuhl, das rechte Stockwerk, den rechten Flur. Mein Schlafzimmer war erleuchtet; im Vorraum warteten zwei Dienerinnen auf mich. Es roch nach Zigaretten; ich fragte, ob ein Gast gekommen sei. Sie verneinten und gingen hinaus. Eine von ihnen strich mir dabei über den Arm; es konnte die dicke Hanne gewesen sein.

Ich ging ins Schlafzimmer und sah dort Gretha in meinem Bett liegen. Ihr Gesicht war sehr schön; sie trug einen Turban, den eine kometenförmige Agraffe schloß. Ich sagte, als ob wir eine Unterhaltung fortsetzten: »Ich habe unten den Bischof gesehen. So muß man alt werden.«

Sie lächelte, als ob sie das besser wüßte: »Muß man das?«

Da hörte ich draußen den Hahn des Nachbarn krähen und erwachte mit gutem Gefühl.

Ich hatte noch antworten wollen: »Bei dir kann von Alter freilich gar nicht die Rede sein.«

Draußen war Rauhreif; die Vögel tummelten sich vorm Fensterbrett. Ich ging noch einmal zum Friedhof, um zu sehen, ob der Frost die Blumen verschont hatte. Dabei fiel mir ihr Lieblingsvers aus der »Schönen Helena« ein:

Drum meldet ein galanter Mann
schon früher seine Ankunft an.

Finale Gewißheit, Optimismus, doch auch nur als Gleichnis: Je ferner der Stern, desto sicherer wird er zum Ziel führen. »Die Götter sind auf den Planeten, Gott ist auf den Fixsternen zu Haus.«

Die Tür zum Schlafzimmer wurde aufgestoßen, und zwei vitale Burschen traten ein. Sie boten mir Schnitten an, die mit rotem Kaviar belegt waren.

Dann ging ich ins Bad. Dort stand einer der Zuber, in denen Wäsche eingeweicht wird. Zu meinem Entsetzen sah ich Gretha darin liegen; das Wasser reichte ihr über den Mund. Ich riß sie heraus, behandelte sie wie eine Ertrunkene, umarmte sie. Sie begann zu meiner unendlichen Freude zu atmen; ich sagte:

»Ich will dich wärmen, komm ins Bett.«

Sie antwortete:

»Komm du zu mir. Dort ist auch der Sohn.«

In Totenhäusern

Ernst und Friedrich Georg Jünger mit dem Verleger Ernst Klett und dessen Tochter Maria auf einer gemeinsamen Reise durch Spitzbergen (im Jahre 1964). Ernst Klett (1911 – 1998) hatte im Zweiten Weltkrieg Ernst Jünger in Paris besucht, er traf ihn wieder nach dem Kriege in Ravensburg. Aus dem gemeinsamen Entschluß, das ganze Jüngersche Werk bei Klett zu versammeln, erwuchs eine lebenslange verlegerische und freundschaftliche Verbindung. Den Auftakt bildete das Erscheinen von »Gläserne Bienen« (1957) und die Begründung der Zeitschrift »Antaios«, deren erstes Heft 1959 vorgelegt wurde. In den darauffolgenden Jahren gingen neben den Verlagsrechten der vergriffenen Bücher auch die nach 1945 bei Vittorio Klostermann, Günther Neske und dem Heliopolis Verlag erschienenen Werke an Klett über. – Ernst Klett war gleichermaßen Verleger, kritischer Leser und beratender Lektor.

Mircea Eliade (1957 – 1986), rumänischer Religionswissenschaftler und Schriftsteller. Nach Abschluß seiner philosophischen Studien ging Eliade 1928 nach Indien, studierte Sanskrit und indische Philosophie und erwarb sich in einem Himalaya-Kloster Kenntnisse in der Yoga-Praxis. Er lehrte als Dozent in Bukarest, Paris und in den USA, veröffentlichte Romane und Essays, wissenschaftliche Werke und ein berühmt gewordenes Yoga-Buch.
Eliade leitete zwischen 1939 und 1942 in Paris die Redaktion der religionswissenschaftlichen Zeitschrift »Zalmoxis«, durch die Ernst Jünger auf ihn aufmerksam wurde.

Wenn Anfang und Ende bestimmt sind, dann ist auch die Bahn bestimmt. Wie Anfang und Ende sich gleichen, so ist auch des Menschen Bahn ein und dieselbe, gleichviel ob er sie als Bettler oder als König betritt. Der Mensch wird nackt geboren, und hat er die Bahn vollendet, legt er Krone und Bettelstab ab. Er kommt aus dem Garten in Eden und tritt ein in die Himmlische Stadt. Er hat seine Heimat verloren und wird sie wiedergewinnen; das ist der Schmerz und die Hoffnung der irdischen Pilgerschaft.

Was verloren ist, erscheint als der Garten in Eden, und was gewonnen wird, erscheint als Himmlische Stadt. Aber Garten und Stadt sind ein und dasselbe, wenn Himmel und Erde sich finden, wenn der Vater die Mutter umfängt.

Das Tor des Gartens und das Tor der Stadt sind ein und dasselbe, wie Anfang und Ende ein und dasselbe sind. Das Tor des Gartens dunkelt im Schatten, und das Perlentor leuchtet im Licht. Der Mensch wird mit Schmerzen geboren, und er kehrt mit Freuden zurück. Er wird mit Jubel empfangen und wird mit Tränen begraben und wird doch zum Tode geboren und vom Tod in das Leben geführt. In der Stadt grünt der Baum des Lebens, den er im Garten verließ. Dort gibt es nicht Gut und nicht Böse, nicht Kain und nicht Abel, keinen Tempel, kein Heiligtum.

Die Gärten und Städte des Menschen sind Gleichnis des Gartens in Eden, sind Gleichnis der Himmlischen Stadt. Dort sind die gerechten Maße für die vergängliche Welt.

Fassungen. Zur Offenbarung Johannis

ANTAIOS soll an den Riesen erinnern, dessen Kraft sich durch die Berührung seiner Mutter, der Erde, erneut. Dort erfährt er, was an immerwährenden und immer gültigen, an erhaltenden und wiederherstellenden Mächten ihr Schoß verbirgt.

ANTAIOS' Kraft ist stets erneut, doch stets dieselbe – das ist einer der Widersprüche von Mannigfaltigkeit und Einheit, auf denen die Dauer in der Zeit beruht. ANTAIOS berührt den gemeinsamen Grund, aus dem die Völker in ihrer Vielzahl als Brüder erwachsen sind.

Diese Berührung ist, als Symbol gesehen, stets die gleiche, und doch verschieden im zeitlichen Gewande, und das besonders in einer Wende, an der nicht nur die Erde vom menschlichen Bewußtsein auf eine neue Weise technisch, ökonomisch, politisch begriffen und umspannt wird, sondern in der auch geistig und physisch gewaltige Zurüstungen, sich von ihr abzulösen, im Gange sind.

Aufgang und Untergang, Licht und Schatten können nicht getrennt werden. Im Weltkampf, der in unserem Jahrhundert den Erdkreis überzogen hat, kündet sich eine neue Einheit, Welteinheit, als notwendig an. Darin liegt der Gewinn. Mit ihm wächst ein kosmisches Bewußtsein heran, dem Erde als solche Heimat wird. Der Geist wird vor neue Antithesen gestellt. Der ungeheuere Zuwachs an Macht und Raum wird nur ertragen werden, wenn der Sohn der Erde ihm in der alten heiligen Tiefe ein Gegengewicht schafft.

Aus dem Geleitwort zum ersten Heft der Zeitschrift »Antaios«

Ernst Jünger vor der Omarmoschee in Jerusalem (1961).

Die Zeitschrift »Antaios« erschien von 1959 bis 1971. Schriftleiter war Philipp Wolff-Windegg in Basel.

Wir rasteten auf dem großen, rechteckigen Ruinenfeld von Altkorinth. Heute, am Morgen, erschien es mir größer als an jenem Nachmittag, an dem ich es zum ersten Mal durchwanderte. Wir gingen vom Tempel, dessen Basis aus dem anstehenden Fels herausgehauen ist, zum Gewölbe der Kaufleute und dann zur Bema, der Rednertribüne, auf der Paulus predigte. Von der Quelle Peirene, die zuerst von den alten Korinthern und nach der Zerstörung der Stadt von Herodes Attikus prunkvoll gefaßt wurde, geht noch heute Erquickung und ein Hauch antiker Heiterkeit aus.

Die Touristenscharen sind gewachsen; auf dem Parkplatz drängten sich die Autobusse europäischer Reisegesellschaften, unter ihnen einer jugoslawischen. Auch die Griechen folgen den Spuren der Fremden, die ihre Heimat entdeckt haben, mit Ausflügen von Familien, Betrieben und Schulklassen. Wie wird das in wenigen Jahren sein?

Xylókastron

In Korinth (Juni 1964).

Ernst und Liselotte Jünger (1962).

Ernst Jünger heiratete im März 1962 Liselotte Lohrer, geb. Bäuerle, promovierte Literarhistorikerin und Leiterin des Cotta-Archivs im Marbacher Schiller-Nationalmuseum. Liselotte Lohrer (geb. 1917 in Heilbronn) hatte schon seit 1953 Jüngers Bücher lektoriert und war in den Jahren von 1963 bis 1965 maßgeblich an der Edition der ersten, zehnbändigen Werkausgabe beteiligt und gab auch die »Sämtlichen Werke« in 22 Bänden heraus. Sie ist das »Stierlein« der Tagebücher.

Ernst Jünger mit Ernst von Salomon (Mitte) und Hans Peter des Coudres. Dr. jur. des Coudres (1905–1977), Bibliotheksdirektor des Max-Planck-Instituts für ausländisches und internationales Privatrecht in Hamburg, brachte 1960 die »Bibliographie der Werke Ernst Jüngers« in der Zeitschrift »Philobiblon« und 1970 die ergänzte Buchausgabe bei Klett heraus. Seine umfangreiche Ernst-Jünger-Sammlung wird im Deutschen Literaturarchiv in Marbach a. N. verwahrt. Ein erster Kontakt mit Ernst Jünger ergab sich brieflich bereits im Jahre 1947, die persönliche Begegnung führte zu lebenslanger Freundschaft und ständigem Austausch.

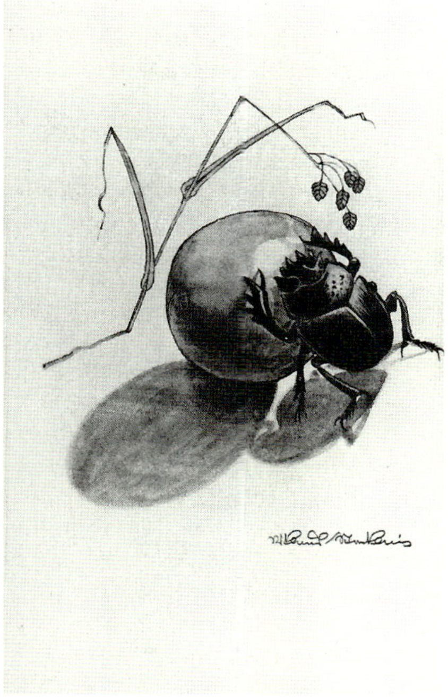

ERNST JÜNGER

DAS SPANISCHE MONDHORN

OLTEN ★ MCMLXII

Das erste Buch, das Ernst Jünger veröffentlichte, war ein Privatdruck, das im Selbstverlag 1920 erschienene Kriegstagebuch »In Stahlgewittern«. Seither sind immer wieder Privat- und Sonderdrucke in meist bibliophiler Ausstattung und minimaler Auflage herausgekommen. Schon 1922 gab es eine bibliophile Ausgabe von »Der Kampf als inneres Erlebnis«. – Dazu kamen seit 1949 (»Strahlungen«) die limitierten Sonderausgaben seiner Bücher in Halb- und Ganzleder. Diese raren Editionen sind inzwischen zu begehrten Sammlerobjekten geworden. Besonders prachtvoll ausgestattet – auf Bütten gedruckt und in blaues Maroquin gebunden – sind die von der »Vereinigung Oltner Bücherfreunde« unter der Ägide von William Matheson in der Schweiz veröffentlichten Bändchen »San Pietro« und der hier abgebildete Erstdruck »Das spanische Mondhorn« mit illustriertem Vorsatzblatt und Batik-Model-Druck auf dem Einband.

Hinter den ungewöhnlichen Erscheinungen, die uns in dieser Zeit bewegen und teils mit Hoffnung, teils mit Furcht erfüllen, verbirgt sich Gemeinsames. Der Urgrund beginnt sich zu regen; das muß notwendig mit großen Erschütterungen verbunden sein. Was wir jetzt als Bildung zu sehen glauben, ist ohne höhere Realität. Unsere Technik ist an sich wertlos; sie hat Bedeutung, aber keinen Wert: Bedeutung hinsichtlich des Eintretenden.

Der Vorgang ist erdgeschichtlich; er übergreift die Menschengeschichte und schließt sie ab, wenigstens in dem Sinne, in dem wir sie bislang verstanden haben. Das erklärt, warum wir mit der geschichtlichen Erfahrung und den aus ihr entwickelten Methoden nicht auskommen. Wir dürfen darin nicht nur menschliche Fehler sehen. Der Mensch versagt vor etwas Stärkerem; er muß ihm nachgeben. Daher wird heute vieles verzeihlich von dem, was früher unverzeihlich war, sowohl im Handeln wie auch im Nichthandeln.

Bessere Auskunft geben uns die Bilderwelten der Mythen und der Kulte, der Traum im tieferen Sinn überhaupt. Darauf begründet sich die Anteilnahme des Geistes an einer Reihe von Wissenschaften, die im Entstehen begriffen sind.

Neue Erfahrung ist zu sammeln und zu erwerben; das gibt der menschlichen Aktion und ihrem Ethos den Charakter von Experimenten, die gefährlich und kostspielig sind. Einmal ist der Mensch als Sohn der Erde unmittelbar in pflanzenhafter Weise an der Veränderung beteiligt und die Leitfigur einer neuen Formation. Andererseits tritt er in ein dialektisches Verhältnis zu ihr: er fragt, und die Erde antwortet. Daß der Mensch aber zu fragen begann, beruht auf einer primären Bewegung der Erde als Urgrund, auf einer Mutter und Sohn gemeinsamen Initiationswehe.

Daß die Fragestellung nicht genügt und daß sie verbessert werden sollte, entspricht der allgemeinem Ansicht. Diese ist begründet, aber schon zu tief im Experiment befangen und urteilt daher unter falschen Voraussetzungen. Die Verbesserung der Fragestellung kann nicht darin liegen, daß die Methodik verfeinert wird, etwa in Hinsicht auf die Ökonomie, den Komfort, die Sicherheit oder moralische Einbauten. Das sind fakultative Unterschiede; die Befragung muß aus einer anderen Qualität aufsteigen. Sie muß sich vergeistigen.

An der Zeitmauer

Die Erde hat aus ihrem Urgrund schon oftmals neue Gestalten hervorgebracht. Wenn sie sich dazu nun des Menschen als ihres klügsten Sohnes bedient, ist die Gefahr prometheischer Bildungen und ihres Schicksals groß. Sie wächst im götterleeren Raum, der zu den Voraussetzungen eines großen Gestaltwandels gehört.

Der echte Partner der Erde ist nicht der Verstand mit seinen titanischen Plänen, sondern der Geist als kosmische Macht. Bei allen Erwägungen des Zeitgeschehens spielt daher eine große Rolle die mehr oder minder ausgesprochene Hoffnung, daß höhere Geisteskräfte die gewaltige Bewegung zügeln und sich ihrer wohltätig bemächtigen.

An der Zeitmauer

1965 | 1988

DIE WELT
IST WUNDERBAR
IM GANZEN

Das Spätwerk Ernst Jüngers bestätigt Goethes Einsicht, daß die schriftstellerische Produktivität im hohen Alter weniger auf schöpferische Innovation denn auf Variation der Grundthemen zielt. Die Palette der Arbeiten, die Jünger seit seinem 70. Geburtstag vorlegte, ist eindrucksvoll: zahlreiche zeitdiagnostische Essays, Sprachstudien und Reiseaufzeichnungen, ein sich über fünfzehn Jahre erstreckendes Tagebuchwerk, Übersetzungen und Erzählungen, darunter die Kriminalgeschichte »Eine gefährliche Begegnung« (1985). Daneben besorgt er die von Michael Klett angeregte und unter dessen Ägide erscheinende zweite Werkausgabe, deren achtzehn Bände zwischen 1978 und 1983 herauskommen.

Ernst Jünger wird internationale Anerkennung zuteil durch Ehrungen und Preise, wissenschaftliche Symposien und Übersetzungen. Sein Werk ist vor allem in Frankreich, Italien und Spanien verbreitet; viele Titel liegen aber auch in holländischen, schwedischen, norwegischen, portugiesischen und rumänischen Übertragungen vor. Seit 1988 erscheinen die wichtigsten Bücher auch in den USA. In Frankreich widmen ihm renommierte Literaturzeitschriften Sonderhefte, in Polen befaßt sich der Literatur-Digest »Literatura na swiecie« mit Person und Werk. Die Schriftsteller Alberto Moravia und Jorge Luis Borges kommen nach Wilflingen; auf Einladung von Bundeskanzler Kohl und Staatspräsident François Mitterrand nimmt Ernst Jünger 1984 an der deutsch-französischen Versöhnungsfeier in Verdun teil. 1985 ehren Helmut Kohl und François Mitterrand den Neunzigjährigen mit einem Besuch in Wilflingen.

Im eigenen Land bleibt die Wirkung dennoch zwiespältig. Herrscht in Frankreich Einigkeit über den europäischen Rang des Autors, versuchen deutsche Kritiker mit psychoanalytischen Deutungsversuchen der Person das perspektivenreiche Werk zu erledigen. 1968 erprobt ein Kritiker-Kartell der Linken die endgültige Abrechnung mit dem angeblich »präfaschistischen« Autor. 1982, aus Anlaß der Goethepreis-Verleihung, sind es wieder vor allem politische, weniger literarisch-ästhetische Gründe, die in der Polemik um die Preiswürdigkeit Ernst Jüngers vorgetragen werden. Daß sich dabei die Grünen besonders hervortun, mußte den erstaunen, der die eben erschienenen 1200 Seiten Tagebücher aus den Jahren 1965 bis 1980 (»Siebzig verweht«) gelesen hatte. Denn kein anderer Gegenwartsautor von vergleichbarem Rang hat die globale Zerstörung so umfassend und mit der Beweiskraft des eigenen Augenscheins in seinem Werk zur Sprache gebracht wie eben Ernst Jünger. Daß er dabei die ökonomischen Zusammenhänge mißachtet, um die metaphysischen um so deutlicher hervorzuheben, dürfte zur tiefsitzenden Abneigung seiner Kritiker beitragen.

Was die späten Schriften einzigartig macht im Umfeld ihrer Zeitgenossenschaft, ist die darin zum Ausdruck kommende ontologische Zuversicht, ihr überwältigender Optimismus. Dieser läßt sich auch von den weltweiten Verwüstungen nicht beirren. Mit der Unerschütterbarkeit des Gläubigen will Ernst Jünger hinter der sich mit progressiver Dynamik vollziehenden Nomos- und Umweltzerstörung das Wirken einer höheren Vernunft erkennen: Ist die Tenne leergefegt, künden sich neue Götter an.

Doch zeigen die Tagebücher den Autor auch als einen Melancholiker, den der nihilistische Schwund, den die weltweite Beraubung fassungslos macht. Der Verlust schmerzt nur den, der das Verlorene zu ermessen weiß: Die Tagebücher sind voll von Beobachtungen und Erkenntnissen botanischer, zoologischer, mythologischer oder historischer Natur, in denen sich eine außerordentliche, auf Überblick abzielende Erkenntnisleidenschaft zum Ausdruck bringt. Wichtiger noch als das Erkennen ist für Jünger aber das Wiedererkennen: es bezeugt die harmonische Ordnung der Welt. Die »Insektenbelustigungen« des Käfersammlers, denen er zahlreiche Notizen, Studien und Aufzeichnungen widmet, sind so Exerzitien, Einübungen in die Erfahrung des Wunderbaren. Das Linnésche System, mit dem eine aufgeklärte Zeit die Natur sinnvoll vermessen hat, gibt Sicherheit.

1965 ist die erste Werkausgabe abgeschlossen. In ihr erscheinen auch lange nicht mehr aufgelegte Texte wie »In Stahlgewittern«, »Der Arbeiter« und »Das Abenteuerliche Herz. Erste Fassung«. Die Heimatstadt Rehburg gewährt Ernst Jünger die Ehrenbürgerschaft, die Stadt Düsseldorf zeichnet ihn mit dem Immermann-Preis aus. Eine viermonatige Reise führt Ernst und Liselotte Jünger über Ägypten und Dschibuti nach Ostasien. Die Passion der »subtilen Jagd« ist einer der Gründe für die in immer weitere Fernen zielenden Reisen. In der Oberförsterei stapeln sich die Kästen mit Koleopteren, die Jünger aus aller Welt nach Hause trägt.

Die in den Tagebüchern niedergelegte Fülle an Beobachtungen, die Jünger aus Malaysia, Singapur, von den Philippinen, von Hongkong, Japan, Formosa und Ceylon zurückbringt, ist außerordentlich. Pflanzen, Tiere, Menschen, Straßen, Flughäfen, Tempel und Gärten – all das trifft der allegorische Blick des Metaphysikers, der das Angeschaute nicht im unerlösten Zustand der Sinnlosigkeit belassen kann. Der stereoskopische, »liebend erkennende« Blick tastet sich ins Herz der Dinge: Jüngers Heimweh gilt dem Gemeinsamen, dem numinosen Grund. Dort ruht für ihn die letzte Hoffnung; aus ihm allein kann neue Schöpfung kommen.

Weitere Reisen führen nach Korsika, Angola, auf entomologischer Exkursion in die Pyrenäen. 1967 erscheint der Band »Subtile Jagden« und wird von der »Darmstädter Jury« zum »Buch des Monats« gewählt. Es vereinigt essayistische Betrachtungen, Skizzen und Reisenotizen zum Thema »Entomologie«. Es sind Meisterstücke funkelnder Beschreibungskunst, die Alfred Andersch zu dem Besten rechnete, was in dieser Art in deutscher Sprache geschrieben worden ist.

So oft auch in den späten Tagebüchern die Rede vom Tod ist, mit dem sich der Autor anfreunden möchte, so wenig drängt sich dem Leser der Eindruck auf, daß hier ein ganz Alter an den Abschied denkt. Jünger will sich auf das Altern nicht einlassen. Der Garten, die Reisen, die Lektüre, die Korrespondenz und das Schreiben führen weit hinaus – im erfüllten Augenblick transzendiert Lebenszeit in Weltzeit, Einsicht und Glück sind von zeitloser Qualität. Dafür rückt die Vergangenheit näher, die »Subtilen Jagden« blenden zurück in die Rehburger Kindheit, der Schülerroman »Die Zwille« (1973) memoriert die ungeliebte, schwierige Schulzeit. Der Aufenthalt in Schwarzafrika bringt die Erfüllung eines Kindheitstraums: Der greise Autor wird 1976 in Liberia vom Stamm der Vai zum Ehrenhäuptling ernannt.

Das Motiv einer unbestimmbaren Schuld, das Gefühl, nicht genügt zu haben, bewegt Ernst Jünger, dessen existentielle Verletzlichkeit von seinen Kritikern so oft übersehen wird, und taucht herauf in Meditationen und Träumen, die sich durch das ganze Tagebuchwerk ziehen. Die Lebensreise erscheint dem Autor so als undurchschaubare Folge von Prüfungen; deren letzte wird der Tod sein. Die häufig wiederkehrende Erinnerung an den Vater hat sich wesentlich verändert. Das zwischen Verehrung und Furcht schwankende Vaterbild ist einer von Respekt getönten Zuneigung gewichen. Während der Reisen in Malaysia und Indonesien (»Zwei Mal Halley«, 1987) gedenkt der Zweiundneunzigjährige all derer, die ihn sicher durch das Leben geführt, in aussichtslosen Lagen vor dem Schlimmsten bewahrt haben. Das Gefühl, geleitet zu sein, grundiert Ernst Jüngers Lebensgefühl seit dem Ersten Weltkrieg. Es ist die Stimmung des Träumers, des Vereinzelten, der seinem guten Stern vertraut.

Im Frühjahr 1968 ist Jünger Ehrengast der deutschen Akademie Villa Massimo in Rom. Aufzeichnungen aus dieser Zeit werden im ersten Band der Tagebücher »Siebzig verweht« (1980) veröffentlicht. Ins gleiche Jahr fallen Reisen nach Island und Frankreich. Zu Heideggers 80. Geburtstag veröffentlicht er 1969 ein Bändchen Sprachreflexionen, »Federbälle«, angeregt vom Schwäbischen, der Mundart seiner Wahlheimat.

1970 erscheint der autobiographisch grundierte Essay »Annäherungen. Drogen und Rausch«. Er kommt zu einer Zeit, in der die Drogen zu einem aktuellen Problem geworden sind. Bewußtseinserweiterung, nicht Bewußtseinsdämpfung, Einstieg in die inneren Kammern der Materie und höhere Schau sind Jüngers Ziel. Er berichtet von eigenen Erfahrungen mit Haschisch, Opium, Äther, Mescalin und LSD und liefert zugleich eine Kulturgeschichte des Rausches. Der LSD-Trip ist nicht als Genuß gedacht, sondern als metaphysischer Ausflug ins »Unvermessene«, als »Annäherung« an das Geheimnis des Todes. Verstanden wird das nicht – aufgrund einer Rezension im »Spiegel« schickt ihm der Staatsanwalt einen Polizeikommissar zur Vernehmung.

Mit den Erzählungen »Die Zwille« (1973), »Eumeswil« (1977) und »Eine gefährliche Begegnung« (1985) bringt sich Jünger erneut ins Kreuzfeuer der Kritik. Während er mit der Schülergeschichte »Die Zwille« sein Persönlichkeitsbild listig in die beiden Protagonisten Clamor und Teo – der eine ist ein scheuer Außenseiter, der andere ein amoralischer Machtmensch – aufspaltet und die Kritiker verwirrt, findet die nach dreißig Jahren vollendete Kriminalgeschichte »Eine gefährliche Begegnung« allgemeine Anerkennung. Sie evoziert auf eine anmutige Weise das Paris der Belle Époque; das Interesse des Erzählers gilt weniger der kriminalistischen Handlung als den Figuren des Übergangs, dem Dandy, dem Flaneur, dem Abenteurer, dem Träumer und dem Fluidum der geliebten Stadt.

Mit der essayistischen Erzählung »Eumeswil« knüpfte Jünger an den utopischen Roman »Heliopolis« an. Die Handlung ist ins dritte Jahrtausend, an einen imaginären, geschichtslosen Ort verlegt. Schauplatz ist das marokkanische Agadir, das Jünger in den Jahren 1969, 1975 und 1977 besucht hatte. Der Held der Geschichte, Manuel Venator, versteht sich als Anarch, als Waldgänger, der im Zentrum der Macht die innere Freiheit zu wahren versucht. Mit seiner subtilen Abgrenzung des »Anarchen« vom »Anarchisten« gelingt Ernst Jünger im Jahr des deutschen Herbstes eine provozierend aktuelle Lagebeurteilung des Terrorismus.

»Autor und Autorschaft«, eine Sammlung von Aphorismen, Maximen und Reflexionen zum musischen Schaffen, erscheint zuerst 1982 in Frankreich. Jünger will die Erstpublikation als Huldigung an ein Land verstanden wissen, dessen Kultur und Literatur er viel verdankt. Vorbilder für seinen aphoristischen Stil fand er bei den französischen Moralisten; Jünger schätzte Rivarol, La Rochefoucauld und La Bruyère, aber auch die Diarien der Goncourts, die Journals von Gide, Jouhandeau und Léautaud, die Werke Stendhals, Flauberts, Maupassants, de Sades und Bloys. Die Memoiren von Saint-Simon und Tallemant des Réaux gehören zum Bestand der wenigen Bücher, die er wie die Bibel oder die Tagebücher von Hebbel immer wieder liest. Mit dem Buch »Autor und Autorschaft«, das 1984 dann in erweiterter Ausgabe bei Klett-Cotta herauskommt, hat Ernst Jünger die ideale Form für sein kombinatorisches, aphoristisch zupackendes Denken gefunden. Die darin niedergelegten Notate halten Einfälle und Lesefrüchte fest, geben Anklänge, Annäherungen an Zusammenhänge, Wegweisungen: letztlich Anleitungen zum Selbstdenken.

Im April 1986 reist Ernst Jünger nach Kuala Lumpur, um zum zweiten Mal in seinem Leben den Halleyschen Kometen zu sehen. 1910 hatte er den Planeten als Fünfzehnjähriger im Kreis der Familie zum ersten Mal geschaut. Das Wiedersehen gelingt; zur gleichen Zeit kommt aus der Sowjetunion die Nachricht, daß in Tschernobyl ein Atommeiler explodiert ist. Der Optimismus der technikbegeisterten Vätergeneration, unter dessen Einfluß Jünger aufgewachsen ist, scheint endgültig widerlegt. Doch noch immer tröstet die wunderbare Harmonie, die in der Wiederkunft des Planeten Halley zum Ausdruck kommt. In ihr zeigt sich für Jünger ein kosmisches Maß, das alle irdischen Berechnungen und Hoffnungen übergreift. Nicht zuletzt in dieser unerschütterlichen Zuversicht ist das Geheimnis von Ernst Jüngers Autorschaft und die Anziehungskraft seines in siebzig Jahren gewachsenen Werkes zu finden.

Mit der Verleihung des Großen Verdienstkreuzes der Bundesrepublik Deutschland setzt 1985, im Jahr des 90. Geburtstages, eine erstaunliche Serie von Ehrungen ein, die bis zu Jüngers Tod nicht abreißt. Der Wilflinger Eremit ist nun, trotz der immer wieder aufflackernden Debatte um seine frühen antidemokratischen Schriften, zu einer respektierten öffentlichen Gestalt geworden. Das Land Baden-Württemberg stiftet einen »Ernst-Jünger-Preis für Entomologie«, die Bayerische Akademie der Wissenschaften verleiht Ernst Jünger den Maximiliansorden, Italien ehrt ihn gleich zweimal durch die Verleihung des Premio Mediterraneo und des Internationalen Tevere-Literaturpreises, den Jünger 1987 aus den Händen von Staatspräsident Cossiga entgegennimmt.

Ernst Jünger (1965).

Ernst Klett (1966).

Ich wollte der Kranken die Füße waschen; wir bestiegen dazu einen hohen hölzernen Turm. Zuvor legte ich meine Aktenmappe ab. Der Turm war nicht auf die gewöhnliche Weise gebaut; er schien geräumiger zu werden, je höher man stieg. Daher verbreiterten sich auch die Plattformen, auf denen wir rasteten. Die untersten waren zu schmal für unser Vorhaben, doch im Anstieg wurden die Böden bequemer, geeigneter.

Wenn wir eine Windung der Treppe erklommen hatten, blickte ich durch die Turmschlitze auf meine Mappe, die immer kleiner, entfernter und schwieriger zu erreichen schien. Falls sie mir geraubt würde, hätte ich eher den Verlust der Wertpapiere verschmerzt als den der Manuskripte, die sie enthielt.

Endlich fanden wir eine Plattform, die vollauf genügte; sie bildete den Boden eines schön getäfelten Saales; auch fand ich einen Wasserkrug, ein Becken und ein Handtuch dort. Einmal blickte ich noch auf meine Mappe zurück; sie war jetzt winzig geworden, aber sie leuchtete wie lauteres Gold im scheidenden Licht.

Sie konnte mir nicht mehr geraubt werden.

In Totenhäusern

Wilflingen, 30. März 1965

Das biblische Alter ist erreicht – merkwürdig genug für einen, der in der Jugend niemals das dreißigste Jahr zu erleben gehofft hatte. Noch kurz vor dem dreiundzwanzigsten Geburtstag, im März 1918, hatte ich mit dem Teufel paktiert: »Gib mir dreißig Jahre, die aber sicher und damit Punktum!«

Das aber nicht wegen der unmittelbar bevorstehenden großen Offensive, der ich eher mit Spannung und in der Hoffnung, daß wir das Schicksal noch einmal für uns wenden würden, entgegensah. In der Jugend ist eine trübe Grundstimmung häufig, als ob der Herbst seine Schatten vorauswürfe. Die Welt ist neblig, dunkle Blöcke ragen hervor. Allmählich wird die Sicht klarer; auch Leben muß gelernt werden.

Kann ich eine Erfahrung anläßlich des Datums mitteilen? Vielleicht diese: Die großen Abschnitte der Geschichte beginnen mit einer neuen Religion und jene im Leben des Einzelnen mit einem neuen Gebet. Das ist eine Wahrheit, aber kein Rezept. Beter und Träumer ist jeder, auch wenn er es nicht weiß. Er vergißt, was er im Schlaf getrieben und im Namenlosen verrichtet hat. Wenn es ernst wird, zerbricht auch die Form des Gebets.

Siebzig verweht I

Das Wort kann das schweigende Sein, dem es entstammt, nie wirklich erfassen. Alles Vergängliche ist nur ein Gleichnis, und zum Vergänglichen gehören auch Sprache und Wort. Daher auch die Sorge, daß es nicht genüge – Fassungen umkreisen das Unfaßbare und können es nur aussparen.

(An Ulrich Böhme, 17. 12. 1965)

Verlockend war trotz allen Mühen die Aussicht, einen vorläufigen Abschluß zu gewinnen, auch wenn Zufriedenheit nicht erreicht würde. Jedes letzte Wort ist ein vorletztes, ist nicht mehr als ein Anklopfen in der Hoffnung, daß sich einmal die Tür öffne. Es bleibt, wie gesagt, beim Entwurf, bei der Annäherung, bei der Einkreisung des Absoluten durch mehr oder minder gelungene Gleichnisse.

Wo wir das Wort nicht als gängige Münze verwenden und mehr als reine Mitteilung beabsichtigen, muß es jenseits der Sprache gefunden werden, bevor es ergriffen werden kann. Indem wir es aussprechen, gewinnt es an realer, verliert an metaphysischer Macht. Doch bleibt noch Schweigendes, Unausgesprochenes an ihm haften wie Erdreich am Wurzelwerk.

Zu den günstigen Zeichen gehört, wenn sich dem Autor selbst nach Jahren der verborgene Sinn eines Satzes enthüllt. Das ist ein Gleichnis des Lebensweges überhaupt. Spät geht uns auf, daß Dinge, mit denen wir uns lange beschäftigen, einen anderen, einfachen Sinn haben. Gut, daß wir sie ernst nahmen.

Auf eigenen Spuren

Du möchtest den Buchhandel stützen – ich glaube, daß jedes Buch, das nicht über ihn läuft, an eine bessere Adresse kommt. Wenn ich eines der meinen durch Zufall in einem dieser Schaufenster sehe, wird mir flau zu Mut. Das sind reine Verteiler, deren Geschäfte immer mehr an Zigarettenläden erinnern, Händler ohne musische Bildung, die wenig über Bücher wissen, aber vorzüglich informiert sind über den politischen Tageskurs. In meinem Fall wäre es wahrscheinlich besser, wenn man nur an Direktbesteller lieferte. Auch die Antiquare, mit denen man früher Tage und Nächte lang über Bücher und Drucke reden konnte, verlieren rapide, wie ich aus ihren Katalogen sehe; die einen sind Schrotthändler geworden, die anderen Juweliere für Snobs, die Bücher sammeln wie Briefmarken.

(An Ernst Klett, 15.3.1967)

Der Prospekt für die im Stuttgarter Ernst Klett Verlag 1960 bis 1965 erschienene Ausgabe der Werke Ernst Jüngers. In dieser bereits in den fünfziger Jahren vom Freund und Verleger Ernst Klett angeregten Gesamtausgabe erschienen auch wieder lange nicht mehr aufgelegte Texte wie »In Stahlgewittern«, »Das Abenteuerliche Herz. Erste Fassung«, »Der Arbeiter«. Der Autor unterzog sein Werk für diese Ausgabe erneut einer Revision, zu der er sich im Nachwort »Auf eigenen Spuren« äußerte.

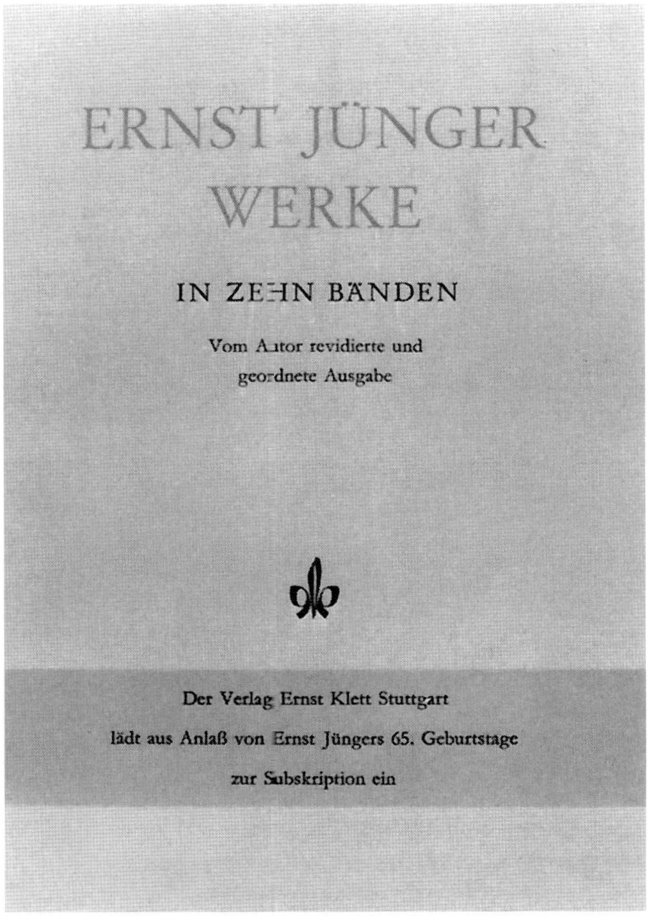
ERNST JÜNGER
WERKE

IN ZEHN BÄNDEN

Vom Autor revidierte und geordnete Ausgabe

Der Verlag Ernst Klett Stuttgart lädt aus Anlaß von Ernst Jüngers 65. Geburtstage zur Subskription ein

Hongkong, 31. Juli 1965

Mit einer Stadt fertig zu werden, ist viel einfacher, als mit sich selbst ins reine zu kommen; davon hängen die Urteile ab.

Ich betrat gestern Hongkong schon mit einer Verstimmung, im Vorgefühl, in einen der großen Mischkessel zu kommen, in denen sich auch die schönen oder aus der Literatur geläufigen Dinge dem Auge im Verfall darbieten.

Wie oft, wenn man so für den Mißklang gestimmt ist, begann es auch gleich mit einem abstoßenden, ja schrecklichen Bild. Ein Mensch, der die breite Uferstraße überqueren wollte, ohne auf die Signale zu achten, wurde mit großer Wucht von einem der entlangjagenden Autos erfaßt. Ich hörte den Stoß, sah, wie der Mann durch die Luft wirbelte und auf dem Gehsteig zusammenbrach. Das Schlimmste wenigstens schien vermieden, da er sich nach einigen Augenblicken mit beiden Armen aufstützte. Dann umringte ihn eine Gruppe und entzog ihn dem Blick. Wahrscheinlich ein Chinese vom Lande, der den anderen ein warnendes Beispiel gab.

Das verdüsterte die Bilder wie ein berußtes Glas. In solchen Fällen wird es Zeit zu einer Überholung, zur Revision. Unter welchen Aspekten lasse ich Zeit und Raum durch mich hindurchgleiten? Was wirkt günstig, was unangenehm? Ohne Zweifel bin ich besonders empfindlich gegen Beton. Daher fiel meine stärkste Depression, insofern sie räumliche Ursachen hatte, zusammen mit meinem Aufenthalt in New York. Bös war es auch in Woroschilowsk, wo ich im Gebäude der G.P.U. wohnte.

Siebzig verweht I

An Bord, 11. September 1965

Das Land, das an die Straße grenzte, war kaum ein Wald, doch dichter als ein Park. Hohe und niedrige Bäume, dazwischen Büsche, ließen Raum wie in einem verwucherten Garten; wir konnten ihren Wuchs bequem betrachten und zwischen ihnen unseren Weg wählen. Offenbar war hier Fruchtland, ob es nun durch Auslichtung oder durch Anpflanzung gewonnen war. Unser Begleiter kam mit dem Besitzer, einem weißbärtigen Alten, der uns freundlich begrüßte und umherführte. Er brach bald hier eine Blüte, an der wir riechen, bald dort eine Frucht, die wir kosten sollten, ohne daß ich die Namen behielt oder seine Erklärungen verstand. Wir folgten ihm durch die besonnte Lichtung; der Ort war angenehm.

In solcher Stimmung kommen die Bilder nicht mehr aus der Fremde; sie gehen aus dem Eigenen hervor. Sie werden Bestätigungen unseres Glückes und überraschen uns nicht mehr. Wir nähern uns einer Welt, in der wir die Phänomene zwar nicht wie in den Träumen hervorbringen, wohl aber sie in der Notwendigkeit erfassen, die das Kunstwerk auszeichnet. So suche ich es mir zu erklären, daß ich dem Elefanten, der in einer Lichtung auftauchte, nur einen Blick schenkte. Er stand dort im Schatten eines Baumes und schwenkte mit dem Rüssel einen grünen Zweig, als ob er Fliegen abwehrte oder sich fächelte.

In der Erinnerung beschäftigen uns solche Bilder viel stärker als im Augenblick. Die innere Einheit mit einer Landschaft kann so dicht werden, daß sie sich kaum noch ablösen. Sie treiben hervor wie Blüten an einem Busch, und wenn wir sie benennen, ist es, als brächen wir eine von ihnen aus der schweigenden Pracht. Mister Felix wies neben mir auf einen Ast, den er mit der Hand erreichen konnte, um, wie ich dachte, mir die Farne zu zeigen, die wie ein Bündel von Elchgeweih herabhingen. Nicht sie hatte er jedoch gemeint, sondern einen roten Fleck: den Kopf einer Echse, die dort ruhte oder auf Beute lauerte. Nun vermochte ich auch, den Leib des fast armlangen Tieres zu entziffern, der in einen fadendünnen Schwanz auslief. Er war grün wie die Farne, die ihn bargen, doch als ich mich näherte, begann er zu

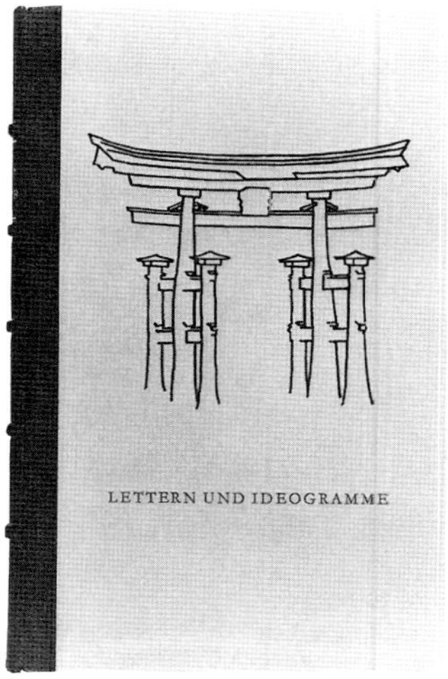

Von Juni bis Oktober 1965 reisten Ernst und Liselotte Jünger per Schiff durch Südostasien mit Stationen in Ägypten, Dschibuti, Malaysia, Singapur, auf den Philippinen, in Hongkong, Japan, auf Formosa und Ceylon.

Lettern und Ideogramme: ein bibliophiles Bändchen mit japanischen Impressionen von der Ostasienreise (als Oltner Liebhaberdruck Nummer 21 erschienen im Jahr 1970).

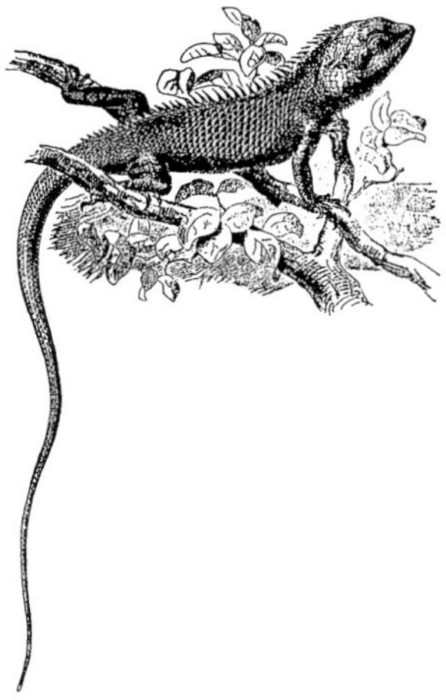

Calotes versicolor.

irisieren, als ob blaue und gelbe Wellen ihn überliefen und Funken sprühten, während der Rückenkamm sich wie ein Segel aufrichtete. Das Tier schien durchsichtig zu werden, fast immateriell. Ich hatte eines der Prunkstücke der Insel gesehen, ein bengalisches Wunder: Calotes, die »Schönechse«.

Ein Einblick in Armidens Garten, kurz wie die Erinnerung an eine frühe Heimat, nicht nur der Kindheit, sondern tiefer noch zurück.

Siebzig verweht I

Die Stunde war also gut genutzt. Es kommt bei solchen Gängen ja nicht auf das Heimbringen einer umfangreichen Beute an, sondern auf die Erkundung einiger Fußbreit Erde unter bestimmten Erwartungen. Ich bringe ein System mit, das ich als Netz darüberwerfe, und erkenne an den Schnittpunkten haarfeiner Linien, daß die Erwartung stimmt. Da wird wohl auch in anderen Winkeln des Universums nicht völlig Chaos sein. Eine Echolotung – weniger um diese oder jene Tiefe zu messen, sondern um zu hören, ob Grund antwortet. Das gilt dann für große Ausdehnung.

Carabus Rutilans. Parerga zu »Subtile Jagden«

Inmitten der gewaltigen Anzehrung der Kulturen, der Elemente, ja des Universums sehen wir, was einmal an Bildern und Bildung möglich gewesen ist. Das gibt uns Maßstäbe, auch für das Jetzt und Hier. Immer noch überrascht uns in den Forsten eine der alten Eichen, Tannen oder Eschen – ein mächtiger Überhalter; er hat schon manchen Kahlschlag und manchen Förster überlebt. Auch er wird fallen, doch mag er uns für eine Mittagsstunde noch Schatten spenden – und mehr als Schatten: Zuversicht.

Siebzig verweht I

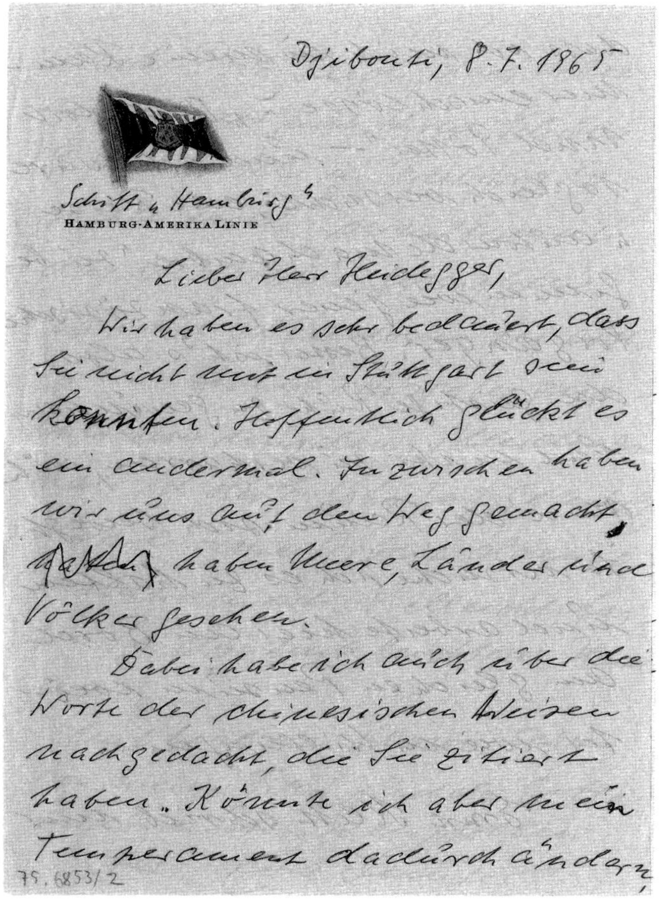
Djibouti, 8.7.1965

Schiff „Hamburg"
HAMBURG-AMERIKA LINIE

Lieber Herr Heidegger,

Wir haben es sehr bedauert, dass Sie nicht mit in Stuttgart sein konnten. Hoffentlich glückt es ein andermal. Inzwischen haben wir uns auf den Weg gemacht, haben Meere, Länder und Völker gesehen.

Dabei habe ich auch über die Worte der chinesischen Weisen nachgedacht, die Sie zitiert haben. Könnte ich aber mein Temperament dadurch ändern,

75.6853/2

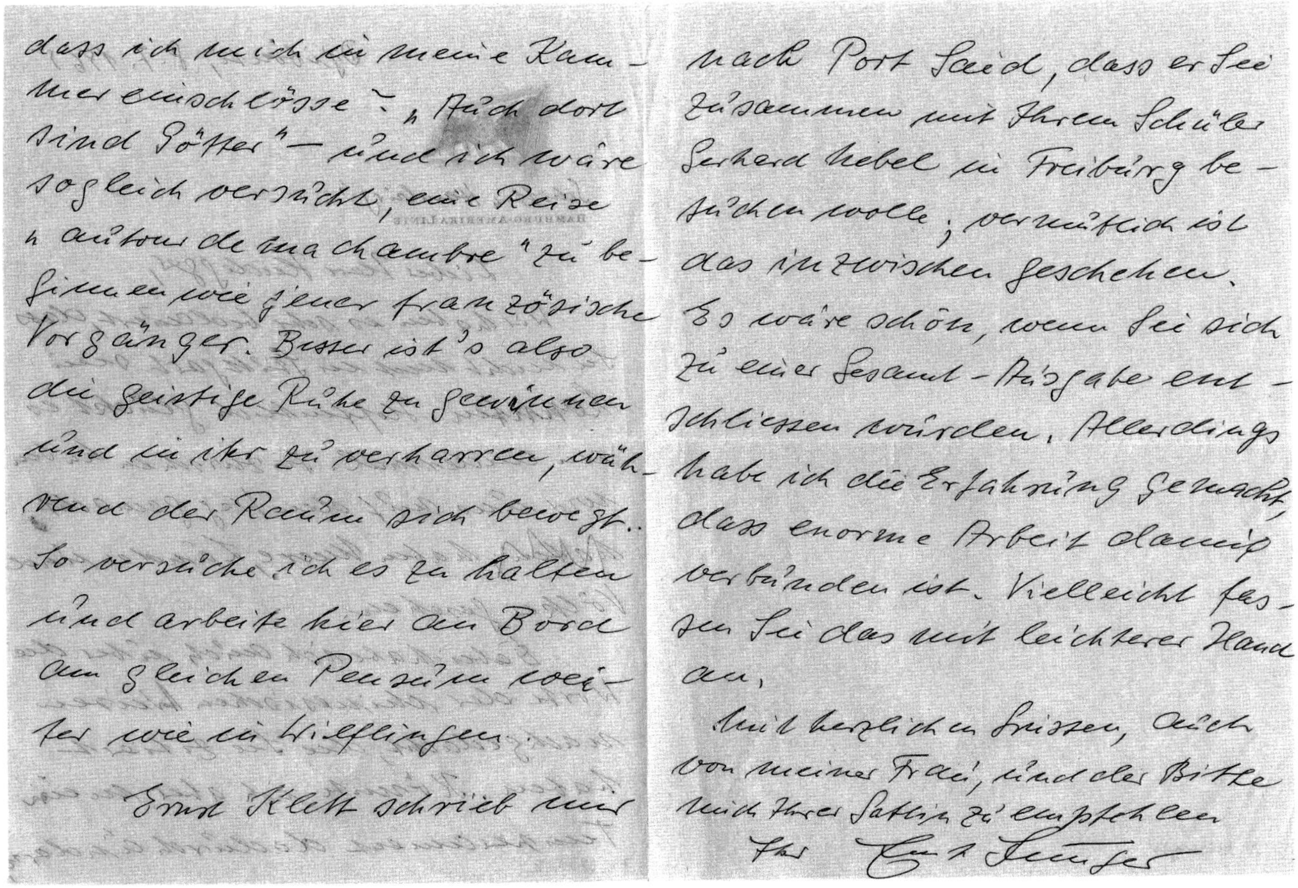
dass ich mich in meine Kammer einschlösse: „Auch dort sind Götter" – und ich wäre sogleich versucht, eine Reise „autour de ma chambre" zu beginnen wie jener französische Vorgänger. Besser ist's also die geistige Ruhe zu gewinnen und in ihr zu verharren, während der Raum sich bewegt. So versuche ich es zu halten und arbeite hier an Bord am gleichen Pensum weiter wie in Wilflingen.

Ernst Klett schrieb mir nach Port Said, dass er Sie zusammen mit Ihrem Schüler Gerhard Nebel in Freiburg besuchen wolle; vermutlich ist das inzwischen geschehen. Es wäre schön, wenn Sie sich zu einer Gesamt-Ausgabe entschliessen würden. Allerdings habe ich die Erfahrung gemacht, dass enorme Arbeit damit verbunden ist. Vielleicht fassen Sie das mit leichterer Hand an.

Mit herzlichen Grüssen, auch von meiner Frau, und der Bitte mich Ihrer Gattin zu empfehlen

Ihr Ernst Jünger

Brief Ernst Jüngers an Martin Heidegger von Bord des Motorschiffs »Hamburg«, mit dem Ernst und Liselotte Jünger am 10. Juni 1965 zu einer fünfmonatigen Ostasienreise aufbrachen. Martin Heidegger schrieb Jünger kurz vor der Abfahrt, am 29. Mai, er selbst halte sich an den alten Spruch Laotses, daß man besser nicht zum Tor hinausgehen, ja nicht einmal zum Fenster hinausschauen solle. Denn die eigentliche Erfahrung, das Denken und die Sprache, spielten sich zu Hause ab.

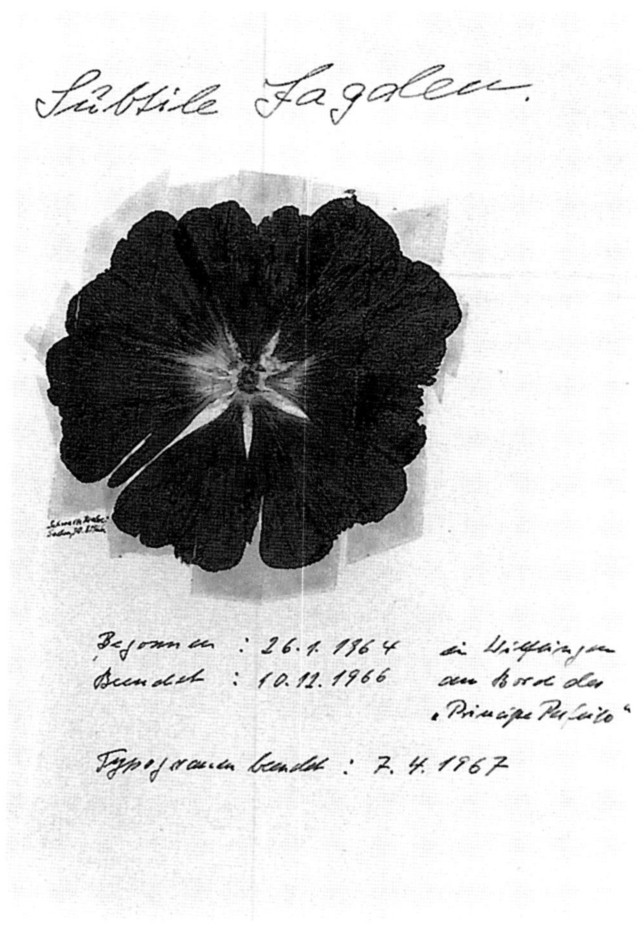

Titelblatt des Manuskripts der »Subtilen Jagden« (1967). Der Band enthält, um das Generalthema Entomologie gruppiert, essayistische Betrachtungen, Reiseberichte und Jugenderinnerungen.

Die Cicindelen haben sich das Licht- und Luftreich ausgewählt. Mit ihren langen, schmalen Beinen sind sie vielmals schneller als die Caraben; sie stehen zu ihnen etwa im Verhältnis des Geparden zu den übrigen Raubkatzen. Zudem sind sie im Fluge selbst den geflügelten Läufern so unvergleichlich überlegen wie die Schwalben den Sperlingen. Sie sind daher auf eine vorzügliche Optik angewiesen; die Augen machen die Hälfte des Kopfes aus. Vor ihnen droht das furchtbare Gebiß. »Tiger-beetles« werden die Tiere von den Engländern genannt. Während die scheren- oder höchstens sichelförmigen Kiefer der Caraben genügen, die weiche Beute anzuschneiden, sind die der Cicindelen wie malaiische Krise flammenartig ausgezackt: panzerbrechende Werkzeuge. Dabei sind sie zierlicher.

Überhaupt kann man die Sandläufer als Luxusausführung der Caraben betrachten – weit eleganter, leichter, wendiger. Das zeichnet sich bis in die feinsten Strukturen ab, bis in die seidige Riefung des Chitins. Die Unterseite spielt in lebhaftem Metallglanz; der Feuerstoff will überall hervordringen: aus den Nähten, den Gelenken, den Poren des sanguinisch-solarischen Geschöpfs. Die Decken sind auf die Eigenart der Reviere gestimmt, meist scheckig getarnt. Die hellen Flecken, Binden und Halbmonde können sich, besonders auf Salzböden, verbinden und ausbreiten. Ich besitze fast weiße Stücke aus der Wüste Gobi und der Umgebung von Samarkand. (…)

Die Cicindelen bilden zwar nur ein Inselchen, eher noch ein Atoll im Großen Barriereriff des Lebens, das aus der Tiefe aufstieg, und es gibt auf der Welt kaum zwei Dutzend Geister, die sich con amore mit ihnen beschäftigen; aber man findet dort nicht weniger Behagen als bei den Tauben, den Tulpen und den Rosen, denen seit langem die Neigung großer Gemeinden gilt. All diesen Wesen ist gemeinsam, daß sie sowohl mit Strenge in der Gestalt verharren als auch mit Freiheit die Erscheinung abwandeln. Damit erfüllen sie zwei Voraussetzungen des irdischen Behagens, das im Begrenzten sich des Mannigfaltigen erfreut.

In der Sandgrube hatte ich die Gestalt entdeckt. Ich ahnte nicht, wie sie durch die Geschlechter und Arten wandelt, von denen über fünfzehnhundert beschrieben worden sind. Wie viele ich davon kennen lernen sollte, nicht nur in der Heimat und in fernen Ländern, sondern auch in Bildwerken und Museen – es war immer ein Wiederfinden, eine Erinnerung.

Subtile Jagden

Zuweilen begegne ich der Meinung, daß die Passion, mit der man sich auf ein solches Detail einläßt, den Genuß der Landschaft beeinträchtige. Das kann ich nicht zugeben, selbst nicht einem Gregorovius gegenüber, der sich in seinen »Wanderjahren in Italien« über einen französischen Gelehrten belustigt, in dessen Gesellschaft er den Monte Somma bestieg. Dieser habe auf dem Gipfel die Betrachtung des herrlichen Panoramas durch den seltsamen Ruf: »Voilà la Cléopâtre!« unterbrochen, mit dem er hinter einem Falter hergesprungen sei. »Dieser liebenswürdige Greis, von dem heitersten Temperament und unermüdlicher Kraft, würdigte weder den Vesuv, noch die Landschaft eines Blickes; er hatte nur Augen für den kleinen Schmetterling!«

Dem hat schon Vater Dohrn widersprochen: »Natura maxima miranda in minimis.« Im Auge eines Falterflügels ist nichts Geringeres verborgen als im Golf von Neapel oder in der Bucht von Rio, von denen wir auch nicht mehr als die Oberfläche sehen. Es fragt sich, was wir herausholen. Das kann nur aus der eigenen Tiefe geschehen; dort ruht das Gegengewicht.

In meiner Erinnerung runden sich die Landschaftsbilder gerade um Augenblicke, während deren ich einen ihrer winzigen Punkte gespannt betrachtete. Da wurde ein

Kontakt geschlossen, der ein besonderes Licht erzeugt. So war es mit der Saphyrina, die unerreichbar blieb. Wie oft ich auch den Grünen Jäger beschlich, er behielt sein gewöhnliches Kleid. Doch ich sah auch den Pfad, auf dem er jagte, und zu beiden Seiten die Zistrosensträucher, die ihn wie Waldränder einfaßten. Die dunkelgrünen, harzigen Blätter die Polster von weißen Blüten, zwischen denen die behaarten Kapseln schon Samen ausstreuten. Am Grunde hin und wieder die rote Schuppenwurz oder eine stengellose Distel, als hätte sich dort der Sand kristallisiert. Gegen La Punta die dürren Aloeschäfte, nach der maurischen Warte hin ansteigend die Frucht- und Weingärten, zur Rechten das Meer mit den Klippen und Inseln bis zur ehernen Felsküste Sardiniens. Das tritt so klar hervor, als ob es in einer gläsernen Kugel verwahrt würde, und dazu, was an Duft und Klängen sich einprägte.

Das eben verbirgt sich hinter einer dem Anschein nach abstrusen Tätigkeit. Das Geheimnis liegt in einer besonderen Optik, nicht in den Objekten, die vielmehr den Vorwand für eine uralte Lebensform bilden: die des Wildbeuters. Da findet sich für Augenblicke die alte Gleichung des Bewußtseins mit der Welt. Sie ist unkopernikanisch; die Welt ist Kugel, das Auge Mittelpunkt.

Subtile Jagden

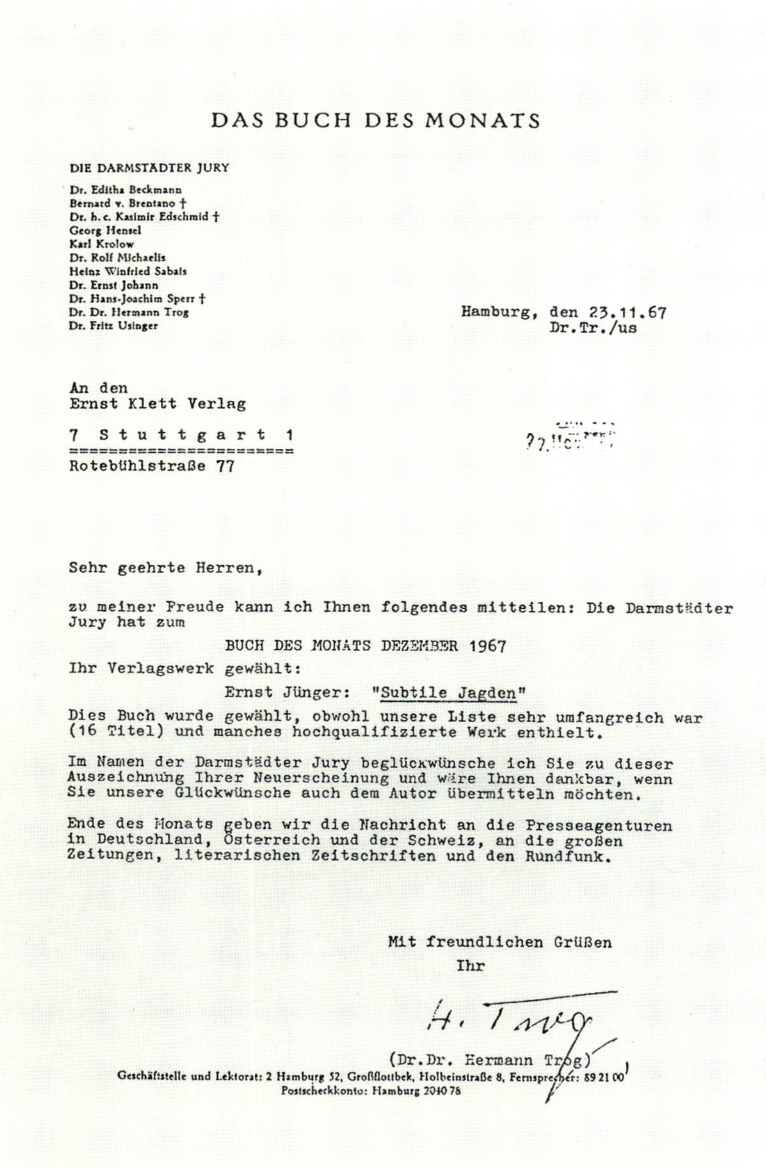

DAS BUCH DES MONATS

DIE DARMSTÄDTER JURY

Dr. Editha Beckmann
Bernard v. Brentano †
Dr. h. c. Kasimir Edschmid †
Georg Hensel
Karl Krolow
Dr. Rolf Michaelis
Heinz Winfried Sabais
Dr. Ernst Johann
Dr. Hans-Joachim Sperr †
Dr. Dr. Hermann Trog
Dr. Fritz Usinger

Hamburg, den 23.11.67
Dr.Tr./us

An den
Ernst Klett Verlag

7 S t u t t g a r t 1

Rotebühlstraße 77

Sehr geehrte Herren,

zu meiner Freude kann ich Ihnen folgendes mitteilen: Die Darmstädter Jury hat zum

BUCH DES MONATS DEZEMBER 1967

Ihr Verlagswerk gewählt:

Ernst Jünger: "Subtile Jagden"

Dies Buch wurde gewählt, obwohl unsere Liste sehr umfangreich war (16 Titel) und manches hochqualifizierte Werk enthielt.

Im Namen der Darmstädter Jury beglückwünsche ich Sie zu dieser Auszeichnung Ihrer Neuerscheinung und wäre Ihnen dankbar, wenn Sie unsere Glückwünsche auch dem Autor übermitteln möchten.

Ende des Monats geben wir die Nachricht an die Presseagenturen in Deutschland, Österreich und der Schweiz, an die großen Zeitungen, literarischen Zeitschriften und den Rundfunk.

Mit freundlichen Grüßen
Ihr

H. Trog

(Dr.Dr. Hermann Trog)

Geschäftsstelle und Lektorat: 2 Hamburg 52, Großflottbek, Holbeinstraße 8, Fernsprecher: 89 21 00
Postscheckkonto: Hamburg 2040 78

Im Dezember 1967 wählt die »Darmstädter Jury« Ernst Jüngers »Subtile Jagden« zum »Buch des Monats«.

Mein Urteil soll sich nicht darauf gründen, daß ein Autor anders denkt als ich – sondern darauf, ob er überhaupt denkt, und vielleicht sogar besser als ich. Ich muß ihn in sein System rücken. Dieses allerdings kann ich ablehnen. Wiederum schließt das die Hochachtung nicht aus.

Autor und Autorschaft

Auf irgendeinem trüben Bahnhof mußte man in den Zug einsteigen – als Nationalist oder als Bolschewik, als Revolutionär oder als Soldat, im Dienst obskurer Geister oder Theorien – es fragt sich nur, wie weit man mitfahren will. »Der kommt am weitesten, der nicht weiß, wohin er geht!« Wer Geschichte nicht machen kann, versucht sie zu fälschen; eine Pariser Métrostation heißt »Stalingrad«.

Die Geschichte hat in den bas-fonds auch eine peristaltische Bewegung – in Koprophagenpalästen mästet eine Generation nach der anderen sich vom Unrat der Vorgänger. Man lebt nicht nur von den Taten der Väter, man lebt auch von ihren Untaten.

Wo die Dummheit Grade erreicht, die unverständlich werden und das Gespräch ausschließen, wächst ihre Bedeutung als Phänomen – nicht nur zoologisch, sondern auch dämonologisch – es ist zu vermuten, daß sehr starke Mächte aktiv werden.

Für den Schwund des metaphysischen Vermögens gilt Ähnliches. Ein Verlust innerhalb der historischen Landschaft bleibt relativ innerhalb der großen Zusammenhänge – das Universum ist ein Haus, das nichts verliert. Man muß nicht den Platz, man muß die Bank halten.

Der erste Satz von Nietzsches Kriegspraxis: »Ich greife nur Sachen an, die siegreich sind« ist weniger stark als der zweite: »Ich greife nur Sachen an, wo ich keine Bundesgenossen finden würde, wo ich allein stehe.« Auch das gilt nur für Phasen, in denen Qualitäten sich noch sichtbar voneinander absetzen. Wo die Dinge so zwielichtig werden, daß selbst der Krieg seinen Sinn verliert, gibt es auch keine Kriegspraxis mehr. In dieser Hinsicht wächst die Freiheit und reduziert sich die Zahl der Dinge, die man noch ernst nehmen kann.

Es fragt sich, wo man in der Polemik stecken bleibt. Ein Geist wird nicht an den Gegnern erkannt, die er findet und deren er nicht genug haben kann, sondern an denen, die er sich setzt.

Das Wohlwollen reicht weiter; es führt über alle Händel hinaus. »Salut au monde« noch dem Schergen, der uns das Urteil bringt.

Man muß den Typus des Verfolgers im Auge behalten, nicht die Art der Parteiungen. Die Parteien wechseln, und die Verfolgung bleibt. Die Justiz folgt der Politik wie die Geier den Heerzügen. Mutig sind alle gegen den, der am Boden liegt.

Maxima – Minima. Adnoten zum »Arbeiter«

Martin Heidegger.

Ansichtskarte, die Martin Heidegger am 31. Dezember 1955 aus seinem Wohnort Todtmoos im Schwarzwald an Ernst Jünger sandte. Jünger hatte Heidegger in einem Brief vom 29. November 1955 gebeten, ihn bei der Deutung einer Maxime des französischen Moralisten Antoine de Rivarol zu unterstützen. Heidegger kündigte in seiner Postkarte an, Jünger seinen »Interpretationsversuch« in den nächsten Tagen zuzusenden. Dieser traf dann in Form eines zwei Seiten langen Briefes am 1. Januar 1956 in Wilflingen ein. Die Korrespondenz (1949–1975) umfaßt insgesamt 76 Schriftstücke.

»Federbälle«: eine Sammlung von Sprachreflexionen, die Jünger Martin Heidegger zum 80. Geburtstag widmete. Das Bändchen wurde 1969 in der Reihe »Wege und Gestalten« (Karl Thomae, Biberach) als Privatdruck herausgegeben. Ein zweiter Teil erschien (zusammen mit Teil 1) 1980 im Verlag der Arche in Zürich.

Die große und positive Resonanz, die Jüngers Buch »Subtile Jagden« fand, veranlaßte einen Kreis von entschiedenen Jünger-Gegnern vor allem der politischen Linken, in einer »Streit-Zeit-Schrift« (Heft VI, 2, September 1968, herausgegeben von Horst Bingel) Person und Werk des Autors einer polemischen Kritik zu unterziehen. Das umfangreiche Jünger-Dossier enthält u. a. Beiträge von Nicolaus Sombart, Helmut Heissenbüttel, Erich Fried, Gerhard Zwerenz, Wolfgang Weyrauch und Lothar Baier.

»Antaia – Ernst Jüngers Muse«: ein Comic-Strip, den Alfred von Meysenbug in der »Streit-Zeit-Schrift« veröffentlichte.

Martin Heideggers Vaterland ist Deutschland mit seiner Sprache; Heideggers Heimat ist der Wald. Dort ist er zu Hause – im Unbegangenen und auf den Holzwegen. Sein Bruder ist der Baum.

Wenn Heidegger die Sprache ergründet, sich in ihr Wurzelwerk vertieft, dann leistet er mehr, als, wie Nietzsche sagen würde, »unter uns Philologen« gefordert wird. Heideggers Exegese ist mehr als philologisch, auch mehr als etymologisch: er faßt das Wort, wo es noch frisch, in voller Keimkraft im Schweigen schlummert, und hebt es aus dem Humus des Waldes empor.

Die Dinge liegen nicht so, daß er im Wort den neuen und unbekannten Sinn entdeckte; vielmehr leuchtet er wie ein Bergmann die Sprache mit neuer Sinngebung an. Das Wort dicht am Unausgesprochenen wird geschmeidig, es beginnt aus der schweigenden Materie heraus zu antworten. Und nicht das Wort allein – die Gedanken, die Begriffe, die Bilder auch. Die philologische Überraschung ist nur eine unter vielen: sie bestätigt den guten Zugriff, die glückliche Hand.

Eine letzte Frage: Warum wird diese Überraschung, die schon so manchen an des Meisters Werk beglückt hat, nicht allgemein geteilt? Da wäre die Gegenfrage zu stellen: Ist das denn üblich beim Auftauchen von Phänomenen in der geistigen Welt? Der Löwenanteil fällt stets der Mode zu. Und das ist gut so, denn es erspart dem Denker viel leeres Gerede, öde Repräsentation.

Zudem sind es die großen Übergänge, die am wenigsten auffallen.

Federbälle. Aus der »Ansprache«

Das Elaborat, das mir anläßlich der Messe gewidmet wurde, habe ich gleich an Liselotte zur Lektüre weitergegeben. Sie hat mir einige Details berichtet, die ich für meine Sammlung »Autor und Autorschaft« notiert habe. Als einer der Autoren wird ein gewisser Zwerenz genannt, einer der berüchtigsten geistigen Pornographen der Bundes-Republik. Ich kann mich nicht damit beschäftigen. Wünschenswert wäre eine Art Generalstabschef, der eine Skala von Maßnahmen vorbereiten würde, die den Leuten das Handwerk nicht allzu billig macht. Mit der Literatur scheint es vorläufig aus zu sein, das ist ein durch soziologische und politologische Infarkte berieselter Sumpf.

(An Ernst Klett, 5. 10. 1968)

Das Wagnis, das wir mit der Droge eingehen, besteht darin, daß wir an einer Grundmacht des Daseins rütteln, nämlich an der Zeit. Das freilich auf verschiedene Weise: je nachdem, ob wir uns betäuben oder stimulieren, dehnen oder komprimieren wir die Zeit. Damit hängt wiederum die Begehung des Raumes zusammen: hier das Bestreben, die Bewegung in ihm zu steigern, dort die Starre der magischen Welt.

Der Rausch führt an die Zeit heran – nicht nur in diese oder jene ihrer ephemeren Zellen, sondern an ihr Mysterium und damit hart an den Tod. Dort ruht die Gefahr, und jede physische Gefährdung gibt nur den Hinweis darauf. Wir können mit Calderon das Leben als Traum, doch treffender noch als Rausch bezeichnen, als eine der sublimen Dekompositionen der Materie.

Annäherungen. Drogen und Rausch

Der Hausherr brannte ein Räucherstäbchen an. Der Rauch stieg auf, ein Seidenfaden, dessen Grau sich in ein feinstes Blau verwandelte. Zunächst erhob er sich senkrecht in der fast unbewegten Luft. Doch dann begann er zu zittern, sich zu drehen und zu kräuseln zum schwerelosen Figurenspiel. Er wollte zeigen, was der Tanz bedeutet und was er bieten kann. Hier waren Stoff und Bewegung, Kleid und Körper noch kaum getrennt. Sein und Ereignis deckten sich fast absolut, und damit auch Schau und Phänomen. Wurden die Augen hier durch den Gegenstand gebannt, oder waren sie es, die ihn verzauberten? Das war nicht zu unterscheiden; es war auch unwichtig. Darüber zu spekulieren, hieße Spiegelfechterei.

Ein Reigen, ein Vortanz ist vielleicht allem vorausgegangen – was sich zu Anbeginn getrennt hat, bewegt sich in großen Symmetrien aufeinander zu: Oben und Unten, Tal und Welle, Lingam und Yoni, Vater und Mutter, Macht und Geist. Wie kunstvoll verschlungen und wie gefährlich auch die Figuren – sie führt Erinnerung und Sehnsucht, die frühe Einheit wieder zu vollziehen.

Annäherungen. Drogen und Rausch

Wenn ich auf dieser oder jener Kugelschale des Psychokosmos lande, mich mit den Göttern unterhalte, die dort wohnen, mit Thor und Freia, mit Brunhild und Judith, mit dem ruhenden Panther und dem Skarabäus – so zweifle ich nicht an ihrer Kraft und Weisung; ich ließ den Schatten fallen, wir stehen im unberührten Licht.

Doch bei der Rückkehr lege ich den Schatten wieder an. Das war nicht Minderung, es war Erweiterung des Bewußtseins – ein objektiver und auszudeutender Befund. Ich kann berichten, kann auch verschweigen, was ich erfahren habe – sei es aus Vorsicht, sei es aus gebotener Scheu. Ich habe nicht nur begriffen, was die Sehr-Alten und die Sehr-Fernen bewegt hat – ich habe es in ihrem Raum und mit ihren Augen geschaut.

Das ist nicht zu verwechseln mit der Einschwingung in vergangene Zeiten und ferne Räume, wie sie mehr oder minder den Romantikern gelang. Es ist auch etwas anderes als das archäologische, historische, ethnologische Herantasten der Gelehrten an den Geist der Zeit.

Inzwischen hat sich das Bewußtsein mit seinen unbarmherzigen Schatten noch verschärft. Indessen begleitet uns das Bewußtsein auch tiefer in den Wald. Das erlaubt uns, Begegnungen zu konturieren und einzuordnen, denen noch vor kurzem der Geist nicht gewachsen war. Und mehr noch: in sie einzutreten und durch sie hindurchzugehen. Annäherung wird durch Eintretendes bestätigt. Anwesendes

Die Erstausgabe von Ernst Jüngers großem kulturgeschichtlichem Essay »Annäherungen. Drogen und Rausch« (1970), in dem er auch über eigene Drogenexperimente berichtet. Das Buch trug ihm eine Anfrage der Staatsanwaltschaft ein. Ein CDU-Abgeordneter des Stuttgarter Landtags hatte Jünger angezeigt.

Mohnkapseln im Wilflinger Garten.

Mit Albert Hofmann im Garten auf der Rittimatte, Hofmanns Schweizer Wohnsitz. Aufnahme aus dem Jahre 1978.

durch Abwesendes ergänzt. Sie treffen sich im Spiegel, der Zeit und Unbehagen löscht. Nie war der Spiegel so leer, so ohne Staub und bildlos – dafür haben zwei Jahrhunderte gesorgt. Dazu das Klopfen in der Werkstatt – der Vorhang wird durchsichtig; die Bühne ist frei.

Annäherungen. Drogen und Rausch

Erprobt sollten die Dinge nur in kleinen Gremien werden. Dem Gedanken Huxley's, daß hier den Massen Möglichkeiten zur Transzendenz geboten werden könnten, kann ich nicht beipflichten. Es handelt sich ja nicht um tröstliche Fiktionen, sondern um Realien, wenn wir die Sache ernst nehmen. Und da genügen wenige Kontakte zur Legung von Bahnen und Leitungen. Das überschreitet die Theologie und gehört ins Kapitel der Theogonie, wie sie notwendig zum Eintritt in ein neues Haus im astrologischen Sinne gehört.

(An Albert Hofmann, 27.12.1961)

Das Massenhafte der Drogierung hat qualitativ ebensowenig zu bedeuten wie die Popularität, die die Astrologie gewonnen hat. Wir haben hier aber Indizien vor uns, die wohl zu beachten sind. Offenbar wird in beiden Fällen etwas vermißt und gesucht, was vielleicht einmal gefunden werden wird. Dieser Massenhaftigkeit sollte die Arbeit kleiner Gremien zur Seite stehen, möglichst unter Ausschluß der Öffentlichkeit.

(An Albert Hofmann, 19.12.1970)

Schutzumschlag nach einem Entwurf Ernst Jüngers. Das Buch erschien 1973.

Im Flugzeug, 23. April 1971

Früh auf und mit dem Zuge nach Frankfurt. Dort am Bahnhof hatte ich den Eindruck der stärksten Massierung, die ich jemals sah. Selbst in Tokyo war ich nicht so im Malstrom von Menschen, deren Eigenart sich auflöst wie inmitten eines Heringsschwarmes oder der schnell rotierenden Grisaille eines Kaleidoskops.

Ich wartete auf das Stierlein, das sich nach einem Gepäckroller umsehen wollte, mit steigender Angst, als ob es unmöglich geworden wäre, es wiederzusehen.

Woher diese Angst? Sie hatte weniger mit dem Ort und dem Gewimmel zu tun als mit dem Angriff auf die Individualität. Der Mensch verliert als Einzelner den Sinn. Er wird den Nächsten nicht wiederfinden – das Verhältnis löst sich auf. Das heißt ertrinken im Menschenozean. Was sind dagegen die Revolten? Ganz kleine Wellen, die den Prozeß der Nivellierung eher begünstigen und beschleunigen als aufhalten. Das Schicksal wird immer eindeutiger zum Schicksal der Spezies. Sie fordert uns unsere Eigenart ab, und die Versuche, diese noch zu erhalten, etwa durch Haar- und Barttracht oder durch Exzentrizitäten, sind im Grunde Zuchthausrevolten; sie ändern nichts daran, daß es täglich mehr Menschen und mehr Maschinen geben wird. Die Rotation und mit ihr die Abschleifung gewinnt.

Eine weltweite Urbanisation, Fabriken und Schulen – die Pauker und die Bonzen spielen sich gegenseitig das Zepter in die Hand. Da fällt das Entrinnen schwer. Sie werden zunächst den Menschen schaffen, der damit zufrieden ist – und sei es durch Glückspillen.

Siebzig verweht II

Die Reise durch Länder und Bücher, die Bekanntschaft mit immer neuen Menschen, Tieren und Pflanzen – wozu dienen sie? Je mehr sich der Kreis erweitert, desto schwieriger wird der Stand im Mittelpunkt. Und auch hier gilt: safety first.

Wir besuchen mit Hofmanns und Guanellas die Grotten des Zeus. Unter den »Heroenmüttern, den Inseln«, sind Kreta und Malta der Großen Mutter in Sonderheit heilig. Ihre Verehrung reicht vor die der Götter und Heroen zurück. »Nichts ohne Theseus« – das war, wie die Verkündung des Alleingottes, eine Anmaßung. Auf Kreta nähern wir uns dem Zentralherd des weltweiten Bebens, das langweilig nachwirkt, wie heut noch in Indien, und dessen Wiederkehr droht. Das sahen deutlicher als wir schon die Alten, die eben hier die Stätten verehrten, an denen die Erdmutter Rhea den Zeus Kronion zur Welt brachte und ihn vor dem titanischen Vater verbarg.

Siebzig verweht II

Wilflingen, 6. August 1972

Am Mittag schloß ich das letzte Kapitel der »Zwille« ab, bei guter Laune, gutem Sonnenstand. Es muß ein Trieb bestehen, den Lebenslauf zu wiederholen und zu transportieren – im allgemeinen wird er befriedigt, indem der »Alte«, der Veteran, am Ofen oder am Stammtisch erzählt. Der Kreis schließt sich, die Kindheit rückt mit den Jahren näher heran. Manchen Lehrer kann man nicht vergessen, nicht überwinden – er grub sich ins Wachs. Ich merke das auch daran, daß die Unteroffiziere, obwohl sie viel gröber waren, sich nicht auf diese Weise verewigten. Man träumt von der Schule, doch kaum vom Gefecht.

Ich entwarf dann den Umschlag: eine blaue Zwille auf gelbem Grunde als Symbol der Ambivalenz. Dann in der Küche mit dem Stierlein ein Glas Sekt.

Siebzig verweht II

Vor der Zeus-Grotte auf Kreta (April 1971).

Jüngers Reisepaß, ausgestellt am 10.4.1967 in Saulgau; eingestempelt das Visum für seine Griechenland-Reise im April 1971.

Subtile Jagd auf Ceylon (März 1973): ganz links die befreundete Bibliothekarin Inge Dahm (1920–2002), Liselotte Jünger rechts oben.

Im Juni 1973 veranstaltete der Schweizer Dino Larese in Amriswil eine Feier zu Ehren von Ernst Jünger. Besondere Beachtung fand dabei die Rede von Alfred Andersch, der Jüngers Werk dem europäischen Surrealismus zuordnete. Von links nach rechts: Friedrich Georg und Citta Jünger, Alfred und Gisela Andersch, Ernst und Liselotte Jünger.

Wilflingen, 31. Dezember 1972

Geschichte. Wie sie schon zu Lebzeiten verschwimmt. Man hat zusammengesessen und Karten gespielt, hatte Asse und Könige, Buben und Damen, Herzen und Kreuze, Trümpfe und Nieten in der Hand. Nun sieht man die Rückseite. Da ist das gleiche Muster, ist der Raster, sind keine Namen und Bilder mehr. Dazu noch die Ernüchterung der großen Wende; der erste Rang wurde suspekt, und mit ihm der Ruhm.

Die Zeit hat wenig mehr zu bieten; das Zeitlose rückt näher – jetzt kann man in sich gehen.

Siebzig verweht II

An dem absurden Wahlkampf dieser Tage fällt mir auf, daß die Parteien sich in einer Weise ähnlich werden, die es ihnen immer schwieriger macht, sich glaubwürdig gegeneinander abzusetzen. Alle wollen »Demokratie, Stabilität, Fortschritt« (was sich ausschließt); alle wollen »links« sein, mit geringen Schattierungen. Dieser Egalisierung entspricht die von Ost und West; Russen und Amerikaner werden sich ähnlicher. Alle haben dieselben Schimpfwörter, mit Vorliebe »Faschist«. Die Tenne wird mit einunddemselben Besen gefegt. Bald ist sie leer.

(An Carl Schmitt, 20. 10. 1972)

Das 1987 beim Verlag Il Mulino in Bologna erschienene Buch enthält außer dem »Gordischen Knoten« einen Beitrag von Carl Schmitt, den dieser 1955 unter dem Titel »Die geschichtliche Struktur des heutigen Welt-Gegensatzes von Ost und West« zur Festschrift für Ernst Jünger zum 60. Geburtstag (»Freundschaftliche Begegnungen«) beisteuerte.

Mit Carl Schmitt (Plettenberg, 1974).

Bentota, 29. März 1973

Ich wurde achtundsiebzig Jahre alt. Möge es objektiv damit stehen, wie es wolle – merkwürdig bleibt, daß ich das Gefühl des Alters nicht aufbringe. Wunderlich erscheint mir dieses Fortschreiten in die höheren Ränge, doch eher so, als ob ich einen Dritten dabei beobachtete. Warum einen Dritten – wer ist der Andere?

Das Stierlein begrüßte mich, schenkte mir eine Schildpattdose für meine Sammlung, dann kamen die Freunde hinzu. Den vorigen Geburtstag verlebte ich einsam auf einem Berg in Tunesien. Diesmal fuhren wir zu den Korallenriffen von Hikkaduwa in guter Gesellschaft mit dem Autobus. Die Straße ist von Gräbern gesäumt. Einmal kamen wir an einem Holzstoß vorüber, der gerade entzündet wurde: ein Leichnam wurde verbrannt.

Wir fuhren auf einem Boot mit gläsernem Boden langsam über die Riffe dahin. Die Korallen: Eindruck supraintelligenter Darbietung. Köpfe, rund wie große Boviste, kristallisiert, Gehirne, in Lamellen ausgebreitet oder sternförmig. Graue Substanz, zu Zweigen und Blättern ausgeflossen, dann wieder in Fäden schwingend, zu Nadeln gespitzt.

Darüber Fische, einfarbige, zebrierte, längsgestreifte, in Schwärmen, paarweis oder allein. Wir folgten einer großen Schildkröte, die langsam über den flachen Grund ruderte. Das Plasma ist zum Teppich ausgegossen, nur zuweilen zu Stufen erhöht oder zu Grotten ausgehöhlt. Es bleibt dem Auge verborgen; hier wie in den hohen Riffen gibt das Leben den Inhalt, der Tod die Struktur. Eine Zitadelle, aus Sarkophagen erbaut.

Ein Blick in die Werkstatt; sie ist höchst sinnvoll – doch wo ist der Sinn? Er kann nicht im Essen und Atmen, im Wachsen und Zeugen, im Leben und Sterben aufgehen. Wir sehen immer nur die Außenwand mit ihren Zeichen, ihren Versprechungen, von der wir Schicht um Schicht abblättern. Auch die Schönheit ist kein Ziel, sondern ein Indiz.

Siebzig verweht II

Seit einigen Tagen lese ich den neuen Roman von Alfred Andersch »Winterspelt«. Der Eindruck ist zwiespältig; wie könnte es bei diesem Autor – übrigens fast dem einzigen deutschen, dessen Opus ich verfolge – anders sein?

Auch ich stand öfters vor der Entscheidung zwischen Hoch- und Landesverrat, aber ich habe schärfer differenziert. Immerhin hat auch er es sich nicht leicht gemacht. Gemeinsam sind im Grunde anarchische Neigungen, die Selbstherrlichkeit zwischen den Fronten im Niemandsland. (...)

Übrigens ist die Prosa eine wahre Erholung, verglichen mit dem heutigen Niveau. Was mir behagt: daß einer die Sprache noch zu handhaben weiß, dürfte vielen ein Ärgernis sein.

Siebzig verweht II

Mit HAP Grieshaber bei Ernst Jüngers 80. Geburtstag in Stuttgart.

Ernst Jünger widmete dem befreundeten Holzschneider ein Traumstück, »Capriccio« (aufgenommen in »Schnittlinien. Für HAP Grieshaber zum 70. Geburtstag am 15. 2. 1979«. Herausgegeben von Wolfgang Rothe im Düsseldorfer Claasen Verlag).

Mit Sohn Alexander und dem Enkel Martin (Berlin 1975).

Die Banalität des Sterbens folgt dem Schicksalsentzug. Sie korrespondiert dem Fortschritt, und es ist kein Zufall, daß sich zunächst dort Fehlstellen zeigten, wo das Sterben zum Dienst gehört. Mit der Belagerung von Sebastopol (1855) beginnen die monotonen und nivellierenden Operationen, bei denen die Artillerie dominiert.

In den Kriegen des 20. Jahrhunderts wird der Soldat samt seinem Ethos durch den Techniker verdrängt. Damit triumphieren auch die technischen Modelle, deren logistisches Zusammenspiel Valéry schon früh »la conquête méthodique« nannte. Der Effekt bringt Bilder einer Großkatastrophe hervor.

Zwei Übergänge in zwei Gedichten: dort durch organische Verwandlung, hier durch Feuer zu unkenntlichen Kadavern inmitten von verkohltem Gebälk, verglühtem Gestell.

An solchen Unterschieden ist gerätselt worden von den frühen Totenbüchern bis zu den späten Aufklärern. Warum will der eine beerdigt, der andere verbrannt werden? Man erfährt darüber nichts letzthin Genaues, und ebensowenig über die Hintergedanken der Selbstmörder zu ihrer Todesart. Die Auferstehung wird heute angezweifelt; andererseits gewinnen die Parapsychologen an Beachtung, weil sie sich bemühen, wissenschaftlich (also unglaub-würdig) zu arbeiten. Delitzsch zu Genesis 6: »Die Glaubhaftigkeit des Erzählten ist übrigens durchaus unabhängig von unserer Fähigkeit, die Möglichkeit desselben zu beweisen.«

Gemeinsamer Tod – gemeinsamer Tod im besonderen als Wunsch der Liebenden: wir hören davon immer wieder – sie suchen ihn auch als Ausweg aus der Trennung in Raum und Zeit.

Wohl, Julia – – – heut nacht ruh ich bei dir!

Wem gelang es? Philemon und Baucis gewiß. René und Blanka Marcic auch. Ovid hat noch einen Blick in die ersten Gärten, auf den Baum des Lebens getan. Demgegenüber der »banale Tod« unserer Zeit. Doch es ist nicht der Tod, es ist nur das Sterben – seine Zumutung in den Vorhöfen. Erlitten sie Freunde, wie diese beiden, so müssen wir uns dem Ereignis stellen, indem wir es vom Zufall und vom Trug der Epoche befreien.

Philemon und Baucis

Der Essay »Philemon und Baucis. Der Tod in der mythischen und in der technischen Welt« wurde erstmals als Privatdruck 1972 im Ernst Klett Verlag veröffentlicht. Jünger widmete ihn dem Andenken des befreundeten Ehepaares Blanka und René Marcic, die am 2. Oktober 1971 mit dem Flugzeug bei Gent abgestürzt waren.

Zu Ernst Jüngers 80. Geburtstag am 29. März 1975 brachte Klett eine mit 7 Serigraphien (nach Gouachen von HAP Grieshaber) illustrierte bibliophile Edition heraus, die neben dem Essay Jüngers auch den lateinischen Originaltext der Metamorphosen VII, 611–721 von Ovid und eine deutsche Prosaübersetzung Gerhard Nebels enthält.

Wenn ich sage, daß ich mit Schiller aufgewachsen bin, so ist das selbstverständlich für meine Generation und für die drei, die ihr vorausgingen. Sein Werk genoß die stets gleiche Achtung, wenn auch die Grade verschieden waren, in denen die Annäherung gelang. Wahrscheinlich kam jener Handwerker ihm näher als etwa die Romantiker, die sich gelegentlich über ihn mokiert haben. Mein Vater las und zitierte ihn gern. Ich selbst wurde durch die Gedichte nie stärker getroffen denn als Zwölfjähriger; ich las sie wie manches andere in den Nächten und war dann in der Schule nicht ansprechbar. (...)

Die Ballade ist stärker auf den Konsonanten angewiesen, weil sie mehr Stoff bringt als das lyrische Gedicht. Sie bleibt daher, selbst im Phantastischen, auch handgreiflicher. Das brachte es mit sich, daß berühmte Stellen, etwa aus dem »Taucher«, durch Generationen hindurch zitiert wurden.

Daß diese Vorliebe für das Balladeske sich verringert, erklärt sich daraus, daß der Anspruch von Mächten zwingender wird als jener von Personen und ihrer Eigenart. Die Charaktere werden angezehrt. Wir erleben das nicht nur in der Dichtung, sondern auch in der Wissenschaft und in der Politik, vor allem aber in der Theologie. Dabei geht es nicht um die vordergründige Auseinandersetzung zwischen Gläubigen und Atheisten, sondern um den Andrang von Göttermächten gegen die personalen Götter, wozu das Wissen aus der Materie neue, zunächst titanische, Kräfte abspaltet. So war bei meinem jüngsten Thema, »Zahlen und Götter«, zu erwägen, inwiefern die Sehnsucht nach den griechischen Göttern, denen Schiller das herrliche Gedicht gewidmet hat, im großen Parallelogramm der Kräfte Hölderlin-Schiller-Goethe-Nietzsche für uns ein neues Licht gewinnt. Das Werk der Dichter hat nicht nur seine historische Plastik, sondern auch sein permanentes Fortwirken am geistigen Bilde, das eine Nation zu schaffen und zu hinterlassen hat. In diesem Sinne kündet Nietzsche nicht ein Ende, sondern die Halbzeit an.

Immerhin bleibt zu bedenken, daß die Ballade unter dem historischen Stoff auf ein immer gültiges humanes Verhalten weist. Sie ist dem Mythos verwandt, dessen Gestalten sie gern beschwört. Wie in der Geschichte mythische Formen wiederkehren, so in der Ballade ein vom zeitlichen Wandel unberührtes Ethos und seine Gefährdung: auch durch die Hybris, den Übermut des Glücklichen, wie im »Ring des Polykrates«.

Aus der Rede bei der Verleihung des Schiller-Gedächtnispreises des Landes Baden-Württemberg am 10. November 1974.

Zweimal reiste Jünger mit Freunden nach Liberia: 1976 und 1979. Bei seinem ersten Aufenthalt in der Provinz Cape Mount begleitete ihn ein Fernseh-Team. Am 8. Dezember wurde Ernst Jünger zum Ehrenhäuptling (»Honourable Chief of Tallah«) des Stammes der Vai ernannt.

Cape Mount, 1. Dezember 1976

Nachmittags einsamer Gang, zunächst im Walde, dann am Strand. Dort Bad im Meer. Drei Einbäume, von Negern gerudert, legten an. Das Bild ist einfach wie eine Steinzeitritzung, besonders in der Dämmerung: ein dunkler Strich und darauf, wie ein Doppelbauer im Schachspiel, die Silhouetten der sitzenden Ruderer.

Die Eingeborenen hatten vor der Küste geangelt, meist kleine Beute, außer einem aufgeblasenen Kofferfisch. Seine olivgrüne Haut war weiß geperlt. Merkwürdig der Gegensatz der zarten Flossen zu dem massiven Leib. Das Wesen bleckte vier flache Zähne – offenbar ein Muschelknacker, der gemütlich die Klippen abweidet. Der Neger zog ihm die Haut ab, um ihn zu filieren, und öffnete ihm den Bauch. Dabei wurden zwei lange weiße Fischblasen sichtbar – sie zersprangen mit einem Knall, der uns beide erschreckte und dann erheiterte.

Der Mann war alt. Drei seiner Enkelkinder hatten ihn erwartet; sie pflückten Binsen, die sie den Fischen durch Maul und Kiemen zogen, und trugen den Fang gebündelt zum Dorf. Der Alte folgte ihnen mit den Filets.

Warum erfreute, beruhigte, befriedigte der Vorgang mich? Es war etwas Heiteres und Unbesorgtes an ihm, die einfache, ungebrochene Lebenskraft. So war es hier seit unvordenklichen Zeiten, und so könnte es immer sein. Das Bild war vollkommen – was sollte daran »unterentwickelt« sein? Der Europäer richtet hier nicht mehr aus als stückweis die Wiederholung des Sündenfalls. Er dehnt die Naturzerstörung, die ihm im Eigenen geglückt ist, auf den Planeten aus.

Siebzig verweht II

Cape Mount, 8. Dezember 1976

Häuptlingsfest. Ich war mit einiger Skepsis dorthin gegangen wie zu einem Kuriosum, konnte mich dann aber der Wirkung nicht entziehen.

Wir fuhren weit in den Wald bis zu einem Dorf, zu dem uns die Trommeln leiteten. Auf dem Platz zwischen den Hütten war schon Gedränge; das Bild konnte in Stanleys Zeit passen.

Es war sehr heiß. Die Lichtung war mit einigen Überhaltern bestanden, die in großer Höhe teils weiß, teils brennend rot blühten. Ich kam mit Verwandten und Freunden; wir wurden an unsere Plätze geführt. Zur Rechten junge Mädchen in kurzem Bastrock, le tette al vento, in der, wie der Superintendent sagte, einem Ehrenhäuptling zustehenden Zahl zehn, zur Linken die Kapelle mit Trommeln verschiedenster Kaliber als einzigem Instrument. (...)

Ich übergehe die Einzelheiten der Verleihung – faszinierend war der Tanz, der sich anschloß und den ein betäubendes Dröhnen der Trommeln einleitete. Ein Teufelstanz – die Tänzer sprangen und stampften in Masken, die sie völlig verhüllten und deren Form spitzen Schilfhütten glich. Bald waren sie im glühenden Staub fast unkenntlich. Es schien eher, daß etwas losgelassen würde, als daß ein gutes Element siegte, wie etwa beim Rottweiler Narrensprung. Dazwischen gab es Einlagen. Zuweilen sprang eine Alte in den Kreis, gebückt, mit vorgestreckten Armen, das böse Prinzip in Person. Es steckte im ganzen Körper, der mitgerissen wurde, und übertrug sich auf magische Art.

Man wird Mitwisser von Geheimnissen, die sich dem Wort entziehen. Das wirkt wie eine starke Droge, die sonst verschlossene Kammern öffnet, hier aber übertrug es sich auf rhythmische Art. Es gibt kein anderes Instrument, das wie die Trommel der Beschwörung dient.

Siebzig verweht II

Mit einem Barracuda in de-
Lagune von Robertsport in
Liberia.

Mit einer Mantis phyllocrania (1977).

Mit der Katze Peri am Schreibtisch (Wilflingen 1975).

Wilflingen, 12. Mai 1977

Am Mittag fand ich ihn leblos in seinem Glase: Klein Zaches II. – ein unerwarteter Verlust. Am Morgen war er noch munter gewesen; wahrscheinlich hatte die Sonne ihm zugesetzt. Ich hatte nicht mit ihr gerechnet, denn es war ein wolkiger Tag.

Ich nahm ihn auf die Hand, beatmete ihn. Ein Beinchen begann zu zucken, und auch die kurzen Fühler zitterten. Das setzte ich fort und legte ihn dann auf feuchtes Fließpapier. Aber am Abend war es vorbei.

Er hieß »der Zweite«, denn er hatte einen Vorgänger gehabt. Beide waren mir von einer Freundin aus Südafrika geschickt worden. Als ich die erste Sendung öffnete, sah ich nur eine Handvoll dürren Laubs. Doch dann begann es sich zu regen: eine braune Mantis zeichnete sich ab. Das war Klein Zaches I. – sein wissenschaftlicher Name ist Mantis phyllocrania. Er hatte ein Vierteljahr lang bei mir im Studio gelebt. Als ich im Dezember aus Liberia zurückkam, war Zaches II. eingetroffen; er blieb fast ein halbes Jahr bei mir. Wahrscheinlich kam ihm zugute, daß ich mich beim Ersten an die Pflege gewöhnt hatte.

Ich hatte Muße, mich mit dem Tier zu beschäftigen; es wurde ein lieber Genosse für mich. Jeden Morgen bekam es eine Fliege; daran fehlt es im Dorfe nicht. Manchmal wurde es gebadet oder mit warmem Wasser bespritzt. Ich setzte es auf meine Hand, auf der ein Tropfen geblieben war; es trank davon, indem es die Mithra auf und ab schwenkte.

Offenbar fühlte es sich auf der Hand wohl. Ich merkte es an dem Weben, durch das viele Tiere ihr Behagen ausdrücken. Auch die Stabheuschrecke hatte, wenn die Sonne in ihr Glas schien, so getanzt. Die Schildkröten bewegen ihre Füße, als ob sie Erde schaufelten. Der Hund wedelt, die Kobra wiegt sich, und auch der Fisch rührt im stillen Wasser die Flossen, nicht um zu schwimmen, sondern »eben so«.

Klein Zaches saß gern auf der Hand. Wahrscheinlich erinnerte er sich auch, wenn ich ihn aus dem Glas nahm, an dieses Wohlgefühl. Damit sei nicht gesagt, daß er sich an mich persönlich erinnerte. Viel wichtiger ist dieser anonyme Eros, der die Welt durchdringt.

Siebzig verweht II

Die Pflanzen und Tiere sind nicht nur Objekte wissenschaftlicher Meßkunst und Betrachtung, sondern unendlich viel mehr. Sie sind auch schön, geheimnisvoll und mannigfaltig in einer Weise, die nie ergründet werden wird. Sie sind nicht Ausschnitte, Spezialitäten, sondern Schlüssel zur gesamten Natur. Was ihnen an Liebe, an Neigung, an Bewunderung zugewandt wird, ist an sich bedeutender und wichtiger als alle »Ergebnisse«.

Adolf Horion zum 70. Geburtstag

Mit der Veröffentlichung der Erzählungen begann 1978 bei Klett-Cotta die Ausgabe der Werke von Friedrich Georg Jünger, herausgegeben von Citta Jünger, zu erscheinen, die 1987 abgeschlossen wurde und das gesamte erzählende und lyrische Werk enthält.

Überlingen, 10. Juli 1977

Der Bruder liegt unten im Raum, in dem wir so oft beisammen saßen; er blickt durch die geöffnete Balkontür auf den See. Die Möven kreischen, Segel gleiten vorbei. Zuweilen gehe ich hinunter, sitze neben ihm, lese ihm vor, Cita ablösend: »Die Bettlerin vom Pont des Arts.«

Er ist sehr schwach; ich muß ihn stützen, wenn er sich aufrichten will. Am Abend tragen wir ihn ins Schlafzimmer. »Fast wie bei Langemarck.« Er lächelt, winkt mit der Hand wie damals, als sie ihn durch das Feuer zurückschleppten.

Wir sprechen nicht über die Lage – höchstens: »Hast du Schmerzen?« »Nicht im mindesten.« Gewiß denkt er bei geschlossenen Augen darüber nach. Wir ließen von Kind auf das Letzte unberührt. Wir vernehmen Bruchstücke von seinen Gängen und ahnen, daß sie weit hinausführen. So heute:

»Im tiefen Granit. Dort entspringt die Granitquelle Urzwang. Das ist die heilsamste aller Quellen, der Urzwang zwingt alle Übelkeit; alles Unwohlsein, alle Krankheit verschwinden. Dort möchte ich sitzen und aus kristallenen Bechern trinken, bis aller Durst verschwunden ist. Neben der Quelle Urzwang, die aus dem Rosengranit sprudelt, steht eine Wanne aus Rosengranit, in der dunkelrote Granaten verstreut sind. Die Wanne füllt sich mit kaltem Wasser, aus dem Perlen und Silberbläschen emporsteigen. Hin und wieder schaut ein Helfer zu mir herein, Porphyrios genannt, und erquickt mich mit frischer Luft.«

Siebzig verweht II

Was wir Unsterblichkeit des Autors nennen, kann nicht im Werk liegen. Auch Homer wird einmal nicht mehr zitiert werden. Kein Werk kann jene Intervalle überdauern, während deren der Kosmos ins Feuer taucht.

Gedanken, Taten, Werke, die wir in unserer armen Sprache unsterblich nennen, sind brüchige Tempel in der Zeit. Unsterbliches wohnt freilich in ihrer Zelle, die kein Untergang zerstört. »Doch im Innern ists getan.«

Von Heraklit sind uns nur Trümmer erhalten; sie lassen auf den Palast schließen. Aber auch der Palast war nur auf einen Vorhang gemalt. Jeder Triumphbogen ist nicht mehr als ein Durchgang, als ein Portal in die bildlose Welt. Vor ihr findet der Reigen der Bilder, der Opferdienst statt. Wir ahnen durch das Werk und seine Lücken die unvergängliche Gestalt. Wir sehen auf ein Drittes, das weder uns noch dem Autor, und dennoch beiden angehört. Dort ist Unsterblichkeit.

Sgraffiti

Der Palast des Lesers ist dauerhafter als jeder andere. Er überlebt die Völker, die Kulturen, die Kulte, ja die Sprache selbst. Erdbeben und Kriege bringen ihn nicht ins Wanken, auch nicht Brände von Bibliotheken wie jener von Alexandria. Fellachendörfer, Märkte, Kolosseen, Wolkenkratzer wachsen um ihn empor und schwinden, als ob Regen sie fortspülte. Das Tor bleibt offen zur magischen Welt.

Autor und Autorschaft

Das Objekt des Entomologen ist das Insekt, dessen Struktur und Verhalten er in den feinsten Zügen zu erkunden sucht. Das Objekt des Autors ist die Sprache; dem Dienst an ihr ist sein Leben geweiht. Ist er auf beiden Feldern zu Hause, so wird das für beide Gewinn bringen. Das beschränkt sich gewiß nicht auf die Entomologie; es gilt auch für jedes andere Gebiet, dem der Geist sich liebevoll zuwendet.

Die exakte Beschreibung eines Gegenstandes gewährt an sich einen großen Genuß. Dessen wird man bei der Bestimmung von Pflanzen und Tieren inne – indem

man, ein winziges Geschöpf unter dem Mikroskop betrachtend, Zug um Zug seiner Bildung durch den Text eines vorzüglichen Beobachters bestätigt sieht. Ich möchte hier Ludwig Ganglbauer nennen, den ehemaligen Kustos des Wiener Hofmuseums, dessen magistrale Führung ich oftmals in stillen Nachtstunden bewunderte. Ein solches Behagen ist schwer zu schildern; es steigert sich, wie beim Schachspiel, durch eine Folge geglückter Züge, die zum Gewinn führen.

Ein Tier, das wir von Rhodos oder von Sardinien mitbrachten, erscheint uns zunächst rätselhaft und anonym. Nun beginnt die Partie; Zug um Zug werden wir von einem Kreuzweg zum andern geleitet und kommen endlich mit wachsendem Vergnügen zum Ziele, zum Namen der Art und ihrer Stellung im System. Das scheint geringfügig; und doch hat sich hier an einem der Wesen, die wir oft achtlos zertreten, die kosmische Ordnung bezeugt.

Der Vorgang der Bestimmung ist nun sehr ähnlich dem Bemühen des Autors, mit dem er einen Gedanken oder einen Gegenstand umkreist. Hier bietet sich eine Fülle von Möglichkeiten an. Ein Wort scheint fast so treffend wie das andere, und doch verbirgt sich in diesem »fast« ein starkes, schier unwägbares Gewicht.

Parerga zu »Subtile Jagden«. Forscher und Liebhaber

Mit Friedrich Georg Jünger am Aschermittwoch 1977, im Todesjahr des Bruders.

Der Bibliophile. Im Juli 1980 auf Schloß Bodman (im Bild mit Wulf Dietrich von Lucius und Bernhard Zeller).

Der Entomologe. 1977 in Marokko.

Agadir, 26. Januar 1977

Vormittags am Sus. Wir hatten Glück: Flamingos, Reiher, Kormorane, Dommeln und zahllose Möven belebten das Flachwasser.

In der Ferne die Kasbah; ich gab Jacques Delord, der uns begleitete, einen Überblick. Der Condor observiert von dort oben den Sus. Seine Abgrenzungen: sozial gegen den Sus und das Sumpfland mit seinen Partisanen, Anarchisten, Terroristen, Waldgängern. Technisch gegen die Katakomben und deren Titanismus, theologisch gegen den Wald jenseits der Wüste und die nahende Theophanie. Mit neuen Göttern neue Irrtümer und Aufgaben. Die Welt ist unvollkommen; vielleicht ist es das beste, wenn man sie in dürftiger Schwebe erhält. Alle Ansprüche sind unglaubwürdig geworden, sind nicht mehr zwingend – jedenfalls für den intelligenten Einzelnen. Gerade wenn die allgemeine Freiheit schwindet, wächst ihm die eigene. Die Lage muß neu überdacht werden, hat man Götter, Staat und Gesellschaft hinter sich gebracht.

Ein ausgefüllter Tag, doch nicht anstrengend – die Kräfte strömen zu, wie sie gebraucht werden.

Siebzig verweht II

Mit einem Falken in den Suks von Marrakesch (1977).

Die Kasbah von Agadir.

… denn anarchisch ist jeder; das eben ist das Normale an ihm. Allerdings wird es vom ersten Tag an durch Vater und Mutter, durch Staat und Gesellschaft beschränkt. Das sind Beschneidungen, Anzapfungen der Urkraft, denen keiner entgeht. Man muß sich damit abfinden. Doch das Anarchische bleibt auf dem Grunde als Geheimnis, meist selbst dem Träger unbewußt. Es kann als Lava aus ihm hervorbrechen, kann ihn vernichten, ihn befreien.

Hier ist zu differenzieren: die Liebe ist anarchisch, die Ehe nicht. Der Krieger ist anarchisch, der Soldat nicht. Der Totschlag ist anarchisch, der Mord nicht. Christus ist anarchisch, Paulus nicht. Da freilich das Anarchische das Normale, so ist es auch in Paulus vorhanden und bricht zuweilen mächtig aus ihm hervor. Das sind nicht Gegensätze, sondern Stufungen. Die Weltgeschichte wird durch Anarchie bewegt. In summa: der freie Mensch ist anarchisch, der Anarchist nicht.

Der unklare Idealismus des Anarchisten, seine Güte ohne Mitleid oder auch sein Mitleid ohne Güte, macht ihn brauchbar nach vielen Richtungen, auch für die Polizei. Er ahnt allerdings ein Geheimnis, doch vermag er es nur zu ahnen: die ungeheure Macht des Einzelnen. Sie berauscht ihn; er verschwendet sich wie eine Motte, die im Licht verbrennt. Das Absurde, das dem Attentat anhaftet, liegt nicht im Täter und seinem Selbstbewußtsein, sondern in der Tat und ihrer Verknüpfung mit der flüchtigen Situation. Der Täter hat sich zu billig verkauft. Daher verkehrt sich seine Absicht auch meist ins Gegenteil.

Die positive Entsprechung des Anarchisten ist der Anarch. Dieser ist nicht der Gegenspieler des Monarchen, sondern der am weitesten von ihm Entfernte, der von ihm Unberührte, wenngleich gefährlich auch er. Er ist nicht der Gegner des Monarchen, sondern sein Pendant.

Eumeswil

Marrakesch, 27. Januar 1977

Der Markt von Marrakesch ist der größte von allen afrikanischen, die ich bislang besucht habe. Die Gassen in den Suks sind schmal und mit Stoffen verhangen, durch die das Licht wie durch Siebe in die Finsternis fiel. Wir begegneten hier einem Mann mit doppeltem Daumen und einem anderen, der mir seinen Falken zum Streicheln entgegenhielt.

Die Färber reihten ihre feuchten Wollstränge an Gerüsten auf; Explosionen, vor allem von Rot und Gelb, selbst das Schwarz war in der Sonne beängstigend. Auch die Gerber arbeiteten unter freiem Himmel; halbnackt zogen sie Felle und Häute durch Brühen von unerträglichem Gestank. In »Tausendundeiner Nacht« las ich von der Rache einer vornehmen Dame: Von ihrem Gatten mit einer Sklavin betrogen, schwor sie, sich dem niedrigsten Kloakenreiniger hinzugeben: hier hätte sie Auswahl gehabt.

Siebzig verweht II

Schlangenbeschwörer mit Kobra (Agadir, 1977).

Die marokkanische Hafenstadt Agadir, die 1960 einem Erdbeben zum Opfer gefallen war, machte Jünger zum Schauplatz seiner an »Heliopolis« anknüpfenden Erzählung »Eumeswil« (1977). Zur Erkundung der Topographie hielt sich Jünger im Mai und Juni 1975 (1969 besuchte er die Stadt zum ersten Mal) in Agadir auf. Das Machtzentrum, Sitz des Condors, ist auf die heute noch als Ruine erhaltene Kasbah verlegt. Der Held der Geschichte, Manuel Venator, versteht sich als Anarch, als Waldgänger, der im Zentrum der Macht die innere Freiheit zu wahren sucht. Mit einem französischen Fernseh-Team reiste er 1977 erneut nach Agadir und Marrakesch.

»In Stahlgewittern« in spanischer Übersetzung, erschienen 1987 bei Tusquets Editores, Barcelona. Die erste spanische Übersetzung des Buches erschien bereits 1922 in Buenos Aires. Sie hatte den argentinischen Schriftsteller Jorge Luis Borges (1899–1985) damals tief beeindruckt. 1982 kam er nach Wilflingen, um Ernst Jünger kennenzulernen.

Jorge Luis Borges mit Ernst und Liselotte Jünger in Wilflingen (1982).

Die Welt ist wunderbar im Ganzen, daher ist vom Gebet kein Wunder zu erwarten – es sollte vielmehr das Wunder dankbar bestätigen.

Autor und Autorschaft

Ein Garten gibt größere Gewißheit als jedes philosophische System. Die reine Anschauung genügt. Daß dort ganz andere Dinge vor sich gehen, als wir wahrnehmen, etwa ein kosmisches Gespräch zwischen der Erde und der Sonne durch das Medium der Blüten, mag im Gefühl bleiben, ohne daß deshalb ein Jenseits bemüht zu werden braucht. Das Gedicht stimmt ein.

Autor und Autorschaft

Wenn wir die Pflanze als autonome Macht erkennen, die eintritt, um Wurzeln und Blüten in uns zu treiben, entfernen wir uns um einige Breitengrade von der schiefen Perspektive, die wähnt, Geist sei das Monopol des Menschen und existiere nicht außer ihm. Ein neues Weltbild muß der planetarischen Nivellierung folgen; das ist die Aufgabe, die das nächste Jahrhundert in Anspruch nehmen wird.

Annäherungen. Drogen und Rausch

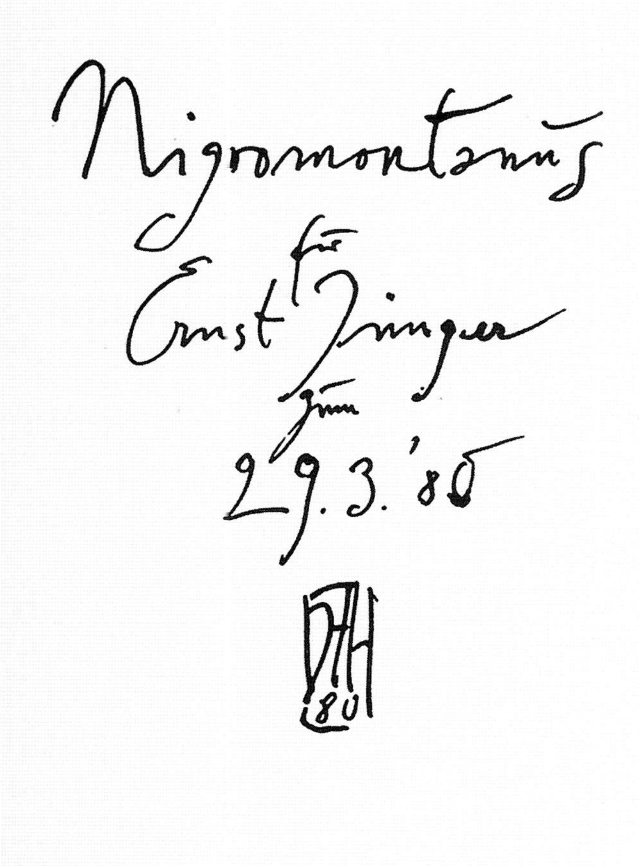

Porträt und Widmung von Horst Janssen aus »Nigromontanus«.

Ein Blatt aus der von Horst Janssen zum 85. Geburtstag von Ernst Jünger veröffentlichten Mappe »Nigromontanus« mit Zeichnungen zu dem Buch »Das Abenteuerliche Herz«.

Vergeblich suchte ich mich bei Alfred Brehm und anderen darüber zu unterrichten, ob der Igel schwimmen kann. Daß er ertrinken kann, erfuhr ich leider dieser Tage, denn ich habe in unserem Wasserbecken zwei dieser kleinen Gartenfreunde leblos zwischen den Seerosenblättern gesehen.

Ich stelle mir vor, wie sie mit ihren Pfötchen den glatten Rand des Bassins zu erklimmen suchten, bis ihre Kräfte allmählich nachließen. Ihr Leiden mag ein wenig dumpfer sein als das des Menschen, doch ist es ebenso schmerzlich gewiß. Der Schmerz ist allem Lebenden gemeinsam; das haben die Buddhisten besser als die Monotheisten erkannt. Der Schmerz wohnt in der Zelle; wir registrieren ihn. Gefühlter ist stärker als bewußter Schmerz. Sokrates leidet im Geiste, Christus in der Kreatur.

Der Schmerz wohnt auch in der Zeit. Früher wollten viele Matrosen nicht schwimmen lernen; sie hatten ihre Gründe dafür.

Siebzig verweht II

Die italienische Ausgabe von »Der Arbeiter«, erschienen 1984 im Verlag Longanesi in Mailand.

Alberto Moravia, der berühmte italienische Romancier, besuchte Ernst Jünger im März 1983. Thema der Gespräche war unter vielem anderen Jüngers Prognose für das Atomzeitalter.

Die ehemalige Oberförsterei (1984).

Im Wilflinger Garten (1982).

Henri Plard (1920 – 2004), Professor für deutsche Literatur in Brüssel, übersetzte von 1951 bis 1988 zwanzig Bücher Ernst Jüngers ins Französische. Er wurde darüber hinaus zu einem der wichtigsten Briefpartner des Autors, sagte sich aber 1988, schwer erkrankt, überraschend von Jünger los. Die Übertragung von »Siebzig verweht« erschien unter dem Titel »Soixante-dix s'efface« bei Gallimard in Paris.

Besonderes Glück wurde mir mit den Übersetzern zuteil. Daß Autor und Übersetzer Freunde werden, liegt auf der Hand. Ihre Begegnung führt zu einem geistigen Eros und Agon, zur Durchdringung der sprachlichen Darbietung. Ihr zu genügen, sie zu bezwingen mit Listen, Schachzügen, Überraschungen, bis der Gleichklang zu Einklang wird – so kann ein neues Werk entstehen, an dem beide Partner beteiligt sind. Daher entdeckt sich der Autor in einer gelungenen Übersetzung in einer neuen Dimension.

Ich weiß nicht, inwieweit die erste dieser Übersetzungen geglückt ist: »Bajo la tormenta de acero« (»In Stahlgewittern«), erschienen 1922 im Auftrag der argentinischen Armee. Jedenfalls sagte mir Jorge Luis Borges, als er mich kürzlich hier besuchte, die Lektüre habe damals auf ihn gewirkt wie eine vulkanische Eruption.

Maurice Betz, Rilkes Übersetzer, nahm sich der »Gärten und Straßen« an. Berühmt wurden »Les Falaises de Marbre« aus der Feder von Henri Thomas. Die Kritik bezeichnete sie als die beste Übersetzung seit jener Baudelaires vom Werk Edgar Allan Poes. Beide Bücher erschienen in Paris während der deutschen Besetzung; sie werden noch jetzt dort gedruckt. Sie überlebten den Krieg, und das gleiche gilt für die Freundschaften, die sie mir einbrachten, wie die Montherlants, Marcel Jouhandeaus, Julien Gracqs, um Namen zu nennen, die mir zunächst einfallen. Gutes hörte ich auch über »On the Marble Cliffs«, die englische Übersetzung Stewart Hoods, der unmittelbar nach dem Waffenstillstand als Okkupant zu uns ins Kirchhorster Pfarrhaus kam.

Vor allem frage ich mich, warum mein lieber Freund Henri Plard mir seit Jahrzehnten den größten Teil seiner freien Zeit zum Opfer bringt – ist er doch als Professor für Germanistik in Brüssel vollauf beschäftigt, manchmal dazu noch als Dekan. Freilich gehört er zu den sédentaires, den hommes du cabinet, die ein unglaubliches Maß an Lektüre bewältigen, zum eigenen Gewinn und Vergnügen, das sie auch anderen mitteilen. Aber es bleibt ein Opfer, abgesehen davon, daß die Arbeit oft kaum den Pfeifentabak einbringt, den er dabei verschmaucht. In trüben Stunden ist er mir ein Trost: »Wenn ein Geist von solcher Belesenheit und solchem Fingerspitzengefühl deinem Geschreibsel so viel Mühe widmet, ist vielleicht doch etwas dran.«

Post festum. Nachwort zur zweiten Gesamtausgabe

Im höchsten Ordnungsgange werden kosmische und irdische Strahlen so verwoben, daß sinnvolle Muster aufleuchten. Das ist ein Zeichen dafür, daß das Leben der Menschen, das Leben der Völker gelungen ist. Die Blumen sind Sinnbilder solcher Muster, daher »cultura« und daher ihre Rolle in den Gleichnissen. Daher auch die tiefe und oft rührende Sehnsucht des Volkes nach Kunstwerken. Sie ist begründet, denn wenn auf nur handbreiter Fläche sinnvolle Muster gelingen, können weite Gebiete anschießen. Bei solchem Stande braucht selbst das Massenhafte des Niederganges nicht zu ängstigen. Im Kunstwerk liegt eine ungeheure Richtungskraft.

Strahlungen. Aus dem Vorwort

Ernst Klett hat sich vor Jahren zur Ruhe gesetzt; der Initiator dieser zweiten Ausgabe ist sein Sohn Michael. In seinem Glückwunsch zu meinem Fünfundachtzigsten sagte er, daß diese Edition ihm von jeher ein Herzenswunsch gewesen sei. Diesmal war ich nicht ohne Bedenken, wenn man mich auch nicht gerade wie den bekannten Hund zum Jagen tragen mußte – immerhin drohte ein beträchtlicher Verlust an eigentlich der produktiven Arbeit gewidmeter Zeit. Hierin kann ich Schopenhauer nur zustimmen: Während man in der Jugend die Stunden mit vollen Händen verschwendet, zählt man im Alter wie ein Geizhals die Münzen, die man noch im Beutel hat. Dabei entspricht mein Verhältnis zum Alter immer noch nicht meinen Jahren – wenn ich höre, einer sei siebzig, so mit dem Gefühl: »Der ist alt«, bis mir einfällt, daß ich nun fast zwanzig Jahr mehr habe – das ist ein Erwachen wie aus dem Traum.

Post festum

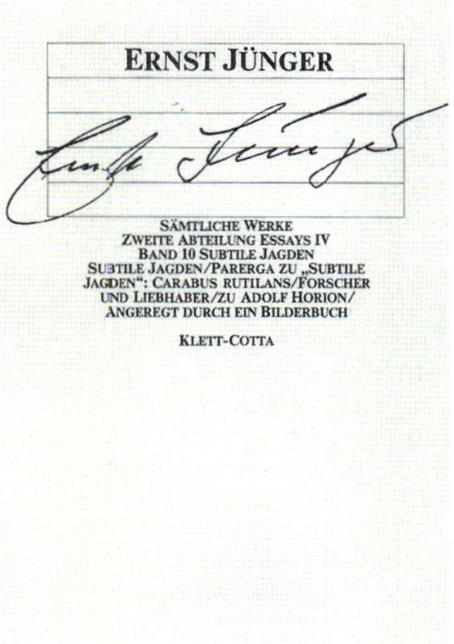

Michael Klett (geb. 1938), der Verleger und Freund, nach dem Ausscheiden des Vaters im Jahre 1976 alleinverantwortlich für die Verlagsarbeit. Von 1977 an wird der wissenschaftlich-belletristische Verlag von Ernst Klett unter der Bezeichnung Klett-Cotta geführt, unter der hinfort auch die Bücher Ernst Jüngers erscheinen.

Die zweite Ausgabe der Sämtlichen Werke in 18 Bänden, deren Initiator Michael Klett war, wurde im Sommer 1978 mit der Publikation von Band 11 (»Annäherungen«) eröffnet und ist 1983 abgeschlossen worden. Für diese Ausgabe letzter Hand mit einem Umfang von rund 9 200 Seiten wurden die Texte vom Autor noch einmal durchgesehen und revidiert; unverändert blieben auch diesmal die erste Fassung von »Das Abenteuerliche Herz« sowie »Der Arbeiter«. Die Ausgabe enthält Jüngers sämtliche bislang veröffentlichten Tagebücher, Essays und Erzählungen. 250 Exemplare wurden in Halbleder gebunden und vom Autor signiert. Nach dem Tod Ernst Jüngers gab Liselotte Jünger zwischen 1999 und 2002 vier Supplementbände heraus, welche all jene Texte enthalten, die Jünger nach Abschluß der Sämtlichen Werke veröffentlichte oder die sich im Jünger-Nachlaß des Marbacher Literaturarchivs fanden.

DIE STADT FRANKFURT AM MAIN
VERLEIHT DEN
GOETHEPREIS
DES JAHRES 1982
HERRN ERNST JÜNGER

Sie ehrt in ihm einen deutschen Schriftsteller, dessen Werk durch Engagement und geistigen Abstand gleichermaßen ausgezeichnet ist und der durch alle Zeitläufte, bei leidenschaftlicher Anteilnahme, immer die Unabhängigkeit der Wahrnehmung bewahrt hat.

FRANKFURT AM MAIN · DEN 28 · AUGUST 1982

DR · WALTER WALLMANN · OBERBÜRGERMEISTER

Urkunde und Plakette zum Goethepreis der Stadt Frankfurt am Main, der im Jahre 1927 gestiftet worden ist und jährlich, von 1952 an alle drei Jahre, zur Feier des Geburtstages von Goethe am 28. August verliehen wird. Es wurden unter anderen Stefan George, Albert Schweitzer, Sigmund Freud, Gerhart Hauptmann, Hermann Hesse, Karl Jaspers, Thomas Mann und Arno Schmidt geehrt.

André Gide meint in seinen Tagebüchern, Goethe habe durch die Darstellung seines glücklichen Lebens zum Glück der anderen mehr beigetragen, als wenn er dieses Leben im Kampf gegen ihr Elend verbraucht hätte. Ein wichtiger Gedanke, der oft bestritten wurde und in unserer Zeit auf besonders ungünstigen Boden fällt. Der musische Mensch, der sein Leben dem Werk opfert, kann Gide nur zustimmen. Dem Autor stellt sich das Problem nicht im moralischen, sozialen oder hedonistischen Sinn. Für ihn kann es ebenso zwingend und notwendig, ja noch fruchtbarer sein, das eigene Unglück darzustellen, als das eigene Glück. Immer noch tröstet aus dem Kerker Boëthius.

(...) Ich weiß, daß ich Zeit meines Lebens, das bereits länger als das Goethes währt, vielen ein Ärgernis gewesen bin. Das begann schon in der Schule, wo ich meine Lehrer als der zugleich beste und schlechteste Schüler irritierte, und es setzte sich bei den Preußen fort, die mir ihren höchsten Orden gaben und denen ich als unbequemer Untergebener ein Dorn im Auge war. Solche Typen sind öfters in ihrer Geschichte aufgetaucht. Die Ambivalenz begleitete mich durch die mehr als sechzig Jahre meiner Autorschaft, die mir Gegner in allen Lagern eintrug, und es ist zu erwarten, daß sich daran auch wenig ändern wird.

Aus Ernst Jüngers Dankesrede in der Paulskirche

Endlich kommt es nicht mehr darauf an, ein neues Werk zu schaffen, sondern auf letzte Annäherung. So erklären sich die großen Bruchstücke oder der aphoristische Charakter von Endwerken. Siehe die Torsi Michelangelos, den »Willen zur Macht«, »Faust II« und viele andere. »And so much to do.« Zeugnisse auch dafür, daß mehr als Annäherung nicht zu erreichen ist.

Autor und Autorschaft

Verleihung des Goethepreises der Stadt Frankfurt am Main an Ernst Jünger am 28. August 1982 in der Paulskirche. Die Festansprachen hielten Oberbürgermeister Walter Wallmann und Wolf Jobst Siedler. Der einstimmigen Entscheidung der Jury war eine heftige und kontrovers geführte Diskussion in den Medien gefolgt. Von den Grünen bis zur CDU wurden kritische Stimmen laut, die sich vor allem auf das Frühwerk Ernst Jüngers bezogen.

»Autor und Autorschaft« erschien 1982 zuerst in Frankreich, in der Übersetzung von Henri Plard im Verlag von Christian Bourgois in Paris. Die erweiterte deutsche Ausgabe bei Klett-Cotta folgte 1984.

Im Oktober 1977 hatte Ernst Jünger in Paris den von der Stadt Nizza vergebenen »Aigle d'Or« erhalten. Aus diesem Anlaß versammelte das »Magazine littéraire« (Nummer 130, November 1977) in einem Jünger gewidmeten »Dossier« Aufsätze über Person und Werk des Autors aus der Feder von Jean Plumyène, Julien Gracq, Mircea Eliade, Louis Dupeux, Michel Déon, Frédéric de Towarnicki, Marcel Schneider, Philipp Curval, Banine und Henri Plard.

Kurz und bündig.« Der Aphorismus sucht einen Sinn in möglichst wenig Worte zu pressen; er wirkt anregend wie ein Destillat oder ein Gewürz. Charron, Schüler Montaignes, nennt Aphorismen »Samenkörner des Gesprächs«. Das Epigramm ist ein Sinnspruch, gern in Versen, der auch Schärfe gewinnen kann. Nicht umsonst galt Martial als Lehrmeister. Ein Epigramm könnte auch auf einem Grabstein stehn.

Die Sentenz gibt Lebensregeln, vorwiegend moralischer Natur, auf die sich die Maxime nicht beschränkt. Das Wort wurde durch La Rochefoucault in Kurs gebracht. Das Motto soll die Absicht eines Buches oder eines Kapitels raffen; es kann das Handeln oder das Verhalten von Einzelnen und Gruppen profilieren und in die Heraldik einspielen.

Autor und Autorschaft

Die außerordentliche Zuwendung, die Stendhal in unserem Jahrhundert erfährt, erklärt sich vor allem daraus, daß sein Werk Wagnis und Abenteuer der literarischen Existenz vorbildlich erfaßt. Dabei ist er auch in der Gesellschaft zu Haus; er kann sich nach Belieben in den Frack werfen. Eben das ist ein anarchischer Zug, den man bei ungestümeren Naturen, wie Rimbaud und Verlaine, die nur mit einem Wind segeln, nicht finden wird, eher schon bei Flaubert. Substanz muß in jedem Fall vorhanden sein. Montaigne sagte einmal, daß das Selbstgespräch ebenso wie die gesellige Unterhaltung schiefgehen kann.

Autor und Autorschaft

Die Einsamkeit zählt nicht zu den Leiden des Autors, sondern zu seinem Kapital.

Autor und Autorschaft

Anläßlich der Auszeichnung mit dem Goethepreis gewährte Ernst Jünger den Spiegel-Redakteuren (v. l. n. r.) Rudolf Augstein, Hellmuth Karasek und Harald Wieser ein Interview.

Ernst Jünger mit Staatspräsident François Mitterrand und Bundeskanzler Helmut Kohl bei der deutsch-französischen Versöhnungsfeier, die im September 1984 in Verdun stattfand. Im Juni 1979 hatte Ernst Jünger zusammen mit dem Leiter des französischen Kriegsblindenverbandes, Henri Amblard, dem 63. Anniversaire de la Bataille de Verdun präsidiert, im November erhielt er die Médaille de la Paix der Stadt Verdun.

Bundeskanzler Kohl ehrte den neunzigjährigen Ernst Jünger mit einem überraschenden Besuch (29. März 1985).

Begrüßung vor der Oberförsterei: Staatspräsident Mitterrand besuchte mit Bundeskanzler Kohl am 28. Mai 1985 Ernst Jünger in Wilflingen.

Französische Ausgabe von »Eine gefährliche Begegnung«, die gleichzeitig mit der deutschen Ausgabe 1985 im Verlag Christian Bourgois erschien.

Wir sehen heute die Schlacht um Verdun anders, als wir sie 1916 sehen konnten, und man wird sie vermutlich in hundert Jahren wiederum anders beurteilen. Es ändern sich mit den Generationen die Ideen; im Rückblick gewinnen die Tatsachen einen neuen und oft bestürzenden Aspekt.

Offenbar neigte sich schon damals das Zeitalter der Nationalkriege dem Ende zu. Das erklärt die Zähigkeit der Kämpfe, ihre schier endlose Dauer, ihr Verebben ohne strategischen Erfolg. Der Douaumont ist eher ein Symbol des Leides, eher ein Kalvarienberg als ein Ort, an dem eine Entscheidung fiel, wie etwa bei Austerlitz oder bei Sedan.

Im Rückblick verschmelzen die Fronten – die Gegner scheinen von gemeinsamen Gefahren umstellt, die stärker sind als der Wille des Feldherrn und der Mut des Einzelnen: Das Material wird übermächtig, die Erde selbst vulkanisch, und das Feuer droht nicht mehr, den einen oder den anderen zu vernichten, sondern Freund wie Feind. Damals, als wir uns in die Trichter preßten, wähnten wir noch, der Mensch sei stärker als das Material. Das hat sich als Irrtum herausgestellt.

Der alltägliche Fortschritt geschieht langsam, wie durch Erosion. Dann wieder gibt es Einbrüche, als ob das Gewölbe einstürzte. Wir sind verloren, oder wir müssen das System ändern.

Ich entsinne mich vor allem zweier solcher Angriffe auf das innere Gleichgewicht. Das erste Erschrecken hatte ich mit vielen gemeinsam – es überkam mich, als ich im Sommer 1945 die Nachricht von Hiroshima hörte; sie erschien mir zunächst wie ein Gerücht aus der Unterwelt.

Das titanische Fanal setzte das Ende eines alten, den Beginn eines neuen Zeitalters. Die Geschichte schien ihren Sinn zu verlieren – in der Vernichtung jener Stadt spiegelte sich unter anderem auch das Ende der klassischen Kriege mit ihrem Ruhme, von Achill bis zu Alexander, von Cäsar bis zu Friedrich dem Großen und Napoleon.

(...) Die Zeit der Feindschaft zwischen unseren beiden Völkern, einer Feindschaft, zu der wir von früh auf erzogen wurden, ist vorbei. Ich habe sie nie akzeptiert. Den großen Konflikten freilich kann sich der Einzelne nicht entziehen, und selbstverständlich trägt er sie mit und bei den Seinen aus. Die Sympathie zu wahren, wie zwischen Friedrich und Voltaire, ist immer möglich, wenn heute auch schwieriger als im Barock. Adversaire, wenn die Umstände es gebieten, doch nicht ennemi. Agon, doch nicht polemos.

Der Mensch lernt wenig aus der Geschichte – sonst würde uns, wie so manches andere, der Zweite Weltkrieg erspart geblieben sein. Immerhin scheint jetzt in unserem Falle ein Vorbild geglückt.

Wenn wir die Konflikte bedenken, die uns heute bedrücken, so stellt sich die Frage: Sollten wir, nunmehr planetarisch, nicht gleich dort beginnen, wohin uns so viele Umwege, soviel Opfer geführt haben?

Ansprache zu Verdun am 24. Juni 1979

Ernst Jünger im Neuen Schloß mit Enkel Martin und Enkelin Irina, in der Bildmitte der Journalist Thomas Kielinger. Links: Jüngers Lektorin Hede Schirmer.

Mit Lothar Späth, der befreundeten Schriftstellerin Umm-el-Banine und dem Verleger Michael Klett.

Bislang hatte ich nicht gedacht, daß ein neunzigster Geburtstag etwas so Besonderes sei. Außerdem hatte ich nicht davon geträumt, ein solches Datum zu erreichen – ja es nicht einmal gewünscht.

Inzwischen wurde ich eines anderen belehrt. Die Zahl Neunzig bildet einen beliebten Schluß vieler Briefe, die ich empfange, und ich kann ihr auch bei Begegnungen auf der Straße selten entgehen.

Mich persönlich hat das Faktum eher überrascht. Das Leben ist lang; manchmal aber scheint es kurz wie der Traum einer Nacht. Im 90. Psalm heißt es: »Tausend Jahre sind wie eine Nachtwache.« Ferner ist dort gesagt, daß unser Leben siebenzig, und wenn es hoch kommt, achtzig Jahre währt. Bei neunzig liegt also schon eine bedeutende Überschreitung vor, beinahe etwas Unziemliches. Das erinnert mich an einen Satz des Thanatos, unseres Freundes Hein bei den Griechen, den Euripides in der »Alkestis« sagen läßt, daß, wer so alt wird, ihn beraube: »Die Greise betrügen mich.« Immerhin habe ich es nicht darauf angelegt.

Die Überraschung wurde mir bei der Lektüre zuteil. Ich habe ein Bedürfnis, von den Deutschen Gutes zu erfahren, und lese daher viel in ihrer großen Literatur und auch in Geschichtswerken. Neulich nachts stieß ich dabei in Heinrich Friedjungs »Kampf um die Vorherrschaft in Deutschland« auf den schon damals, 1866, nicht mehr ganz jungen Franz Joseph I., der für mich wie für viele seit langem zum Sinnbild des Uralten und eine fast mythische Gestalt geworden war. Plötzlich schoß es mir durch den Kopf: »Donnerwetter – ich bin ja schon fast drei Jahre älter als der! Seltsam, daß ich das noch nie bemerkt habe.«

Dafür merken es die anderen. Mir geht es ähnlich insofern, als mir das eigene Altern an dem der anderen deutlich wird – vor allem, wenn es in einiger Entfernung stattfindet wie etwa bei unseren Meteorologen, die Jahrzehnte lang auf dem Bildschirm erscheinen und das Wetter ansagen.

Im Alter erinnert man sich besonders lebhaft der Kindheit, wie die Erfahrung lehrt. Was ich an Rückblicken in das vorige Jahrhundert zu bieten habe, ist freilich nicht bedeutend – aber es ist mit Erinnerungen wie mit den Weinen: das Alter fügt ein gewisses Bukett hinzu, besonders wenn sie nicht verschnitten sind. Ich wurde 1895 geboren, also noch zu Bismarcks Lebzeiten. Es war das Jahr, in dem Röntgen die neuen Strahlen entdeckte; Marx war bereits 1883 gestorben, Dreyfus schon deportiert. (...)

Bislang war ich der Meinung, daß das erste historische Ereignis, an dem ich als Zuschauer teilnahm, auch in das vorige Jahrhundert gefallen sei – doch ich mußte mich berichtigen. Der Genauigkeit wegen habe ich in den Büchern nachgeschlagen und sehe, daß es am 12. August 1901 stattgefunden hat. Ich ging also schon zur Schule und stand mit den Eltern auf dem Balkon. Unten fuhr ein leichter Wagen vorüber, in dem ein General saß; am Waldrand standen Leute und begrüßten ihn mit Hurra. Es war der Feldmarschall Waldersee; er kam aus dem China-Feldzug zurück. Der große Empfang hatte bereits am Bahnhof vor dem Ernst-August-Denkmal stattgefunden; jetzt fuhr der Marschall zu seiner Villa im vornehmen Teil der Straße, die nach ihm benannt worden ist. Ich weiß nicht, ob sie heut noch so heißt. Die Namen ändern sich bei uns sehr oft; daher finde ich mich in Paris besser als in deutschen Städten zurecht. Wenn etwa Jean oder Jacques von der Rue Royale am Hause, in dem Robespierre gewohnt hat, vorbei zur Bastille geht, hat er zweihundert Jahre Geschichte ohne kollektive Gewissensbisse absolviert.

Der Chinakrieg, während dessen Waldersee das deutsche Kontingent befehligte, wird heute mit Recht als brutale Ausplünderung angesehen. Die Eltern und Großeltern dagegen waren von dem Erfolg begeistert, und alle Lehrer natürlich auch.

Mich, der Mode folgend, über sie zu erheben, liegt mir fern. Sie wollten, nachdem die Welt so gut wie verteilt war, noch einen Zipfel davon abhaben. Auch hatten sie von den Boxern, die man heute als Faschisten anprangern würde, nur das Übelste gehört. Den Gelben war also ganz recht geschehen. Solchen Urteilen gegenüber muß man vorsichtig sein. Inzwischen haben die Chinesen gezeigt, wer sie wirklich sind. Die Welt ist veränderlich, auch wenn die gerade Besitzenden das nicht gerne hören.

Es war im Jahre 1910 – ich stand mit Eltern und Geschwistern vor unserem Rehburger Hause; wir betrachteten den Halleyschen Kometen, der sich am nächtlichen Himmel abzeichnete. Er war nicht groß, eher ein Nebelfleck; ich hatte mir einen Kometen mächtiger vorgestellt und mit schönem Schweif. Damals war ich von Byron begeistert, und wenn man mit literarischen Maßstäben an die Realität herangeht, kann die Enttäuschung nicht ausbleiben. Vielleicht hat Schiller den Ozean gerade deshalb so großartig besungen, weil er ihn nie gesehen hat.

Der Vater hielt nichts von einem besseren Jenseits, aber er meinte, daß man in seinen Kindern fortlebe. Daher liebte er bestimmte Datierungen. Er zeigte also auf den Kometen und sagte: »Er wird erst 1986 wiederkehren; von Euch allen wird Wolfgang ihn vielleicht noch einmal sehen.« Das entsprach der Wahrscheinlichkeit, denn Wolfgang war der Jüngste von uns. Aber er war der erste von meinen vier Geschwistern, der sterben sollte, und die drei anderen folgten ihm. Ich als der Älteste bin nun der einzige, der das Gestirn noch einmal sehen könnte – indessen halte ich es mit Lichtenbergs Maxime: »Man soll seine Hoffnungen wie seine Schienbeine nicht zu weit vorstrecken.«

Doch was heißt: »Hoffnungen«? Wir leben in Zeiten, in denen wie an jedem Jahrtausendende die Furcht dominiert. Diesmal spiegelt sie sich uns, dem Zeitgeist entsprechend, als technische Großkatastrophe vor. Wir müssen uns mit dem Atomzeitalter abfinden. Auf alle Fälle, wenn ich mir ein Selbstzitat erlauben darf, führt die Hoffnung weiter als die Furcht.

Aus der Dankesrede, gehalten während der Feier im Stuttgarter Neuen Schloß.

Während einer zu Ehren Ernst Jüngers aus Anlaß seines 90. Geburtstages im Stuttgarter Neuen Schloß am 2. April 1985 ausgerichteten Feier überreichte der baden-württembergische Ministerpräsident Lothar Späth das Große Verdienstkreuz mit Stern und Schulterband des Verdienstordens der Bundesrepublik Deutschland.

Markt in Parabat am Tobasee (Sumatra, April 1986).

Erstausgabe des Reisetagebuchs »Zwei Mal Halley« (1987), das Aufzeichnungen vereinigt, die der Autor während einer Reise in Malaysia und Indonesien zwischen April und Anfang Mai 1986 notiert hatte. Jünger sah zum zweiten Mal in seinem Leben den Halleyschen Kometen.

Kuala Lumpur, 15. April 1986

Das Wiedersehen ist doch noch gelungen – ein Markstein gesetzt. Wolfram Dufner klopfte an – um, wie ich dachte, uns zur Abfahrt zu wecken, aber es war noch dunkel, und er rief: »Der Komet ist da!« Das war kaum zu glauben – wir stürzten in sein Zimmer, ich mit dem Feldstecher in der Hand. In der Tat – Halley stand ebenso deutlich am Himmel wie damals zu Rehburg vor sechsundsiebenzig Jahren, als ich ihn mit Eltern und Geschwistern gesehn hatte.

Diesmal schien er mir etwas größer, doch ebenso wenig imponierend wie damals – schweiflos, diffus, etwa wie ein Garnknäuel. Er stand auch höher – unter dem südlichen Sternbild des Triangulums, mit dem er ein gestrecktes Trapez bildete.

Kometen stellen wir uns vor, wie die alten Maler sie über den Stall von Bethlehem setzten und wie sie in der Tat nach glaubwürdigen Überlieferungen in erschreckender Größe erschienen sind. Die meisten Photos, die ich gesehen habe, wenigstens die von der Erde aus aufgenommenen, trügen, denn wer lange genug belichtet, kann jedem Gestirn einen Schweif von beliebiger Länge anhängen.

Ein Wiedersehen eigener Art, und unter Umständen, die damals keine Phantasie ersonnen hätte: in den Präludien der Wassermannzeit.

Ich glaube, es war Ranke, der sagte, als Historiker müsse man alt werden, denn nur, wenn man große Veränderungen persönlich erlebt habe, könne man solche wirklich verstehen. Er wird damit wohl weniger den einzelnen Vorgang als den Gewinn an Erfahrung gemeint haben. Das Verhältnis ähnelt dem des Soldaten, der nur auf dem Exerzierplatz geübt, zu jenem, der auch im Gefecht gestanden hat. (…)

Wir betrachteten das Gestirn lange; der Himmel über dem Urwald blieb klar. Wenn etwas bei der Begegnung fehlte, so der Enkel, dem ich den Erinnerungsgruß an Halley hätte weitergeben können – die nächste Wiederkehr wird, wenn ich richtig gezählt habe, im Jahr 2062 stattfinden. Und wenn sich etwas geändert hat, so die Stimmung – vom Optimismus, mit dem der Vater seine Prophezeiung aussprach, blieb keine Spur zurück.

Zwei Mal Halley

Wir hatten seit langem keine Nachrichten gehört, waren auch nicht begierig danach. Daß inzwischen in der Nähe von Kiew ein Atom-Meiler in die Luft geflogen ist, bildet keine Überraschung für mich. Wir leben im Atomzeitalter und werden uns wohl oder übel damit abfinden. Persönlich käme ich mit der Technik und mit dem Stande der Wissenschaft zur Zeit Alexanders und des Aristoteles aus, würde sie sogar vorziehen – vom Kultus und der Kultur ganz abgesehen. Indes haben wir mit Dimensionen zu rechnen, denen gegenüber die des 19. Jahrhunderts und sogar die unserer Gegenwart liliputanisch sind. Daß man die guten Stücke herausschneiden möchte, ist verständlich, aber umsonst fliegt man nicht bis zum Mond. Umsonst nimmt man auch nicht jährlich um achtzig Millionen zu.

Daß die Entwicklung der Vernunft Hohn spricht, beweist ihre Stärke – siehe das »credo quia absurdum« des Tertullian.

Zwei Mal Halley

Nach Mitternacht weckte mich eine Dankeswelle für Eltern, Lehrer, Kameraden, Nachbarn, unbekannte Freunde, ohne deren Hilfe ich nie mein Alter erreicht hätte. Meine Knochen würden in der Sahara bleichen, in einem Granattrichter modern; ich würde in Lagern oder Zuchthäusern verschmachtet sein. Wer weiß, wer für mich eintrat, wo um Köpfe gehandelt wurde, wer für mich Akten fälschte oder verschwinden ließ. Man sagt: »Freunde in der Not gehen hundert auf ein Lot.« Aber einer genügt; ich habe gute Erfahrungen. Ob bei leichten Havarien, ob in schweren Katastrophen – es war immer einer da. Das kann kein Zufall sein.

Zwei Mal Halley

Zuweilen wird uns das Phantastische, ja das Unmögliche unserer Existenz bewußt. Der Verdacht, daß wir sie nur träumen, läßt sich, besonders in den Pausen, nicht abweisen. Die Spezies ändert sich. Welches Horoskop hat ein Kind, das hier geboren wird?

Zwei Mal Halley

In der Apotheke des Chinesen Lee Tan (Kuala Lumpur, April 1986).

Mit Batak-Kindern auf Samosir am Tobasee (Sumatra) im April 1986.

Hans-Georg Amsel (1905–1999) und Ernst Jünger.

Jünger-Karikatur des Bonner Karikaturisten Herbert Particiewicz, als Plakat gedruckt von der Wochenzeitung »Rheinischer Merkur/Christ und Welt« zur Frankfurter Buchmesse 1986.

Es rundet sich.« Das ist zu jeder Zeit und an jedem Ort möglich, und im Beschränkten eher als im Großen, im Garten leichter als im Reich. Letzthin gelingt es jedem; der Greis findet zur Kindheit zurück, das Ende zum Anfang, die Schlange zum Kreis.

»Wiederfinden« ist wichtiger als »Finden« – ursprünglicher. Wir finden im Walde das Beil wieder, das wir verloren haben, oder den Ring im Garten – das gibt ein Glücksgefühl. Je länger wir einen Gegenstand vermißten, desto freudiger begrüßen wir ihn. Wir finden den Bruder wieder, dem wir lange grollten, – versöhnen uns mit ihm.

Das Leben ist auf Wiederfinden ausgerichtet – das weist auf einen Verlust hin, der in der Zeit nur flüchtig und nur durch Gleichnisse gemildert werden kann – durch Zufälle.

Autor und Autorschaft

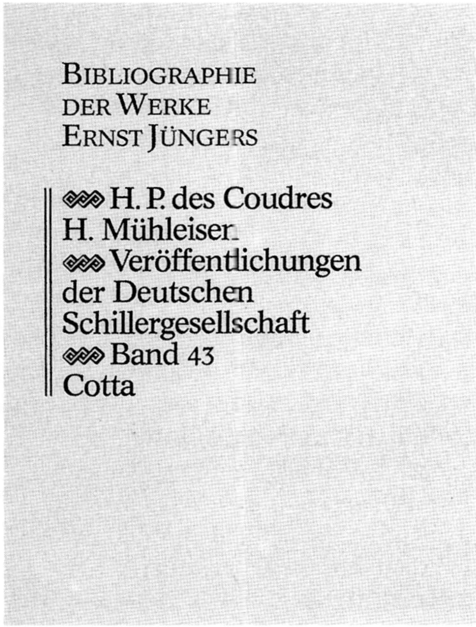
Bibliographie der Werke Ernst Jüngers

H. P. des Coudres
H. Mühleisen
Veröffentlichungen der Deutschen Schillergesellschaft
Band 43
Cotta

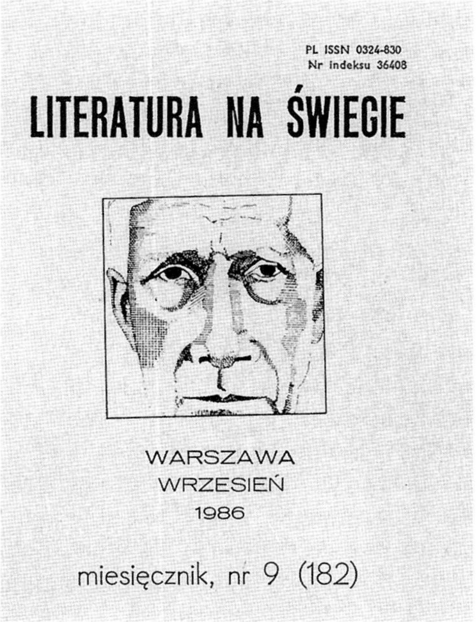
PL ISSN 0324-830
Nr indeksu 36408

LITERATURA NA ŚWIECIE

WARSZAWA
WRZESIEŃ
1986

miesięcznik, nr 9 (182)

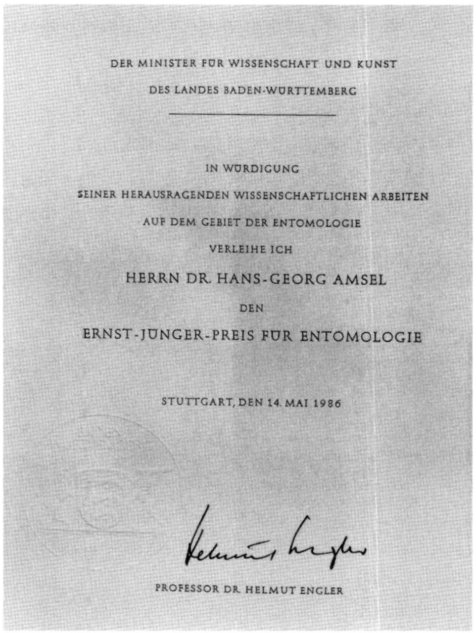
DER MINISTER FÜR WISSENSCHAFT UND KUNST
DES LANDES BADEN-WÜRTTEMBERG

IN WÜRDIGUNG
SEINER HERAUSRAGENDEN WISSENSCHAFTLICHEN ARBEITEN
AUF DEM GEBIET DER ENTOMOLOGIE
VERLEIHE ICH
HERRN DR. HANS-GEORG AMSEL
DEN
ERNST-JÜNGER-PREIS FÜR ENTOMOLOGIE

STUTTGART, DEN 14. MAI 1986

PROFESSOR DR. HELMUT ENGLER

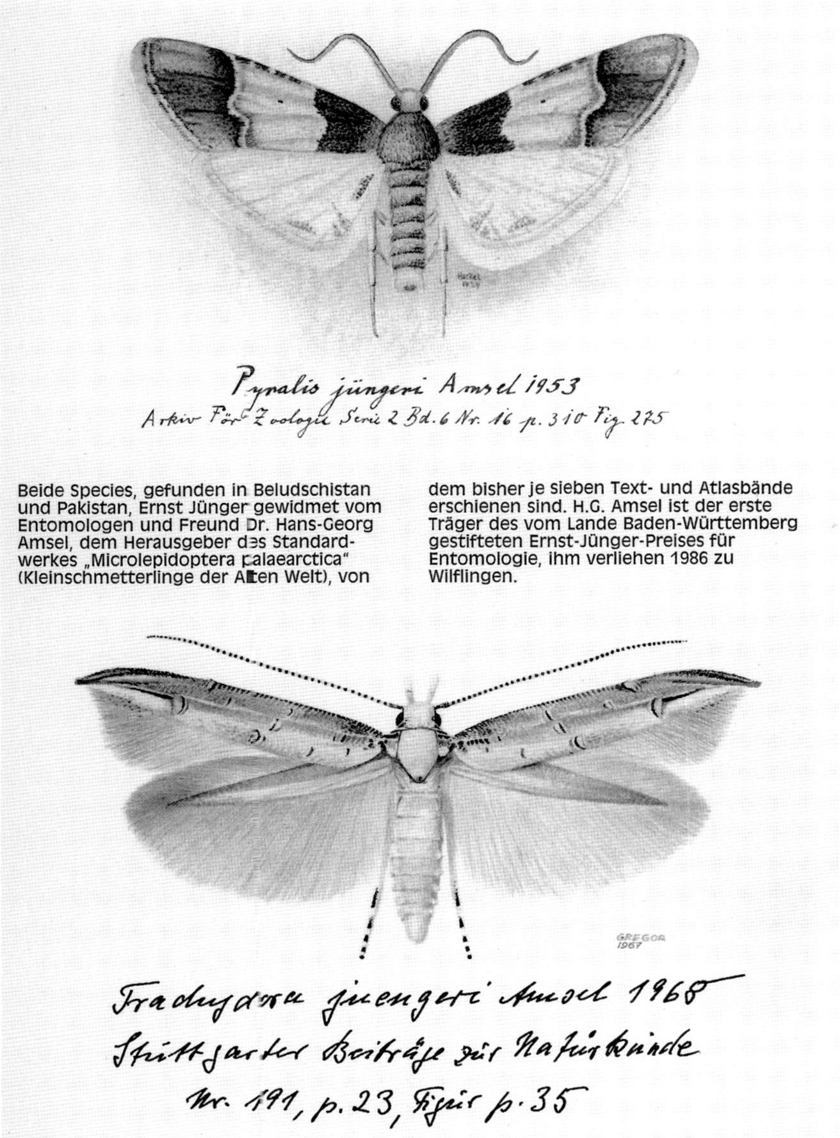
Pyralis jüngeri Amsel 1953
Arkiv För Zoologi Serie 2 Bd. 6 Nr. 16 p. 310 Fig. 275

Beide Species, gefunden in Beludschistan und Pakistan, Ernst Jünger gewidmet vom Entomologen und Freund Dr. Hans-Georg Amsel, dem Herausgeber des Standardwerkes „Microlepidoptera palaearctica" (Kleinschmetterlinge der Alten Welt), von dem bisher je sieben Text- und Atlasbände erschienen sind. H.G. Amsel ist der erste Träger des vom Lande Baden-Württemberg gestifteten Ernst-Jünger-Preises für Entomologie, ihm verliehen 1986 zu Wilflingen.

Trachydora juengeri Amsel 1968
Stuttgarter Beiträge zur Naturkunde
Nr. 191, p. 23, Figur p. 35

Die von Horst Mühleisen neu bearbeitete und bis zum Jahr 1985 geführte Bibliographie, erschienen in der J. G. Cotta'schen Buchhandlung Nachfolger im Hause Klett-Cotta. Zum 100. Geburtstag am 29. März 1995 erschien eine revidierte und ergänzte Ausgabe ebenfalls bei Klett-Cotta.

Der polnische Literatur-Digest »Literatura na swiecie« (Literatur in der Welt) widmete 1986 Ernst Jünger eine als Taschenbuch erschienene, 384 Seiten umfassende Ausgabe. Sie enthält Auszüge aus den Erzählungen »Auf den Marmorklippen«, »Heliopolis« und aus »Das Abenteuerliche Herz«, Kritiken und ein Interview. Die Texte wurden von so bekannten Übersetzern wie Wojciech Kunicki, Jerzy Prokopiuk, Ryszard Turczyn und Tadeusz Zielinski übertragen.

Eine 1990 erschienene Broschüre zeigt sämtliche bis dahin Ernst Jünger gewidmeten Käfer, Schnecken, Sporentierchen und Schmetterlinge. Hier zwei Kleinschmetterlinge, gefunden von Hans-Georg Amsel.

Zu Ernst Jüngers 90. Geburtstag stiftete der Ministerpräsident von Baden-Württemberg einen »Ernst-Jünger-Preis für Entomologie«, der alle drei Jahre für herausragende Leistungen auf dem Gebiet der Insektenkunde verliehen wird: Der erste Preisträger war 1986 Hans-Georg Amsel, früherer Leiter der Entomologischen Abteilung der Landessammlung für Naturkunde in Karlsruhe und mit Jünger seit den zwanziger Jahren befreundet. Am 14. Mai 1986 nahm er den Preis im Stauffenbergschen Schloß zu Wilflingen entgegen; er erhielt ihn für sein Lebenswerk, das er den Kleinschmetterlingen, den Microlepidopteren, widmete. Dokumentiert ist dieses Lebenswerk in bisher sieben Bänden des Standardwerks »Microlepidoptera Palaearctica«.

Premio Internazionale Tevere

a

Ernst Jünger

PER LA SUA OPERA COMPLESSIVA

IL PRESIDENTE

I SEGRETARI GENERALI

TEATRO DELL'OPERA DI ROMA - 1 OTTOBRE 1987

Ich betrachte diese Verleihung nicht als persönliche Ehrung, sondern vor allem als Zeichen für die Harmonie zwischen unseren beiden Völkern – eine Harmonie, von der ich glaube, daß sie im Grunde immer bestanden hat und daß jeder Germanicus von einem Tacitus, jeder Welfe von einem Ghibellinen ergänzt wurde.

(...) Wie für jeden gebildeten Deutschen beschränkt sich meine Sympathie nicht auf die Zeit der Nationalstaaten – sie reicht auf Epochen zurück, in denen Italiens Städte auf allen Gebieten der Kunst einschließlich der Architektur und der Gärten uns Vorbilder geschenkt haben – besonders während der Renaissance, die für mich mit Dante beginnt.

Ein Schritt weiter zurück führt in die Antike, auf den humanen Urgrund, gewissermaßen den historischen Granit. Wie viele meiner Zeitgenossen, und nicht erst seit Spengler, habe ich Anfälle von Pessimismus erlitten, in denen ich mich fragte, ob es nicht rätlich wäre, aus der Geschichte oder sogar der species humana zu emigrieren ... der letzte Trost war dann der Rückblick auf die Griechen und Römer in ihren besten Zeiten, in denen die einen musisch, die anderen logisch gezeigt haben, was der Mensch vermag. Bei seinen hohen Repräsentanten denke ich denn auch weniger an den Übermenschen als an Leonardos Gesicht.

Alle diese Gedanken werden gegenwärtig und lebendig in Rom, der Stadt mit der ältesten ungebrochenen Tradition in Europa, der wahren Mutter des Abendlandes.

In Rom wird Ernst Jünger am 1. Oktober 1987 für sein gesamtes literarisches Werk mit dem Internationalen Tevere-Preis geehrt. Italiens Staatspräsident Francesco Cossiga bei der Gratulation im Quirinal-Palast.

Mein erster Besuch der Ewigen Stadt fiel ins Jahr 1923; er konnte nur kurz sein, aber die Eindrücke waren tief und blieben frisch bis heute. Mutter und Schwester begleiteten mich. Die Mutter liebte besonders Santa Maria Maggiore, den mächtigen Innenraum mit den herrlichen Mosaiken. So oft ich später in Ihre Stadt kam, war mein Gang dorthin. Ich gedachte dabei ihrer, aber auch des großen Lorenzo Bernini, der dort unter einer schlichten Grabplatte liegt. Besonders die herrlichen Brunnen, mit denen er Rom schmückte und das großartige Stadtbild aufheiterte, haben es mir angetan.

(...) Ich erwähnte den Weltkrieg – dabei fällt mir ein, daß einem Astrologen an meiner Biographie ein Parallelismus aufgefallen ist. Ich weiß nicht, wie er ihn begründet, doch finde ich Belege dafür. So habe ich, wenngleich im vorigen nur für ein Lustrum, in zwei Jahrhunderten gelebt. Ich habe an zwei Weltkriegen teilgenommen, am ersten freiwillig, am zweiten als Reservist. Ich habe zweimal geheiratet und zwei Söhne gehabt. Meine erste Frau Gretha ist gestorben, mein erster Sohn Ernstel ist bei Carrara gefallen; er ruht auf dem Friedhof zu Wilflingen neben ihr. Seltsam berührt mich, daß ich zwei Mal den Halleyschen Kometen gesehen habe – 1910 mit Eltern und Geschwistern in der Nähe von Hannover und im vorigen Jahr mit meiner Frau Liselotte über den Wäldern von Malaysia. Ich legte Wert auf dieses Wiedersehen und flog deshalb dorthin und nach Sumatra.

Als Kuriosum darf ich anfügen, daß ich auch den freudigen Anlaß, der uns heute vereint, als ein Duplum genieße insofern, als ihm vor einem Jahr in Palermo die Verleihung des Premio Mediterraneo vorausgegangen ist. Die Tage dort riefen mir meine genußreichen Aufenthalte in der Conca d'Oro vor zwei Menschenaltern zurück.

»Das Glück liegt in der Wiederholung«, behauptete mein Bruder Friedrich Georg, der mich damals begleitet hat. Man könnte diese Aufmerksamkeit für die berühmte Duplizität der Fälle für eine Grille halten, doch sehe ich darin mehr als die Korrespondenz zweier Tatsachen. In der Wiederkehr deutet sich nicht nur Ähnliches an, sondern dahinter und darüber hinaus Identisches. Wenn wieder ein Frühling kommt, sei es ein guter oder ein schlechter, keimt mit ihm die Idee oder die Hoffnung auf einen ewigen Frühling auf. Die Parallelen schneiden sich im Unendlichen.

Aus der Dankesrede zur Verleihung des Premio Internazionale Tevere

Autorschaft. Wie soll der Begriff gefaßt werden? Ganz allgemein als Äußerung schöpferischer Kraft. Autor ist jeder, nur wissen die meisten nichts von ihrem Glück.

Literarisch genommen, muß der Begriff den Dichter ein- und darf den Schriftsteller nicht ausschließen.

Autor und Autorschaft

Im Frühjahr 1988 erschienen in Paris, in der Übersetzung von Henri Plard, noch vor der deutschen Ausgabe »Nachträge« zu »Autor und Autorschaft« – Adnoten, die dem musischen Schaffen gelten, die bei der täglichen Arbeit am Schreibtisch und den Gängen durch die Wilflinger Wälder und Felder angefallen waren.

Die Welt ist wunderbar im Ganzen, daher ist vom Gebet kein Wunder zu erwarten – es sollte vielmehr das Wunder dankbar bestätigen.

Autor und Autorschaft

Seit genau siebenunddreißig Jahren zähle ich mich zu den Bürgern von Wilflingen. Als ich damals auf Einladung des verewigten Freiherrn Franz von Stauffenberg hier einzog, ahnte ich nicht, daß ich an diesem Orte länger verweilen würde als an jedem anderen zuvor.

Das Dorf hat mir sogleich gefallen. Seine Lage inmitten der weit gebreiteten, fruchtbaren Felder, Obstgärten und Wiesen, die Freundlichkeit der Bewohner, die damals sämtlich noch Bauern waren, behagte mir sehr. (...)

Neben der guten Nachbarschaft hat mich während dieser Jahre besonders die Nähe der großen Wälder erfreut, die ich oft und nach jeder Richtung hin durchstreift habe. Ich habe die alten Bäume fallen gesehen und wandere jetzt im Schatten der neuen, die auch schon eine stattliche Höhe erreicht haben. (...)

Ich sehe im Walde ein Vorbild nicht nur der erhaltenden, sondern auch der mehrenden Kraft. Wir zehren noch heute von der Wärme einer Sonne, die vor Millionen Jahren die Wälder beschienen hat. Wenn der Wald leidet, teilt er uns mit, daß wir mehr konsumieren, als die Natur es erlaubt, die wir geerbt haben. Darüber darf uns die Perfektion der Technik nicht hinwegtäuschen.

Es ist zu begrüßen, daß die Bedrohung begriffen wird. So dürfen wir hoffen, daß der gesunde Sinn nicht verlorengegangen ist und daß er den rechten Weg findet. Wenigstens hier in Wilflingen durfte ich erfahren, daß der Ort von Jahrzehnt zu Jahrzehnt sowohl in der Substanz wie in der Erscheinung gewonnen hat. Möge er verjüngt und mit wachsender Kraft in das dritte Jahrtausend eingehen.

Aus der Ansprache zur Neunhundertjahrfeier Wilflingens am 3. Juli 1987

Im Dorf (1988).

1988 | 1998

DIE TOTEN KOMMEN NÄHER

Daß er das Gefühl des Alterns nicht aufbringen könne, wie Jünger einmal formulierte, beweist der Dreiundneunzigjährige durch zwei Übersee-reisen, die ihn 1988 zu den Seychellen und ein Jahr später nach Mauritius bringen. Dazwischen schieben sich Aufenthalte an vertrauten Orten wie Paris, München, Magadino und Überlingen am nahen Bodensee, wo Liselotte Jünger ein Haus besitzt. Den Fall der Mauer am 9. November 1989 erlebt Jünger am häuslichen Fernsehgerät; die Enkel Irina und Martin rufen aus Berlin an und berichten, dass sie auf der Mauer tanzten – eine Nachricht, die Jünger mit Glück erfüllt. Er habe, schreibt er im Tagebuch, immer an die Wiedervereinigung geglaubt. Und mahnt in Anspielung auf Kritiker der Einheit wie Oskar Lafontaine oder Günter Grass, man dürfe, wenn ein Bruder an die Tür klopft, nicht nach den Kosten fragen.

Während sich mit der Auflösung der Sowjetunion die politische Landkarte Europas neu ordnet, schreibt Jünger an einer philosophischen Schrift mit dem Titel »Die Schere«, die 1990 bei Klett-Cotta herauskommt. Die »Schere« ist ein aphoristisch verdichteter Text zu den Themen Zeit, Traum und Tod und ein eindrucksvolles Beispiel für den Weg, den Jünger von der dionysischen Bejahung des Schmerzes in seinem Frühwerk über den heroischen Versuch der Leidensakzeptanz im »Arbeiter« bis hin zu seiner platonischen Aufhebung im Alterswerk zurückgelegt hat.

Wenige Tage vor Jüngers 95. Geburtstag, am 21. März 1990, überrascht Bundeskanzler Kohl den Jubilar mit einem zweiten Besuch, zu dem er den spanischen Ministerpräsidenten Felipe Gonzáles mitbringt; der Sozialdemokrat Gonzáles ist Jünger-Leser mit botanischen Neigungen. Von der Begegnung ist er so beeindruckt, daß er Jünger spontan zu einem Gegenbesuch nach Spanien einlädt. Seinen Geburtstag feiert Jünger auf Einladung der baden-württembergischen Regierung im Neuen Schloß und reist Anfang April mit Liselotte noch nach Bern, wo der deutsche Botschafter Wolfram Dufner eine Nachfeier für Jünger ausrichtet, zu der auch der Schriftsteller Friedrich Dürrenmatt und der Historiker Golo Mann kommen.

Noch einmal lenkt eine Medien-Kontroverse den Blick zurück auf Jüngers politische »Umstrittenheit«. Der Tübinger Rhetorikprofessor Walter Jens legt zu Jahresbeginn 1993 scharfen Protest gegen die Veröffentlichung von Tagebuchaufzeichnungen Jüngers in der Ostberliner Kulturzeitschrift »Sinn und Form« ein. Der Abdruck ist insofern bemerkenswert, als es sich um eine traditionsreiche Institution der untergegangenen DDR handelt. Jens, Präsident der Akdamie der Künste West, sieht in der Publikation das Symptom für einen angeblichen Rechtsruck im wiedervereinten Deutschland. Jünger stehe noch immer in der Tradition eines Antiliberalismus von rechts und sei in der Vergangenheit durch antisemitische Äußerungen aufgefallen. Der Schriftsteller Heiner Müller, Präsident der Akademie der Künste Ost, und eine Reihe weiterer Autoren verteidigen Ernst Jünger. Die Kontroverse spiegelt so auch das grundlegend veränderte Meinungsklima seit 1982, als man Jünger beim Goethepreis-Eklat aus dem linksintellektuellen Milieu heraus fast geschlossen angegriffen hatte.

Solch verspäteten Attacken stehen bedeutende wissenschaftliche Studien gegenüber, die Ernst Jünger in den Kontext der europäischen Moderne rücken, wie Karl Heinz Bohrers »Ästhetik des Schreckens« (1978) oder die monumentale Werkbiographie des Zürcher Journalisten Martin Meyer (1990). Meyer bedient sich bei der Auseinandersetzung mit Jünger der Vorstellung des Philosophen Hans Blumenberg, der konstatiert hatte, in der Moderne verschärfe sich der Gegensatz von »Lebenszeit« und »Weltzeit«. Je rascher das Vertraute vom unaufhaltsamen Wandel verschlungen werde, desto deutlicher zeige sich, daß »Sinn« vom Einzelnen nicht mehr zu Lebzeiten gewonnen werden könne. Er müsse erträumt, dichterisch beschworen und in Utopien vorausgeschaut werden. Jünger wird für Meyer dabei schon wegen seiner langen Lebensspanne zum idealen Zeugen dieser Bewußtseinskrise.

Die europäische Dimension von Jüngers Werk wird unterstrichen durch eine Auszeichnung, mit der gewöhnlich Politiker und Persönlichkeiten aus der Wirtschaft für ihre Verdienste um die europäische Einigung geehrt werden. Am 23. März 1993 erhält Jünger in Saulgau den von der Bonner Universität verliehenen Robert-Schuman-Preis. In seiner Dankesrede schaut Jünger zurück auf sein Manifest »Der Friede«, das er als seine »europäischste« Schrift betrachtet.

Es ist kein Zufall, daß ein anderer großer Europäer in diesen Jahren immer wieder die Nähe Jüngers sucht, mehrere Male zu ihm nach Wilflingen reist oder ihn als Ehrengast zu französisch-deutschen Versöhnungsfeiern lädt: Frankreichs Staatspräsident François Mitterrand. Kurz nach der Verleihung des Robert-Schuman-Preises ist Jünger zum zweiten Mal nach 1984 bei Mitterrand im Élysée, der in seinem Stab auch den Jünger-Übersetzer Pierre Morel beschäftigt. Beim Abschied sagt der französische Präsident, in Frankreich wäre Ernst Jünger in die Akademie aufgenommen worden oder zum Feldmarschall aufgestiegen.

Auch der in Deutschland lebende französische Bildhauer Serge Mangin ist wie Mitterrand ein passionierter Jünger-Leser. 1990 bittet er den Fünfundneunzigjährigen, ihn porträtieren zu dürfen. Zwei Jahre vor Mangin hatte bereits der junge oberschwäbische Bildhauer Gerold Jäggle eine Jünger-Büste geschaffen. Wie kaum ein anderer deutscher Autor von Rang ist Ernst Jünger immer wieder porträtiert worden, von Malern wie Werner Höll, Rudolf Schlichter, Oskar Kreibich, Hans-Jürgen Kallmann und André Ficus, dem Zeichner Horst Janssen und dem bekannten Fotografen Stefan Moses. Vor Jäggle und Mangin haben ihn bereits andere Bildhauer – Bernd Günther, Arno Breker, Hans Wimmer, Wolf Ritz – in verschiedenen Lebensphasen porträtiert. Die beiden letzten Porträtisten haben den Vorteil, Jüngers Erscheinung gewissermaßen in der physiognomischen Vollendung abbilden zu können, in der äußersten geistigen Ausreifung, wie sie dem Uralter vorbehalten ist. Als Mangin die Arbeit an der Büste beendet hat, kommentiert Jünger dies mit den Worten: »Es war ein großer Tag. Er hatte mein gültiges Altersbild geschaffen.«

Die Wiedervereinigung macht Reisen nach Sachsen, wo die Eltern und der Bruder Hans bis zu ihrem Tod lebten, wieder ohne Schikanen möglich. Im Mai 1992 fahren Ernst und Liselotte Jünger nach Dresden, um von dort aus auch das Grab der Familie in Leisnig aufzusuchen. Der Tod und das Verhältnis zu den Toten sind eines der großen Themen der letzten drei Bände der Tagebücher, die unter dem Titel »Siebzig verweht « zwischen 1993 und 1997 herauskommen. Jünger, der seit Jahren »letzte Worte« Sterbender sammelt, ist geradezu besessen davon, Zeichen der Transzendenz aufzuspüren und seinen Lesern Belege zu liefern für die Existenz der »anderen Seite«. Als Hinweis, daß das Totenreich näher rückt, schildert Jünger in »Siebzig veweht V«, dem letzten Tagebuchband, den Tod von Freunden und Weggefährten und ihr Erscheinen in den Träumen. Der Kontakt zum Jenseits wird geradezu gesucht, vor allem frühmorgens, wenn Jünger den »dritten Gang« einlegt, eine Art Traum-Technik, mit der es in der Dämmerphase zwischen Erwachen und Wiedereinschlafen gelingt, besonders tief ins Unbewußte und Zeitlose hinabzutauchen.

Völlig unerwartet wird Jünger mit dem Tod konfrontiert, als sein schwer erkrankter Sohn Alexander kurz vor seinem sechzigsten Geburtstag in Berlin Selbstmord begeht. Der unerwartete Tod des Sohnes ist ein schwerer Schlag für Jünger, der eben seinen achtundneunzigsten Geburtstag feierte. Zwei Söhne zu überleben, die beide gewaltsam starben, ist eine Bürde, die auch ein Ernst Jünger kaum zu schultern vermag. Trost findet er beim Schreiben einer Rede, die er im Juli 1993 als Ehrengast bei der Verleihung des »Gran Premio Punti Cardinali dell'Arte« bei der 45. Kunstbiennale in Venedig halten soll. Der daraus hervorgehende Essay »Prognosen« ist die Summe von Jüngers Prognostik seit den Spekulationen der »Zeitmauer«, ein Versuch, den Verlauf der nächsten zwei Jahrhunderte mit Hilfe von Dichtung und Mythos vorauszusehen. Die Götter, prognostiziert Jünger, werden weiter an Ansehen verlieren, die technische Zerstörung wird fortschreiten – doch am Ende behalten nicht die Titanen, sondern die Dichter das letzte Wort. Sie erträumen, was die Wiederkehr der Götter den Menschen bringen wird: neue Kulte und neue Zuversicht.

Wenige Monate später ist es Jünger selbst, der dem Tod ins Auge blickt aufgrund einer Borreliose, hervorgerufen durch einen Zeckenbiß, die fast zur Herzlähmung führt. Im Krankenhaus von Riedlingen wird Jünger gesund gepflegt, doch das Unglück hat Folgen: Im November 1995 erleidet der Hundertjährige einen Herzstillstand und läßt sich einen Herzschrittmacher einsetzen.

Vielleicht ist all dies auch eine Folge der Feierlichkeiten zum 100. Geburtstag am 29. März 1995, die Jünger noch einmal viel Kraft abverlangen. Zum offiziellen Festakt lädt Baden-Württembergs Ministerpräsident Erwin Teufel in die Saulgauer Kleber Post, das Lieblingsrestaurant Jüngers. Die Würdigungen in den deutschen und europäischen Medien sind ausgesprochen respektvoll, in Frankreich, wo Jünger längst als Klassiker der Moderne gilt, findet Staatspräsident François Mitterrand die nobelsten Worte: Ernst Jünger sei »ein freier Mensch«, seine Haltung »die eines Römers, stolz und aufrecht, unerschütterlich. Nur wenige Werke sind so vielfältig, nur wenige Geister so beweglich«. Unterstrichen wird die breite Wertschätzung dieses Jahrhundertlebens durch die Prominenz der Gäste, die zur Gratulation nach Wilflingen kommen: Bundespräsident Roman Herzog, Bundeskanzler Helmut Kohl und Ministerpräsident Erwin Teufel. Aus Frankreich reisen Jüngers Verleger Christian Bourgois und Antoine Gallimard an, aus Italien Roberto Calasso und aus der Schweiz Dino Larese. Der französische Botschafter François Scheer gibt dem greisen Autor ebenso die Ehre wie der Generalinspekteur der Bundeswehr, Klaus Naumann, sowie die Publizisten Francois Bondy, Joachim Fest und Wolf Jobst Siedler. Beim Festbankett in der Kleber Post würdigen Bundespräsident Herzog und Ministerpräsident Teufel die Rolle Jüngers als herausragender Zeuge des Jahrhunderts und seine mutige Haltung im Dritten Reich. Jünger dankt mit einer Rede, die in dem Satz gipfelt:

»Dank meinen Freunden, und meinen Gegnern auch. Beide gehören zum Karma – ohne sie kein Profil.«

Im Sommer 1995 reist Jünger nach Madrid, um zum zweiten Mal in Spanien die Ehrendoktorwürde entgegenzunehmen. Erstmals ist er 1989 von der Universität Bilbao mit dem Doktor honoris causa ausgezeichnet worden. Die von der Universität Madrid-Alcalá ausgerichtete Zeremonie findet im Escorial statt, kurz danach wird Jünger von Spaniens Ministerpräsident Gonzáles in dessen Madrider Amtssitz empfangen. Jünger reist von Madrid weiter nach Altkastilien, um Avila und Segovia zu sehen. In den letzten Lebensjahren riskiert Jünger keine ganz großen Reisen mehr; regelmäßig besucht er stattdessen die Familie seines Neffen Gert Deventer in München, fährt mit Liselotte nach Überlingen oder besucht verschiedene Insektenbörsen. In Wilflingen bestimmen der Garten, die Lektüre, die Korrespondenz und Spaziergänge durch Dorf und Flur Jüngers Tagesablauf. Der Fotograf Stefan Moses schenkt ihm eine Landschildkröte, die Jünger »Hebe« tauft. In der griechischen Mythologie wurde die Schwester des Kriegsgottes Ares als Göttin der Jugend verehrt. Mit ihr wolle er alt werden, sagt Jünger einem Reporter und fügt hinzu, Hebe könnte leicht zweihundert Jahre alt werden. Als wolle er seine ungebrochene Vitalität unter Beweis stellen, schwimmt der Hundertzweijährige im sechzehn Grad kalten Wasser des Bodensees.

Ein Ereignis, das sich lange vorbereitete, bleibt der Öffentlichkeit verborgen: Jüngers Konversion zum katholischen Glauben. Sie wird vom Wilflinger Ortspfarrer Roland Niebel am 26. September in der Kirche St. Johannes Nepomuk vollzogen. Die Distanz zur evangelischen Kirche, in der Jünger getauft und konfirmiert wurde, hat sich über die Jahrzehnte ständig vergrößert. In kirchenkritischen Bemerkungen der Tagebücher hatte Jünger immer wieder auf die Verweltlichung der evangelischen Pfarrer hingewiesen, den Verlust der Transzendenz in den Predigten, das Eindringen sozialer und politischer Fragestellungen beklagt. Im Gegensatz zu ihren evangelischen Amtsbrüdern sind die katholischen Geistlichen in Jüngers Werk positiv dargestellt, so die Gestalt des Pater Lampros in den »Marmorklippen« oder Pater Foelix in »Heliopolis«. Jünger hatte immer schon, auch familiengeschichtlich, eine starke Affinität zum Katholischen, erwog sogar, seinen Sohn Ernstel katholisch taufen zu lassen. Er fühlte sich lebenslang vom farbigen Kultus, der reichen Bilderwelt des Katholizismus, dem mystischen Meßopfer der Eucharistie angezogen. Die katholische Alltagsfrömmigkeit mit ihrer heiteren Weltzugewandtheit, wie er sie auch in Wilflingen erlebt, ist ihm näher als das nüchterne Wortchristentum Luthers.

Auf die Jahreswende 1997/98 geht Jünger mit dem festen Vorsatz zu, dem Tagebuch-Zyklus »Siebzig verweht« noch einen weiteren Band hinzuzufügen, doch es gibt auch Zeichen des Abschieds. Auf einen Kartengruß an die Freunde läßt er ein Selbstzitat drucken, in dem er sich auf Charon bezieht, den Fährmann, der die Verstorbenen über den Fluß Styx zur Toteninsel übersetzt: »Der Styx beginnt zu schimmern; er lädt ein.« Das Jahr 1998 beginnt mit Magenproblemen, Jünger klagt über Schmerzen und Appetitlosigkeit, muß das Bett hüten. Dann wird er ins Kreiskrankenhaus nach Riedlingen verlegt, und Liselotte zieht zu ihm, um bis zuletzt bei ihrem Mann zu sein. Ernst Jünger stirbt am 17. Februar in den frühen Morgenstunden an Herzschwäche, im Beisein seiner Frau.

Vier Tage später, am 21. Februar, findet die Beerdigung in Wilflingen statt, zu der mehrere hundert Trauernde kommen, darunter Baden-Württembergs Ministerpräsident Erwin Teufel, Berlins Standortkommandeur Hans Helmut Speidel, der Verleger Michael Klett, der langjährige Freund und LSD-Entdecker Albert Hofmann und der frühere Jünger-Sekretär Armin Mohler. Auf einer Geschütz-Lafette, gezogen von vier Rappen und geschmückt mit einem Kranz des Ordens Pour le Mérite, wird der Eichensarg nach der Totenmesse von der Kirche zum Friedhof gefahren. Jeder der Trauergäste spürt, was Ernst Jünger gemeint hat, als er schrieb: »Mit jedem dieser Sehr-Alten, deren Namen uns seit Jahrzehnten vertraut ist, geht mehr dahin als eine Person. Eine Zeit nimmt Abschied.«

Der Tod Ernst Jüngers ist ein europäisches Ereignis. Nachrufe erscheinen in allen großen Zeitungen, meist an prominenter Stelle oder mit Sonderbeilagen. Der Pariser Philosoph Paul Virilio bezeichnet Jünger als »das menschgewordene zwanzigste Jahrhundert«, der Schriftsteller Rolf Hochhuth rühmt ihn als den letzten lebenden Deutschen, »der noch zur Weltliteratur gehörte«. Vier Wochen nach Jüngers Tod übergibt Bundesfinanzminister Theo Waigel in Bonn der Witwe eine Sonderbriefmarke mit dem Porträt Ernst Jüngers, doch die größte Ehrung wird Jünger in Frankreich zuteil, wo eine Auswahl seines Werkes zehn Jahre nach seinem Tod, im Juli 2008, in die berühmte »Bibliotheque de la Pléiade« aufgenommen wird. Die Reihe gilt als Kanon der Weltliteratur, in die von den deutschsprachigen Autoren des 20. Jahrhunderts vor Ernst Jünger nur Brecht, Kafka und Rilke aufgenommen wurden.

Beim Bankett der Träger des
Maximiliansordens.

Polonaise beim traditionellen »Küchenfeschtle« in Jüngers Lieblingsrestaurant »Kleber Post« im schwäbischen Saulgau am 8. November 1988.

Ernst und Liselotte Jünger im Wilflinger Garten mit der Schwiegertochter Mechthild und den Enkeln Irina und Martin, Sommer 1989.

Die höheren Jahre scheinen nur so dahinzufliegen – das ist ein saturnischer Zug. Er hat weniger mit der Zeit als mit dem Alter zu tun. Die Akte haben ihren Schluß, das Stück hat sein Ende; und es fragt sich, ob wir an einer Schluß- oder einer Endbeschleunigung teilnehmen – das heißt, ob wir in einen neuen historischen Akt oder in ein anderes Schauspiel eintreten. Für die zweite Möglichkeit spricht, daß die Zerstörung sich nicht auf das Geschichtsbild beschränkt, sondern auf die Naturreiche übergreift. Daher versagen die klassischen Mittel der Politik und der Moral. Davon muß sich auch das Gedicht lösen. Was ist zu retten, vor allem: was ist zu hoffen in Erwartung einer Sintflut, die mit Feuer droht.

Autor und Autorschaft

Der Autor wird sich auf die Katastrophenstimmung nicht einlassen. Die Katastrophe abzuwenden oder zu mindern, ist Aufgabe des Politikers, die Beistand verdient. Die höheren Geisteskräfte können hier nichts ausrichten; ihre Teilnahme ist eher zensorischer Natur: es gibt Entwicklungen, die moralisch einstimmig verurteilt werden und selbst der Logik widersprechen – sie nehmen doch ihren Gang.

Der Autor faßt den Untergang in seiner vollen Dimension ins Auge, in seiner tragischen Bedeutung, wie die großen Propheten und nach ihnen Heraklit. Letzthin ist der Untergang das einzig Normale und das Verhältnis des Autors zu ihm nur insofern besonders, als es sich im Werk profiliert. Überwindung der Todesfurcht ist Aufgabe des Autors; das Werk muß sie ausstrahlen.

Autor und Autorschaft

In einer Woche zwei achtzigste Geburtstage. Den Hans Lichtensterns feierten wir in Bad Buchau, den Meta Sigels zu Saulgau in Klebers Post. Dort waren wir auch einige Tage später wie alljährlich zum »Küchenfeschtle« eingeladen, bei dem bekannte Gastronomen ihre Künste darbieten. Die Gäste werden mit Schürzen ausgerüstet und dürfen am Herd in die Töpfe spähen.

Heuer war die Tafel orientalisch betont. Bertold Siber vom Seehotel Konstanz ließ Tom Yam Kung auftischen: Zitronengras-Suppe mit Garnelen und exotischen Gewürzen (was sind »Kaffirblätter«?), dann Poularde in rotem Curry und Kokosmilch.

Es versteht sich, daß man sich mit Kostproben begnügt.

Siebzig verweht V

Wilflingen, 10. November 1989

Wir saßen bis über Mitternacht vorm Bildschirm und nahmen am Jubel rund um das Brandenburger Tor teil. Die Enkel riefen aus Berlin an – sie haben auf der Mauer getanzt.

Endlich einmal eine gute Nachricht für unser Land. Sie wirkte wie ein Regen in der Wüste nach langer Trockenheit. Daß es einmal zur Wiedervereinigung kommen würde, habe ich nie bezweifelt – ob ich sie noch erleben würde, jedoch sehr. Dabei habe ich weniger an ein nationales Erwachen als an das Einschmelzen der Grenzen innerhalb der allgemeinen Entwicklung zum Weltstaat gedacht. Um so mehr erstaunte mich die Zuversicht, mit welcher der Bundeskanzler kürzlich hier in der Bibliothek das baldige Ende der »Zone« voraussagte.

Siebzig verweht IV

Bei Wilflingen (1988).

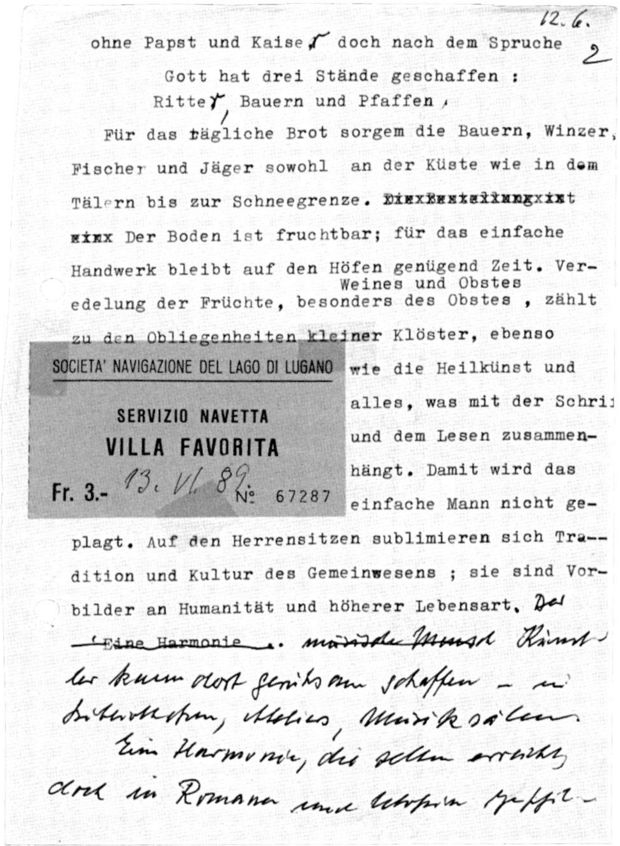

12.6.

2

ohne Papst und Kaiser doch nach dem Spruche

Gott hat drei Stände geschaffen :

Ritter, Bauern und Pfaffen ,

Für das tägliche Brot sorgem die Bauern, Winzer,

Fischer und Jäger sowohl an der Küste wie in dem

Tälern bis zur Schneegrenze. ~~Die Bestellung ist~~

~~nixx~~ Der Boden ist fruchtbar; für das einfache

Handwerk bleibt auf den Höfen genügend Zeit. Ver-

edelung der Früchte, besonders des Weines und Obstes Obstes , zählt

zu den Obliegenheiten kleiner Klöster, ebenso

wie die Heilkünst und

alles, was mit der Schri

und dem Lesen zusammen-

hängt. Damit wird das

einfache Mann nicht ge-

plagt. Auf den Herrensitzen sublimieren sich Tra--

dition und Kultur des Gemeinwesens ; sie sind Vor-

bilder an Humanität und höherer Lebensart. ~~Das~~

~~Eine Harmonie~~ . ~~Musik~~ Künst-

ler kann dort geruhsam schaffen – in

Bibliotheken, Ateliers, Musiksälen.

Eine Harmonie, die selten erreicht,

doch in Romanen und Utopien geschildert.

Tessin heißt für mich Sonne, Fels, Eidechsen, Wein. Hier war alles beisammen – sogar die Stützen der Reben aus Granit.

Siebzig verweht IV

Magadino, 13. Juni 1989

Gerda Mayer am Steuer, rund um den See. Die Alpenseen, auch hier die nördlichen mit ihren Inseln wie der Reichenau und der Mainau, rufen ein Heimweh nach lang verflossenen Zeiten und ihrer Gesellschaft hervor. Sie hat wohl immer nur platonisch existiert. Gewiß aber war sie weniger problematisch als die unsere, deren Hochhäuser auch hier nicht zu retuschieren sind.

Ich denke dabei nicht an die Pfahlbauten, auch nicht an die Römer, sondern an eine friedliche Landschaft in vorkarolingischer Zeit. Für das täglichge Brot sorgten die Bauern, Winzer, Fischer und Jäger sowohl an den Ufern wie in den Tälern bis zur Schneegrenze. Der Boden ist fruchtbar; für das Handwerk bleibt besonders im Winter auf den Höfen genügend Zeit. Veredelung der Früchte und des Weines zählt zu den Obliegenheiten kleiner Klöster, ebenso die Heilkunst und alles, was mit der Schrift und dem Lesen zusammenhängt. Damit wird der einfache Mann nicht geplagt. Eine Harmonie, die selten erreicht wird – das läßt sich ausführen. Es ist in Romanen und Utopien geschehen. Verehrung durch Kultus und Kunst.

Siebzig verweht IV

Ernst und Liselotte Jünger in Magadino, einem Ort im Tessiner Valle Verzasca. Dort befand sich auch eine Schlangenfarm, die Jünger immer wieder besuchte.

Seite aus dem Manuskript von »Siebzig verweht IV« mit Anmerkungen zur Tessin-Reise im Juni 1989 und einem eingeklebten Ticket der Schiffsfahrtslinie des Lago di Lugano (Schweiz). Die Dampferreise fand am 13. Juni statt und startete an der Anlegestelle der »Villa Favorita«, eines Museums, das die Kunstsammlung des Industriellen Hans Heinrich Thyssen-Bornemisza beherbergte.

Am Grab des Dichters Hermann Hesse, der von 1919 bis zu seinem Tod am 9. August 1962 in Montagnola über dem Luganer See lebte. Hesse schätzte Jüngers Buch »An der Zeitmauer« und veröffentlichte in der Stuttgarter Zeitung am 18. Mai 1960 eine äußerst positive Besprechung. In der Folgezeit übersandten sich die beiden so gegensätzlichen Männer Kartengrüße.

Auf Subtiler Jagd am Strand von Mauritius. Der Schirm diente Jünger als Auffänger für Insekten, die er von Zweigen oder Baumrinden abklopfte. Ernst und Liselotte Jünger verbrachten zusammen mit dem befreundeten Zahnarzt und Entomologen Albert Weideli (1919 – 2002) im September 1989 einen zweiwöchigen Urlaub auf der Insel im Indischen Ozean.

Mauritius, 21. September 1989

Unter Gesprächen, während deren wir uns durch Bäder erfrischten, verging die Zeit. Aber wir mußten an die Einweisung in die Subtile Jagd denken, die ja der Anlaß des erfreulichen Besuches war. Ich hatte mich bereits mit Albert Weideli in der Umgebung des Hotels auf parkartigen Flächen und auf Ödland umgesehen und dabei den Eindruck gehabt, daß Mauritius nichts Besonderes zu bieten hat – oder, besser gesagt, wenig Auffälliges. Als Ausnahme ist der Papilio manlius zu rühmen – zwei Mal hatten wir dieses Juwel der Insel, ohne daß wir es zu berühren wagten, im Schwebeflug und auf Blüten beobachtet.

Hier begannen wir am Strand. Die Hoffnung auf eine Cicindela wurde enttäuscht. Die Gattung ist auf den ersten Blick am Fluge zu erkennen; sie steppt in das Getümmel über einer Sandbank ihr unverwechselbares Muster ein. Dafür entschädigte uns eine Chrysomelide, ein winziger Brillant, mit dem sich eine blaue Blüte geschmückt hatte. Hier konnte ich gleich mit dem Kursus beginnen, da die Botanik das vornehmste Hilfsfach des Entomologen ist. Die Blüte gehörte zu einer Ipomoea. Als Apotheker war Bernard Fisch nicht unerfahren; er wußte, daß die Gattung eine der Rauschdrogen stellt. Diese Art war pes-capri, die »ziegenfüßige Winde«, die eigentlich nicht ihren Namen verdient, da sie, auf tropischen Stränden heimisch, sich nur kriechend bewegt. Dafür dehnt sie sich zu schier endlosen Schnüren aus. Unterwegs wurzelt sie an den Gelenken – das sind ihre Tankstellen.

(...)

Wir fischten dann noch an einem Tümpel, den wir im Unterholz entdeckt hatten, und blätterten Rinden von alten Bäumen ab. Dabei fiel uns ein bleicher Skorpion in den Klopfschirm – eine der beiden Arten, die hier bodenständig sind? Es könnte natürlich auch eine dritte, noch unbeschriebene sein.

Siebzig verweht IV

Der Heilige Vater Johannes Paul II
erteilt
Ernst Jünger
von Herzen den Apostolischen Segen und
erbittet die Fülle der göttlichen Gnaden.

Feier zur Verleihung des Oberschwäbischen Kunstpreises am 17. März 1990 im Wilflinger Gasthaus »Löwen«. Jünger erhielt den Preis, der eigentlich bildenden Künstlern der Region vorbehalten ist, als erster Autor überhaupt mit der Begründung, er habe sich in seinem Werk vielfach mit Themen der Kunst auseinandergesetzt. Bei der Verleihung war auch der Pfarrer der Nachbargemeinde Dürrenwaldstetten, Monsignore Jaroslav Kubóvec (1918–1997), anwesend, der Ernst Jünger eine Urkunde mit dem Segen von Papst Johannes Paul II. überbrachte (links; rechts im Bild Landrat Wilfried Steuer, Vorsitzender der Verbandsversammlung der Oberschwäbischen Elektrizitätswerke, die den Preis finanzierten). Kubóvec stammte aus der Tschechei und war als Seelsorger in Konflikt mit den Kommunisten geraten – wie Karol Wojtyla, zu dem er einen direkten Draht in den Vatikan hatte. Der Heilige Vater lese Jüngers Buch »Die Schere« mit großem Gewinn, wußte er aus Rom zu berichten. Jaroslav Kubóvec dürfte der Spiritus rector von Jüngers später Konversion zum katholischen Glauben gewesen sein, die am 26. September 1996 in der Kirche St. Johannes Nepomuk in Wilflingen vom Ortspfarrer Roland Niebel in Form einer Meßfeier vollzogen wurde, bei der Jünger das Glaubensbekenntnis ablegte.

Pfarrer Niebel bei der Messe in der Wilflinger Kirche St. Johannes Nepomuk.

Im Grunde kommt nichts leichter zusammen als ein alter Priester und ein alter Soldat. Der eine hat sich für das Vaterland unten, der andere für das oben aufgeopfert; kein weiterer Unterschied.

Siebzig verweht V

Der Pfarrer von Dürrenwaldstetten ist Monsignore Kubovéc. Er kommt aus der Tschechei und ist in Rom gut angeschrieben; zu meinem Fünfundneunzigsten erwirkte er den Päpstlichen Segen für mich. Mancherlei Anekdoten ranken sich um ihn. Nach einem Taufessen pflegt er zu sagen: »Tauft bald wieder; die Wurst war gut.« Auch meint er, daß ein Mal Singen besser als drei Mal Beten sei.

Wilflingen, 1. August 1991

Ich klopfe an.
Ich klopfe an.
Ich klopfe an.
Im Namen des Vaters,
Des Sohnes,
Des Heiligen Geistes
Und der Erde.
Amen, Dank.

Zwerge, Zwerge, Zwerge.
Waage, Waage, Waage.
Sinai.
Sonne, Sonne, Sonne.
Dank.

Siebzig verweht V

Das Manuskript. Manche legen Wert darauf, andere nicht. Tinte, Papier, Einbände. Es ist ergreifend, die Handschrift eines berühmt gewordenen Werkes berühren zu dürfen wie eine Reliquie.

Siebzig Verweht III

Die aphoristisch gefasste Vision der »Schere« führt die Linie Hölderlin-Schopenhauer-Nietzsche fort. Sie richtet sich im Wesentlichen auf das nächste Jahrhundert, das im Triumph des Titanismus unerhörte Überraschungen zeitigen wird.

Die Herrschaft der »in ehernen Wiege Gewachsenen« wurde von Hölderlin, als dem Dichter feindlich, gefürchtet, von Schopenhauer pessimistisch betrachtet, von Nietzsche, der das 21. Jahrhundert als seine geistige Heimat sah, mit Leidenschaft bejaht.

Hölderlin geht um ein weiteres Jahrhundert über Nietzsche hinaus. Er hält die »dürftige Zeit« für notwendig, weil »göttliche Fülle der Mensch nur selten erträgt«. Aber er weiß, daß sie wiederkehren wird – »zur richtigen Zeit«.

Inzwischen tröstet der Dichter sich im Schlaf, das heißt: mit den Träumen, und mit dem Wein.

Die Schere

Wozu noch Dichter? Das bedrückte Hölderlin. Unentbehrlich aber bleibt der Philosoph, dem es zukommt, den Einzelnen in seinem Rang zu sichern, den kein Jahrhundert, auch nicht das ungeheure, das herandroht, ihm rauben kann. Jedes Jahrhundert greift an – das achtzehnte durch Subordinierung, das neunzehnte durch Proletarisierung, das zwanzigste durch Verzifferung. Im nächsten hat der Einzelne zu entscheiden, ob er dem Titanismus völlig anheimfällt oder nicht, obwohl die Teilnahme nicht nur gefährdet, sondern fasziniert. Die Antwort fällt besonders schwer in einer Zeit, da die Theodizee absurd geworden ist. Vorfragen werden bereits gestellt. Sie zeichnen sich dadurch aus, daß sie nicht in die Observanz von Parlamenten und Staaten fallen, auch nicht juristisch, ja nicht einmal moralisch zu lösen sind. Je weniger außer dem technischen know how auf den Universitäten zu holen ist, desto mehr nimmt die Sehnsucht nach einem guten Lehrer überhand. Dem strömen sie bis in den Himalaya zu.

Die Schere

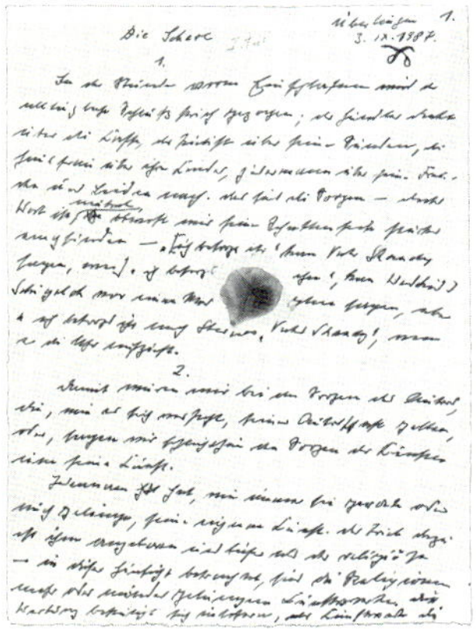

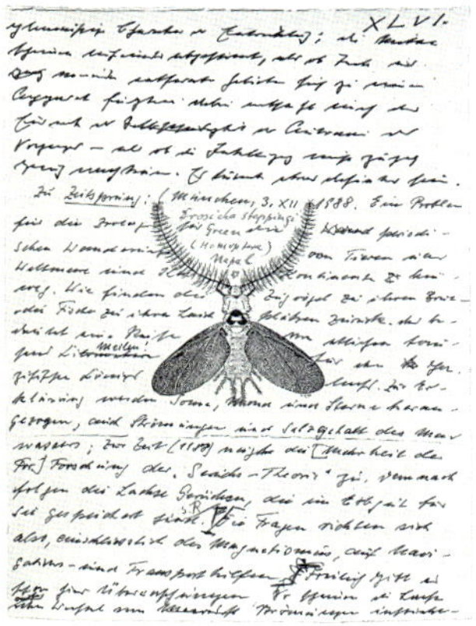

Vier handschriftliche Blätter des Manuskripts »Die Schere«, begonnen am 3. 9. 1987, abgeschlossen am 14. 8. 1988 in Wilflingen. Auf dem Titelblatt eine Federzeichnung des Autors, eine Impression von der griechischen Insel Samos, die Jünger im Mai/Juni desselben Jahres bereist hatte.

Bundeskanzler Helmut Kohl und Spaniens Ministerpräsident Felipe Gonzáles ehrten Ernst Jünger am 21. März 1990 mit einem Besuch anläßlich seines 95. Geburtstages. Jünger überreichte den beiden Staatsmännern den 1988 bei Klett-Cotta erschienenen Band »Ernst Jünger. Leben und Werk in Bildern und Texten«, herausgegeben von Heimo Schwilk.

In Wilflingen erhielt ich wiederholt den Besuch des Bundeskanzlers, einmal zusammen mit Präsident Mitterrand, und ich nahm als Gast beider Regierungen an den Vierteljahrhundertfeiern zum Deutsch-Französischen Freundschaftsvertrag teil. Dieser Tage brachte Helmut Kohl den spanischen Regierungschef Gonzales mit, den ich auch zu meinen Lesern zählen darf. Kolloquien, Preise und Ehrungen wurden mir zuteil in Palermo, Rom, Neapel, Florenz, München und Wilflingen, wo ich soeben den Oberschwäbischen Kunstpreis erhalten habe, nach einem Doktorhut in Bilbao im letzten Herbst.

Der Fortgang der Arbeit ist mir das Wichtigste. So an meinen Tagebüchern, von denen ich einen Ausschnitt unter dem Titel »Zweimal Halley« vorgelegt habe, wie auch das Capriccio »Zeitsprünge«, das im letzten Jahr mit Zeichnungen meines Freundes Horst Janssen in Paris erschien und mit dessen festlicher deutscher Ausgabe mich soeben mein Verleger beschenkte. In der »Schere«, die ich mir zum Geburtstag schenkte, habe ich eine Perspektive ins nächste Jahrhundert zu entwerfen versucht. Mögen diejenigen von Ihnen, die es erleben, meiner dann freundlich gedenken.

Ansprache bei der Feier des 95. Geburtstages

Bern, 7. Juni 1990

Der Botschafter gab mir noch eine Geburtstags-Nachfeier. Wir saßen zu vierzehnt am Tisch. Eigentlich konnte man jeden zu den Autoren zählen, darunter Dürrenmatts, Cordula Gigon, Golo Mann. Dieser über seine Lektüre der »Schere«: »die Spitze eines Eisberges«.

Spät las ich noch in Ludwig Reiners »Roman der Staatskunst. Leben und Leistung der Lords«. Dabei fiel mir ein Satz auf, den Brigitte Dufner angestrichen hatte, ein Beitrag zur politischen Psychopathie: »Im Rat von Kalkutta befand sich Sir Philip Francis, eine jener unglücklichen Naturen, deren Begabung sich in der Kritik erschöpft und die ihre angeborene Bosheit für Bürgertugend halten.«

»O wie wahr«, könnte ich mit Chamissos Peter Schlehmil, dem Mann ohne Schatten, ausrufen, und das um so mehr, als mir dieser Tage ein neuer »Verfolger vom Dienst« zu erwachsen scheint. (Ein Titel, dem Franz Josef Strauß lebhaft zustimmte.)

Siebzig verweht IV

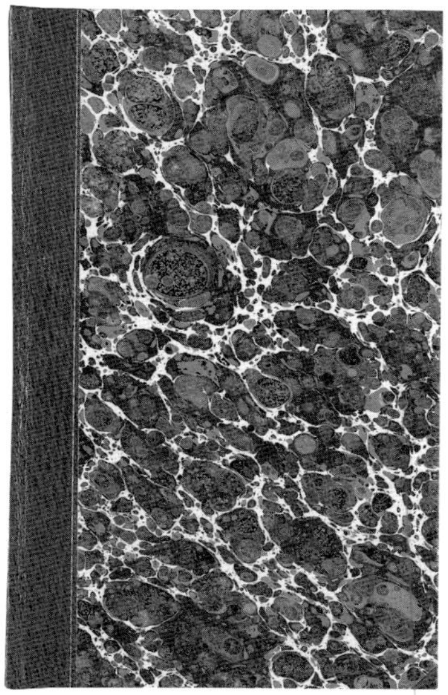

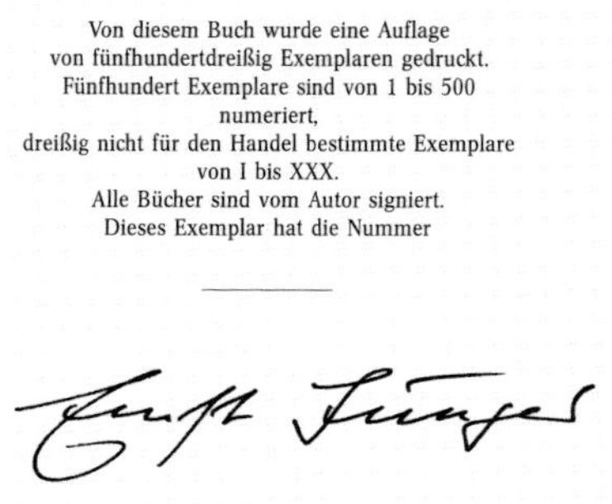

Von diesem Buch wurde eine Auflage von fünfhundertdreißig Exemplaren gedruckt. Fünfhundert Exemplare sind von 1 bis 500 numeriert, dreißig nicht für den Handel bestimmte Exemplare von I bis XXX. Alle Bücher sind vom Autor signiert. Dieses Exemplar hat die Nummer

Ernst Jünger

Das Traumtagebuch »Zeitsprünge« kam im März 1990 bei Klett-Cotta in einer limitierten Auflage von 500 in Halbleder gebundenen, vom Autor signierten Exemplaren als bibliophile Ausgabe heraus.

Champagner auf der Terrasse der Residenz: Golo Mann, Legationsrätin Brigitte Dufner, die Gattin des deutschen Botschafters, und Ernst Jünger.

Ernst Jünger am 7. Juni 1990 mit dem deutschen Botschafter in Bern, Wolfram Dufner, dem Schriftsteller Friedrich Dürrenmatt und dem Historiker Golo Mann (v. l. n. r.) vor der Botschaftsresidenz.

Wilflingen, 29. Juli 1991

Wir waren viel unterwegs – so vorige Woche bei Dufners in Bern. Im Park der Botschaft ausführliches Gespräch mit Golo Mann, unter anderem über seinen »Wallenstein«. Ich rechne es zu den guten Zeichen, daß in unserer Zeit eine Geschichtsbetrachtung von solchem Rang entstehen konnte, und mehr noch, daß sie trotz ihrem Umfang diese einhellige Zustimmung gefunden hat. Was uns entgleitet, wird besonders begehrt – vielleicht erklärt sich so unser Natur- und Geschichtshunger.

Siebzig verweht V

Erster Arbeitsgang: Serge Mangin formt sein Ernst-Jünger-Porträt in Ton (Juli 1990). Jünger am Ende der Sitzung und in Anspielung auf den Ersten Weltkrieg: »Herr Mangin, Sie sind der einzige Franzose, der mich richtig getroffen hat.«

Letzte Korrekturen: Der Bildhauer Arno Breker (1900–1991) mit fast vollendeter Bronze-Büste (1981).

Sitzung im Garten: Gerold Jäggle, ein junger Künstler aus dem oberschwäbischen Ertingen, bei der Arbeit (Sommer 1988). Jäggle schuf auch ein Jünger-Denkmal; die Bronze-Skulptur, die im März 2006 am Wilflinger Weiher aufgestellt wurde, zeigt Ernst Jünger auf der Käferjagd.

Je peinlicher der Bildhauer die reine Proportion eines Kopfes beachtet, desto mehr gewinnt das Abbild mit dem Modell an Gleichheit und büßt an Ähnlichkeit ein. Zuletzt erreicht die Kunst eine Grenze, an der die Technik sie durch den Abguß übertrifft. Sie bietet einen Krug ohne Wein. Dabei ist, vom Wechsel der Mimik ganz abgesehen, zu bedenken, daß selbst die Epidermis schon ihre Tiefe besitzt. Ein Gesicht ändert sich ständig wie die Bewölkung, daher wird sein Lichtbild um so flacher, je mehr die Technik fortschreitet.

Autor und Autorschaft

München, 2. Juli 1990

Vermehrung des Schädel-Kabinetts. Ein guter Bildhauer, Serge Mangin, in Deutschland lebender Franzose, versucht sich an meinem Kopf. Er arbeitet mit Passion. Nach zwanzig Minuten muß er pausieren, die Augen schonen, Luft holen. Ich darf lesen. Gespräche. Er meint, daß der Erste Weltkrieg die europäischen Eliten vernichtet habe; der Verlust sei nicht aufzuholen – dem möchte ich zustimmen, wenn ich an die Kameraden denke, die ich verloren habe, und an ihr Niveau. Allerdings waren sie alle begeistert zur Fahne geeilt.

(...) Bei der Arbeit sehe ich ihn behend vor und zurück springen und den Kopf nach links und rechts wenden. So visiert auch der Gecko seine Beute an, bevor er die Zunge vorschnellt. Dem Künstler könnte es nützen, wenn er mit einem Auge schwächer sieht als mit dem anderen. Auf jeden Fall wird der stereoskopische Blick verstärkt, der dem Bildhauer unentbehrlich ist.

Siebzig verweht IV

Im Atelier. Breker hat ein gutes Gesicht. Ich sehe ihn mit Passion arbeiten. Daß ich mich in einem musischen Raum befinde, merke ich daran, daß die Dinge sich zu formen beginnen; sie wollen aus dem Ungesonderten herausdrängen. Ein wollener Lappen erscheint als Gesicht, ein zerknittertes Papier als Festung mit Türmen und Mauerring. So hat Don Quijote die Windmühlen gesehen.

Siebzig verweht III

Wilflingen, 31. Mai 1992

Nach fast fünfzig Jahren stand ich wieder am Grab des Vaters, neben dem inzwischen die Mutter und der Bruder Physikus beerdigt worden sind. Seit Tagen beschäftigt mich die Ordnung von Papieren, die ich aus Sachsen heimholte. Wir fuhren im Wagen und waren außer in Leisnig auch in Dresden, Meißen und Moritzburg. Dresden machte mir einen stattlicheren Eindruck, als ich erwartet und auch befürchtet hatte; es präsentierte sich wie jede andere Großstadt auch. Die Masse von Automobilen mochte dazu beitragen. Wenn mich mein Instinkt nicht trügt, wird das »Elbflorenz« sich im nächsten Jahrhundert zu einer bedeutenden Kapitale des Ostens, vielleicht sogar zur zentralen, entwickeln – sowohl der geographischen Lage wie seiner Geschichte nach. Die Konstellation ist in jeder Hinsicht günstig; die Stadt hat sich nach den Kriegen Friedrichs, Napoleons und Bismarcks kräftiger entfaltet – diesmal wird es nicht anders sein, trotz einer Katastrophe, die Hiroshima an Opfern noch übertrifft.

Siebzig verweht V

Saulgau, 23. März 1993

Der Schuman-Preis wird verliehen für markante Verdienste um die europäische Vereinigung. Sie basiert in erster Linie auf der deutsch-französischen Verständigung oder, besser gesagt: Freundschaft, da die Erbfeindschaft seit langem begraben ist. Eine neue Besiegelung erfuhr diese Freundschaft bei den Gräbern von Verdun; ich durfte an der Friedensfeier teilnehmen. Jahre zuvor präsidierte ich dort zusammen mit dem französischen Kameraden Amblard dem Veteranentreffen, bei dem Verdun zur Hauptstadt des Friedens proklamiert wurde. Die Stadt hat in meinem Leben eine wichtige Rolle gespielt.

Ich danke den Mitgliedern des Kuratoriums dafür, daß sie nach einer Reihe hervorragender Politiker und Wirtschaftler nun mich, einen Schriftsteller, auszeichnen. Im Vergleich zu den Leistungen der Vorgänger ist mein Beitrag zu Europa bescheiden und eher symbolischer Natur. Zudem frage ich mich, wie weit wir mit unseren Bemühungen inzwischen gediehen sind – gewiß nicht so weit, wie wir gehofft hatten. In meiner Jugend, vor 1914, gab es für Reisende keine Grenzen. Nur für Rußland brauchte man einen Paß. So weit sind wir jetzt gerade wieder innerhalb der Europäischen Gemeinschaft gekommen. Wir müssen uns mit einem Schiller-Wort trösten:

Leicht beieinander wohnen die Gedanken,
Doch hart im Raume stoßen sich die Sachen.

In der Tat geht es mit großen Ideen nur langsam, Schritt für Schritt, voran, und auch mit Rückschritten ist zu rechnen, wie jetzt mit einer ökonomischen Flaute und den betrüblichen Händeln auf dem Balkan – Sarajewo taucht als Menetekel wieder auf. Die Wiedervereinigung Deutschlands ist ein großer Fortschritt zum Vereinigten Europa – vor allem, wenn sie in dieser Hinsicht begriffen wird. Enttäuschungen konnten nicht ausbleiben; doch wenn ein Bruder vor der Tür steht und anklopft, empfängt man ihn mit offenen Armen, ohne zu fragen, was es kostet, und rechnet nicht kleinlich mit ihm ab.

Dankesrede bei der Verleihung des Robert-Schuman-Preises am 23. März 1993

Das Familiengrab im sächsischen Leisnig, wo die Eltern Ernst Georg und Lily Jünger sowie der Bruder Hans begraben sind.

Verleihung des Robert-Schuman-Preises der Stiftung F.V.S. am 23. März 1993 in Saulgau. Im Hotel »Kleber Post« überreichte der Rektor der Rheinischen Friedrich-Wilhelms-Universität Bonn, Max Huber (links), Ernst Jünger die Robert-Schuman-Medaille. Dabei auch Alfred Carl Toepfer (1894 – 1993), der Stifter des Preises, der während des Zweiten Weltkrieges das Manuskript von Jüngers Friedensschrift von Paris nach Hamburg gebracht hatte und sich danach für deren Verbreitung einsetzte. In dem Aufruf hatte sich Jünger für ein unter christlichem Vorzeichen vereinigtes Europa ausgesprochen.

Das 21. Jahrhundert wird ein titanisches sein. Denken Sie an die Gen-Technik, die wachsende Zahl von Mordwaffen oder die Atom-Technik, die sich nun unkontrolliert über die Erde ausbreitet. Die heutigen Politiker sind dem, was sich da als Tiefenströmung vorbereitet, in keiner Weise gewachsen. Es wird sich alles ändern – alles wird weggepustet werden.

Ernst Jünger im Gespräch mit Ulrich Schacht und Heimo Schwilk (Welt am Sonntag vom 9.10.1994)

Ich war oft in Lazaretten, doch nur ein Mal, soweit ich mich entsinne, und zwar einer Augenverletzung wegen, in einem Krankenhaus.

Der Aufenthalt schlug sich nieder in »Ortners Erzählung« in »Heliopolis«.

Vor zwei Jahren kam einer Borreliose wegen ein neuer Aufenthalt hinzu. Die Erinnerung daran ist unfreundlich. Die Pflege war sehr gut, doch die sterile Luft bedrückend; auf den Korridoren wurden Patienten in ihren Betten hin und her gerollt. Ich fühlte mich wie in einer gläsernen Röhre oder einem ausgeblasenen Hühnerei. Beides Symptome, die sich in den Höllengemälden des Hieronymus Bosch finden.

Diesmal ergab sich kein literarischer Gewinn.

Die Borreliose ist eine durch Zeckenbiß verursachte Krankheit; der Arzt, nach dem sie benannt wurde, soll noch am Leben sein. Ich absolvierte die klassischen Symptome von der Fazialislähmung bis zu den Herzanfällen; es hätte beinahe gereicht.

Siebzig verweht V

Das Stierlein ist ein Genie im Schenken; ich darf mit ihm an keinem Antiquariat oder Antiquitätengeschäft vorübergehen und sagen, daß mir eines der leider unerschwinglichen Exponate gefällt. Dann begegne ich ihm wieder, sei es am Geburtstag oder zu Weihnachten.

Diesmal war es nicht nur eine Sanduhr, sondern ein Sanduhrservice – sogar mit Provenienz. Es hat während des 17. Jahrhunderts in der Nürnberger Marthakirche an der Kanzel gehangen und dafür gesorgt, daß die Predigt nicht überlang wurde. Dabei fällt mir ein, daß Pastor Sackmann im Hannoverschen Limmer, als er sich über die Trunksucht ereiferte, die Sanduhr umdrehte und sagte: »Ei so lasset uns noch ein Gläslein genehmigen.«

Das Gestell ist vortrefflich erhalten; die Ampullen sind, immerhin mit geflochtenen Knoten, ersetzt.

Siebzig verweht V

Ernst Jünger (98): Herzinfarkt!

Riedlingen – Ein Jahrhundert-Mann kämpft mit dem Tod.

ERNST JÜNGER (98)

Der umstrittene, aber fast geniale Schriftsteller **Ernst Jünger** (98, „In Stahlgewittern") erlitt einen Herzinfarkt! Er liegt auf der Intensiv-Station des Kreiskrankenhauses von Riedlingen.

Die letzten Besucher in seinem Herrenhaus waren **Kanzler Kohl** und der sozialistische **Präsident Mitterrand.** Beide sind große Jünger-Fans. Jünger ist der letzte Lebende, der noch aus den Händen von Kaiser Wilhelm II. den wichtigsten deutschen Orden erhielt: „Pour le Merite". Das letzte seiner ca. 100 Bücher sind Tagebuch-Aufzeichnungen: „Siebzig verweht III" (1981–1985).

Ein großer Deutscher liegt im Sterben …

Am 20. Juli 1993 kam Frankreichs Präsident François Mitterrand (Mitte) zusammen mit Bundeskanzler Helmut Kohl ein zweites Mal nach Wilflingen. Während des Gesprächs in der Bibliothek mit dabei Mitterrands Dolmetscherin Brigitte Sauzay (rechts) und Frank Schirrmacher von der »Frankfurter Allgemeinen Zeitung«. Im Hintergrund die Ärztin Magret Blersch.

Ernst Jünger und Heimo Schwilk in der Wilflinger Bibliothek (Oktober 1994).

Die Bildzeitung meldete am 25. August 1993: »Ein großer Deutscher liegt im Sterben..«. Ernst Jüngers Kommentar, dem seine Frau die Zeitung ins Krankenhaus gebracht hatte: »Von denen muß ich mich ja nicht gerade beerdigen lassen. Den Gefallen tue ich ihnen noch nicht.«

Am Schreibtisch mit Sanduhren (1994).

Der musische Mensch wohnt gern in Häusern, die schon viele kommen und gehen sahen und im Lauf der Zeiten anbrüchig geworden sind. Moos auf dem Dach, alte Hölzer, vernutzte Treppen, halbdunkle Flure, kein Telefon.

So suchen auch Götter gern den Körper alter und sehr alter Menschen auf. Die Wohnung ist behaglicher geworden; sie fühlen sich in ihr wohl. Sie rasten dort noch eine Weile, dann geben sie sich zu erkennen und ziehen mit dem Wirt davon.

Autor und Autorschaft

Eine Wohnung mit alten Möbeln, Büchern und Bildern hat neben ihrem Kunstwert eine Aura, die auch bei geschlossenen Augen zu spüren ist, ja gerade dann. Die Aura haftet besonders an organischen Stoffen: Holz, Leder, Pergament, Wachs, Wolle, Leinen, Seide; sie schaffen die Stimmung, zu der Stein und Metall nur den Akzent setzen.

Siebzig verweht II

Nicht zu unterschätzen ist die Ausstrahlung; Bücher laden das Haus auf. Die beste Tapete bildet eine Bücherwand. Unter der Decke die gebräunten Pergamente, dann die Lederbände des 18. Jahrhunderts mit dem verblaßten Gold von Titeln, die längst vergessen sind.

Massive Substanz aus abgestorbenen Lettern – ein Korallenriff, zu dem Autoren, Setzer und Drucker beitrugen. Es erinnert an Morgenröten, in denen Schreiben noch eine Kunst von Einsamen und Erwählten war. Das Wagnis wird spürbar, das darin liegt, ein Buch zu schreiben, gleichviel wie es ausfalle.

Autor und Autorschaft

Ecke mit Nachschlagewerken im Arbeitszimmer.

Die Verbindungstür vom Schlaf- zum Badezimmer hat Ernst Jünger in kindlicher Sammelleidenschaft mit zahlreichen Aufklebern bepflastert. In der Mitte »Ich bin Energiesparer«, darüber ein vierblättriges Kleeblatt, »Ocupado«, »Do not disturb«, »je suis un tendre!«, »Türe ab 21 Uhr abschließen«, »Reserviert«, »Zimmer kann gereinigt werden«, »Moi j'aime«, »Bitte nicht stören«, »besetzt«.

Am Schreibtisch; dahinter auf dem Regal die Sanduhren, im Sekretär Fotos der Familie.

Der Leser, München 1994.

Ernst Jünger mit Ehefrau Liselotte neben Bundeskanzler Hemut Kohl, Baden-Württembergs Ministerpräsident Erwin Teufel und Bundespräsident Roman Herzog (v.l.n.r.) im Schneegestöber vor dem Hotel »Kleber Post« in Saulgau, wo das Festbankett zu Jüngers 100. Geburtstag am 29. März 1995 stattfand. Die Stadtgarde von Saulgau brachte zu Ehren des Hundertjährigen ein Ständchen dar, dirigiert von Josef Zeitler.

Festbankett zu Ehren Ernst Jüngers in der Kleber Post. Ministerpräsident Teufel, der zur Feier eingeladen hatte, gab bei seiner Tischrede die Stiftung eines »Ernst-Jünger-Stipendiums« durch das Land Baden-Württemberg bekannt. Zu den Gästen zählten neben Bundeskanzler Kohl und Bundespräsident Herzog der Generalinspekteur der Bundeswehr, Klaus Naumann, der befreundete frühere Botschafter Wolfram Dufner, die Verleger Michael und Thomas Klett, die Lektorin Hede Schirmer, die Publizisten Joachim Fest und Wolf Jobst Siedler. Aus der Schweiz reisten der langjährige Freund Albert Hofmann und der Verleger Dino Larese an, aus Frankreich kamen u.a. Jüngers Verleger Christian Bourgois und Antoine Gallimard sowie die Freundin Sophie Ravoux.

Wilflingen, 14. Januar 1995

Hundert Jahre drohen heran. Plautus: »Wen die Götter lieben, den lassen sie jung sterben« – also bei Langemarck. Heraklit: »Im Kriege Gefallene werden von Göttern und Menschen geehrt.«

Schiller:

Es liebt die Welt, das Strahlende zu schwärzen.
Und das Erhabene in den Staub zu ziehn.

(»Das Mädchen von Orleans«)

Siebzig verweht IV

Saulgau, 29. März 1995

Verehrte Gäste, liebe Freunde, die Sie hier zu meinem Hundertsten versammelt sind: Ein solches Alter zu erreichen, hat mir selbst in meinen Träumen fern gelegen – es schien mir nicht einmal wünschenswert. Ich habe mein Leben unter anderen Auspizien geführt.

Ich bin 1895 geboren – in einem Jahrhundert, von dem Valeriu Marcu sagte, daß man sich nach ihm noch alle zehn Finger lecken wird. Trotzdem begann das unsere mit großen Hoffnungen – besonders hinsichtlich der technischen und politischen Fortschritte. Darin sind wir auch nicht enttäuscht worden. Im Jahr 1895 hat Röntgen die nach ihm benannten Strahlen entdeckt, die bislang Unsichtbares sichtbar machten und damit neue Messungen innerhalb der anorganischen und organischen Welt ermöglichten.

Das Jahr ist auch insofern bedeutend, als in ihm die Dreyfus-Affäre noch hohe Wellen schlug, die entscheidende Begegnung konservativer Mächte mit der Demokratie.

Wenn ich auf mein Leben zurückblicke, so scheint mir, daß ich es als Leser verbracht habe. Das mag verwunderlich klingen – doch habe ich von Werken und Taten zuerst durch Bücher erfahren, also platonisch – den Ariost habe ich in der Kartentasche mitgeführt –, und bin dann durch die Realität enttäuscht worden. So auch durch die Kriege. Karl Marx hat es auf die Formel gebracht: »Ist eine ‚Ilias' möglich mit Schießpulver?« Das ist mein Problem.

Die Zahl Zwei hat in meinem Leben eine besondere Rolle gespielt. Ich habe zwei Weltkriege erlebt, zwei Mal den Halleyschen Kometen gesehen. Ich habe zwei Söhne überlebt. Mein geistiger Zwillingsbruder war Friedrich Georg.

Vor allem zwei Ehen – ich wurde mit Gretha in der Leipziger Thomaskirche, mit Liselotte im oberschwäbischen Heiligkreuztal getraut.

Nun hat sich für mich der Zyklus von fünfzig Jahren wiederholt. Kurz vor seinem Anfang, Ende März 1945, hat Joseph Goebbels die Presse angewiesen, von meinem Geburtstag keine Notiz zu nehmen – wenige Wochen vor seinem Tod. Das hat sowohl politisch wie privatim eine Vorgeschichte gehabt.

Noch einmal zur Ambivalenz. Hundert Jahre wiederholen sich nicht. Aber es darf gefragt werden, ob sich das Leben wiederholt. Das wäre eine Wiedergeburt.

Dank meinen Freunden, und meinen Gegnern auch. Beide gehören zum Karma – ohne sie kein Profil.

Ansprache bei der Feier des hundertsten Geburtstages in der Kleber Post in Saulgau

Festschrift zum hundertsten Geburtstag, herausgegeben von Günter Figal und Heimo Schwilk. Der bei Klett-Cotta erschienene Band enthält u. a. Beiträge von Heiner Müller, Rüdiger Safranski, Ulrich Schacht, Peter Sloterdijk, Robert Spaemann, Botho Strauß und Uwe Wolff.

Das bei Klett-Cotta erschienene Tagebuch »Siebzig verweht IV« (1986–1990).

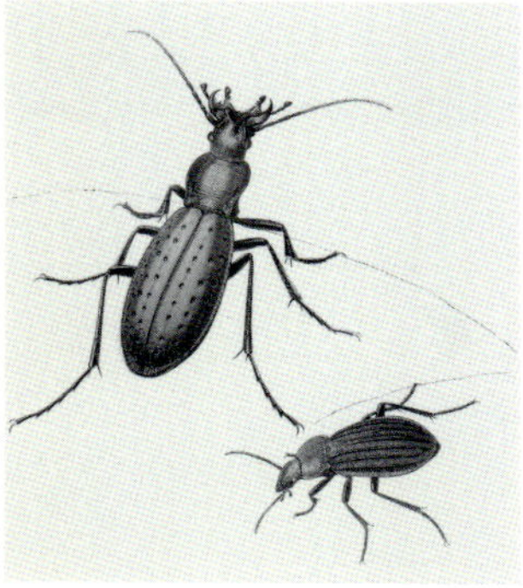

Das Geschenk des Verlegers: Zum 100. Geburtstag kommt bei Klett-Cotta eine Sonderausgabe von Jüngers Käferbuch »Subtile Jagden« mit Farbstiftzeichnungen des bekannten Insektenillustrators Walter Linsenmaier heraus. Der großformatige Band wurde in einer Auflage von 1000 Exemplaren gedruckt; weitere 500 sind in Halbleder gebunden und von Autor und Künstler signiert. Die Abbildung zeigt die Laufkäfer »Carabus rutilans« und »Carabus nitens«.

Am Vormittag begrub ich Idris, der gestern abend gestorben ist. (...) Er zog sich »stufenweise aus der Erscheinung zurück«: Er sonnte sich noch im Garten, aber wir mußten ihn auf das Geländer heben, an dem er die Krallen zu schärfen pflegte, endlich auf den Schoß. Dort konnte er nicht einmal mehr schnurren, aber noch den Kopf wenden.

Ich begrub ihn unter dem Haselbusch. Er hatte sich dort in den Schatten gelegt, wenn ihm die Sonne zu warm wurde. Er bekam Zinnien und einen Grabstein aus der Schwäbischen Alb. Monika Miller, die neben mir stand, fand den Aufwand gut. Ich sagte:

»Idris kommt auch eher in den Himmel als wir.«

»Wieso denn das?«

»Kein Umweg über die Erbsünde.«

Siebzig verweht V

Bei der Basler Käfermesse (1996), die Jünger regelmäßig besuchte.

Mit Monika Miller, die seit 1990 Liselotte und Ernst Jünger als Haushaltshilfe unterstützte. Jetzt ist sie Kustodin der literarischen Gedenkstätte für Ernst und Friedrich Georg Jünger im ehemaligen Stauffenbergschen Forsthaus in Wilflingen. Das Foto wurde am 25. März 1994 in Biberach aufgenommen.

Sammler und Naturforscher, Wilflingen 1995.

Nunquam retrorsum. Statt mit solchen Rückblicken Zeit zu verschwenden, sollte ich mich einem neuen, einem vorletzten Abenteuer zuwenden. Carl Schmitt hat ihm in einem seiner späten Briefe unserer fünfzigjährigen Korrespondenz einen Namen gegeben: dem Uralter. Ich habe noch nicht seinen Stil gefunden, den ‚esprit de mon age' noch nicht erfaßt. Aber es ist ein Abenteuer, wenn die Toten näher kommen – nicht nur in den Träumen, sondern lebendiger denn je.

Bei guter Sonne lasse ich Seifenblasen über den Garten und seine Blumen schweben; sie sind das Sinnbild des Vergänglichen. Und sie sind schön.

Siebzig verweht V

Zur Auferweckung der Schildkröten warte ich gern einen sonnigen Morgen ab. Aber heut wurde ich unruhig und ging in den Keller, wo sie schon über ein halbes Jahr schlafen. In der Tat hatten sie sich aus der Laube befreit und standen aufrecht, die Pfötchen an den Rand ihres Verlieses gelehnt. Ich fühlte, wie kalt sie waren, als ich sie am Hals streichelte.

Ob sie mich wohl erkannt haben? Dessen bin ich sicher – ich meine das natürlich nicht »akzidentiell«, also persönlich, sondern »essentiell« im Sinne von Thomas oder »wesentlich« nach unserem Silesius. Nur darauf kommt es an.

Siebzig verweht V

Im Wilflinger Garten, 1997.

September 1997: Jünger besucht eine Retrospektive für den Maler Rudolf Schlichter in der Tübinger Kunsthalle. Schlichter hatte Jünger mehrfach porträtiert.

Abschied von einem Weggefährten: Am 17. Juni 1997 bei der Trauerfeier für den Verleger Günther Neske (1913–1997). Verleger Michael Klett und das Ehepaar Jünger (v.l.n.r.).

Frühling 1997: Ernst Jünger mit seiner griechischen Landschildkröte, die er »Hebe« nannte – nach der antiken Göttin der Jugend. Hebe lebt noch immer im Garten hinter der Oberförsterei.

Der Schriftsteller Ulrich Schacht führte (zusammen mit Heimo Schwilk) am 18. März 1997 für die »Welt am Sonntag« das letzte Zeitungsinterview mit dem fast 102-jährigen Ernst Jünger.

Mit dem Nymphensittich Felix (München 1997).

Silvester 1997: Die traditionellen Austern servierte die Seniorchefin der Kleber Post diesmal dem Ehepaar Jünger zu Hause in Wilflingen. Das letzte Foto von Ernst Jünger.

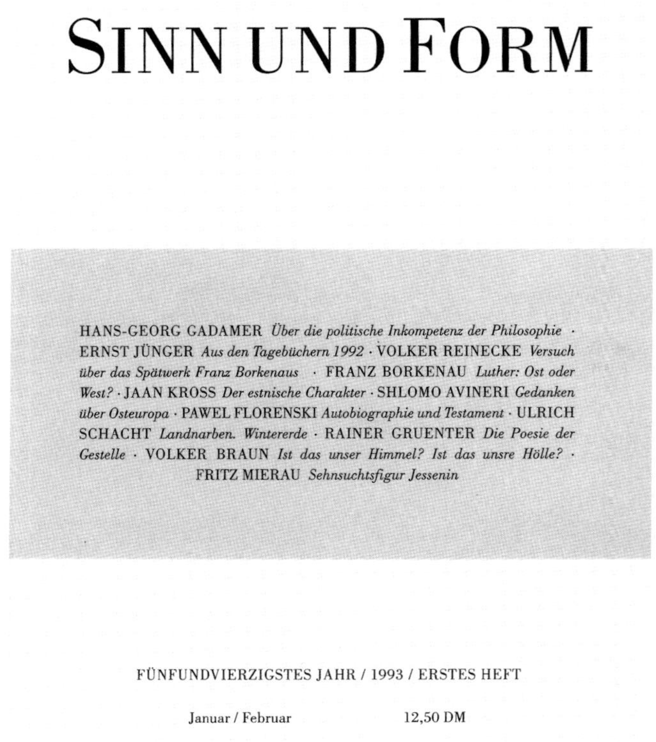

SINN UND FORM

HANS-GEORG GADAMER *Über die politische Inkompetenz der Philosophie* · ERNST JÜNGER *Aus den Tagebüchern 1992* · VOLKER REINECKE *Versuch über das Spätwerk Franz Borkenaus* · FRANZ BORKENAU *Luther: Ost oder West?* · JAAN KROSS *Der estnische Charakter* · SHLOMO AVINERI *Gedanken über Osteuropa* · PAWEL FLORENSKI *Autobiographie und Testament* · ULRICH SCHACHT *Landnarben. Wintererde* · RAINER GRUENTER *Die Poesie der Gestelle* · VOLKER BRAUN *Ist das unser Himmel? Ist das unsre Hölle?* · FRITZ MIERAU *Sehnsuchtsfigur Jessenin*

FÜNFUNDVIERZIGSTES JAHR / 1993 / ERSTES HEFT

Januar / Februar 12,50 DM

Polemik um einen Zeitschriftenbeitrag: Als der Chefredakteur von »Sinn und Form«, Sebastian Kleinschmidt, im Januar 1993 in der von der Akademie Ost herausgegebenen Kulturzeitschrift Tagebuchauszüge Jüngers veröffentlichte, protestierte Walter Jens, Präsident der Berliner Akademie West. Jens sah in der Publikation das Symptom für einen angeblichen Rechtsruck in der Bundesrepublik. Jünger stehe in der Tradition eines Antiliberalismus von rechts und sei in der Vergangenheit durch »extrem antisemitische Äußerungen« aufgefallen. Zu diesem Zeitpunkt war noch nicht bekannt, daß Jens als junger Mann in die NSDAP eingetreten war – während Jünger immer Distanz zu den Nationalsozialisten hielt. Heiner Müller, Präsident der Akademie Ost, verteidigte Ernst Jünger und meinte, Jüngers frühe Irrtümer dürften »nicht die Ausgrenzung eines bedeutenden Autors aus einer literarischen Zeitschrift rechtfertigen«. Im Januar/Februar-Heft von »Sinn und Form« wurden neben Jüngers Beitrag auch Texte von Volker Braun, Hans-Georg Gadamer und Ulrich Schacht veröffentlicht.

Meditation über den Tod, September 1997: »Wenn der Tod eintrifft, wird es im Haus still. Die Spiegel werden verhängt.«

Dankeskarte für die Gratulanten zum 102. Geburtstag.

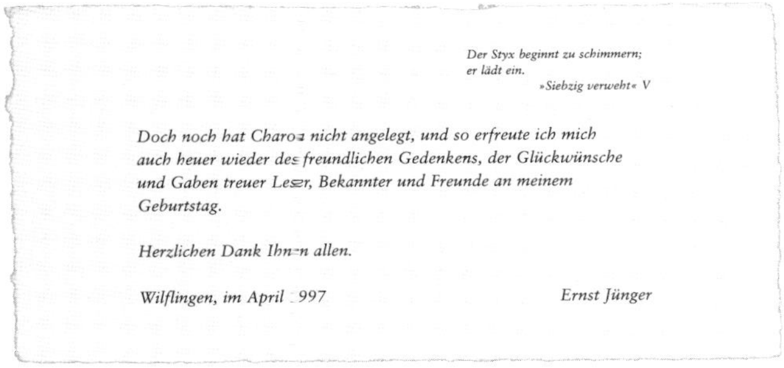

Der Styx beginnt zu schimmern;
er lädt ein.
»Siebzig verweht« V

Doch noch hat Charon nicht angelegt, und so erfreute ich mich auch heuer wieder des freundlichen Gedenkens, der Glückwünsche und Gaben treuer Leser, Bekannter und Freunde an meinem Geburtstag.

Herzlichen Dank Ihnen allen.

Wilflingen, im April 1997 *Ernst Jünger*

Der Tag beginnt mit Autogrammen; das Stierlein sortiert die Desiderata aus der Post. Die Briefe haben das doppelte Gewicht. Die Handschrift ist noch präsentabel – »ein alter Krieger zittert nicht«.

Siebzig verweht V

Daß einer »umstritten« ist, wird ihm meist als Negativum angehängt. Immerhin schließt es ein, daß er Freunde besitzt.

Siebzig verweht V

Heut gilt es für löblich, gegen den Strom zu schwimmen, aber das sind nur Pißrinnen.

Siebzig verweht V

Frankfurter Allgemeine

ZEITUNG FÜR DEUTSCHLAND

2,00 DM D 2954 A

Mittwoch, 18. Februar 1998, Nr. 41/8 D

Herausgegeben von Jürgen Jeske, Hugo Müller-Vogg, Günther Nonnenmacher, Johann Georg Reißmüller, Frank Schirrmacher

Belgien 55 bfrs/Dänemark 12 dkr/Finnl. 9 Fmk/Frankr. 10 F/Griechenl. 450 Dr/Großbrit. 1,20 £/Irland 1,40 I£/Italien 3000 Lit/Luxembg. 48 lfrs/Niederl. 3,– hfl/Norw. 15 nkr/Österr. 20 öS/Portugal (Cont.) 280 Esc/Schweden 14 skr/Schweiz 2,60 sfrs/Spanien 260 Pts/Kanar. Inseln 300 Pts/Türkei 330 TL/Ungarn 225 Ft

Ernst Jünger gestorben

Tod im Alter von 102 Jahren in Wilflingen / Herzog: Einzigartiger Zeuge der Zeit

Stei. FRANKFURT, 17. Februar. Am frühen Dienstag morgen ist Ernst Jünger im Alter von 102 Jahren in seinem Heim in Wilflingen gestorben. Der Schriftsteller galt vielen als Verkörperung des Jahrhunderts, im Hinblick nicht nur auf sein Werk, sondern auch auf sein politisches Leben. In einer Zeit, die von raschem Wandel gekennzeichnet ist, stand er für einen „heroischen Nihilismus", der in seiner Distanz zu den Ereignissen nicht wandelbar sein wollte.

Ernst Jünger wurde am 29. März 1895 in Heidelberg geboren. Er ging 1913 als Gymnasiast zur Fremdenlegion, war Freiwilliger im Ersten Weltkrieg, wurde mehrfach verwundet und mit dem Orden „Pour le mérite" ausgezeichnet. Nach Kriegsende blieb Jünger zunächst bei der Reichswehr, trat in die Freikorps ein und studierte danach Zoologie und Philosophie in Leipzig und Neapel. Als Schriftsteller bekannt wurde er durch die Skizzen „In Stahlgewittern" (1920) und den Essay „Der Kampf als inneres Erlebnis" (1922), in denen er den Ersten Weltkrieg als ästhetische Erfahrung darstellte.

Diese Haltung auch großen politischen Umwälzungen gegenüber prägte das Werk von Ernst Jünger. Ohne sie ist der Kult des neuen, antibürgerlichen Menschen in der Abhandlung „Der Arbeiter" von 1932 nicht zu verstehen. Das neunzehnte Jahrhundert mit seinem liberalen Glauben an den Fortschritt erschien ihm als entwertet. In der Weimarer Republik, die er als Kulisse für einen Bürgerkrieg wahrnahm, wurde Jünger als Vertreter der antidemokratischen Rechten wahrgenommen, ohne daß er sich je auf einen politischen Standpunkt festgelegt hätte. Einen Reichstagssitz, den ihm Hitler für die Nationalsozialisten anbot, lehnte er 1927 ab. Überhaupt waren seine politischen Rollen nie herausgehoben, auch auf diesem Feld wahrte er die Distanz. Die Verbindung des Dandy mit dem Soldaten blieb unbeschadet.

Im Zweiten Weltkrieg diente Jünger in Frankreich, von 1941 an als Stabsoffizier im besetzten Paris in der Armee des Generals Stülpnagel, bis er aufgrund von Verbindungen zum Widerstand nach dem 20. Juli 1944 wegen „Wehrunwürdigkeit" entlassen wurde. In diesen Jahren entstanden die unter dem Titel „Strahlungen" veröffentlichten Reflexionen und Aufzeichnungen, die zwischen großer Intimität und philosophisch-zeitgeschichtlicher Spekulation changieren und eine sehr persönliche Summe seiner Erfahrungen ab 1914 ziehen.

Nach dem Krieg war Ernst Jünger zeitweise mit Publikationsverbot belegt. Von 1950 an lebte er im schwäbischen Wilflingen, wo er sich Haus und Garten als eine Insel im Strom der Zeit gestaltete. Später veröffentlichte Jünger eine Vielzahl von Büchern, so den von anarchistischem Gedankengut geprägten Essay „Der Waldgang" und den Kriminalroman „Eine gefährliche Begegnung". Früh entdeckte er ökologische Themen. Daneben entstanden Reiseberichte und vor allem die Tagebücher „Siebzig verweht", deren erster Band 1980 und deren fünfter und letzter erst im vergangenen Herbst erschien. Sie sind als Summe eines langen Lebens und einer kontunierlichen Reflexion auf seine Vergänglichkeit zu lesen.

Ernst Jünger hat stets die Verknüpfung des menschlichen Lebens mit der kosmischen Zeit gesucht. Dieser Erfahrung sind die literarisch-biographischen Reflexionen in „Zwei Mal Halley" (1987) gewidmet, in dem er eine entomologische Forschungsreise nach Südostasien zum Anlaß nimmt, über die großen Veränderungen in diesem Jahrhundert nachzudenken. Ein Leben lang hat er Insekten erforscht und eine der größten wissenschaftlichen Käfersammlungen angelegt. Er fand in diesen Tieren seine Affinität zum Urzeitlichen, zu den Rhythmen und Formen der Natur bekräftigt, sein Mißtrauen in die Gesellschaft bestätigt.

Nach dem Zweiten Weltkrieg war Ernst Jünger lange umstritten. Am deutlichsten artikulierte sich die Kritik an ihm anläßlich der Verleihung des Goethepreises 1982. Gegner warfen ihm vor, er gehöre zu den geistigen Wegbereitern des Nationalsozialismus. In den letzten Jahren, nach dem Zusammenbruch der ideologischen Weltbilder, erlahmte die Kritik, und der Respekt wuchs nun auch von Seiten der Politik. Zu Jüngers Bewunderern zählte unter anderem der französische Präsident François Mitterrand. Zum hundertsten Geburtstag besuchten Bundeskanzler Helmut Kohl und Bundespräsident Roman Herzog den Schriftsteller. Bundespräsident Herzog nannte ihn nach der Nachricht von seinem Tod einen „einzigartigen Zeugen der Zeit". (Siehe Feuilleton.)

Moskauer Tonarten

W.A. Mindestens drei der fünf ständigen Mitglieder des UN-Sicherheitsrats halten zwar daran fest, daß die diplomatischen Möglichkeiten zur Beilegung der Krise um den Irak noch immer nicht ausgeschöpft seien. Die Hoffnungen auf ein Einlenken des Diktators in Bagdad beginnen allerdings selbst in Moskau zu schwinden, wie in der Botschaft Jelzins zur Lage der Nation deutlich geworden ist. Hatte der russische Präsident erst vor wenigen Tagen noch einen militärischen Schlag kategorisch abgelehnt und von der Gefahr eines dritten Weltkriegs gesprochen, sieht er nun in allfälliger Anwendung von Gewalt wenn auch die allerletzte, so doch immerhin eine ... on. Sicherlich sollte man nicht den Wechsel der russ ... einlesen. Er darf aber Enttäuschung darüb ... daß auch Mosk ... so gut wie ... Was ...

dürfe nie und nimmer die baltischen Staaten umfassen. Da nimmt es nicht wunder, wenn sich Estland, Lettland und Litauen ständig in dem Verd ... bestätigt sehen, Rußland betrachte Baltikum doch als seine Einflußsr ... und verwehre ihm die feste Einb ... in Europa. Ebenfalls nach z ... Art neigt Jelzin bis zum Überd ... die eigene Regierung zu ... ohne ein Wort darüber zu ve ... er selbst in kaiserlich- ... macht Richtu ... Wenn sein ... stabilität ... gentu ... den, ... als ...

Frankfurter Allgemeine

Themen vom Tage

Am 17. Februar 1998 starb Ernst Jünger nach kurzer schwerer Krankheit im Kreiskrankenhaus Riedlingen in Gegenwart seiner Frau. Die »Frankfurter Allgemeine« meldete den Tod in der Ausgabe vom 18. Februar auf ihrer Titelseite, Herausgeber Frank Schirrmacher verfaßte den Leitartikel. Der Tod Ernst Jüngers ist ein europäisches Ereignis, Nachrufe erscheinen in allen großen Zeitungen, meist an prominenter Stelle oder mit Sonderbeilagen. Der italienische »Corriere della Sera« porträtierte Jünger als »grande figura«, die die Flamme des Jahrhunderts unbehelligt wie ein Salamander passiert habe, der französische Schriftsteller Michel Tournier verglich ihn in »Le Figaro« mit Gide, Hugo, Rousseau und Goethe und schrieb, er sei sich immer sicher gewesen, Jünger würde über hundert Jahre alt werden: »Denn er war nicht nur Soldat, nicht nur Junker. Er war auch ein Weiser, ein Gelehrter.«

Das Ende eines großen Traumes: wenn wir eines Tages erwachen und sind tot. Das wird nicht eines Tages, sondern des Tages sein, mit lux aeterna als Morgenrot.

Siebzig verweht V

Wir sind gewohnt, den Tod, etwa durch Krankheit oder Unfall, als Ursache zu sehen, die das Leben beschließt. Das ist ein Irrtum; es ist vielmehr das Leben, das den Tod herbeiruft, wenn es in einen neuen Stand eintreten will.

Mantrana

Auferstehung. Hierzu die berühmte Stelle aus Hamanns »Aesthetica in nuce«: »Poesie war die Muttersprache unseres Geschlechts – – – ein tieferer Schlaf war die Ruhe unserer Urahnen.« Ein Augenöffner von hohem Rang.

Ein »tieferer Schlaf« berührt die Zeitmauer und mit ihr die Grenze, die uns vom Tode trennt. Insofern füllte einstens »Auferstehung« keine Lücke im Bewußtein, denn es fehlte die Furcht, die nach einem Anker begehrt hätte. Die Sehnsucht haftet sich an das, was man begehrt.

Wenn uns Heutigen im Traum ein Toter begegnet, dann wissen wir beim Erwachen, daß er nicht mehr lebt. Im tieferen Traum kehrt er wie von einer Reise zurück.

Das Numinose wurde nicht empfunden, weil es alltäglich war. Der Tote kam in seiner wesentlichen Existenz, die wir nicht mehr oder nur in höchst seltenen Fällen wahrnehmen. Dann wirft das bloße Gerücht einer Auferstehung wie die Posaunen von Jericho die Mauern ein.

Siebzig verweht V

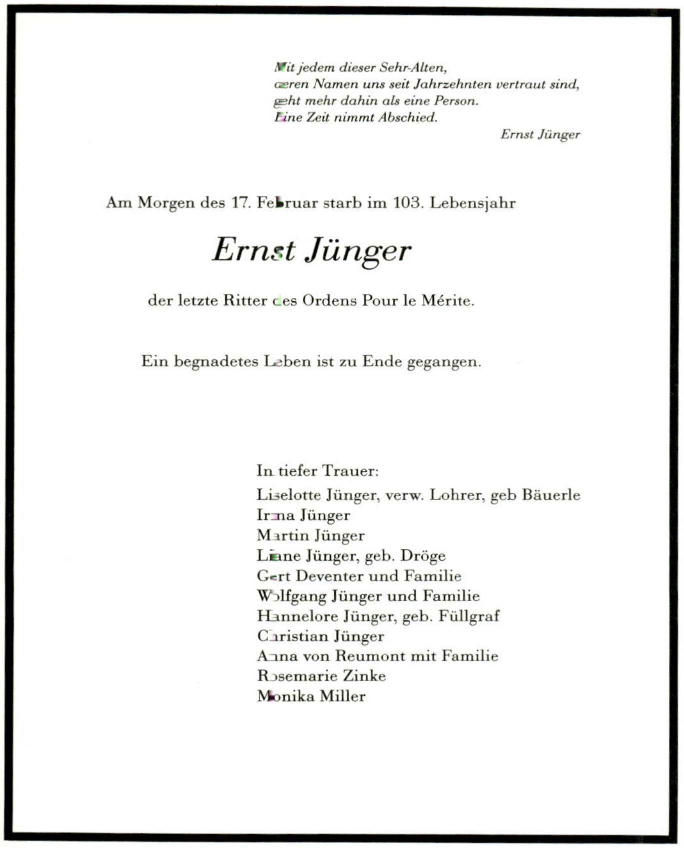

Mit jedem dieser Sehr-Alten,
deren Namen uns seit Jahrzehnten vertraut sind,
geht mehr dahin als eine Person.
Eine Zeit nimmt Abschied.

Ernst Jünger

Am Morgen des 17. Februar starb im 103. Lebensjahr

Ernst Jünger

der letzte Ritter des Ordens Pour le Mérite.

Ein begnadetes Leben ist zu Ende gegangen.

In tiefer Trauer:
Liselotte Jünger, verw. Lohrer, geb Bäuerle
Irina Jünger
Martin Jünger
Liane Jünger, geb. Dröge
Gert Deventer und Familie
Wolfgang Jünger und Familie
Hannelore Jünger, geb. Füllgraf
Christian Jünger
Anna von Reumont mit Familie
Rosemarie Zinke
Monika Miller

Todesanzeige der Familie.

Abschied mit schwarzem Humor: Karikatur von Stefan Schüch für den »Eulenspiegel«.

Letzte Fahrt von der Kirche St. Johannes Nepomuk zum Friedhof von Wilflingen am 21. Februar 1998, vorbei an der Oberförsterei. Die Lafette wurde gezogen von vier Rappen des Gestüts Marbach, an der Spitze des Trauerzugs marschierte das Bürgermilitärkorps und spielte einen Choral. Unter den mehreren hundert Trauergästen Baden-Württembergs Ministerpräsident Erwin Teufel, der die Trauerrede hielt, Staatssekretär Anton Pfeifer als Vertreter von Helmut Kohl, drei Generäle der Bundeswehr, einige Ritterkreuzträger und Verbindungsstudenten. Die letzte Ehre erwiesen dem Verstorbenen auch der Verleger Michael Klett und die Jünger-Lektorin Hede Schirmer, der Schweizer Freund und LSD-Entdecker Albert Hofmann, die Enkel Irina und Martin, der Neffe Gerd Deventer mit Ehefrau Gisela sowie der frühere Jünger-Sekretär Armin Mohler. Als einziger Schriftsteller war Rolf Hochhuth nach Wilflingen gekommen.

Traum, juste milieu. Ich war fünf Uhr nach Steglitz eingeladen und hatte noch einige Stunden Zeit, während deren ich am Rande von Parks und öffentlichen Gärten spazieren ging. In einem davon war eine Wirtschaft eingerichtet; es standen Tische im Grünen, an denen bedient wurde. Früher mußte hier ein Friedhof gewesen sein. Die meisten Gräber waren eingeebnet, doch standen vereinzelt noch Säulen und Urnen aus der Biedermeierzeit.

Immerhin hatte soeben eine Beerdigung stattgefunden; das war wohl eine Ausnahme. Sie stand zu der fröhlichen Gesellschaft, die hier tafelte, in seltsamem Kontrast. Wie sollte ich ihn mir erklären? Ich nahm an, daß sich das Ahnengrab einer alten Familie erhalten hatte, in dem einer ihrer Letzten bestattet worden war; wahrscheinlich hatte er es in seinem Testament verfügt. Diese Vermutung schien mir auch der Uniformen wegen begründet, die ich am Grab erkannte – die Trauergemeinde hatte sich noch nicht zerstreut. Zu meiner Überraschung sah ich nun den König, um den sie einen Halbkreis bildete.

Es traf sich, daß ich meines Besuches wegen schon mit Zylinder unterwegs war – ich nahm ihn ab und bezeugte am Grabe dem, der dort ruhte, meine Reverenz. Der König erwies mir die Ehre, mich anzusprechen; er fragte mich, ob ich den Toten gekannt hätte.

»Nein, aber da ich Eure Majestät an seinem Grabe sehe, muß er ein guter Untertan gewesen sein, und in diesem Sinne bin ich ihm verwandt.«

Die Antwort schien dem Monarchen zu gefallen; wir kamen ins Gespräch.

Die Gesellschaft ging dann zu einer Tafel, die für sie vorbereitet war. Sie war mit dem Silber der Familie gedeckt. Der König lud mich zum Sitzen ein.

»Majestät – mein Platz dürfte eher hinter als auf einem dieser Sessel sein.«

Auch das kam gut an. Der König sprach mit einem Adjutanten, der mich an einen der Nebentische führte, die für die Beamten und die Begleitung bestimmt waren. Damit begann ein neuer Abschnitt meines Lebens; ich machte bei Hofe Fortune. Mit einem Begräbnis fing es an. Es war mein eigenes.

Siebzig verweht IV

Der Trauerzug zieht an der Oberförsterei vorbei.

Das geschmückte Grab mit Kranz und weißen Käppi der Fremdenlegion.

Blick in die verlassene Bibliothek und das Arbeitszimmer. Auf dem Sekretär ein Erinnerungsfoto des Verstorbenen.

Am Fenster der Bibliothek die Fotos der verstorbenen Freunde.

Wir sollten an jeden Toten denken, als ob er lebte, und an jeden Lebenden, als trennte uns schon der Tod. So richten wir die Wünsche höher, auf die unverletzliche Person.

Strahlungen

Die Bilder der Abgeschiedenen verkleinern sich von Jahr zu Jahr; manche verschwinden bei wachsender Entfernung wie Sterne in der kosmischen Dämmerung. Andere werden wie Gemmen schärfer, weil das Alltägliche der Erscheinung schwindet – besonders solche, an die sich Anekdoten ansetzen.

Siebzig verweht IV

Die Toten sind wie Schnittblumen, die noch geraume Zeit leben – sie wollen gepflegt werden. Sie ziehen sich dann allmählich zurück; man spürt in den Träumen, wie ihre Gegenwart schwächer wird.

Vielleicht ist es gut, wenn der Totendienst so lange währt, bis die Abgeschiedenen sich genügend weit entfernt haben. Wenn er unterbleibt, so nicht zum Nachteil der Toten, sondern der Lebenden.

Siebzig verweht IV

Nur wenige Tage nach Jüngers Tod entschied Bundesfinanzminister Theo Waigel, daß eine 110-Pfennig-Sondermarke für den Jahrhundertzeugen erscheinen sollte. Der Entwurf stammt von der Münchner Grafikerin Antonia Graschberger. Sie kombinierte ein Bildnis des jungen Kriegsteilnehmers, das in der linken Bildhälfte schwach zu sehen ist, mit dem Profil des greisen Dichters. Auf dem Rand des Bogens sowie auf dem Ersttagsstempel von Bonn und Berlin ist Jüngers Unterschrift zu sehen. Theo Waigel überreichte die Briefmarke Liselotte Jünger am 22. April 1995 im Haus der Geschichte in Bonn.

Zehn Jahre nach dem Tod Ernst Jüngers wurde im Juli 2008 eine Auswahl seines Werkes in die berühmte »Bibliothèque de la Pléiade« des Pariser Verlages Gallimard aufgenommen. Es gibt für einen Autor, außer dem Nobelpreis, kaum eine größere literarische Ehre. Die Reihe gilt in Frankreich als Kanon der Weltliteratur, in sie wurden Größen wie Victor Hugo, Goethe, Balzac, Tschechow, Dickens oder Shakespeare aufgenommen; unter den deutschsprachigen Autoren des 20. Jahrhunderts entschied man sich bislang nur für Brecht, Kafka und Rilke. Die beiden in Voll-Leder gebundenen und mit feinen Dünndruckseiten ausgestatteten, insgesamt 2250 Seiten umfassenden Bände enthalten die Texte »In Stahlgewittern«, »Das Wäldchen 125«, »Feuer und Blut«, »Kriegsausbruch 1914«, »Der Kampf als inneres Erlebnis«, »Sturm«, »Feuer und Bewegung« und den Tagebuch-Zyklus »Strahlungen«. Damit legten die Herausgeber Julien Hervier, Pascal Mercier und François Poncet eine erste kommentierte Ernst-Jünger-Ausgabe vor, die auch die verschiedenen Fassungen der Werke berücksichtigt.

Nachruhm bedeutet für den Betroffenen das Gute, daß er davon unbehelligt bleibt. Der Ärger mit den Zeitgenossen hat genügt. Der Ruhm liegt nicht in der Zeit. In diesem Sinne mag die Dauer, das Überleben eines Werkes als Hinweis darauf gelten, daß Zeitloses, wie im nachglühenden Schweif eines Kometen, für eine Weile sichtbar wird. Es ist vollbracht.

Autor und Autorschaft

Bei der französischen Post ein Brief mit einer Marke, die mein Photo trägt. Sie ist gestempelt – dazu die Unterschrift: »Ernst Jünger, Chasseur subtil«.

Ich hatte das Kuriosum zunächst übersehen, wurde aber durch ein Zitat des Adressanten darauf aufmerksam gemacht:

»Heut gibt es nichts Schädlicheres als Ehrungen. Wenn man erst auf den Hund gekommen ist, kommt man auch auf die Briefmarken (E. J. am 17. November 1973).«

Offenbar hat sich ein versierter Leser einen Scherz erlaubt.

P.S. Der Briefumschlag erwies sich bald darauf als nützlich – ich hatte ihn, um ihn Mitterrand zu zeigen, vor einem Besuch im Elysée eingesteckt. Leider hatte ich meinen Paß vergessen – ich konnte stattdessen den Brief vorweisen, was von der Wache mit gebührendem Respekt akzeptiert wurde.

Siebzig verweht V

ZEITTAFEL

1895
Ernst Jünger am 29. März in Heidelberg als Sohn des Chemikers Ernst Jünger (1868 – 1943) und dessen Frau Karoline geb. Lampl (1873 – 1950) geboren.

1901 – 1905
Schüler in Hannover im Lyceum II. Nach dem Umzug der Familie nach Schwarzenberg im Erzgebirge Besuch der dortigen Volksschule. Mehrfacher Schulwechsel wegen Umzug der Eltern und schlechter Zensuren.

1905 – 1907
In Internaten in Hannover und Braunschweig.

1907
Übersiedlung der Familie nach Rehburg.

1907 – 1911
Besuch der Scharnhorst-Realschule in Wunstorf, gemeinsam mit den Geschwistern Friedrich Georg und Hanna.

1909
Reise als Austauschschüler nach Frankreich. Erste Tagebuchnotizen.

1911
Eintritt in die Wunstorfer Ortsgruppe des Wandervogels.

1912
Einjährig-freiwillige Schulprüfung und Besuch der Reformschule in Hameln.

1913
Flucht in die Fremdenlegion. Jünger verpflichtet sich in Verdun zu fünfjährigem Militärdienst und wird in der algerischen Stadt Sidi-bel-Abbès in die 26. Instruktionskompanie eingewiesen. | Sechs Wochen später auf Intervention seines Vaters entlassen.

1914
Als Oberprimaner im Gildemeister-Institut in Hannover. | Nachdem er sich am 1. August als Kriegsfreiwilliger gemeldet hatte, schließt Jünger am 21. August seine Schulzeit mit dem Notabitur an der Oberrealschule in Hannover ab und immatrikuliert sich an der Universität Heidelberg als Student. | Oktober bis Dezember: Militärische Grundausbildung im Ersatzbataillon des Füsilierregiments Prinz Albrecht v. Preußen (Hannover Nr. 73) in Hannover. Am 27. Dezember rückt die Einheit ab an die Front in der Champagne.

1915
In den Wintermonaten Grabendienst und Teilnahme an einem Ausbildungslehrgang in Recouvrence. In der Nähe des lothringischen Dorfes Les Eparges wird Ernst Jünger am 24. April zum ersten Mal verwundet. Im Heidelberger Lazarett beginnt er im Mai seine Studien. | Im Sommer Teilnahme an einem Lehrgang für Offiziersanwärter in Döberitz. Im September Rückkehr als Fähnrich an die Westfront. Stellungskämpfe bei Douchy und Monchy. Am 27. November Beförderung zum Leutnant.

1916
Im April Teilnahme an einem Ausbildungskurs in Croisilles. In einem Vorgeplänkel zur großen Somme-Schlacht im August wird Ernst Jünger zum zweiten Mal verwundet. Der zweiwöchige Lazarettaufenthalt bewahrt ihn vor dem Tod: sein Zug kehrt aus dem Trichterfeld bei Guillemont nicht mehr zurück. | Nach der Rückkehr zum Regiment im November dritte Verwundung bei einem Spähtruppunternehmen im Wald von St. Pierre-Vast. Am 16. Dezember erhält Jünger das Eiserne Kreuz erster Klasse.

1917
Teilnahme am Kompanieführerkurs in Sissonne. Im Februar Ernennung zum Führer der 7. Kompanie des Regiments. Teilnahme am Somme-Rückzug im März. Anfang Mai übernimmt Jünger die 4. Kompanie, in der im Herbst 1914 der Schriftsteller Hermann Löns gefallen war. Einsatz an der Siegfriedstellung vor dem St. Quentin-Kanal. Rettung des Bruders Friedrich Georg am 29. Juli auf dem Schlachtfeld von Langemarck. | Im September bewährt sich Jünger als Stoßtruppführer bei einer tollkühnen Aktion. | Im Oktober wieder in Flandern, Trommelfeuer. Danach in der Etappe in Tourcoing. | Im November beteiligt an Angriffen gegen englische Truppen im Artois, schwere Verwundung. | 4. Dezember: Verleihung des Ritterkreuzes des Königlichen Hausordens von Hohenzollern mit Schwertern.

1918
In den Wintermonaten Vorbereitung auf die geplante Frühjahrs-Großoffensive. Am 17. März verliert Jünger auf dem Vormarsch in die Sturmausgangsstellung durch Granateinschlag fast seine gesamte Kompanie. | 21. März: Teilnahme an der Märzoffensive, zum 6. Mal verwundet. Lazarettaufenthalte in Berlin und Hannover. Am 4. Juni Rückkehr nach Vraucourt. | Im Juli erbitterte Abwehr englischer Vorstöße bei Bapaume (»Das Wäldchen 125«). | Im August wird Jünger zum 7. Mal bei Cambrai verwundet und ins Lazarett nach Hannover gebracht; dort erreicht ihn am 22. September die Nachricht, daß ihm der Kaiser die höchste Kriegsauszeichnung verliehen hat, den Orden Pour le mérite. Er erlebt das Kriegsende im Lazarett und im elterlichen Haus in Rehburg.

1919
Im Frühjahr leistet Jünger als Zugführer Dienst in der neu formierten Reichswehr (Reichswehr-Infanterieregiment 16 in Hannover). | Im Dezember Einsatz in Eitorf (Sieg) gegen Schmuggler an der Grenze des von den Engländern besetzten Gebiets. | Arbeit an den Kriegstagebüchern.

1920
Jünger wohnt in Hannover unweit des Waterlooplatzes, in der Mittelstraße. | Im März ist er am Einsatz gegen die Kapp-Putschisten in Hannover beteiligt. Mitarbeit an der Ausbildungsvorschrift für die Infanterie. | Im Selbstverlag erscheint »In Stahlgewittern. Aus dem Tagebuch eines Stoßtruppführers« in einer Auflage von 2000 Exemplaren. | Begegnung mit dem Expressionismus durch den Verleger Paul Steegemann, die Dichter Kurt Schwitters und Klabund in Hannover.

1921
Entstehung expressionistischer Gedichte, die später in einem Autodafé vernichtet werden. Jünger sendet dem Zeichner Alfred Kubin das Gedicht »Zu Kubins Bild: Der Mensch«, das sich erhalten hat. | Neben der Arbeit bei der Vorschriftenkommission in Berlin schreibt Jünger den Essay »Der Kampf als inneres Erlebnis«. | Während seiner Dienstzeit im Reichswehrministerium wohnt Jünger zuerst in der Kaserne, dann in der Lützowstraße gegenüber den Markthallen.

1922
»In Stahlgewittern« erscheint beim Verlag Mittler in Berlin; ebenfalls bei Mittler »Der Kampf als inneres Erlebnis«.

1923
Am 31. August scheidet Jünger aus der Reichswehr aus, um bereits am 23. September im »Völkischen Beobachter« der Nationalsozialisten den Artikel »Revolution und Idee« zu veröffentlichen, in der er der Republik den Kampf ansagt. In Leipzig immatrikuliert er sich am 26. Oktober als stud. rer. nat. an der Universität. Philosophievorlesungen bei Hans Driesch, Felix Krüger. | Reise nach Neapel mit der Schwester Hanna. Zoologisches Praktikum in Leipzig. | In Hannover lernt Ernst Jünger Gretha von Jeinsen kennen, seine spätere Frau. | Kurze Zeit Landesführer Sachsen des Freikorps Roßbach.

1924
Arbeit an dem Kriegstagebuch »Das Wäldchen 125. Eine Chronik aus den Grabenkämpfen 1918«, das im Oktober im Verlag Mittler erscheint. | Studium der Zoologie.

1925
Februar-April: Studium in Neapel am Aquarium der Zoologischen Station Anton Dohrns. | 3. August: Heirat in Leipzig mit Gretha von Jeinsen. | »Feuer und Blut. Ein kleiner Ausschnitt aus einer großen Schlacht« erscheint im Stahlhelm-Verlag, Magdeburg. Ein Exemplar sendet Jünger mit Widmung an Adolf Hitler, den »nationalen Führer«. | Mitarbeiter der »Standarte. Wochenschrift des ›Stahlhelm‹«. Eigentlicher Beginn der publizistischen Tätigkeit.

1926
1. Mai: Geburt des Sohnes Ernst in Leipzig. | 26. Mai: Abbruch des Studiums, Exmatrikulation. Freier Schriftsteller. Flugkurs an der Verkehrsfliegerschule in Staaken. | Jünger betätigt sich als Mitherausgeber und Mitarbeiter der »Standarte: Wochenschrift des neuen Nationalismus«. Nachdem das Nachfolgeblatt der Stahlhelm-»Standarte« im Sommer verboten worden war, wird Jünger Mitherausgeber des »Arminius, Kampfschrift für deutsche Nationalisten«.

1927
Reise nach Frankreich. | 1. Juli: Übersiedlung nach Berlin. Jünger lehnt ein Reichstagsmandat der Nationalsozialisten ab. | Mitarbeiter in Ernst Niekischs »Widerstand. Zeitschrift für nationalrevolutionäre Politik«. | Arbeit an »Das Abenteuerliche Herz«. | Beziehungen und Begegnungen mit Ernst Niekisch, Friedrich Hielscher, Franz Schauwecker, Friedrich Wilhelm Heinz, Wilhelm Stapel, Albrecht Erich Günther, Ernst von Salomon, Otto Strasser, Joseph Goebbels, Arnolt Bronnen, Erich Mühsam, Ernst Toller, Carl Schmitt, Rudolf Schlichter, Alfred Kubin, Ernst Rowohlt, Edmund Schultz, Valeriu Marcu. | Mitarbeiter des »Vormarsch. Blätter der nationalistischen Jugend«.

1928
Publizistische Tätigkeit. Herausgeber von Sammelbänden. Arbeit an »Das Abenteuerliche Herz«.

1929
Reise nach Sizilien mit den Brüdern Friedrich Georg und Hans Otto. | Mitarbeit in »Die Kommenden. Überbündische Wochenschrift der deutschen Jugend«. | »Das Abenteuerliche Herz. Aufzeichnungen bei Tag und Nacht« erscheint im Frundsberg-Verlag, Berlin.

1930
Ernst Jünger gibt verschiedene Sammelbände mit Beiträgen über den Weltkrieg heraus. | In der Novellensammlung »Mondstein« erscheint erstmals der »Sizilianische (!) Brief an den Mann im Mond«. | Mitarbeiter zahlreicher politischer und literarischer Zeitschriften. Arbeit am Manuskript von »Der Arbeiter«.

1931
Reise nach den Balearen. Briefwechsel mit Carl Schmitt.

1932
Im Sommer Reise mit dem Bruder Friedrich Georg nach Dalmatien. | »Der Arbeiter. Herrschaft und Gestalt« erscheint in der Hanseatischen Verlagsanstalt, Hamburg.

1933
Hausdurchsuchung durch die Gestapo. | Erneute Ablehnung eines Reichstagsmandats der NSDAP. Am 9. Juni Berufung in die »Deutsche Akademie der Dichtung«. Jünger lehnt ab. | Mit der Familie im Oktober Wechsel von Berlin in den Harz nach Goslar.

1934
Geburt des Sohnes Alexander. | Bei der Hanseatischen Verlagsanstalt erscheint »Blätter und Steine«; darin enthalten der im gleichen Jahr entstandene Essay »Über den Schmerz« und die »Epigramme« (Winter 1933/34), »Dalmatinischer Aufenthalt«, »Lob der Vokale«, »Feuer und Bewegung«, »Die Staubdämonen«, »Sizilischer Brief an den Mann im Mond« und »Die Totale Mobilmachung«.

1935
Mit Hugo Fischer reist Jünger im Sommer für zwei Monate nach Norwegen.

1936
Oktober-Dezember: Reise nach Brasilien, den Kanarischen Inseln und Marokko (»Atlantische Fahrt«). »Afrikanische Spiele«, Hamburg: Hanseatische Verlagsanstalt. | Im Dezember übersiedelt Jünger mit seiner Familie nach Überlingen am Bodensee, in das »Weinberghaus«.

1937
Sommer: Reise nach Paris. | Dort Begegnungen mit Joseph Breitbach, Julien Green, André Gide, Jean Schlumberger und Annette Kolb. | Im November Besuch bei Alfred Kubin in Zwickledt. | Arbeit an der zweiten Fassung von »Das Abenteuerliche Herz«.

1938
Im Frühjahr Reise nach Rhodos mit Friedrich Georg. | »Das Abenteuerliche Herz. Figuren und Capriccios«. Hamburg: Hanseatische Verlagsanstalt.

1939
Im April Umzug nach Kirchhorst bei Hannover. Im ehemaligen Pfarrhaus (»Herbst-Klarwetter-Klause«) Vollendung des in Überlingen begonnenen Romans »Auf den Marmorklippen«. | »Auf den Marmorklippen« erscheint im Herbst bei der Hanseatischen Verlagsanstalt in Hamburg. | Auf Einladung Ribbentrops in Schloß Fuschl bei Salzburg. Ablehnung eines Auslandspostens. | 27. August: Beförderung zum Hauptmann; Einberufung nach Celle am 30. August. Vorbereitung auf den Fronteinsatz in Blankenburg und Hannover-Bothfeld. Im November übernimmt Jünger einen Abschnitt des Westwalls am Oberrhein bei Greffern, später bei Iffezheim.

1940
Am Westwall bei Iffezheim. | Mai-Juli: Besatzungs- und Sicherheitsdienst in Ostfrankreich. | Juni: Verleihung des Eisernen Kreuzes zweiter Klasse für die Bergung eines Verwundeten am Westwall.

1941
Mit dem Regiment als Wachttruppe nach Paris (Vincennes). Bekanntschaft mit Oberst Hans Speidel, dem Chef des Stabes des Militärbefehlshabers Frankreich, später Chef des Generalstabes der Heeresgruppe B unter Generalfeldmarschall Rommel. | 1. Juni: Versetzung vom Wachregiment in Paris in den Stab des Militärbefehlshabers Frankreich Otto von Stülpnagel und dessen Nachfolgers Carl Heinrich von Stülpnagel. | Im Hotel »Majestic« hatte Jünger bis zum Sommer 1944 sein Büro, das Wohnquartier war gleich nebenan im Hotel »Raphael«. Dort Teilnahme an der Casino-Runde Heinrich von Stülpnagels. | Zu Jüngers Aufgaben gehörten die Bearbeitung der Akten des Unternehmens »Seelöwe« (Plan der Invasion Englands), die Dokumentation des Kampfes zwischen dem Militärbefehlshaber und den Parteistellen um die Vorherrschaft und die Briefzensur. Ende 1941 wird Jünger von Otto von Stülpnagel beauftragt, die Geschichte der Attentate und Geiselerschießungen aufzuzeichnen. | Jünger lernt die Kinderärztin Sophie Ravoux (1906 – 2001) kennen, mit der er eine geistige und zeitweilig auch amouröse Beziehung pflegt. | Herbst/Winter: Entwurf und erste Fassung der Friedensschrift.

1942
Veröffentlichung von »Gärten und Straßen. Aus den Tagebüchern 1939 – 1940«. Von da an Publikationsverbot, es wurde für Bücher von Jünger kein Papier mehr bewilligt. | 15. Oktober: Für drei Monate zum Stab der Heeresgruppe A kommandiert; Inspektionsreise an den Südabschnitt der russischen Front, um die politische Stimmung des Offizierskorps zu erkunden. | Begegnungen und Beziehungen mit Sacha Guitry, Cocteau, Jouhandeau, Giraudoux, Léautaud, Paulhan, Céline, Gaston Gallimard, Paul Morand, Banine, Braque, Picasso, Henry de Montherlant, Gerhard Nebel, Gerhard Heller, Ernst Wilhelm Nay, Walter Bargatzky, Florence Gould (»Lady Orpington«). | Gespräche mit Offizieren der Anti-Hitler-Verschwörung.

1943
Am 9. Januar Tod des Vaters; Rückkehr aus Rußland. | Sommer-Herbst: Arbeit an »Der Friede«. Unter dem Schutz der Wehrmacht erscheint »Myrdun. Briefe aus Norwegen« (Feldausgabe Oslo).

1944
Im Februar: Der Sohn Ernst wird wegen Bildung eines »Widerstandskreises« verhaftet, zu einer Gefängnisstrafe verurteilt. Das Kriegsgericht entscheidet auf »Frontbewährung«; am 29. November fällt er bei Carrara in Italien. | Veröffentlichung des Reisetagebuches »Aus der Goldenen Muschel« in der in Paris erscheinenden Vierteljahresschrift »Deutschland-Frankreich«. Besuche bei Generalleutnant Hans Speidel, Chef des Generalstabs in La Roche-Guyon. | August: Auflösung des Stabes des Militärbefehlshabers Frankreich; Rückkehr Jüngers nach Deutschland. Im September Entlassung aus dem Heeresdienst.

1945
Seit dem Frühjahr Verbreitung der Friedensschrift. | Publikationsverbot für Ernst Jünger in der englischen Besatzungszone.

1946
»Der Friede. Ein Wort an die Jugend Europas und an die Jugend der Welt«. Amsterdam: Erasmus. | Zwischen Juli und September läßt Jünger drei hektographierte »Briefe an die Freunde« kursieren.

1947
»Atlantische Fahrt«. Für deutsche Kriegsgefangene im Ausland gedruckt. London: Zaunkönig-Bücher. – »Sprache und Körperbau«. Zürich: Verlag der Arche.

1948
Übersiedlung nach Ravensburg in Württemberg. | »Ein Inselfrühling. Tagebuch aus Rhodos. Mit den sizilianischen Tagebuchblättern ›Aus der Goldenen Muschel‹«. Zürich: Verlag der Arche.

1949
Begegnungen mit Martin Heidegger, Ernst Klett, Vittorio Klostermann, Günther Neske, Ewald Katzmann. | Drogen-Experimente. | Der Schweizer Armin Mohler wird Jüngers Sekretär. | »Strahlungen«. Tübingen: Heliopolis Verlag. – »Heliopolis. Rückblick auf eine Stadt«. Tübingen: Heliopolis Verlag.

1950
Übersiedlung nach Wilflingen in Oberschwaben; zuerst ins Stauffenbergsche Schloß, im folgenden Frühjahr in die ehemalige Oberförsterei. »Über die Linie«. Frankfurt: Klostermann.

1951
»Das Haus der Briefe«. Olten: Vereinigung Oltner Bücherfreunde. – »Der Waldgang«. Frankfurt: Klostermann. – »Am Kieselstrand«. Frankfurt: Klostermann.

1952
»Besuch auf Godenholm«. Frankfurt: Klostermann. – »Die Eberjagd«. Tübingen: Story. Die Monatsschrift der modernen Erzählung. – »Drei Kiesel«. Frankfurt: Klostermann.

1953
»Der gordische Knoten«. Frankfurt: Klostermann.

1954
Erste Reise nach Sardinien. | »Das Sanduhrbuch«. Frankfurt: Klostermann.

1955
Literaturpreis der Stadt Bremen. | »Am Sarazenenturm«. Frankfurt: Klostermann. | Kulturpreis der Stadt Goslar.

1956
Reise in die Toskana. | »Rivarol«. Frankfurt: Klostermann.

1957
Reise nach Sardinien. | »Serpentara«. Zürich: Bösch-Presse. – »San Pietro«. Olten: Vereinigung Oltner Bücherfreunde. – »Gläserne Bienen«. Stuttgart: Klett.

1958
Reise nach den USA. | »Jahre der Okkupation« (»Die Hütte im Weinberg«). Stuttgart: Klett. | »Mantrana. Einladung zu einem Spiel«. Stuttgart: Klett.

1959
Reise nach Griechenland. | Verleihung des Großen Verdienstkreuzes der Bundesrepublik Deutschland durch Theodor Heuss. Mitbegründer und Herausgeber der Zeitschrift »Antaios« (Klett). | »An der Zeitmauer«. Stuttgart: Klett.

1960
Ehrenbürger der Gemeinde Wilflingen und Ehrengabe des Kulturkreises im Bundesverband der deutschen Industrie. | Tod von Gretha Jünger. | »Ein Vormittag in Antibes« (Ernst Jünger zum fünfundsechzigsten Geburtstag, 29. 3. 1960). Olten: Vereinigung Oltner Bücherfreunde. – »Sgraffiti«. Stuttgart: Klett. – »Der Weltstaat. Organismus und Organisation«. Stuttgart: Klett.

1961
Reisen nach Syrien, Jordanien, Libanon und Frankreich. | »Fassungen« (»Sertissages«). Paris: J. Foret.

1962
Heirat in Wilflingen mit Liselotte Lohrer, geb. Bäuerle. | Reisen nach Ägypten, Sudan und zum Sinai, in die Steiermark und nach Spanien. | »Das Spanische Mondhorn«. Olten: Vereinigung Oltner Bücherfreunde.

1963
»Typus, Name, Gestalt«. Stuttgart: Klett. – »Sturm«. Oltner Liebhaberdruck.

1964
Reisen nach Griechenland und Spitzbergen. | »Maxima-Minima. Adnoten zum ›Arbeiter‹«. Teilvorabdruck in Antaios. | Rede bei der Eröffnung der Alfred-Kubin-Ausstellung der Bayerischen Akademie der Schönen Künste in München.

1965
Mit dem Erscheinen von Band 10 ist die Ausgabe der »Werke« im Klett Verlag abgeschlossen. | Ehrenbürger der Stadt Rehburg. | Immermann-Preis der Stadt Düsseldorf. | Schiffsreise nach Ostasien, mit Stationen in Ägypten, Somaliland, Malaysia, Singapur, auf den Philippinen, in Hongkong, Japan, auf Formosa und Ceylon.

1966
Reisen nach Korsika und Angola. | »Grenzgänge. Essays – Reden – Träume«. Stuttgart: Klett.

1967
Reisen in die Pyrenäen, nach Paris und Rehburg, ans Steinhuder Meer und in die Lüneburger Heide. | »Subtile Jagden«. Stuttgart: Klett.

1968
In Rom, als Ehrengast der Deutschen Akademie Villa Massimo. | Reisen nach Elba, Island, Amriswil und Straßburg. | »Zwei Inseln. Formosa, Ceylon«. Olten: Matheson.

1969
Reisen nach Juist, in das Piemont und nach Agadir (Marokko). | »Federbälle. Martin Heidegger zum 80. Geburtstag«. Biberach: Thomae.

1970
Reisen auf die Kanarischen Inseln und nach Paris. | »Annäherungen. Drogen und Rausch«. Stuttgart: Klett. | Freiherr-vom-Stein-Medaille in Gold der Stiftung F.V.S. | »Lettern und Ideogramme«. Oltner-Liebhaber Druck.

1971
Reisen nach Berlin, Paris, Kreta, Nizza. | »Sinn und Bedeutung. Ein Figurenspiel«. Stuttgart: Klett. – »Ernst Jünger/Alfred Kubin: Briefe«. Biberach: Thomae.

1972
Reisen nach Paris, Laon, Tunesien, Alanya (Türkei). | »Philemon und Baucis. Der Tod in der technischen und in der mythischen Welt«. Stuttgart: Klett.

1973
Reisen nach Ceylon, Paris, Djerba und in die Schweiz. | »Die Zwille«. Stuttgart: Klett. – »Post nach Princeton«. Biberach: Thomae. | Ehrung in Amriswil mit Reden von Alfred Andersch, François Bondy und Friedrich Georg Jünger.

1974
Reisen nach Agadir, ins Tessin und nach Alanya. | Schiller-Gedächtnispreis des Landes Baden-Württemberg.

1975
Reisen nach Agadir und nach Frankreich. | Kanzler der Ritterschaft des Ordens Pour le mérite.

1976
Reisen nach Berlin, Griechenland und Liberia. | Tod des Bruders Hans Otto in Leisnig/DDR.

1977
Reisen nach Marokko (mit einem französischen Film-Team), nach Paris (Verleihung des von der Stadt Nizza vergebenen »Aigle d'Or«) und Sizilien. | Verleihung des Sterns zum Großen Verdienstkreuz der Bundesrepublik Deutschland. | 20. Juli: Tod des Bruders Friedrich Georg in Überlingen. | »Eumeswil«. Stuttgart: Klett-Cotta. | Von jetzt ab erscheinen auch die Bücher Ernst Jüngers unter dem neuen Verlagsnamen Klett-Cotta.

1978
Reisen nach Malta, San Pietro, Avignon, Nizza, in die Seealpen und zu Carl Schmitt nach Plettenberg. | Beginn der Edition der Sämtlichen Werke in 18 Bänden bei Klett-Cotta. | »Paul Léautaud: In Memoriam. | Übersetzung und Nachwort von Ernst Jünger«. Stuttgart: Klett-Cotta.

1979
Reisen nach Liberia, Griechenland, Verdun (Co-Präsident beim 63. Anniversaire de la Bataille de Verdun) und nach Paris. | Médaille de la Paix der Stadt Verdun. | »Über Sprache und Stil«. Biberach: Thomae. | »Capriccio«. Aufgenommen in »Schnittlinien. Für HAP Grieshaber zum 70. Geburtstag am 15. 2. 1979«. | Düsseldorf: Claassen Verlag.

1980
Reisen nach Paris und Griechenland. | Verdienstmedaille des Landes Baden-Württemberg. | »Siebzig verweht I«. Stuttgart: Klett-Cotta. – »Federbälle. Teil I und Teil II«. Zürich: Verlag der Arche.

1981
Reisen nach Singapur und Rhodos. | »Siebzig verweht II«. Stuttgart: Klett-Cotta. | Der Bildhauer Arno Breker porträtiert Ernst Jünger. | Prix Europa-Littérature der Fondation Internationale pour le Rayonnement des Arts et des Lettres. | Prix Mondial der Fondation Simone et Cino del Duca in Paris. | Goldene Medaille der Humboldt-Gesellschaft.

1982
Reisen nach Paris und Orebic. | Goethe-Preis der Stadt Frankfurt am Main. | Besuch von Jorge Luis Borges in Wilflingen.

1983
Reise nach Portugal. | »Aladins Problem«. Stuttgart: Klett-Cotta. | Symposium über Leben und Werk des Autors in Rom. | Besuch von Alberto Moravia in Wilflingen. | Ehrenbürgerschaft von Montpellier. | Premio Circeo der Vereinigung für Italienisch-Deutsche Freundschaft. | Abschluß der Ausgabe der Sämtlichen Werke in 18 Bänden.

1984
Reisen nach Paris, Santorin, Berlin. | Teilnahme an der deutsch-französischen Versöhnungsfeier in Verdun. | In Paris Begegnung mit Staatspräsident Mitterrand. | Ansprache und Überreichung der Medaille »Robert Schuman Fraternité Combattante« der Stiftung F.V.S. an einen französischen Veteranen im Senat. | »Autor und Autorschaft«. Stuttgart: Klett-Cotta.

1985
Feiern zum 90. Geburtstag in Wilflingen und im Neuen Schloß zu Stuttgart. | Verleihung des Großen Verdienstkreuzes mit Stern und Schulterband des Verdienstordens der Bundesrepublik Deutschland. | Stiftung des »Ernst-Jünger-Preises für Entomologie« durch das Land Baden-Württemberg. | Wiedererscheinen von »Der Arbeiter. Herrschaft und Gestalt« in Cotta's Bibliothek der Moderne. Stuttgart: Klett-Cotta. | »Eine gefährliche Begegnung«. Stuttgart: Klett-Cotta. | Besuch des französischen Staatspräsidenten François Mitterrand und des Bundeskanzlers Helmut Kohl in Wilflingen. | Reisen nach Zypern und Paris.

1986
Begegnung mit dem rumänischen Schriftsteller Eugène Ionesco in Saulgau. | Reisen nach Malaysia, Sumatra und ins Tessin. | Überreichung des »Ernst-Jünger-Preises für Entomologie« an Dr. Hans Georg Amsel im Stauffenbergschen Schloß in Wilflingen. | Verleihung des Premio Mediterraneo des Centro di Cultura Mediterranea in Palermo und des Bayerischen Maximiliansordens für Wissenschaft und Kunst in München. | Der polnische Literatur-Digest »Literatura na swiecie« (»Literatur in der Welt«) widmet Ernst Jünger eine Ausgabe.

1987
»Zwei Mal Halley«. Stuttgart: Klett-Cotta. | Reisen nach Samos, nach Frankreich und Italien. | In Rom Verleihung des Internationalen Tevere-Literaturpreises durch Staatspräsident Cossiga im Quirinal-Palast. | »Das Abenteuerliche Herz. Erste Fassung«. Mit einem Vorwort von Michael Klett. Stuttgart: Klett-Cotta.

1988
22. Januar: Reise nach Paris mit Bundeskanzler Kohl zur Teilnahme an den Feierlichkeiten des 25. Jahrestages des Deutsch-Französischen Vertrages. | 14. Februar: Besuch des Ostberliner Schriftstellers Heiner Müller | April – Mai: Reise auf die Seychellen. | Der Bildhauer Gerold Jäggle porträtiert Jünger in Wilflingen. | Oktober: Reise nach Paris. | Erscheinen der zweiten Folge von »l'auteur et l'écriture«. Paris: Christian Bourgois Editeur. | Teilnahme an der Festsitzung des Bayerischen Maximiliansordens in München.

1989
»Zeitsprünge«erscheinen unter dem Titel »Sauts de temps« zuerst in französischer Übersetzung. | 29. März: Überreichung des »Ernst-Jünger-Preises für Entomologie« an Dr. h.c. Adolf Lohse im Stauffenbergschen Schloß in Wilflingen. | 13./14. April Begegnung mit Friedrich Dürrenmatt in St. Gallen. | Vom 10. bis 17. Juni Aufenthalt in Magadino/Tessin. Besuch des Grabes von Hermann Hesse in Montagnola. | 10. bis 24. September: Reise nach Mauritius. | Verleihung der Ehrendoktorwürde der Universität Bilbao.

1990
»Die Schere«. Stuttgart: Klett-Cotta. | »Zeitsprünge«. Stuttgart: Klett-Cotta. | 17. März: Verleihung des »Oberschwäbischen Kunstpreises« in Wilflingen. | 21. März: Besuch von Bundeskanzler Helmut Kohl und Spaniens Ministerpräsident Felipe Gonzáles in Wilflingen. | 29. März: Feier des 95. Geburtstages im Freundeskreis in der Bad Godesberger »Redoute« (Bonn). | 2. und 7. April: Feiern des Geburtstages im Neuen Schloß und in Wilflingen. | 21. bis 31. Mai: Reise nach Frankreich. Besuch der Höhlen von Lascaux in der Dordogne auf Einladung des Präfekten von Toulouse. Reisen nach Montepellier und Paris. | Nachfeier des Geburtstages in Bern beim Deutschen Botschafter Dr. Wolfram Dufner; Begegnung mit Friedrich Dürrenmatt und Golo Mann. | Reise ins Tessin (Magadino). | Juli: Aufenthalt beim Neffen Gert Deventer in München. Der französische Bildhauer Serge Mangin porträtiert Ernst Jünger. | 6. bis 20. September: Reise nach Kreta.

1991
7. März: Festsitzung des Bayerischen Maximiliansordens in München. | 25. Mai bis 1. Juni: Fahrt nach Magadino/Tessin | 31. August bis 1. September: Reise nach Nîmes; Teilnahme an der 150-Jahresfeier des 2. Infanterieregiments der Fremdenlegion.

1992
Überreichung des »Ernst-Jünger-Preises für Entomologie« an Dr. h.c. Walter Linsenmaier im Stauffenbergschen Schloß in Wilflingen. | Mai: Reise nach Sachsen: Besuch des Grabes der Eltern in Leisnig erstmals nach 50 Jahren; Abstecher nach Dresden, Meißen und Moritzburg. | 6. Juli: Teilnahme an der Einweihung des Weltkriegsmuseums in Péronne. | 18. bis 25. August: Aufenthalt in Magadino/Tessin.

1993
»Siebzig verweht III«. Stuttgart: Klett-Cotta. | 18. Februar: Teilnahme an der Festsitzung des Bayerischen Maximiliansordens in München. | 23. März: Verleihung des Robert-Schuman-Preises der Stiftung F. V. S. in der Kleber Post in Saulgau. | 7. April: Begegnung mit Frankreichs Staatspräsident François Mitterrand im Elysée. | 22. April: Der schwer erkrankte Sohn Alexander Jünger erschießt sich in Berlin. Beisetzung am 5. Mai auf dem Friedhof in Wilflingen. | Mai: Aufenthalt in Magadino/Tessin. | Juni: Verleihung des »Gran Premio Punti Cardinali dell'Arte« bei der 45. Kunstbiennale in Venedig. | Ernennung zum »Membre d'Honneur de la Société des Études-bloyennes«. | 20. Juli: Besuch von Staatspräsident Mitterrand und Bundeskanzler Kohl in Wilflingen. | August: Wegen eines lebensgefährlichen Zeckenbisses Behandlung im Kreiskrankenhaus von Riedlingen.

1994
»Auswahl aus dem Werk in fünf Bänden«. Stuttgart: Klett-Cotta. | März-Mai: Reisen nach München, Überlingen, Magadino. | September: Reise nach St. Gallen (Erker-Galerie). | Oktober: Auf der Insektenbörse in Basel. | Dezember: Teilnahme an der Festsitzung des Bayerischen Maximiliansordens in München.

1995
»Siebzig verweht IV«. Stuttgart: Klett-Cotta. | Zum 100. Geburtstag erscheint eine großformatige, bibliophile Ausgabe der »Subtilen Jagden« (Klett-Cotta) mit Farbstiftzeichnungen von Walter Linsenmaier. Klett-Cotta gibt zwei Festschriften zu Ehren Jüngers heraus: »Über Ernst Jünger«, hrsg. v. Hubert Arbogast, sowie »Magie der Heiterkeit. Ernst Jünger zum Hundertsten«, hrsg. v. Günter Figal und Heimo Schwilk. | 29. März: Gratulationsbesuch von Bundespräsident Roman Herzog, Bundeskanzler Helmut Kohl und Baden-Württembergs Ministerpräsident Erwin Teufel in Wilflingen. Festbankett im Hotel »Kleber Post« in Saulgau auf Einladung von Ministerpräsident Erwin Teufel und Verleger Michael Klett. Teufel gibt die Stiftung eines »Ernst-Jünger-Stipendiums« durch das Land Baden-Württemberg bekannt. | Anläßlich des 100. Geburtstages finden Jünger-Kolloqien in Frankreich und Spanien statt. | 1. April: Feier des Geburtstages mit der Gemeinde Wilflingen im »Schützenhaus«. | 8. Mai: Verleihung des »Ernst-Jünger-Preises für Entomologie« an Dr. Alfons Evers im Stauffenbergschen Schloß in Wilflingen. | Ernst Jünger wird Ehrenmitglied der Deutschen Gesellschaft für Allgemeine und Angewandte

Entomologie und der Münchner Entomologischen Gesellschaft. | 27. Mai bis 3. Juni: Aufenthalt in Magadino/Tessin. | 3. Juli: Verleihung der Ehrendoktorwürde der Universität Madrid Alcalá im Escorial. Besuch bei Ministerpräsident Felipe Gonzáles in Madrid. Fahrt nach Altkastilien, nach Avila und Segovia; Besuch eines Stierkampfs in Madrid. | September: Besuch der Internationalen Insektenbörse in Straßburg. | Dezember: Teilnahme an der Festsitzung des Bayerischen Maximiliansordens in München.

1996

Reisen nach München und Überlingen | In Montpellier wird ein Zentrum zur Jünger-Forschung gegründet. | 26. September: Konversion zum katholischen Glauben; Meßfeier in der Kirche St. Johannes Nepomuk in Wilflingen. | Oktober: Besuch der Insektenbörse in Basel.

1997

»Siebzig verweht V«. Stuttgart: Klett-Cotta. | September: Besuch der Internationalen Käfermesse in Bâle und einer Ausstellung über den Maler Rudolf Schlichter in der Kunsthalle Tübingen. | Dezember: Im Berliner Szene-Verlag »Galerie auf Zeit« erscheint die von Thomas Günther besorgte Künstler-Edition »Weiße Nächte«, die Auszüge aus Jüngers Drogenbuch »Annäherungen« mit Grafiken des Berliner Künstlers Klaus Zylla kombiniert (Einführung von Heimo Schwilk). Es ist Jüngers letzte Buchpublikation. | Wegen eines Magenleidens wird Jünger zur Behandlung ins Kreiskrankenhaus Riedlingen verlegt.

1998

Am 17. Februar stirbt Ernst Jünger im Kreiskrankenhaus Riedlingen.

BILDNACHWEIS Schutzumschlagfoto Mitte: Sabine Renger | S. 4 Sabine Renger | S. 10 Nachlaß Ernst Jünger im Deutschen Literaturarchiv Marbach, künftig angegeben als DLA | S. 11 DLA | S. 12 DLA | S. 14 DLA | S. 15 DLA (3) | S. 16 DLA (2) | S. 18 Historisches Museum, Hannover | S. 19 Historisches Museum, Hannover | S. 20 oben: Historisches Museum, Hannover; unten: DLA | S. 21 DLA (2) | S. 22 DLA (2) | S. 23 DLA | S. 24 Archiv der deutschen Jugendbewegung | S. 25 oben: Archiv der deutschen Jugendbewegung; unten: DLA | S. 26 DLA | S. 27 DLA (3) | S. 28 DLA (2) | S. 29 DLA | S. 30 DLA | S. 31 DLA | S. 32 DLA (2) | S. 33 DLA (2) | S. 34 oben: Hulton Picture Library, London; unten: Ullstein Bilderdienst, Berlin | S. 35 oben: DLA; unten links: Archiv der Französischen Fremdenlegion; unten rechts: DLA | S. 36 DLA | S. 40 Ullstein Bilderdienst, Berlin | S. 41 DLA (2) | S. 42 DLA | S. 43 Ullstein Bilderdienst, Berlin | S. 44 DLA (2) | S. 45 DLA (2) | S. 46 DLA | S. 47 Ullstein Bilderdienst, Berlin | S. 48 Stadt Heidelberg | S. 49 DLA | S. 50 DLA | S. 51 DLA | S. 52 DLA | S. 53 DLA (2) | S. 54 DLA | S. 55 DLA | S. 56 Süddeutscher Verlag, München | S. 57 oben: DLA; unten: Ullstein Bilderdienst, Berlin | S. 58 oben: Barbara Figal; unten: DLA (2) | S. 59 DLA | S. 60 Ullstein Bilderdienst, Berlin | S. 61 DLA (2) | S. 62 DLA | S. 63 DLA | S. 64 DLA | S. 65 DLA (2) | S. 66 DLA | S. 67 Ullstein Bilderdienst, Berlin | S. 68 DLA (2) | S. 69 Ullstein Bilderdienst, Berlin (2) | S. 70 Sammlung des Coudres, DLA | S. 71 DLA | S. 72 Ullstein Bilderdienst, Berlin | S. 78 DLA (2) | S. 79 Ullstein Bilderdienst, Berlin | S. 80 DLA | S. 81 oben: DLA; unten: Ullstein Bilderdienst, Berlin | S. 82 DLA (29) | S. 83 Stadtarchiv Hannover | S. 84 oben: Landesbildstelle, Berlin; unten: Bundesarchiv/Militärarchiv | S. 85 DLA | S. 86 oben: Verlag E. S. Mittler & Sohn GmbH; unten: DLA | S. 87 DLA | S. 88 Ullstein Bilderdienst, Berlin (2) | S. 89 DLA | S. 90 DLA (2) | S. 91 Sammlung des Coudres, DLA | S. 92 oben: Ullstein Bilderdienst, Berlin; unten: DLA (2) | S. 93 DLA (2) | S. 94 Ullstein Bilderdienst, Berlin | S. 95 oben: DLA; unten: Historisches Archiv der Zoologischen Station Anton Dohrn | S. 96 DLA (3) | S. 97 DLA | S. 98 VG Bild-Kunst, Bonn | S. 99 DLA | S. 100 Sammlung des Coudres, DLA | S. 101 Sammlung des Coudres, DLA | S. 102 Ullstein Bilderdienst, Berlin (2) | S. 103 DLA | S. 104 DLA | S. 105 DLA (2) | S. 106 oben: VG Bild-Kunst, Bonn; unten: Ullstein Bilderdienst, Berlin | S. 107 links: Washington Library of Congress; rechts: DLA | S. 108 Landesbildstelle, Berlin | S. 109 DLA | S. 110 DLA | S. 111 DLA | S. 112 oben: Landesbildstelle, Berlin; Ullstein Bilderdienst, Berlin (2) | S. 113 Ullstein Bilderdienst, Berlin | S. 114 DLA | S. 115 DLA (2) | S. 116 The Art Institute of Chicago | S. 117 Ullstein Bilderdienst, Berlin | S. 118 DLA | S. 119 DLA | S. 120 Ullstein Bilderdienst, Berlin | S. 121 François Lagarde, Montpellier | S. 122 DLA | S. 123 DLA | S. 124 DLA | S. 125 links: Dr. Hermann Heidegger, Stegen; rechts: DLA | S. 126 oben: Bildarchiv Preußischer Kulturbesitz; unten: Ullstein Bilderdienst, Berlin | S. 127 Süddeutscher Verlag, München | S. 128 Sammlung des Coudres, DLA | S. 129 DLA | S. 130 oben: Ullstein Bilderdienst, Berlin; unten: VG Bild-Kunst, Bonn | S. 131 Ullstein Bilderdienst, Berlin | S. 132 VG Bild-Kunst, Bonn | S. 138 Ullstein Bilderdienst, Berlin | S. 139 DLA | S. 140 oben und Mitte: DLA; unten: Institut für Zeitgeschichte, München | S. 141 Archiv der Akademie der Künste, Berlin | S. 142 DLA | S. 143 DLA | S. 144 oben links: DLA; oben rechts: Sammlung des Coudres, DLA; unten: VG Bild-Kunst, Bonn | S. 145 VG Bild-Kunst, Bonn | S. 146 VG Bild-Kunst, Bonn | S. 147 Bundesarchiv | S. 148 DLA | S. 149 DLA | S. 150 DLA (2) | S. 151 Sammlung des Coudres, DLA | S. 152 oben: Ullstein Bilderdienst, Berlin; unten: Roger Viollet, Paris | S. 153 Ullstein Bilderdienst, Berlin | S. 154 Ullstein Bilderdienst, Berlin (2) | S. 155 DLA | S. 156 DLA (2) | S. 157 DLA | S. 158 DLA | S. 159 DLA | S. 160 DLA | S. 161 DLA | S. 162 DLA | S. 163 DLA | S. 164 DLA | S. 165 DLA | S. 166 Ullstein Bilderdienst, Berlin | S. 167 DLA | S. 168 oben: Sammlung des Coudres, DLA; unten: Ullstein Bilderdienst, Berlin | S. 169 Bundesarchiv/Militärarchiv (2) | S. 170 Ricca Achalm Art Fotos, Reutlingen | S. 171 oben: DLA; unten: Ricca Achalm Art Fotos, Reutlingen | S. 172 oben: Ullstein Bilderdienst, Berlin (2); unten: DLA | S. 173 DLA | S. 174 DLA | S. 175 DLA | S. 176 links: DLA (2); rechts: Roger Viollet, Paris | S. 177 DLA (2) | S. 178 Roger Viollet, Paris | S. 179 links: DLA; rechts: Ullstein Bilderdienst, Berlin | S. 180 oben links: Keystone, Paris; oben rechts/unten: DLA (3) | S. 181 DLA | S. 182 Roger Viollet, Paris | S. 183 Florence Henri | S. 184 DLA (2) | S. 185 Florence Henri | S. 186 Roger Viollet, Paris | S. 187 DLA | S. 188 DLA | S. 189 DLA | S. 190 Roger Viollet, Paris | S. 191 DLA (2) | S. 192 DLA | S. 193 DLA | S. 194 DLA | S. 195 Roger Viollet, Paris | S. 196 DLA | S. 197 Roger Viollet, Paris | S. 198 oben: DLA; unten: Ullstein Bilderdienst, Berlin | S. 199 oben: DLA; unten: Giraudon, Paris | S. 200 oben: Keystone, Paris;

unten: Roger Viollet, Paris | S. 201 DLA (2) | S. 202 DLA (2) | S. 203 DLA | S. 204 Ullstein Bilderdienst, Berlin | S. 205 Ullstein Bilderdienst, Berlin | S. 206 Florence Henri/DLA | S. 207 Landesbildarchiv, Hannover | S. 208 DLA | S. 209 DLA | S. 210 Landesbildarchiv Hannover | S. 211 Archiv Heimo Schwilk, Berlin | S. 212 DLA (2) | S. 213 DLA | S. 214 Giraudon, Paris | S. 215 oben: Giraudon, Paris; unten: Ullstein Bilderdienst, Berlin | S. 216 Bundesarchiv | S. 217 oben: Ullstein Bilderdienst, Berlin; unten: DLA | S. 218 Sammlung des Coudres, DLA | S. 219 Karl O. Paetel/Ernst Klett Verlag | S. 220 DLA (2) | S. 221 Ullstein Bilderdienst, Berlin | S. 222 DLA | S. 226 DLA (2) | S. 227 oben: DLA; unten: Max Seidel, Mittenwald | S. 228 DLA (2) | S. 229 links: Max Seidel, Mittenwald; rechts: C. Roessiger | S. 230 Felizitas Timpe | S. 231 DLA | S. 232 DLA | S. 233 oben: DLA; unten: Sammlung des Coudres, DLA | S. 234 Wolfgang Etzold, Hamburg | S. 235 François Lagarde, Montpellier | S. 236 DLA | S. 237 oben: Barbara Figal; unten: DLA (2) | S. 238 DLA | S. 239 oben: Sammlung des Coudres, DLA; unten: Ursula Litzmann, Hamburg | S. 240 oben: DLA; unten: Suhrkamp Verlag | S. 241 DLA (2) | S. 242 oben: DLA; unten: Sabine Renger | S. 243 oben: Sammlung des Coudres, DLA; unten: DLA (3) | S. 244 Ernst Klett Verlag, Stuttgart (3) | S. 249 Sabine Renger | S. 250 Ernst Klett Verlag, Stuttgart | S. 252 oben: Robert Lebeck, Hamburg; unten: DLA (2) | S. 253 DLA (3) | S. 254 François Lagarde, Montpellier | S. 255 DLA | S. 256 oben: Archiv für Kunst und Geschichte, Berlin; unten: DLA | S. 257 DLA (3) | S. 258 oben: Ernst Klett Verlag, Stuttgart; unten: Barbara Figal | S. 259 DLA | S. 260 Ernst Klett Verlag/DLA | S. 261 DLA (2) | S. 262 DLA (2) | S. 263 DLA (2) | S. 264 links: Ricca Achalm Art Fotos, Reutlingen; rechts: DLA | S. 265 Ernst Klett Verlag/DLA | S. 266 Brigitte Neske (2), DLA | S. 267 Gert Deventer | S. 268 François Lagarde, Montpellier | S. 269 Rupert Leser, Bad Waldsee | S. 270 Klett-Cotta, Stuttgart | S. 271 oben: DLA (2); unten: François Lagarde, Montpellier | S. 272 oben: François Lagarde, Montpellier; unten: DLA | S. 273 François Lagarde, Montpellier | S. 274 oben: V. Canicio, Heidelberg; unten: DLA | S. 275 Horst Janssen/DLA | S. 276 links: DLA (2); rechts: Archiv Heimo Schwilk, Berlin | S. 277 DLA | S. 278 DLA (2) | S. 279 Klett-Cotta, Stuttgart (3) | S. 280 oben: DLA (2); unten: M. und W-D. Köhler, Frankfurt | S. 281 oben: DLA (2); unten: Digne Meller-Marcovicz, Berlin | S. 282 oben: Présidence de la Republique Francaise/Service Photographique; unten: Rupert Leser, Bald Waldsee (2) | S. 283 Christian Bourgois Éditeur, Paris | S. 284 DLA (2) | S. 285 Wilfent Dalicho | S. 286 Klett-Cotta/DLA | S. 287 DLA (2) | S. 288 DLA (2) | S. 289 DLA (4) | S. 290 oben: DLA; unten: The Associated Press, Frankfurt | S. 291 Christian Bourgois Éditeur, Paris | S. 292 Rupert Leser, Bad Waldsee | S. 297 Stefan Moses, München | S. 298 oben: Hella Wolff-Seybold, DLA; unten: Alexander Jünger | S. 299 Rupert Leser, Bad Waldsee | S. 300 links: Gerd Mayer (2); rechts oben: DLA | S. 301 Albert Weideli, DLA | S. 302 links oben: Rupert Leser; Papsturkunde in der Jünger-Gedenkstätte, Wilflingen; rechts: Roland Niebel | S. 303 DLA (4) | S. 304 oben: Rupert Leser, Bad Waldsee; unten: DLA (3) | S. 305 Wolfram Dufner, Konstanz (2) | S. 306 von oben nach unten: Serge Mangin; dpa; Gerold Jäggle | S. 307 oben: DLA; unten: Fotostudio Schneider | S. 308 von oben nach unten: Monika Miller; Ulrich Schacht; Axel Springer Verlag | S. 309 François Lagarde, Montpellier | S. 310 links: Barbara Figal (2); unten rechts: Stefan Moses, München | S. 311 Stefan Moses, München | S. 312 Rupert Leser, Bad Waldsee (2) | S. 313 Klett-Cotta, Stuttgart (4) | S. 314 oben: DLA; unten: Rupert Leser, Bad Waldsee | S. 315 Stefan Moses, München | S. 316 oben links: Stefan Moses, München; unten links: Erwin Scheib, Reutlinger General-anzeiger; rechts: Franziska Adriani, Stuttgart | S. 317 Stefan Moses, München | S. 318 von oben nach unten: Archiv Heimo Schwilk, Berlin; Stefan Moses, München; Monika Miller; rechts: Akademie der Künste, Berlin | S. 319 oben: Herlinde Koelbl; unten: Archiv Heimo Schwilk, Berlin | S. 320 Archiv Heimo Schwilk, Berlin | S. 321 oben links: Archiv Heimo Schwilk; links unten: Stefan Schüch; oben rechts: Stefan Moses, München | S. 322 oben: Axel Rathjen; unten: Gisela Deventer | S. 323 Barbara Figal (2) | S. 324 oben: Archiv Heimo Schwilk, Berlin; unten: Bibliothéque de la Pléiade, Éditions Gallimard 2008, Paris

EDITORISCHE NOTIZ Ohne die großzügige Öffnung des Wilflinger Archivs durch Ernst und Liselotte Jünger hätte dieses Buch nicht entstehen können. Ihnen vor allem gilt mein Dank für die Erlaubnis, Auszüge aus bislang unpublizierten Briefen und Dokumenten zu veröffentlichen. Über die Lektoratsarbeit hinaus hat Hede Schirmer durch ihre jahrelange Vertrautheit mit Person und Werk Ernst Jüngers die Entstehung des Bandes wesentlich gefördert. Für die kritische Durchsicht und Ergänzung des Bild- und Textteils danke ich herzlich Liselotte Jünger. Von den zahlreichen Fotoleihgebern, denen allen mein Dank gilt, möchte ich besonders François Lagarde hervorheben.

Freundschaftlichen Zuspruch habe ich auch dankbar erhalten von Uwe Wolff, der mit vielfältigen Anregungen die Arbeit begleitete.

Für die Erarbeitung der Zeittafel diente als Grundlage die von Dr. Horst Mühleisen herausgegebene Neuausgabe der »Bibliographie der Werke Ernst Jüngers«.

Die Texte von Ernst Jünger sind, wenn nicht anders angegeben, der zweiten, im Verlag Klett-Cotta erschienenen Werkausgabe, den Sämtlichen Werken in 18 Bänden, entnommen.

Heimo Schwilk, Bonn, im August 1988

ZUR NEUEDITION Dieses Buch ist in seiner ursprünglichen Konzeption in enger Zusammenarbeit mit Frau Dr. Liselotte Jünger und der Jünger-Lektorin Hede Schirmer von Klett-Cotta entstanden; Ernst Jünger hatte bereitwillig seine Wilflinger Archive geöffnet und stand dem Herausgeber für vielfältige Auskünfte zur Verfügung. So konnten beispielsweise die Jugend- und Feldpostbriefe Jüngers in die Darstellung miteinbezogen werden, aber auch die damals weitgehend unbekannte Korrespondenz mit dem Bruder Friedrich Georg, mit den Weggefährten der zwanziger und dreißiger Jahre, mit Hugo Fischer, Friedrich Hielscher, Ernst Niekisch, Martin Heidegger und Carl Schmitt. Heute, mehr als zwei Jahrzehnte nach der Erstveröffentlichung der Bildbiografie, ist der im Deutschen Literaturarchiv beim Schiller-Nationalmuseum in Marbach ruhende Nachlaß Ernst Jüngers allgemein zugänglich geworden, ist eine Reihe von Korrespondenzen ediert worden. Dennoch haben sich beim sorgfältigen Studium der Quellen keine grundsätzlich neuen Aspekte und Perspektiven ergeben, so daß dem Herausgeber eine völlige Neubearbeitung der Bildbiografie nicht sinnvoll erschien. Zudem sollte der Charakter eines Lesebuchs, das einen Querschnitt durch das diaristische, erzählerische und essayistische Werk Ernst Jüngers bietet, erhalten bleiben. Die Neuedition beschränkt sich deshalb auf eine Reihe von Ergänzungen, das heißt die Einfügung bzw. den Austausch von Dokumenten und Fotos, die Fortschreibung der Zeittafel und des biografischen Abrisses. Zu den wichtigsten textlichen Erweiterungen zählen Auszüge von Briefen Jüngers an seine erste Frau Gretha, an den Verleger Ernst Klett und den LSD-Entdecker Albert Hofmann. Vor allem aber dokumentiert dieser Band das letzte Lebensjahrzehnt Ernst Jüngers erstmals ausführlich in Wort und Bild.

Ich danke Frau Dr. Liselotte Jünger für die bewährte Unterstützung, ebenso den Mitarbeitern des Deutschen Literaturarchivs in Marbach, die Handschriften, Lebenszeugnisse und Fotos zur Verfügung stellten. Mein besonderer Dank gilt auch Michael Zöllner und Stephan Askani; sie begleiteten das Projekt von der Verlagsseite aus. Zu Dank verpflichtet bin ich auch Monika Miller, der Kustodin der Jünger-Gedenkstätte in Wilflingen, sowie Thomas Bantle, der mich bei der Beschaffung der Bildvorlagen unterstützte.

Heimo Schwilk, Berlin, im Juli 2010